北语学人书系

第一辑

曹志耘
语言学论文集

曹志耘 著

北京语言大学出版社
BEIJING LANGUAGE AND CULTURE UNIVERSITY PRESS

图书在版编目（CIP）数据

曹志耘语言学论文集 / 曹志耘著. -- 北京 ：北京语言大学出版社，2012.8（2013.11重印）
（北语学人书系. 第1辑）
ISBN 978-7-5619-3327-5

Ⅰ. ①曹… Ⅱ. ①曹… Ⅲ. ①汉语－语言学－文集 Ⅳ. ①H1-53

中国版本图书馆CIP数据核字(2012)第184723号

书　　名：曹志耘语言学论文集
责任印制：姜正周

出版发行：北京语言大学出版社
社　　址：北京市海淀区学院路15号
邮政编码：100083
网　　址：www.blcup.com
电　　话：发行部　82303650/3591/3648
编辑部　82301016
读者服务部　82303653/3908
网上订购电话　82303668
客户服务信箱 service@blcup.com
印　　刷：保定市中画美凯印刷有限公司
经　　销：全国新华书店

版　　次：2012年8月第1版　　2013年11月第2次印刷
开　　本：787毫米×1092毫米　1/16　印张：22.5
字　　数：356 千字
书　　号：ISBN 978-7-5619-3327-5 / H·12109
定　　价：56.00元

出版说明

北京语言大学是一所颇具特色的学校。在这里，聚集了数百名语言教学和研究人员，语言学研究队伍极为庞大。近年来，随着中国语言文学和外国语言文学两个一级学科博士点的建立，中、外语言文学已然成为北京语言大学的两大支柱学科。依托这两大学科，一批学科带头人和学术骨干脱颖而出，其中有的已成为本专业领域的领军人物。在汉语国际教育、汉语研究、外语研究、语言信息处理、中国文学研究、比较文学研究等领域，北语学人已成为一支不可或缺和不可忽视的力量。

倏忽之间，北语建校已经五十周年。五十年来，代有才人。然而，学校一直未能对北语学人积累下来的珍贵的学术遗产进行系统的梳理。为弥补此缺憾，值此建校五十周年的特殊时刻，学校决定设立“北语学人书系”，收录北语优秀学人的优秀论文，每人自成一册，不定期陆续出版。因为时间仓促，本辑只约请了已退休的博士生导师和现任博士专业学科带头人，以便能赶在校庆期间见书，初步展示北语学人的学术风貌。今后，我们仍将继续组织征集优秀书稿，以“北语学人书系”的名义分辑出版，以体现北语学术的全面性和延续性。

为在短时间内完成这批高质量书稿的征集和编辑工作，校科研处做了大量的组织宣传工作，各位作者积极甄选论文、认真校对，北京语言大学出版社的领导高度重视，编辑们付出了大量辛勤的劳动，最终使第一辑书系得以如期出版。这正是北语精神的具体体现，亦当记录并彰扬也。

北京语言大学

2012年6月

目录

方言语法

社会语言学

濒危方言和语言保存

关于濒危汉语方言问题 *

一、汉语方言中有没有濒危方言

1.1 什么是濒危方言

汉语方言中究竟有没有濒危方言？大家对这个问题的看法似乎并不明确，或者说并不一致。要回答这个问题，首先需要弄清什么是濒危方言，应当如何判断濒危方言。

“濒危”意为“接近危险的境地”（《现代汉语词典》），对语言或方言来说，即濒临消亡。据此理解，汉语方言中无疑存在着并非个别的濒危现象。

从语言的变化消亡这个角度来看，目前在汉语方言中主要存在两种类型：突变型和渐变型。突变型，是指弱势方言在强势方言的强大冲击之下，最终被彻底放弃，而改用强势方言。突变型变化消亡往往需要经过几代人才能完成，中间一

* 本文的提纲曾在“我国濒危语言问题研讨会”（2000 年 10 月 16 日于北京中国社科院民族所）上宣读，经扩充后又提交“粤北土话及周边方言国际研讨会”（2000 年 11 月 6~9 日于广东韶关），发表时作了修改。

般还要经过一个弱势方言与强势方言并存并用的双方言的过渡阶段。今天我们可以看到的突变型汉语方言的情况通常是这样的：老年人只使用弱势方言；中青年人弱势方言与强势方言并用，其中中年人以弱势方言为主，青年人以强势方言为主；少儿就基本上只用强势方言了。渐变型，是指弱势方言在强势方言的影响和冲击之下，逐渐磨损、丢失自己原有的一些比较特殊的成分，同时不断吸收强势方言的成分，使自己的语言系统朝着强势方言的方向发展演变。

我们这里所说的濒危汉语方言主要是指处于突变型过程中的方言。不过，实际上，渐变型的方言也完全有可能成为濒危方言，只是这个过程很漫长，一般不易观察得到。

1.2 濒危方言与濒危语言

在一些人看来，语言濒危现象只发生在一些使用人口极少的少数民族语言当中，而汉语方言使用人口多达数亿，不可能出现濒危现象。或者认为某些汉语方言的濒危以及汉语方言迅速整合趋同的现象只是汉语内部语言调整和标准化过程中的自然现象，不能与少数民族语言的濒危相提并论，也用不着大惊小怪。

对于第一种看法，我们认为，跟语言濒危与否直接相关的因素并不是使用人口的数量，而是使用群体的势力——尽管这二者之间有密切的关系。濒危语言与弱势群体相联系。汉语方言是一个非常庞大的概念，内部究竟应该如何划分，划分到什么程度算“一种”方言，现在尚无定论。如果把汉语方言当做是一个整体，或即使按现行的办法分成10种方言，那么可以预料在相当长的历史时期内，汉语方言不会有“濒危”之虞。但汉语方言尤其是东南地区汉语方言内部的巨大差异是有目共睹的，所谓“吴语”、“闽语”等等，实际上只能算是“一个方言区”，而不能看做是“一种话”。如果我们可以把吴语区各地的方言看做是“许多种话”的话，那么马上就可以看到这些“话”之间人口多寡不一、势力强弱不等、生命力大小也不同，其中有些“话”已经处于濒危的状态或濒危的边缘了。当然，我们也承认，在实际操作中，认定濒危方言比认定濒危语言要困难得多。

对于第二种看法，我们认为，方言是一定地区人民的交际工具和思维工具，是和一定地区的地域文化相联系的。因此，跟民族语言一样，一种方言的消亡，就意味着当地人民世代相传的那种交际和思维工具的永远丧失，就意味着当地独具特色的地域文化的那种载体和重要组成部分的永远丧失，也意味着人类语言文化的多样性受到严重的破坏。因此，濒危方言现象同样是摆在我们面前的严峻课题，值得我们高度重视。当然，由于汉族各地文化既有差异性，又有统一性，改用其他汉语方言或普通话的人并不至于丧失自己的民族文化。在这一点上，濒危方言与濒危语言有所不同。

1.3 为什么会有濒危方言

任何一个地方的人都不会停止说话。另一方面，任何地方的方言都具有丰富而完善的表达系统。方言消亡的根本原因，是这种方言的“用途”越来越少，“作用”越来越小，简而言之，是因为这种方言“没用”了。在当今的汉语方言中，方言“没用”的现象越来越普遍和严重，“没用”的方言越来越多。事实上，与处于同一境地的那些弱势的民族语言比起来，弱势汉语方言的处境更为艰难，这主要是出于以下几个原因：

（1）语言政策中对方言缺乏明确的规定，方言的语言地位低。

（2）使用范围极为有限，如目前学校、公务、传媒等正规场合一般不允许使用方言，甚至在不少家庭里方言的用途也在减少。

（3）有言无文，无书面语和书面文献（粤语除外）。

二、濒危汉语方言的几种类型

2.1 如上所说，由于汉语方言内部的划分远未具体化，要认定哪些方言属于濒危方言仍然是一件十分困难的事情。在目前的情况下，我们也许可以这样说，“某地的一种话”或“一种某地的话”是濒危方言。但濒危汉语方言的具体数量、分布情况以及它们的濒危程度等等，一时还无法描述。在这里，我们只能大概地归纳一下濒危汉语方言的类型，并作一些举例性的说明。

2.2 目前，最显眼的濒危方言是那些使用人口较少、处于强势方言包围之中的弱势方言岛，例如笔者所接触过的九姓渔民方言和浙江的一些畲话方言岛。

九姓渔民是我国旧时的一类贱民。他们以浙江省西部三江交汇的建德市梅城镇（旧严州府府治）为中心，主要分布在新安江、兰江、富春江（七里泷一段）上，即建德、兰溪、桐庐一带。传统的九姓渔民在家里使用船上话，跟当地人交往使用当地方言。今天，真正地道的船上话只有七八十岁的老年人会说。中年人受当地方言影响很大，常常会不自觉地把当地方言的成分混入船上话。青少年主要生活活动在非九姓渔民社会里，他们已经说不好船上话了，而且使用船上话的机会也越来越少。估计再过十来年，船上话就会基本消亡。

绝大部分畲族使用一种接近客家话的汉语方言——畲话。畲族以大分散小聚居的方式分布在汉人的汪洋大海里，如今，他们生活、学习、工作都必须与当地汉人打交道，必须学习使用当地的强势方言。据笔者观察，现在分布在浙江省金华、遂昌、云和等县的畲族年轻人使用畲话的机会已越来越少，在一些畲族村青少年已经不学习使用畲话了（如金华县大坑村），在个别畲族村已经没有人会讲畲话了（如金华县鸽坞塔村）。如此发展下去，预计这些地区的畲话方言岛将会逐渐消亡。

2.3 在两种方言交界的地带，如果这两种方言的势力不均等的话，一般会发生如下的情况：（1）强势方言影响、冲击弱势方言，弱势方言向强势方言靠拢；（2）弱势方言萎缩自身的用途和地盘，逐渐被强势方言所“蚕食”；（3）弱势方言的使用者成为弱势方言和强势方言双语使用者，其中在有些情况下会逐渐向强势方言单语使用者转变。在官话方言与其他方言交界的地带，经常可以看到这种现象。例如原吴语北部与官话交界的地带，现在有些（如南京一带）已经转变为江淮官话了；在今湘语与官话交界的地带，有些湘语方言正处于“西南官话化”的过程当中，如湘语西北部的吉溆片的调值很接近西南官话系统，而长沙、衡阳、邵阳、益阳、常德等大城市的湘语（即所谓新湘语）跟西南官话通话更没有什么困难。

2.4 在多种方言交错分布的地区，由于不同方言之间交往的日趋频繁，处于弱势的方言很容易成为濒危方言。例如在粤北地区，穿插交错地分布着土话、客家方言、粤语和西南官话，其中客家方言是当地的地区共同语，粤语分布在韶关市区等地，是广东地区的强势方言，土话则处于明显的弱势地位。一些原来通行土话的地区，目前有的已经变为客家方言区或粤语区了；有的则正处于转变的过程当中，例如韶关市西河镇向阳村（土话村）的人与外地人交往时都能使用流利的客家方言或粤语，即使在说土话的人内部，年轻人之间基本上也已经不用土话而改用粤语了。（邝永辉，2000）

2.5　在单一方言地区，由于受到普通话的强烈冲击，一些小城镇和农村地区出现了突变型的方言变化消亡，这也是濒危方言的一种类型。例如在浙江淳安、龙游、遂昌、庆元等县的县城，老年人多说当地方言，中青年方言和普通话并用，少年儿童无论在学校还是在家里一般都说普通话，在社会上，政治、文化、商贸等场合已经通用普通话。

三、如何看待濒危方言

3.1　方言消亡是大势所趋

变化是语言的本质特点，汉语方言也不例外。由于社会因素的影响，汉语方言当前和今后一个时期的变化趋势是“趋同”，这主要表现为弱势方言“趋同”于强势方言或普通话，也就是朝着消亡的方向发展。这是不可阻挡的历史潮流。

我们应当面对现实、正视现实（所谓“落花流水春去也”），审时度势，顺应潮流。人为强行地“抢救方言”、“保护方言”既不符合绝大多数当事人的意愿，也不符合当今语言的自身发展规律，是不现实的。我们应当趁早死了这条心。

3.2　人为干预不可缺少

方言消亡不可避免地将会在政治、心理、社会、文化、语言等方面带来各种消极的后果。（曹志耘，1999）因此，尽管语言变化的潮流是不可阻挡的，但面对濒危方言现象和方言走向消亡的形势，我们并不能袖手旁观，放任自流。相反地，我们应该积极干预，而且也可以有所作为。当然，这里所说的“干预”不是指那种简单化的“抢救”或“保护”，而是指在顺应潮流的前提下，以理性的眼光去审视方言变化，并引导方言变化的进程，以尽可能地减弱方言消亡所带来的消极后果。

我们认为，对濒危方言现象进行人为干预，是语言学家不可推卸的责任。为什么呢？

（1）文化生态自控能力有限。语言是文化生态系统的组成部分。人是文化生态的主体，人为因素在文化生态系统中起着决定性的作用。文化生态系统不可能完全依靠自身的力量达到协调平衡，在文化生态系统的调整过程中，必须根据实际情况对系统的调整进行强有力的人为干预，以使其朝着有利于民族社会繁荣稳定的方向发展。

（2）在语言替换的过程中，语言的工具性往往会掩盖语言的其他特性。语言是交际工具，但绝不仅仅是交际工具。古今中外的语言替换事实一再证明，人们在进行语言选择时，由于缺乏远见，往往只看到其工具性，而忽视语言的其他特性，如人文性。

（3）语言是不可再生的。一种语言或方言一旦消亡，便永远消亡，不可再生，也是人力所无法挽救的。这跟自然环境不同，某些自然生态环境被污染了或被破坏了，日后还可以设法治理。因此，在发生语言替换的时候，作为语言的使用者——人，应该充分意识到问题的严重性，并作出恰当的反应。

四、对策和措施

4.1 大声呼吁，引起重视

应在适当的场合（如学术领域、文化领域）充分说明我国濒危汉语方言的状况及其问题的严重性，以引起有关政府部门和人士的关注和重视。在这种呼吁中，除了说明保护、发展濒危方言的一般意义外，还应当强调妥善处理濒危汉语方言现象的特殊意义：

（1）汉语方言分布地域广阔，使用人口众多，涉及社会生活的各个方面，直接关系到人民的日常生活、文化教育、经济发展乃至社会稳定问题。

（2）从语言文化研究的角度来说，汉语方言历史悠久，丰富多彩，与我国少数民族语言相比，其中某些大方言在某种意义上可以说具有相当于语言甚至语支的地位。汉语方言是我国也是全人类语言文化的宝贵财富。

此外，保护和发展语言文化的多样性，已经成为联合国和世界各国、各地区普遍重视的问题，我国要建设成为一个经济发达、文化繁荣、各民族各地区和睦相处的社会主义现代化国家，必须紧跟世界步伐，在保护和发展人类语言文化的多样性方面作出我们特有的贡献。

当然，必须明确的一点是，这里所说的“呼吁”绝不是意味着要与我国现行的语言政策相对立；相反，是要在现行语言政策的指导下，更进一步地做好语文工作。

4.2 开展濒危方言调查和资料抢救工作

国内外都已经对濒危语言作过大量的调查研究。但我国濒危汉语方言的现状，迄今尚未有人作过调查。目前急需对全国乃至分布在国外的濒危汉语方言进行一次大规模的普查工作，尽可能地抢救原始资料，并进行相关的理论研究，以便掌握情况，认清形势，采取相应的措施。

此外，既带有抢救性，又带有基础建设性质的工作还有：

（1）汉语方言使用情况调查；

（2）编制《汉语方言地图集》；

（3）编写《汉语方言资料集》；

（4）建立《汉语方言语料库》；

（5）建立《汉语方言录音资料库》；

（6）建立《汉语方言录像资料库》。

这是汉语方言学界目前最紧迫的工作。

4.3 建议采取的具体措施

（1）在语言政策中明确方言的地位和作用。我国一直缺乏比较明确的针对汉语方言的政策。许嘉璐同志在 1997 年 12 月 23 日全国语言文字工作会议上的报告中指出：“推普不是要消灭方言，方言在不少场合具有其自身的使用价值。”这是迄今为止关于汉语方言的比较具有针对性的一句话。建议在有关的语言政策中，进一步明确地体现汉语方言在我国语言生活中的地位和作用。

（2）在适当程度上开放方言的使用范围，使用是最好的保护和发展。如在电视、广播中播放地方曲艺，在文学创作中使用方言或创作方言文学，在文化教育中进行有关的乡土教学（如介绍当地方言概况，分析当地方言里的俗语、谚语、歇后语等），等等。

（3）把濒危方言和已经消亡的方言纳入文化遗产的范畴进行保护和开发，例如开发方言艺术旅游，出版方言文艺光盘，建立方言网站，等等。这是文化、旅游、工商界所能做的事情。

据邓玉荣先生告知，广西贺州有一个村子，原来使用平话方言，后来客家人涌入该地，因此不得不放弃母语而改说客家方言，现在只是在祭拜祖先的时候仍然使用母语。汉语方言最终会不会成为一种只在宗教场合使用的语言，今天自然无法断言。但可以肯定的是，现在已经到了对汉语方言中的濒危现象加以关注的时候了。

:: 参考文献 ::

简·爱切生，徐家祯译（1997）《语言的变化：进步还是退化？》，语文出版社。

曹志耘（1999）生存还是消亡：汉语方言面临的抉择，《世纪之交的中国应用语言学》，华语教学出版社。

邝永辉（2000）粤北虱婆声土话区的语言生活，粤北土话及周边方言国际研讨会论文，广东韶关。

原载《语言教学与研究》2001 年第 1 期

论语言保存

一、语言保存和语言保护

面对当今中国的弱势语言和濒危语言现象（本文中的“语言”有时也包括方言），究竟应当采取什么样的态度和措施？记录、保存、保留、保持、保护、保卫、抢救、振兴、复兴、复振，众说纷纭，莫衷一是。经过多年的讨论和思考，笔者认为最重要的可归结为“保存”和“保护”二者。

“语言保存”是指通过全面、细致、科学的调查，把语言、方言的实际面貌记录下来，并进行长期、有效的保存和展示。

“语言保护”是指通过各种有效的政策、措施、手段，保持语言、方言的活力，使其得以持续生存和发展，尤其是要避免弱势和濒危的语言、方言衰亡。

“语言保存”和“语言保护”是两种不同的概念，也是两种不同的措施。在中国目前的情况下，既需要语言保存，也需要语言保护。不过，语言保护一方面需要政府制定相应的语言政策，另一方面需要社会大众采取积极的具体行动（这两点是语言保护的关键所在）；而语言保存的具体工作主要应由学术界来承担。因此，本文仅限于讨论语言保存问题。

二、语言保存的缘由和意义

2.1 语言资源

语言是文化的重要载体，也是文化的重要组成部分。因此，语言资源是文化资源的重要组成部分。文化资源是一个国家、民族、社会所赖以健康、繁荣发展的重要因素，也是软实力的重要组成部分。

我国语言种类众多，有分属汉藏、阿尔泰、南岛、南亚和印欧5大语系的120多种语言。汉语方言历史悠久，分布地域广阔，使用人口超过10亿，方言种类难以计数，方言差异极其复杂。由于我国工业化、现代化的起步相对较晚，传统的语言、方言资源仍保存得相对较好。中国是当今世界上语言资源最丰富的国家，是语言资源大国。

2.2 语言遗产

近年来，文化遗产、非物质文化遗产、文化多样性等观念逐渐深入人心，成为政府和老百姓共同关注的问题。语言的形态是非物质的，然而，语言是不是非物质文化遗产，却没有明确的结论，各种非物质文化遗产名录也未见收录。在我国已公布的两批“国家级非物质文化遗产名录”里，只能找到女书和水书这两种特殊文字，但它们被莫名其妙地称做“女书习俗”、“水书习俗”，并被归入“民俗”类。

联合国教科文组织《保护非物质文化遗产国际公约》指出：

> 1.“非物质文化遗产”指被各群体、团体、有时为个人视为其文化遗产的各种实践、表演、表现形式、知识和技能及其有关的工具、实物、工艺品和文化场所。各个群体和团体随着其所处环境、与自然界的相互关系和历史条件的变化不断使这种代代相传的非物质文化遗产得到创新，同时使他们自己具有一种认同感和历史感，从而促进了文化多样性和人类的创造力。在本公约中，只考虑符合现有的国际人权文件，各群体、团体和个人之间相互尊重的需要和顺应可持续发展的非物质文化遗产。

2. 按上述第 1 段的定义，“非物质文化遗产”包括以下方面：

（a）口头传说和表述，包括作为非物质文化遗产媒介的语言；

（b）表演艺术；

（c）社会风俗、礼仪、节庆；

（d）有关自然界和宇宙的知识和实践；

（e）传统的手工艺技能。

使用任何语言的群体都拥有自己的非物质文化遗产，从这个意义上说，任何语言都是非物质文化遗产的媒介。语言系统作为一个表达思想和感情的有机体，也无法分割成“作为非物质文化遗产媒介的语言”和“不作为非物质文化遗产媒介的语言”。因此，根据上述定义，实际上并不能从语言中区分出“不属于非物质文化遗产的语言”或“不属于非物质文化遗产的语言成分”。如果认为所谓的“作为非物质文化遗产媒介的语言”是非物质文化遗产，那么就应该承认“语言”就是非物质文化遗产。

我们认为，语言是非物质文化遗产，而且是最典型、最重要的非物质文化遗产之一。这个认识并非来自对上述定义的推导，而是因为语言本身的特性。语言与人类共生，在人类漫长的历史发展过程中，积淀了丰厚的文化信息。语言中含有人们的价值观念、思维方式、文化心理以及对自然、社会的认知和表达。甚至一些已经消亡的文化现象，也会在语言中留下痕迹。例如笔者的母语浙江汤溪方言，把“画儿”叫做“老佛儿”，显示了以前佛像在文化生活中的重要地位；祭祀土神的习俗虽然已经荡然无存了，但汤溪方言仍把新型的物资交流大会叫做“社会”，映射出旧时的一种民俗活动。如果把语言排除在非物质文化遗产之外，势必大大削弱人类文化遗产的丰富性，同时也不利于非物质文化遗产保存和保护。

2.3 弱势语言和濒危语言

从语言势力的角度，语言可分为强势语言和弱势语言。从语言活力（或语言安全）的角度，语言可分为活力语言（或安全语言）和濒危语言。弱势语言和濒危语言是两个不同的概念，但具有密切的关系。弱势语言容易演变成濒危语言，濒危语言必然是弱势语言。

根据联合国教科文组织濒危语言问题特别专家组《语言活力与语言濒危》，

在全世界6000多种语言中，约96%的语言的使用者只占人类总人口的约3%。也就是意味着这96%的语言，每一种语言的使用者平均只有3万人。“全世界6000多种语言中至少有半数语言，其使用人口正在减少。我们估计，到21世纪末，在全世界的大部分地区，约90%的语言可能被强势语言取代。”

据笔者对《中国的语言》（孙宏开等，2007）进行的统计，在除汉语之外的128种语言当中，使用人口在1万人以下（指该语言在中国境内的使用人口，下同）的有64种（刚好占一半），在5000人以下的有48种。其中有24种语言的使用人口不足1000人：格曼语、达让语、阿侬语、崩如语、仙岛语、普标语、拉基语、木佬语、蔡家话、炯奈语、塔塔尔语、土尔克语、康家语、满语、赫哲语、邵语、噶玛兰语、巴则海语、沙阿鲁阿语、卡那卡那富语、布兴语、莽语、倈语、扎话。有11种语言的使用人口不足100人：崩如语、仙岛语、普标语、木佬语、土尔克语、满语、赫哲语、邵语、噶玛兰语、巴则海语、沙阿鲁阿语。孙宏开（2006）指出，已经处于濒危状态的语言有：阿侬、赫哲、塔塔尔、畲、普标、倈、康加（即上文“康家”）、柔若、图瓦、仙岛、波拉、葛玛兰（即上文“噶玛兰”）、泰耶、赛德克、克蔑、赛夏、布兴、苏龙、崩汝（即上文“崩如”），等。在汉语当中，普通话处于绝对强势的地位，一些大方言（如粤语）、大城市的方言（如上海话）在一定程度上也具有强势性，但更多的方言则处于弱势状态，其中广大农村、偏远地区的方言更是处于绝对弱势状态。而像浙江九姓渔民方言、澳门土生粤语以及各地大量的小方言岛（例如东北的站话、海南的军话、广东的正话、浙江一些地方的畲话等）则已成为濒危方言。在当今世界全球化的大背景下，随着我国经济、文化、教育和交通事业的迅速发展，我国少数民族语言和汉语方言必将以更快的速度走向萎缩和衰亡。

2.4 语言保存的必要性和重要性

既然语言是一种文化资源，又是一种非物质文化遗产，而且绝大多数语言和方言都处于弱势状态，有些甚至濒临灭绝，那么，对现有的语言开展全面的调查记录、收集和保存，其必要性和重要性应当是毋庸置疑的。而对其中处于弱势和濒危状态的语言、方言进行抢救性调查和保存，则更是迫在眉睫的任务。

对于濒危语言的保存工作，《语言活力与语言濒危》指出：“已经无法保持、延续或恢复活力的语言，仍然值得对其作出尽可能完整的记录。这是因为，每一种语言都蕴涵着独特的文化知识和生态知识，同时也因为各种语言不尽相同。对这类语言进行记录的重要性表现在几个方面：（1）它丰富了人类的智力财富；（2）它展现了一种于现有知识而言可能是全新的文化视野；（3）记录过程常常能够帮助该语言使用者重新激活其语言和文化知识。”

三、如何开展语言保存工作

在中国这样一个语言资源和语言遗产丰富、弱势语言和濒危语言众多的国家，开展语言保存工作，无疑是一项艰巨的任务，是一个庞大而长期的系统工程。总的来说，中国语言保存工作需要政府的大力组织和支持，需要学术界和专业人员的积极参与和承担，需要大量的资金和时间投入。当然，语言保存工作也可以分层次、分规模、分地区、分专题进行，也可以由各种学术团队或个人自发进行。

本文篇幅有限，无法详细讨论语言保存工作的具体方案。这里只提出在全面开展语言保存工作之前需要做的、具有全局性影响的几项工作。

3.1 制定全面和长期计划

鉴于中国语言保存工作的艰巨性，制订一份全面、长期的全国语言保存工作计划，是一项不可或缺的工作。该计划应该包括以下内容：（1）中国语言现状（包括濒危语言和方言状况）；（2）中国语言保存的近期工作和远期目标；（3）组织、协调和支持机制。

3.2 建立机构和队伍

国家及各级政府应成立专门的语言保存工作领导管理机构，设立专项基金。学术界应建立相应的调查研究基地，组建学术团队，进行人员培训。

3.3 编写调查表和调查规范

专门编写语言保存工作使用的各种统一的调查表和调查规范，例如语言概况调查所包含的项目，语音、词汇、语法调查使用的项目表，话语录音使用的故事文本以及指定话题，各个环节调查中所使用的仪器设备、记录规范、技术标准，等等。有了这些统一的调查表和调查规范，各项调查工作才能保持在有序和可控的范围之内，调查材料才具有可比性和保存价值。

3.4 拟定濒危语言和方言名录

在现有研究的基础上，按照国际通行的标准，结合中国的实际情况，整理拟定中国濒危语言和方言名录，以便在这些语言和方言急剧衰亡之前，利用统一的调查表、调查规范和最新的现代化技术手段，记录和保存它们的基本状况和实态语料。

3.5 整理已有成果目录和资料

中国语言和方言的调查研究工作已有近一个世纪的历史，在此过程中积累的调查资料非常丰富。这些资料年代不同，详略各异，发音人身份多种多样，调查人的水平和处理方法也有很大差别，但其中仍有相当数量的成果是科学可靠并具有重要价值的。在语言保存工作中，应把以往的调查成果尽可能地吸纳进来，加以必要的调整或核补，使之成为具有长期保存价值的语言材料。

为此，首先应该整理编写迄今为止的全部已有调查成果的目录，包括《汉语方言已有调查成果目录》和《少数民族语言已有调查成果目录》。在此基础上，根据一定的标准，进而整理出可保存的已有调查成果。以汉语方言为例，可保存的已有调查成果应该包括：（1）“音系”类调查报告；（2）“词汇”类调查报告；（3）“语法”类调查报告；（4）单点调查报告；（5）区域性调查报告；（6）词典；（7）方言志；（8）语言地图和方言地图；（9）音档。

四、语言保存工作实践举例

经过近十年来的呼吁、讨论和实践，濒危语言、濒危方言等现象已经逐渐引起社会各界的关注，语言多样性、语言保护等观念已经逐渐得到政府和社会大众的重视，“珍爱中华语言资源，构建和谐语言生活”更已成为我国语言文字工作的指导思想。在语言保存工作方面，学术界也已开展了多项相关的研究项目，例如：中国濒危语言资料记录（联合国科教文组织项目）、中国濒危语言方言调查研究与新编《中国语言地图集》（中国社会科学院项目）、汉语方言地图集（教育部和北京市项目）、中国少数民族濒危语言语音资料库（教育部项目）、中国濒危语言个案对比研究（国家社科基金项目）、广西濒危语言个案研究（国家社科基金项目）、西南地区濒危语言调查研究（教育部项目）、Endangered Languages Documentation Project（英国伦敦大学亚非学院项目）、日中両国における無形文化遺産保護と新文化伝統創出に関する共同事業（日本金泽大学和文部科学省项目），等等。

2008年10月11日，"中国语言资源有声数据库建设试点启动仪式"在江苏省苏州市举行，这标志着中国有史以来最大的语言调查和语言保存工程拉开了帷幕。随着该项目的逐步推进，我国的语言保存工作将进入一个全新的时代。

本节简要介绍笔者参与的几个大型语言调查研究项目，以使大家对我国目前所开展的语言保存工作有一些具体的了解。

4.1 中国语言资源有声数据库

"中国语言资源有声数据库"项目由国家语委主持。2007年开始论证和筹备，目前已进入试点阶段。该项目的宗旨是：按照科学、统一的规划，调查收集当代中国汉语方言、少数民族语言和普通话的实态、有声语料，并进行科学整理、加工和有效保存，为推进中国语言信息化、推广普通话和社会文化建设服务。

项目计划在全国每个县（2007年底全国县级行政区划单位为2860个）设一个调查点（在汉语方言和少数民族语言共同分布的县，可能设多个点），调查内容包括语言方言状况、常用语音词汇语法现象、方言话语录音、各地普通话情况。调查材料除了使用传统的耳听手记的方式以外，还全部采用先进、统一的录音设备和技术进行录音，以得到一份时间相同、内容对应的中国各地语言、方言、地方普通话的有声语料，最后在调查的基础上建立"中国语言资源有声数据库"。

"中国语言资源有声数据库"包括本项目调查获得的所有资料。数据库分为汉语方言、少数民族语言、地方普通话三大分库。每一分库包括文本（文字和音标）、声音、图像（照片和录像）三种形态，三种形态之间的内容具有对应性和链接功能。该数据库的基本功能是保存实态的有声语料。此外，还可加载有关标记、软件，使数据库具有可比性、可听性、可视性，具有多角度检索、多目的开发的功能。例如检索音值、词汇、语法结构及其地理分布情况，进行历时比较和共时比较，显示调查点的各种信息，利用“文本—声音”链接显示有声语料等，进行各种相关的研究。

20 世纪 50 年代，我国开展过一次全国汉语方言和少数民族语言普查。但鉴于当时的形势和条件，在调查工作的统一性、科学性方面，在调查资料的整理、出版、保存方面都存在许多不足（以致今天所能利用的资料和成果极为有限），有声语料则几乎为零。1999 年，教育部等 11 部委联合开展了“中国语言文字使用情况调查”。这次调查重点在于收集语言生活、语言使用方面的数据，未对语言、方言的本体面貌和有声语料进行采录。中国语言资源有声数据库项目的调查目的、内容和技术都有别于以往的汉语方言、少数民族语言普查和语言文字使用情况调查，是一次以先进理念为指导、以先进技术为支撑的高标准和具有时代性的语言调查。

4.2 汉语方言地图集

“汉语方言地图集”项目为教育部人文社会科学研究“十五”规划项目、北京市哲学社会科学“十一五”重点规划项目和北京语言大学“十五”规划项目，由曹志耘主持，参加人员包括国内外 34 所高校和研究单位的 57 名研究人员。2001 年启动，现已完成《汉语方言地图集》（纸版）的编写工作。该项目的后期研究工作（包括《汉语方言地图集》（电子版）、《汉语方言语料集》、《汉语方言数据库》等）正在进行当中。

该项目以地理语言学的理论和方法为指导，借鉴国外方言地图集的编写经验，采用最新的现代化技术手段（数字录音、数据库、地理信息系统、绘图软件等），在全国汉语地区选择 930 个地点（其中有 91 个是重点点），以 1931~1945 年之间出生的人为调查对象，根据统一的调查表和调查规范，对汉语方言中那些能够反映地域差异和历史演变的重要语言现象进行实地调查。调查内容包括单字 425 个，词汇 14 类 470 条，语法 65 类 110 条，共计 1005 个条目（重点点还包括两字组连调表和《方言调查字表》）。在调查的基础上，从全部调查条目中归纳出最有价值的 510 个地图条目，绘制成方言特征分布地图，分为语音、词汇、语

法3卷，其中语音卷205幅、词汇卷203幅、语法卷102幅。每幅地图均包括930个调查点的信息。（参看附图）

方言地图是语言学研究中的一种重要手段，在描写、展示和保存大面积地区众多方言现象的面貌和分布状况方面具有不可替代的作用。方言特征分布图是方言地图的基本形式，同时也是地理语言学、历史语言学、社会语言学、语言类型学等语言学科的研究基础。《汉语方言地图集》是世界上第一部在统一的实地调查的基础上编写的、全面反映20世纪汉语方言基本面貌的原创性语言特征地图集。

4.3 中国濒危语言方言调查研究与新编《中国语言地图集》

“中国濒危语言方言调查研究与新编《中国语言地图集》”为中国社会科学院A类重大课题，由张振兴主持，参加人员包括各高校和研究单位的汉语方言专家和少数民族语言专家。2002年启动，目前尚在进行当中。

该项目包括“中国濒危语言方言调查研究”和“新编《中国语言地图集》”两部分。前者计划对我国目前处于最濒危状态的少数民族语言和汉语方言进行实地调查，编写出版调查报告。目前汉语方言部分已经出版的研究成果有《军话研究》、《黑龙江站话研究》、《旧时正话研究》等。

原《中国语言地图集》由中国社会科学院和澳大利亚人文科学院共同编写，于1987年出版，包括总图5幅、汉语方言图16幅、少数民族语言图14幅，共35幅地图。这是第一部汉语方言和中国少数民族语言的分布和分区地图集，具有开创意义。该书出版以来，我国汉语方言和少数民族语言的调查研究工作取得了许多新的成果，因此决定对原地图集的内容进行修订，并增加部分新的地图。目前这项工作已接近完成，汉语方言分区的部分成果见近年的《方言》杂志。

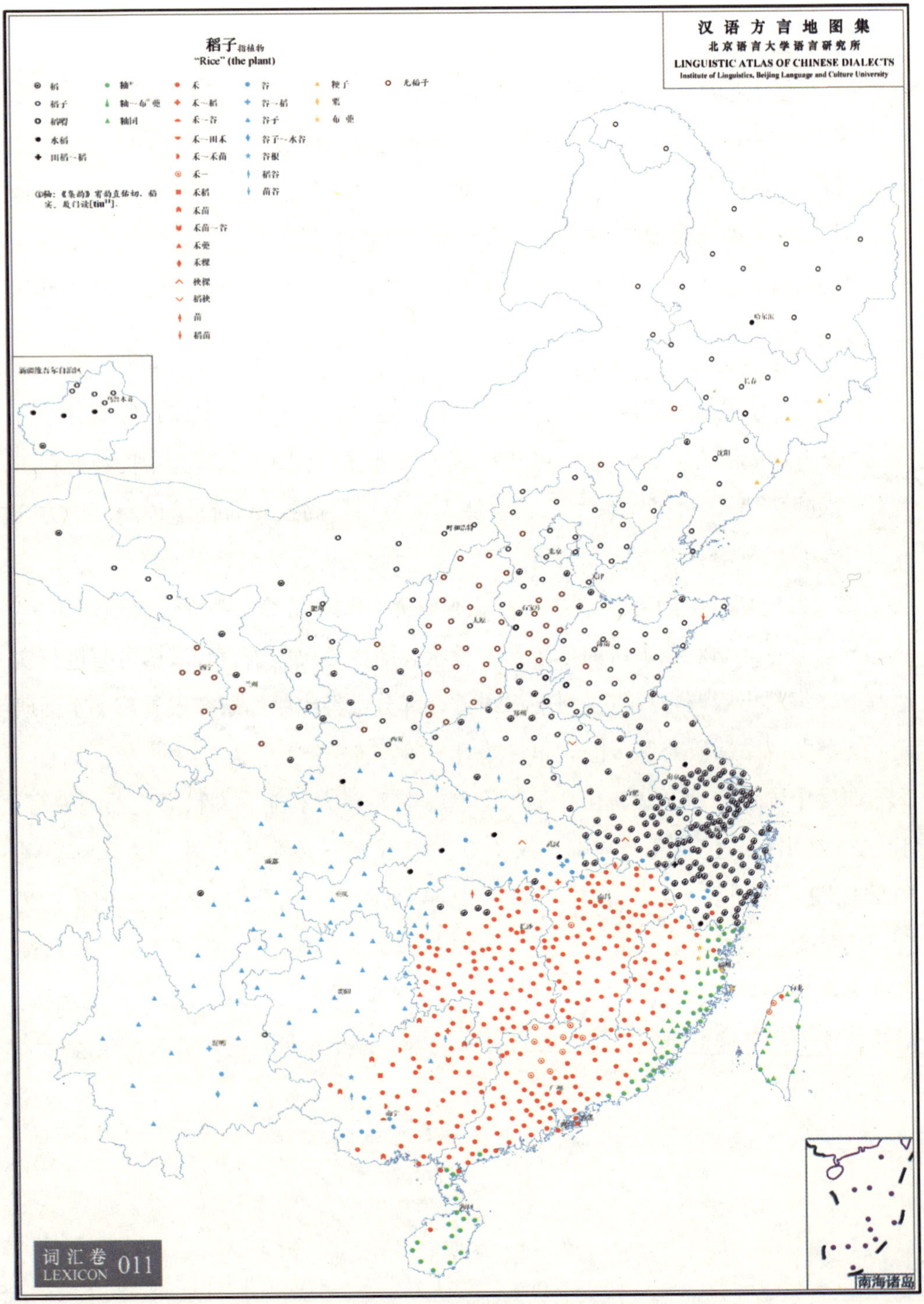

稻子指植物
"Rice" (the plant)
汉语方言地图集
北京语言大学语言研究所
LINGUISTIC ATLAS OF CHINESE DIALECTS
Institute of Linguistics, Beijing Language and Culture University
稻
稻子
水稻
田稻一稻
釉①
釉一布"莄
釉囝
禾
禾一稻
禾一谷
禾一田禾
禾一禾苗
禾一
禾稻
禾苗
禾苗一谷
禾莄
禾粿
秧粿
稻秧
苗
稻苗
谷
谷一稻
谷子
谷子一水谷
谷根
稻谷
苗谷
粳子
粟
布莄
无稻子
①釉：《集韵》宥韵直佑切，稻实。厦门读[tiu11]。
新疆维吾尔自治区
乌鲁木齐
哈尔滨
长春
沈阳
北京
天津
太原
石家庄
济南
郑州
西安
兰州
西宁
银川
呼和浩特
合肥
南京
武汉
成都
重庆
长沙
南昌
贵阳
昆明
南宁
广州
香港
台北
海口
南海诸岛
词汇卷
LEXICON 011

五、结语：语言学家的责任

语言学是一门人文科学。语言学工作者参与社会，关注生活，服务现实，是义不容辞的责任，也是安身立命之所在。

当今世界，汹涌澎湃的全球化浪潮正席卷着世界的每一个角落。中国社会的急剧转型，经济的跨越式发展，使语言格局和语言面貌发生震荡性、断裂性的变化。这是中国语言发展史上的一个特殊时期。

在这个历史性的时刻，语言资源、语言遗产、弱势语言和濒危语言的保存工作成为语言学工作者不可推卸的历史责任。对此我们应该有清醒的认识，并付诸行动。

:: 参考文献 ::

曹志耘（2001）关于濒危汉语方言问题，《语言教学与研究》第 1 期。

曹志耘主编（2008）《汉语方言地图集》，商务印书馆。

陈章太（2008）论语言资源，《语言文字应用》第 1 期。

丁崇明（2006）保护方言、防止方言的快速同化，教育部语用所社会语言学与媒体语言研究室编《语言规划的理论与实践》，语文出版社。

郭龙生（2008）中国现代化进程中的语言生活、语言规划和语言保护，《中国人民大学学报》第 4 期。

李锦芳（2005）中国濒危语言研究及保护之因应策略，《中央民族大学学报》第 3 期。

李宇明（1998）语言保护刍议，《中国民族语言学会通讯》第 1 期。

联合国教科文组织（2003）《保护非物质文化遗产国际公约》。

联合国教科文组织濒危语言问题特别专家组（2003），范俊君等译（2006）《语言活力与语言濒危》，《民族语文》第 3 期。

孙宏开（2001）关于濒危语言问题，《语言教学与研究》第 1 期。

———（2006）中国少数民族语言活力排序研究，《广西民族大学学报》（哲学社会科学版）第 5 期。

孙宏开、胡增益、黄　行主编（2007）《中国的语言》，商务印书馆。
熊正辉、张振兴、林立芳（2005）《汉语濒危方言调查研究》总序，丘学强《军话研究》，中国社会科学出版社。
徐世璇（2001）《濒危语言研究》，中央民族大学出版社。
张　普（2007）论国家语言资源，《民族语言文字信息技术研究》，西苑出版社。
中国语言生活状况报告课题组（2006）《中国语言生活状况报告》（上编），商务印书馆。

原载《语言教学与研究》2009年第1期

关于建设汉语方言博物馆的设想*

一、博物馆和语言文字博物馆

1.1 博物馆

博物馆是指为公众开放的美术、工艺、科学、历史以及考古学藏品的机构，也包括动物园和植物园。（国际博物馆协会1946年成立时的章程里的定义）

博物馆是一个不追求营利、为社会及其发展服务、向公众开放的永久性机构。它为研究、教育和欣赏之目的，对人类和人类环境的见证物进行搜集、保存、研究、传播和展览。（国际博物馆协会1974年的定义）

国际上一般把博物馆分为艺术博物馆、历史博物馆、科学博物馆和特殊博物馆四类。其中特殊博物馆包括露天博物馆、儿童博物馆、乡土博物馆。

我国国家统计局把博物馆分为专门性博物馆、纪念性博物馆和综合性博物馆

* 本文曾在语言接触与跨文化交际国际学术研讨会（2009年11月于澳门）和濒危方言学术研讨会（2009年11月于广州）上宣读。感谢《语文研究》编辑部提出的修改意见。

三类。也有人主张应参照国际惯例，同时考虑中国实际情况，分为历史类、艺术类、科学与技术类、综合类四类。

1.2 语言文字博物馆

语言文字博物馆属于科学博物馆，也是专门性博物馆。

传统的博物馆主要收集展示物质文化。但近年来，随着非物质文化理念的普及，非物质文化博物馆如雨后春笋般不断涌现出来，例如江苏苏州中国昆曲博物馆、浙江嵊州越剧博物馆、浙江乐清三科非物质文化博物馆、广东雷州中国雷歌馆（民歌博物馆）、北京宣武区非物质文化遗产博物馆、藏东南文化遗产博物馆等等。

语言文字属于非物质文化，是人类最重要的非物质文化遗产。但长期以来，很少有人自觉地去保存、保护自己的语言文字，更谈不上为此建立专门的博物馆。随着现代化、全球化运动的不断深入，弱势民族、不发达地区的语言和方言以前所未有的速度急剧萎缩和衰亡，大量语言和方言濒临灭绝，在这种形势下，建立语言文字博物馆的工作被提了出来。

早在 2002 年，在全国政协九届五次会议期间，全国政协委员、原国家语委党组书记朱新均就提议建立中国语言文字博物馆，他建议将此项工程作为国家博物馆建设项目尽快立项，并指出：“这一博物馆应全面收集中国语言文字各方面的历史资源和现实成果，充分展示中国语言文字的历史发展脉络、文化特色和价值；同时，要采用现代高科技手段，利用多媒体综合收集、展示，以便于进行进一步的语言文化资源的开发利用，从而把此博物馆建成集保护、展示、交流和研究中国语言文字功能于一身，对人民群众特别是青少年进行相关知识和爱国主义教育的基地。”（《中国教育报》2002 年 3 月 11 日第 2 版）

此后，其他全国人大代表、全国政协委员也陆续提出建立中国语言博物馆、中国文字博物馆、抢救保护濒危语言和方言等提案。

1.3 中国语言文字博物馆建设现状

目前，我国的语言文字博物馆建设工作刚刚起步，甚至可以说仍处于呼吁阶段，但也已取得了一些初步的成绩。现将相关情况介绍如下：

1.3.1 中国文字博物馆

2006年3月，全国政协委员、河南省人大常委会副主任袁祖亮联合25名全国政协委员，向全国政协提交了《关于在安阳市建设中国文字博物馆的建议》的提案。经国务院批准，中国文字博物馆于2006年12月26日在河南省安阳市奠基开工，2009年11月16日正式开馆。

中国文字博物馆是以文字为主题，集文物保护、陈列展示和科学研究功能为一体的国家级博物馆。该馆经7年运作、3年建设，迄今投资3.975亿元，形成建筑面积2.27万平方米，入藏文物4123件，辅助展品1058件，其中一级文物305件，涉及甲骨文、金文、简牍和帛书、汉字发展史、汉字书法史、少数民族文字、世界文字等多个方面。

1.3.2 中国民族古文字陈列馆

中国民族古文字陈列馆设在中央民族大学民族博物馆内，2009年10月31日开馆。该馆从少数民族地区征集了西夏文、契丹文、女真文、古壮字、古布依文、方块瑶字、女书、水书、朝鲜文、佉卢文、于阗文、八思巴文、回鹘文、察合台文、小经文、藏文、傣文、蒙古文、满文、柏格理苗文、傈僳文、拉祜文、彝文、纳西东巴文、歌巴文、达巴文、尔苏沙巴文、纳木依文、王忍波傈僳文、坡芽歌书等30多个文种的500余件古文字和古文献资料。

1.3.3 水书文化展览馆和水书博物馆

水书文化展览馆位于贵州省黔南民族师范学院，建于2006年。据介绍，该馆拥有水书原件、水书石刻、水书木刻、马尾绣水书、水书书法等水书文物500余件，同时展示有水族民俗风情图片、水书文化研究成果等文献资料。

水书博物馆由贵州省荔波县于2005年计划筹建，现况不详。据介绍，该馆将设水书展览厅，水书研究所，水书先生表演法度、念经等民俗演艺厅，水书先生或专家学者讲授水书培训厅，水族风情精品展，水书保管库房等。

1.3.4 女书园、女书生态博物馆和女书数字博物馆

女书园位于湖南省江永县上江圩镇普美村，建于2002年。设有女书学堂、综合厅、女红厅、女书工艺品展销厅、女书书画作品展厅。女书园通过文字、图

片、实物、音像等形式，展示了女书原件文献及女书研究成果，并从女书的来源、传承方式、女书流传区的民俗民风、女书与妇女的关系、女书艺术、女书书画、女书抢救和保护等方面，较为全面地展现了女书的基本面貌。女书学堂还举办女书学习班，以培养女书新人。

女书生态博物馆和女书数字博物馆是美国福特基金会资助项目“江永女书文化记录工程”的两个组成部分。该项目于2005年启动，计划在江永县普美村建立“女书生态博物馆”，原状保护普美村的自然环境，恢复与女书文化相关的民间节日、歌舞等人文环境，并依托原有的女书园建立资料信息中心，真实记录和展示女书历史文化。“女书生态博物馆”是我国第一家为保护一种文字而设立的生态博物馆，现已建成并接待游人。“女书数字博物馆”则利用现代网络技术，为女书在虚拟空间提供一个展示平台，以使更多的人了解女书。

1.3.5 上海方言文献资料库

上海方言文献资料库是上海市闵行区图书馆的一部分，建于2007年。据介绍，该资料库收藏上海方言资料（包括词典、专集、上海方言教材）、上海方言文学（包括方言小说散文、戏剧曲艺剧本、口头文学集成）、上海方言研究（包括专著、论文集）、上海方言音像（包括方言口述音像、方言剧目音像）、吴方言资料（包括词典、专著、论文集等）和其他方言资料，供读者查阅。2008年，上海西南方言被列入上海市闵行区第一批非物质文化遗产名录，上海方言文献资料库遂成为非物质文化遗产传承和保护单位。

二、建设汉语方言博物馆的初步设想

2.1 背景

汉语在辽阔的中国大地上，经过几千年的发展演变，形成了纷繁复杂的方言。在中国东南部地区，“十里不同音”的现象随处可见。汉语方言的差异性甚至远远超出欧洲许多语言之间的差异。除了汉族以外，我国各少数民族都不同程度地通晓当地的汉语方言，汉语方言已普遍成为少数民族的第二语言，在有些民族（如满族、畲族）基本上已成为第一语言。此外，在东南亚、北美、欧洲等地区，有1000多万华人华侨使用汉语方言。使用汉语方言的总人口超过10亿，是目前世界上使用人口最多的方言。

方言是地域文化最重要的载体和重要的组成部分，是构成文化多样性的前提条件。汉语方言是构成我国丰富多彩的地域文化和传统文化的不可或缺的重要因素，也是我国乃至全人类的珍贵的非物质文化遗产。

由于我国工业化、现代化的起步相对较晚，汉语方言的传统面貌仍保存得相对较好。中国是当今世界上方言资源最丰富的国家，是方言资源大国。

然而，在当今世界全球化的大背景下，随着我国经济、文化、教育和交通事业的迅速发展，汉语方言正处于急速变化之中，有些甚至处于萎缩和衰亡之中，“无方言群体”（只会说普通话不会说方言的人）不断壮大。在全面调查和系统整理的基础上，利用现代化技术手段，建立可长久保存使用的汉语方言博物馆，已成为摆在我们面前的一项急迫而重要的任务。

2.2 主要内容

建设方言博物馆是一个崭新的课题，需要方言学专家和博物馆专家共同探索。在筹划方言博物馆的内容、形式和功能时，既要考虑到方言自身的特点，例如非物质性、濒危性、专业性等，也要考虑到一般博物馆的共性，例如公众性、观赏性等，此外还应考虑到时代性（例如音像技术、信息处理技术和网络技术）。综合上述几方面的特点和要求，笔者认为方言博物馆应包括三大板块：方言和方言文化展示，方言语料保存和收集，方言研究。

2.2.1 方言和方言文化展示

该板块主要介绍汉语方言的基本情况，结合各地地域文化展示丰富多彩的方言文化现象。具体包括以下内容：

（1）方言概况

利用文字、音标、方言地图等介绍汉语方言的历史发展、地理分布、分区分片、各地特点、使用以及研究情况，利用多媒体地图查询、展示各地方言的区属、概况和主要特点。

（2）方言文艺

利用各种形式展示用方言创作、表演或包含大量方言成分的文学、影视、曲艺作品（例如小说《金瓶梅》、《醒世姻缘传》、《海上花列传》，电影《疯狂的石头》，电视剧《哈儿师长》），以及各地各种地方戏、弹词、大鼓、相声、快板、吟诵、山歌、童谣、谚语等等。

（3）方言民俗

利用视频等形式展示与方言有关的民俗事象，或用方言主持进行的民俗活动，前者如禁忌、口彩、语言崇拜、谜语等，后者如婚丧、节庆、迷信活动等。

（4）方言名物

利用实物、图片和文字相结合的方式展示用方言命名的具有地方特色、濒临灭绝或已经消失的事物，例如各地的传统建筑、器具、物产、食品、服饰等。（参看伍云姬，2007）

2.2.2 方言语料保存和收集

该板块主要保存、展示各种方言语料，同时利用自助采录系统收集方言语料，该系统既可增加参观者的参与性和互动性，又可长期收集各地方言语料，以便不断丰富博物馆的语料库。具体包括以下内容：

（1）方言语料

利用录音、录像、数据库等方式保存、展示方言语料，特别是音像语料。语料可分为受控语料和非受控语料。受控语料是指使用统一的调查规范和调查表进行调查所得到的、具有可比性的语料（例如中国语言资源有声数据库建设项目），非受控语料是指通过其他各种途径得到的非可比的语料。

（2）方言语料自助采录系统

在博物馆里设立专门的音像采录区域，由参观者（发音人）按规定的要求在电脑上自助录制方言音像语料和发音人基本信息。例如馆方可为参观者提供一份统一的口语常用字词句表，要求他用自己的方言逐条说出来，或把规定的民间故事（如《牛郎和织女》）自然地讲述出来。也可不设限制，让参观者用方言唱一首儿歌，讲一个故事，等等。自助采录的方言语料经专家审定合格者汇入博物馆语料库。

2.2.3 方言研究

该板块主要展示各种方言调查研究论著及相关文献，包括调查报告、词典、方言志、地图集、音档、专著、论文、学位论文、方言教材、方言韵书、方言圣经、地方志、乡土文献等等。

汉语方言博物馆结构框架如下：

- 方言和方言文化展示
  - 方言概况
  - 方言文艺
  - 方言民俗
  - 方言名物
- 方言语料保存和收集
  - 方言语料
  - 方言语料自助采录系统
- 方言研究

2.3 实施计划

2.3.1 大声疾呼

建立汉语方言博物馆是时代的需要，是民意的需要，是势在必行的事情。因此，有关政府官员、语言学者以及文化工作者应该共同关心、宣传这项文化工程，积极争取政府、高校、研究单位的支持，使这项工程尽早付诸实施。

2.3.2 多管齐下

在建立汉语方言博物馆的工作中，一方面要全力争取国家投资，建立像中国文字博物馆那样的国家级、全国性的大型方言博物馆，也需要采取其他灵活多样的方式。例如由地方政府出资建立本地的方言博物馆，由企业或个人出资建立民间的方言博物馆，也可考虑在现有的博物馆里面增加方言部分或在大型博物馆下面设立方言分馆，还可以在实体博物馆之外建设“汉语方言数字博物馆”。

三、关于方言生态博物馆

生态博物馆（Ecomuseum）的观念于 20 世纪 70 年代初出现于法国，随之在全球流行，欧美国家迄今已经建立了数百座生态博物馆。挪威著名博物馆学家杰斯特龙（John Gjestrum）把生态博物馆的理论介绍到中国，并促成了挪威政府和中国政府合作，由两国政府共同投资兴建了中国第一座生态博物馆——贵州省六枝梭戛生态博物馆，并于 1998 年对外开放。随后，中挪两国还合作在贵州省建立了花溪镇山、锦屏隆里、黎平堂安 3 座生态博物馆。如今，广西、内蒙古、浙江等省区也已建成或正在兴建多座生态博物馆。

生态博物馆是一种与传统博物馆有着根本不同的新型博物馆。它的基本特征是以社区为单位，完整、原状地保存和保护该社区内的自然和文化遗产。可以说是一种“活态”的博物馆。它的基本观点是：“在某一特定区域中的一切自然和文化遗产都被看做是生态博物馆的一部分，任何实物都可能是本社区人民过去的历史和当今文化的记录。”“文化遗产应原状地保护和保存在其所属社区和环境之中。”建立生态博物馆的目的之一是“增强人们的文化特性意识，使某些具有重大价值的文化得以抢救”。杰斯特龙指出：“生态博物馆的观点对于处在多数或统治地位文化包围之中的少数民族及其文化精华的保护和延续是具有重要意义的。”（中国贵州六枝梭戛生态博物馆，1997）

所谓“一切自然和文化遗产”无疑应该包括当地的语言方言。不过，从我国生态博物馆建设实践来看，它们所关注的主要限于建筑、服饰、工艺、歌舞等物质文化或较易有形化的非物质文化现象，而存在于人们口耳之间的语言方言尚未得到应有的重视。这可能与生态博物馆盛行的西方国家缺少方言分歧有关，也可能与中国实践者过于功利有关。无论如何，语言方言正是生态博物馆最需要保护的对象之一，即使仅从保护其他非物质文化（例如民间文学、民俗、歌舞等）的需要来说也是如此。

既然如此，生态博物馆可以作为保护特定区域内语言方言的一种重要手段，进行尝试和实践。在建设生态博物馆的过程中，应该把保护和发展本地传统语言方言纳入工作计划和建设指标中去，甚至可以考虑在一些方言特别复杂、特殊的地区建立以保护方言为主要目的的方言生态博物馆。可以预料，方言生态博物馆的建设将可以为濒危语言方言保护作出有益的探索，同时也能为生态博物馆事业的发展作出独特的贡献。

面对急剧衰亡的汉语方言，既需要立即开展大规模的收集和保存工作，也需要积极探索在方言区、在使用者当中进行活态保护和发展的方法。传统的博物馆是语言保存的一种有效手段，生态博物馆则为探索语言保护工作指出了一个新的方向。尽管我国的汉语方言博物馆建设工作尚未起步，但我们有理由相信，汉语方言博物馆是我国语言文化事业的一项必然选择，它迟早会屹立在广博深厚的汉语方言土壤之上；我们也有理由相信，汉语方言博物馆的建设必将为我国的语言保存和语言保护事业作出重大的、历史性的贡献。

:: 参考文献 ::

曹志耘（2009）论语言保存，《语言教学与研究》第1期。

伍云姬（2007）《湘西瓦乡话风俗名物彩图典》，湖南师范大学出版社。

中国贵州六枝梭戛生态博物馆（1997）《中国贵州六枝梭戛生态博物馆资料汇编》，内部资料。

中国语言资源有声数据库建设领导小组办公室（2010）《中国语言资源有声数据库调查手册·汉语方言》，商务印书馆。

原载《语文研究》2010年第2期

地理语言学

地理语言学及其在中国的发展 *

笔者曾于曹志耘（2002）回顾了地理语言学尤其是它在中国的历史发展情况，提出了加强中国地理语言学研究的呼吁。本文拟更加全面地论述笔者对地理语言学的认识以及在中国开展地理语言学研究的设想。

一、定义

1.1 有关术语（学科）

1.1.1 术语（学科）名称

dialectology	方言学
geographical linguistics	地理语言学

* 本文为高等学校优秀青年教师教学科研奖励计划和教育部“十五”规划项目“汉语方言地图集”（批准号 01JD740005）的研究成果。在写作本文的过程中得到岩田礼教授的指教，谨此致谢。

areal linguistics	地域语言学
geolinguistics	地缘语言学
linguistic geography	语言地理学
dialect geography	方言地理学

1.1.2 西方的情况

戴维·克里斯特尔（2000）：

geographical linguistics **地理语言学** 按地域分布研究语言和方言有时统称为地理语言学，但方言学和地域语言学这两个名称更为常用。（第157页）

dialect(-al, -ology) **方言（方言的，方言学）** ……对各种形式的方言，但主要是对地域方言的系统研究称为方言学（dialectology），或“语言地理学”，或方言地理学（dialect geography）。（第107~108页）

area(l) **地域（地域的）** ……研究不同“地域”的语言特点—— 分析它们的歧异形式和历史渊源——叫做地域语言学（areal linguistics）。（第25页）

geolinguistics **地缘语言学** 语言学的一个分支，研究全世界语言的地理分布，同时参照语言的政治、经济、文化地位。按狭义理解，语言学用这个名称指一种理论和方法，即将方言地理学、城市方言学和人类地理学的发现结合起来作有社会语言学意义的方言学研究，特别是用语言学变项这一概念考察新兴形式在某一地理区域内的扩散。（第157页）

由上可见，在西方学科体系中，“方言学—地理语言学—地域语言学—语言地理学—方言地理学”这几个术语的含义非常接近，甚至可以互相换用。

1.1.3 中国的情况

在我国现行的《学科分类与代码》（GB/T13745−92，国家技术监督局1992年11月1日发布）中，有关术语（学科）之间的关系如下：

<table>
<tr><th>一级学科</th><th>二级学科</th><th>三级学科</th></tr>
<tr><td rowspan="3">语言学</td><td>普通语言学</td><td>方言学</td></tr>
<tr><td>语言地理学</td><td></td></tr>
<tr><td>汉语研究</td><td>汉语方言</td></tr>
</table>

在这个学科体系中，“语言地理学”是与普通语言学、比较语言学、社会语言学、心理语言学、应用语言学等并列的二级学科，“方言学”是位于“普通语言学”下面的三级学科，“汉语方言”是位于“汉语研究”下面的三级学科。

1.2 实际使用情况

表 1 是笔者于 2003 年 12 月 31 日利用 Google 在因特网搜索到的有关术语的出现次数（搜索中文术语时，为了避免混入日语材料，搜索范围限制在简体中文网页，并令其不包括标点符号）：

表 1

排序	英文术语	出现次数	中文术语	出现次数
1	linguistic geography（语言地理学）	188000	方言学	2470
2	geographical linguistics（地理语言学）	81000	语言地理学	169
3	dialect geography（方言地理学）	46600	方言地理学	47
4	dialectology（方言学）	29100	地理语言学	45
5	areal linguistics（地域语言学）	6050	地域语言学	2
6	geolinguistics（地缘语言学）	1470	地缘语言学	0

在英语文献里，“linguistic geography”最为常用，其次为“geographical linguistics”；而在汉语文献里，“方言学”一枝独秀，其他术语均很少使用。

1.3 方言学与语言地理学

根据表 1，在英语文献里，“dialectology”与“linguistic geography”的使用次数之比约为 1:6；在汉语文献里，“方言学”与“语言地理学”的使用次数之比约为 15∶1。如果把“dialectology”、“方言学”作为一类，把其余的“linguistic geography”、“语言地理学”等各 5 个含义更为相近的术语作为一类，那么在英语文献里，二者的使用次数之比约为 1∶11，在汉语文献里则约为 9∶1，两个数据几乎相反。

在西方，“dialectology”远不如“linguistic geography”类术语常用，这与西方国家的方言差异程度以及学术传统、研究旨趣有关。西方学者对方言的研究兴趣更多地是集中在方言的分布状况、地理差异及其原因的分析方面，在后来的发展中则逐渐转移到方言的社会差异方面。①因此，在一定程度上（尤其是早期），西方的“linguistic geography”类术语是可以与“dialectology”混用的，有时甚至可以代替“dialectology”。

尽管“linguistic geography”类术语在西方广为使用，“语言地理学”也列为我国的二级学科，但是我国学术界习用“方言学”，而很少使用“语言地理学”类术语。（比较：同属于二级学科的“应用语言学”15100 次，“社会语言学”2890 次，“普通语言学”2020 次。）究其原因：一是“方言”是中国传统小学的组成部分，源远流长；二是长期以来，我国的方言研究以历史比较为主要取向，在一定程度上可以说是历史比较语言学的一个部分，与西方意义上的方言研究有着很大的不同。

如果仅仅是叫法上的差异，西方用“linguistic geography”等，我国用“方言学”，亦无不可。但如上所述，这两种术语实际上已经代表了两种不同的研究倾向。换句话说，西方意义上的方言学（或语言地理学）研究在我国长期以来处于断断续续、低迷徘徊的状态，而这种研究本来可以成为我国语言学的优势和强项，对于发展汉语语言学乃至普通语言学都具有重要的意义。在这种情况下，我们认为非常有必要在我国语言学界重新提倡语言地理学的思想，并大力进行语言地理学的研究实践，以促进我国方言研究全面、健康的发展。需要说明的是，我

---

① 沙加尔（Laurent Sagart）先生于 2002 年 8 月 5~9 日参加了在芬兰举行的一个方言学研讨会（METHODS XI: Eleventh International Conference on Methods in Dialectology），会后他写信给笔者说：“The tendency of dialectological research in the US, Canada, England, Germany, is very sociolinguistic-oriented. Classification of dialects, when it is made, is not intended to have any historical meaning. Very different from what takes place in Chinese linguistics.”

们这里所说的“语言地理学”，是指一种研究倾向，一种研究途径和方式。我们呼吁在我国开展语言地理学研究的目的，并不是想把“语言地理学”建成一个学科，更不是想用“语言地理学”来取代“方言学”。至于它最终是否会成为一个独立的学科，学科的名称将使用什么术语，那是另一回事。如果有一天，在汉语方言学界，语言地理学的观念和研究方法已经成了大家的基本共识，到那个时候，实际上完全取消“语言地理学”的提法也无妨。

1.4 定义

出于技术方面的考虑，本文以下统一使用“地理语言学”的名称。

20 世纪 40 年代，贺登崧（W. A. Grootaers）曾对地理语言学的基本思想作过一个扼要的阐述（贺登崧，2003：1），今天看来仍不失借鉴意义：

> 语言地图的特点则在于，依据一份尽量简短的词的清单来搞明白很多问题。
>
> 语言地理学研究的主要特点是：
>
> （1）慎重遴选少量语音、词汇以及语言片段（syntagm），到较多的地点进行调查，记录下其发音。
>
> （2）每个调查项目制作成一张地图。这时，对语言资料不作任何修改，以实际记录到的形式表示出来。
>
> （3）把词及其所指对象联系起来，也就是要研究词汇中所反映出来的物质的和精神的文化现象。
>
> （4）对地图进行解释。对于语言学者来说，这是最重要的工作，这是要以上述 3 项工作为前提的。语言地图的作用是为语言（方言）间作比较、为语言演变的历史研究提供可靠的材料。由此，我们能够确定语言的和文化的地理界线，也能够进而研究语言和文化相互影响的问题。

本文的定义：地理语言学（geographical linguistics）以众多地点的语言事实调查为基础，利用语言地图的方式描述语言现象的地理分布状况，结合社会文化因素解释这些分布的原因，探索语言变化的过程和机制。

二、地理语言学的兴起和发展

19世纪70年代，历史比较语言学发现了语音演变的规律性，其中的青年语法学派提出了“语音规律无例外”的口号。但是，人们发现，标准语的语音演变中总是存在一些不规则的现象，于是推测标准语是混杂体，而乡下方言则是纯粹的、单一的，方言可以证明“语音规律无例外”的理论。

1876年（就是August Leskien提出“语音规律无例外”的那一年），青年语法学派的一名热心支持者——德国语言学家文克尔（Georg Wenker）为了证实“语音规律无例外”的原理，向莱茵河地区的所有小学教师寄发了一份由约300个词组成的40个句子的调查表，请被调查者用当地方言转写出来。文克尔设想，根据“语音规律无例外”的原理，莱茵河地区的高地德语与低地德语之间应该存在一条明确的分界线。他把调查结果画成了6幅方言地图（《德国语言地图》1册，1881）。在地图上，他惊讶地发现：同一个音变现象（例如［k］→［x］），在不同词里的变化情况的地理分布是不一样的，也就是说，反映不同词的音变的同语线往往是不重合的（例如“maken”和“ik”这两个词里的“k”的读音的同语线就不一致）。这种现象否定了青年语法学派“一种语音变化会以同一方式影响所有的词”的理论。

在青年语法学派的鼎盛时期，舒哈尔德（Hugo Schuchardt）强烈地反对音变规律学说。舒哈尔德的学生吉叶龙（Jules Gilliéron）在其思想的影响下，开展了对法语方言的调查研究。他专门训练了一名叫做艾德蒙（Edmond Edmont）的调查者，制定了一份约2000个词语的调查表，由艾德蒙一人赴实地对约650个地点的方言进行调查记录，最后编制出版了《法国语言地图集》（1902~1914年和1920年）。在这项研究过程中，他发现几乎每一个词都有自己独特的同语线，因而提出了“每一个词都有它自己的历史”的口号，并与青年语法学派的“语音规律无例外”口号相抗衡。（徐通锵，1991：223~229）

此后，随着地理语言学的发展，在欧美各国相继出版了大量的语言地图集。例如，1926年，芮德（F. Wrede）编辑出版《德国语言地图集》6册。1928年起，雅伯尔格（K. Jaberg）、俅德（J. Jud）编制出版《意大利瑞士语言地图集》。在日本，1905年，国语调查委员会发表《音韵分布图》29幅，1906年发表《口语法分布图》37 幅。1930 年，柳田国男发表著名的《蜗牛考》。1966~1974 年，国立国语研究所编制出版《日本言语地图》6 卷（1981~1985 年重印），包括 2400 个地点、300 幅地图。1989~1999 年，国立国语研究所编制出版《方言文法全国地图》4 卷（第 5、6 卷尚未出版），包括 807 个地点、267 个项目，发音人均为 1926 年以前出生的男性老年人。地理语言学在中国的发展情况见下文四。

三、地理语言学研究的意义和方法

3.1 地理语言学研究的意义

3.1.1 为语言进行地理分类

人们对语言进行分类时，主要有发生学（谱系）分类、类型学分类和地理分类三种途径。地理分类并不是依据地理地形来给语言分类，而是从语言现象的地理分布状况（各地之间在共时平面上的异同关系）出发，把地理上相连、语言上具有较高相似性的方言归为一类。地理分类的结果主要就是表现为“方言区”，反过来说，所谓“方言区”主要应该依据地理分类——不过，事实上，我们现在进行方言分区时，往往把发生学（谱系）分类和地理分类合在了一起。

早期的地理语言学家由于看到在方言地图上，每一个词都有自己独特的同语线，因而认为各地方言之间只有过渡，没有分界，方言是无法“分区”的，换句话说，事实上并不存在真正的“A 方言”、“B 方言”等等这样的“方言”。但是，后来的语言学家认识到，如果区分不同同语线的重要性，并且注意利用“同语线丛”的话，那么，地理语言学的研究成果完全可以用于对语言进行地理分类（方言分区）。事实上，地理语言学研究是语言地理分类（方言分区）的先决条件，这一点在今天已毋庸赘言了。

3.1.2 从语言的地理分布考证语言的历史演变

由于一种语言在各地的发展演变速度不同等原因，各地方言之间在共时平面上的差异实际上可能正是该语言不同历史阶段特征的遗存，也就是说，语言的共时差异可以反映语言的历时变化。因而，地理语言学的研究成果是进行语言历史比较研究的重要基础，在缺乏历史文献资料的情况下更是如此。早期的地理语言学研究者反对青年语法学派，反对语音演变规律理论，他们没有想到的是，正是地理语言学的研究弥补了历史比较法存在的缺陷，地理语言学成为历史比较语言学的一种极为有效的研究途径。布龙菲尔德（1955：424）指出："有些语言特征，现在只保留在残余形式里，从前却分布在广阔的领域：方言地理学提供了这样的证据。特别是一个特征只出现在零散地方，被一片说着占上风的新形式的连绵区域所分隔，那么，这幅地图通常能够这样解释：这些分散地点曾经是一片完整领域的组成部分。这样，方言地理学可以给我们揭示语言特征的层积。"历史比较语言学家梅耶则说："用地理方法得到的结果是很惊人的"，地理方法使"比较方法得到了出乎我们意料之外的精密性，普遍性和便利性"。（徐通锵，1991：234）

如今，地理语言学在历史比较语言学研究中的作用已经得到大家的公认。岩田礼（1995）以对汉语方言"祖父"、"外祖父"的研究为例，阐述了地理语言学对研究语言历史的作用，可以参看。

3.1.3 结合非语言因素解释语言的分布状况，探索语言变化的机制

语言变化是在语言因素和许多非语言因素的综合作用下的一种复杂运动。

青年语法学派认为语言变化主要由生理因素引起，当一类音发生变化时，语音定律（phonetic laws）像机械运动一样，会覆盖所有相关的词。（刘润清，1995：69）

早期地理语言学的口号"每一个词都有它自己的历史"，意在否定语音演变的规律性，这无疑过于偏激。因为一个词的历史（实际上是指一个词的音变）本身就是某种规律作用的结果，而许多词的历史往往可能受制于某种更大的规律，这个规律也许尚未发现，但不等于不存在。不过，从另一方面来看，地理语言学派的确揭示了语言现象演变的多样性（非线性），更为重要的是，这种多样性迫使语言学家去寻找更多的解释途径。一个经典的例子是，人们在研究德语北部方言的"maken"（作）的同语线时发现，它与南部方言的"maxen"的分界线（俗称"Benrath 线"），大致相当于以前 Berg 和 Jülich 二区的北界；而北部方言的"ik"（我）与南部方言"ich"的分界线（俗称"Ürdingen 线"），其南面是 Berg 和 Jülich 二区，北面是科仑选区。更有意思的是，"Ürdingen 线"从 Kaldenhausen

镇中间穿越而过，东区说［ek］，西区说［ex］，原因在于1789年之前，该镇的东部属于牟尔斯郡（新教），而西部属于科隆选区（天主教）。

语言现象的地理分布状况是语言变化的结果。语言变化（例如汉语方言中的浊音清化、尖团合流、入声消失等等）通常都发生在一定的区域里面，而不是局限在某一个方言点。因此，要观察和解释语言变化，仅仅着眼于单个的地点是不够的，而必须放眼于更加广阔的地理空间。在这方面，地理语言学无疑具有独特的作用。

当我们面对一个广阔的地理空间上的语言分布状况时，语言系统之外的因素（族群、行政区划、地形、交通、经济、文化、风俗、宗教等等）与语言变化及其结果之间的关系就会以各种方式显现出来，或者说，只有在这个时候才会显现出来。也只有在这时，我们才有可能正确地解释以下问题：这项变化来自哪里？它是如何发起和形成的？它借由什么途径进行传播？为什么会造成现在这种扩散结果（分布状况）？

把非语言因素引入地理语言学，大大增强了对方言分布、语言变化的解释能力。这种研究方法不仅为当时“波浪说”中的语言扩散理论提供了强有力的支持，也为方言与文化研究、方言的社会语言学研究、方言的普通语言学研究提供了有效的途径。在这方面，贺登崧（2003）的研究为我们提供了许多可资借鉴的样本。

布龙菲尔德（1955：430）指出：“方言地理学不仅帮助我们了解到对语言形式的推广传播发生影响的超语言因素，并且，由于残余形式和层次累积的实证，会给个别形式的历史提供许多有关的详细资料。”他所强调的是本小节第2、3两项作用。对那些方言分歧不是太严重的语言来说，语言的地理分类（方言分区）可能不是重要的工作，但是对于像汉语这样方言分歧极为严重的语言而言，分区无疑是地理语言学的一项基本任务。

3.2 地理语言学研究的方法

3.2.1 调查方法

青年语法学派提倡调查活的方言，试图以方言材料来证明语音演变的规律，因此促使文克尔（Georg Wenker）组织进行了一次最早的有计划、成规模的方言调查活动。此后，方言调查成为地理语言学研究的不可缺少的前期工作。在调查中所用到的方法有读词表（或字表）、提问、填问卷等。应该指出的是，由于地理语言学要求调查语言系统中部分语言项目在众多地点的说法，在选取调查项目和调查地点的时候实际上存在一个“抽样”的工作程序。调查项目抽样和调查地点抽样是地理语言学调查中至关重要的一环，往往决定整个调查工作的成败。

3.2.2 研究方法

在研究阶段，地理语言学最重要的方法是方言地图，此外也要用到比较、解释以及与历史、地理等其他学科相结合的研究方法。方言地图是地理语言学特有的研究方法，也可以说是地理语言学的一个区别性特征。方言地图的基本做法是把调查到的方言材料绘制在地图上，以便直观地表示语言现象的地理分布状况。至于方言地图的具体形式则是多种多样的：或以区块显示，或以单点显示；或用符号表示，或用同语线表示；或彩色，或黑白；等等。

方言地图包括两大类：方言分布和分区图（简称“分区图”），方言特征分布图（简称“特征图”）。分区图是在特征图的基础上归纳而成的。在西方地理语言学研究中，方言地图主要就是特征图。

由于计算机技术的发展，现在绘制方言地图时完全可以利用数据库技术和绘图软件进行自动化处理，而不必再像以前那样依靠手工操作了。（张维佳，2004）

四、地理语言学在中国的发展

4.1 汉语方言学的研究

中国现代汉语方言学研究始于20世纪初。高本汉（Bernhard Karlgren）于1910~1912年调查了二十多种汉语方言，研究成果即1915~1926年出版的《中国音韵学研究》（1940年出版中译本）。高本汉的研究以历史比较为目的。

1927年，赵元任带领助手杨时逢赴江苏、浙江调查了吴语33个地点的方言，1928年出版《现代吴语的研究》。此后，在赵元任的领导下，中央研究院历史语言研究所先后对两广（1928~1929 年）、陕南（1933 年）、皖南（1934 年）、江西（1935 年）、湖南（1935 年）、湖北（1936 年）、云南（1940 年）、四川（1940 年）等地区的方言进行了大规模的调查。赵元任以及史语所的研究包括了地理分类和历史比较两方面的目的，这种研究模式对我国的汉语方言研究产生了长期而深刻的影响，一直延续至今。

在利用方言地图的方法研究汉语方言方面，汉语方言学界也进行了许多探索，取得了不小成绩。中国最早的方言地图是 1934 年上海申报馆出版的《中华民国新地图》里的 1 幅“语言区域图”，由中央研究院历史语言研究所提供。最早的汉语方言特征图是史语所在调查两广等地方言的基础上画成的，我们现在所能看到的，首推赵元任等《湖北方言调查报告》（1938 年成书，商务印书馆 1948 年）里的地图，共 66 幅。此后，在许多方言调查报告、方言志以及方言研究论著里，都有人使用方言地图来说明方言的分区或方言特征的分布情况。同时，还出版了若干部专门的方言地图集，例如：王辅世《宣化方言地图》（1950 年完成，日本国立亚非语言文化研究所 1994 年），叶祥苓《苏州方言地图集》（日本龙溪书社 1981 年），岩田礼等《汉语方言地图（稿）》（1992 年在日本以“研究成果报告书”形式出版），平田昌司等《汉语方言地图集》（1995 年在日本以“研究成果报告书”形式出版），远藤光晓等《汉语方言地图集（稿）》第 3 集（1999 年在日本以“研究成果报告书”形式出版），太田斋等《汉语方言地图集（稿）》第 4 集（2004 年在日本以“研究成果报告书”形式出版），中国社会科学院和澳大利亚人文科学院《中国语言地图集》（香港朗文出版（远东）有限公司 1988 年）。此外，应该顺便提到金有景《中国拉祜语方言地图集》（天津社会科学出版社 1992 年），这是我国第一部少数民族语言地图集。不过，除了少数几种地图集（如日本学者所编的）以外，大部分方言地图都是直接或间接地为语言分类（方言分区）服务的，很少用于地理语言学其他方面的研究。（曹志耘，2002）

由上节可知，西方地理语言学的特点是以方言地图为基础，进行“从语言的地理分布考证语言的历史演变”和“结合非语言因素解释语言的分布状况，探索语言变化的机制”的研究。而我国的方言研究长期侧重于“为语言进行地理分类”和“从语言的地理分布考证语言的历史演变”的研究，并在这两个方面都取得了巨大的成就，此不赘言；但与此同时，方言地图的研究方法没有得到充分的发展。

4.2 贺登崧的研究

贺登崧（W. A. Grootaers），天主教淳心会神父，1911 年出生于比利时。1932 年起学习汉语文言，1939 年赴中国传教，在北京期间师从周殿福学习汉语语音学和方言学。1941 年 7 月，贺登崧被派到山西大同市东南、桑干河南岸的西册田村传教，同时开始对大同方言以及历史、地理、宗教、风俗等进行详细的调查，直到 1943 年 3 月，被日本宪兵队逮捕。1943 年 8 月至 1945 年秋，贺登崧被软禁在北京，在此期间他把调查结果写成了两篇论文：

（1）La géographie linguistique en Chine, Nécessité d'une nouvelle méthode pour l'étude linguistique du chinois. Premiére Partie: la méthode de la géographie linguistique.（中国的语言地理学：汉语的语言学研究采用新方法的必要性。第 1 部分：语言地理学的方法）*Monumenta Serica*（华裔学志），Peking, VIII, 103–166,4 maps, 2 figures. 1943.（= 贺登崧，2003：第一、二章摘译）

（2）La géographie linguistique en Chine. Seconde Partie: une frontiére dialectale dans le Nord-est du Chansi.（中国的语言地理学。第 2 部分：晋东北的一条方言边界线）*Monumenta Serica*（华裔学志），Peking, X, 389–426, 4 maps, 4 figures. 1945.（= 贺登崧，2003：第二章）

作者自认为"这两篇文章首次把语言地理学应用于汉语研究"（贺登崧，2003：作者日译本序：4）。《华裔学志》为辅仁大学学报。1945 年秋，贺登崧被聘为辅仁大学语言学教授，并主持方言地理研究室的工作。1946 年，贺登崧在《华裔学志》XI 上发表 Différences phonétiques dans les dialectes chinois. Un exemple d'évolution linguistique locale dans les parlers de Ta-t'ong (Chansi-Nord)（汉语方言的语音差异：大同方言语言演变举例）（= 贺登崧，2003：第三章）。

1947 年 7、8 月间，贺登崧带领学生赴河北万全县调查民间信仰。1948 年 7、8 月间，他带领学生赴河北宣化县调查方言和庙宇。参加第二次调查的学生中有王辅世，他于 1950 年 8 月把调查结果写成硕士论文《宣化方言地图》（245

页，地图 35 幅，日本国立亚非语言文化研究所 1994）。贺登崧则用王辅世的调查材料写了一篇论文，即 Linguistic geography of the 宣化 Hsüan-hua region（察哈尔 Chahar Province）（宣化地区的语言地理学），发表在 1958 年的《中央研究院历史语言研究所集刊》29 上（= 贺登崧，2003：第四章）。

1948 年 10 月，贺登崧奉命回国。在返回中国无望的情况下，贺登崧于 1950 年申请派遣到日本工作。他在日本积极推行地理语言学研究，并参与编制了著名的《日本言语地图》，对日本方言学和地理语言学的发展作出重大贡献，被誉为"日本语言地理学之父"。1999 年 8 月 9 日，贺登崧在日本去世。

1994 年，岩田礼和桥爪正子把贺登崧于 1945~1958 年之间发表的有关汉语方言研究的 4 篇论文和相关资料进行编辑删节，译成日文，并加上详细的注释，以《中国の方言地理学のために》为名在日本出版（好文出版）。2003 年，石汝杰和岩田礼又把此书译成中文，以《汉语方言地理学》为名由上海教育出版社出版。（石汝杰，2003）

贺登崧的研究受到以吉叶龙（Jules Gilliéron）为代表的地理语言学派的强烈影响。（贺登崧，2003：作者日译本序：7）吉叶龙极力反对青年语法学派，并提出"每一个词都有它自己的历史"的口号。他主张研究每一个词的历史，以对个别的词的历史的研究取代对作为语言单位的"方言"的研究。他否认语音规律的存在，而主张以非语言因素解释语音的变化。（徐通锵，1991：228）同样地，贺登崧对高本汉的研究提出了严厉的批评："这不是方言学，而是已为日叶龙（即吉叶龙——引者注）的研究结果所全面否定的旧词源学的方法。"（贺登崧，2003：作者日译本序：8）他认为高本汉所建立的《切韵》音系与现代汉语方言之间的语音演变规律是缺乏科学依据的，是站不住脚的。

贺登崧所作的汉语方言研究的特点是，选取较少的词语（特别是小动物的名称）作为调查项目，在一个较小的区域（例如一个县的部分地区）进行众多地点甚至逐村的实地调查，调查时同时注意收集历史、地理、宗教、风俗等方面的资料，调查结果以方言地图的方式予以描述，然后结合非语言因素来解释语言现象的分布和变化。很显然，这种研究是西方早期地理语言学在中国的实践。

如本文第三节所述，"结合非语言因素解释语言的分布状况，探索语言变化的机制”是地理语言学的任务，但不是全部。特别是在中国这样一个方言历史悠久、分布广阔、差异巨大的国家，地理语言学仅有这一方面的研究显然是不够的。高本汉在汉语方言基础上所进行的历史比较研究，以及以赵元任为鼻祖的中国学者所进行的地理分类和历史比较研究，不管完善与否，都是中国地理语言学的重要组成部分。

因此，笔者认为，贺登崧是最早把西方地理语言学的理论和方法引入中国的人，是早期汉语方言学、中国地理语言学的重要学者。但是，不应该把贺登崧的研究与中国地理语言学等同起来。贺登崧式的研究或许可看做是早期的地理语言学或狭义的地理语言学，它只是中国地理语言学的一部分，当然是非常重要的一部分。由于贺登崧的这部分研究后继无人，因而也就显得特别珍贵。

4.3 中国地理语言学研究展望

地理语言学已经有 100 多年的历史了。在历史上，它曾经为语言比较研究、语言变化研究作出了独特的贡献，“同语线”（isogloss）、“方言区”等概念已成为语言学的基本概念，“方言地图法”已成为语言学的重要研究方法。对历史比较语言学、普通语言学等学科而言，地理语言学是一门不可缺少的基础性学科，假如没有地理语言学的研究成果做基础，语言学中许多问题的研究的科学性无疑会大受影响。

地理语言学在语言的地理差异的调查的基础上展开进一步的研究。因此，复杂的语言地理差异，以及与此相关的悠久的民族历史和丰富的社会文化背景，是地理语言学研究的理想对象。我国语言种类和系属多种多样，汉语方言纷繁复杂、差异巨大，非常适合进行地理语言学的研究。由于种种原因，我国的地理语言学研究迄今尚未得到充分的发展。因此，在本文所指出的地理语言学研究的三个领域（为语言进行地理分类；从语言的地理分布考证语言的历史演变；结合非语言因素解释语言的分布状况，探索语言变化的机制），我国地理语言学都具有广阔的用武之地和远大的发展前景。

地理语言学研究的基础是调查，没有调查就没有地理语言学研究。我国的汉语方言调查工作，在几代学者的艰苦努力之下，已经取得了巨大的成就。但是，由于汉语方言的极端复杂性，方言调查任务仍然非常繁重和艰巨。另一方面，汉语方言目前正处于一个史无前例的急剧变化、萎缩和消亡的过程之中，对汉语方言进行抢救性的调查已经日显迫切。出于这两方面的原因，目前的中国地理语言学面临着不可推卸的历史使命，那就是尽一切力量，对汉语方言进行地理语言学调查。所谓地理语言学调查，就是要以地理语言学理论为指导，采用地理语言学方法，有组织、有计划地对全国汉语方言进行各种规模、各种深度的调查。从调查区域来讲，既需要全国性的（例如我们目前正在实施的“汉语方言地图集”项目），也需要大区性的（例如某个大方言区或某个大行政区），还需要小片性的（例如一个县）。就个人的研究力量（例如写学位论文）而言，最好是选择小片性的调查。从调查项目来讲，可以就语音、词汇、语法三方面进行比较全面的调查，也可以选取其中的某些主要项目进行专题调查，还可以进行与社会文化因素相结合的调查。此外，还可以尝试把社会语言学方法引入地理语言学调查，即在调查不同地点的方言差异的基础上，同时调查各个地点的不同年龄、性别、文化程度等因素的人的方言差异，最终得到一个既有横向差异，又有纵向差异的“立体的（三维的）”方言关系。

应当注意的是，不管是作哪种类型的调查，都必须事先明确自己的研究目的。因为研究目的不同，在选择调查区域、安排调查地点、拟定调查条目和使用调查方法等方面都会有所不同，反过来说，一定的调查只能为一定的研究目的服务。以“汉语方言地图集”项目为例，我们确定的目标是：（1）反映重要的地域差异，（2）反映重要的历史演变，（3）反映方言接触和影响。因此，所有的调查设计工作都必须服从于这三个目标。例如，西方地理语言学一般很少以语音系统作为调查内容，而出于上述目的特别是为了“反映重要的历史演变”，我们必须把能够反映语音系统的部分单字音纳入调查条目。在官话地区，一般是每3~4个县设1个调查点，但为了“反映方言接触和影响”，凡是与东南方言“直接接壤”的官话方言县均选做调查点，不受“3~4县设1点”的限制。而从另一个角度来看，由于这项调查设点比较稀，无法很精确地反映语言现象在地理空间上的变化及其结果，所以如果想把调查结果用于更细致的地理分类或观察语言现象的变化过程，就会遇到困难。

总之，调查是基础。但在调查的基础上，中国地理语言学还面临大量的研究任务，这是一项长期而艰巨的工作。在文章的最后，笔者乐观地预言，中国地理语言学研究终将对历史语言学、社会语言学、普通语言学作出独特而重要的贡献。

:: 参考文献 ::

布龙菲尔德（1955）《语言论》，袁家骅等译（1980），商务印书馆。

曹志耘（2002）老枝新芽：中国地理语言学研究展望，《语言教学与研究》第 3 期。

陈章太、詹伯慧、伍　巍（2001）汉语方言地图的绘制，《方言》第 3 期。

德川宗贤、贺登崧（1976）《方言地理学图集》，日本：秋山书店。

贺登崧，石汝杰、岩田礼译（2003）《汉语方言地理学》，上海教育出版社。

洪惟仁（2001）台湾汉语共时方言学：历史与展望，第七届国际闽方言研讨会论文，厦门，2001 年 11 月 3~5 日。

戴维·克里斯特尔，沈家煊译（2000）《现代语言学词典》，商务印书馆。

刘润清（1995）《西方语言学流派》，外语教学与研究出版社。

石汝杰（1997）汉语方言地理学的优良教科书——评介贺登崧《论中国方言地理学》，《国外语言学》第 1 期。

———（2003）贺登崧和汉语方言地理学，《语言教学与研究》第 6 期。

索绪尔（1949）《普通语言学教程》，高名凯译（1980），商务印书馆。

王辅世（1994）《宣化方言地图》，日本国立亚非语言文化研究所。

徐通锵（1991）《历史语言学》，商务印书馆。

岩田礼（1995）汉语方言"祖父""外祖父"称谓的地理分布——方言地理学在历史语言学研究上的作用，《中国语文》第 3 期。

———（2001）方言地理学的调查研究及其思想，汉语方言调查研究研讨会论文，台北，2001 年 12 月 22~23 日。

岩田礼、苏晓青（2004）矫枉过正在语音变化上的作用，《语言教学与研究》第 5 期。

游汝杰（1992）《汉语方言学导论》，上海教育出版社。

张维佳（2004）方言研究与方言视图的数字化，《中国语文研究》第1期。

J. K. Chambers and Peter Trudgill（2002）*Dialectology*，北京大学出版社。

原载《中国方言学报》第1期
商务印书馆，2006年

汉语方言的地理分布类型

〇、引言

“地理分布类型”（geographical distribution type）是指方言在具体的地理空间上呈现出来的、与山川等具体的地理因素相联系的分布特点和形状。例如长江流域地区的方言在很多语言特征上表现出共同的特点，这些共性特征构成了汉语方言的一种重要的地理分布类型，我们称之为“长江流域型”。

具体的地理分布类型可以进一步抽象概括为某种“分布模式”，例如下文的“长江流域型”可以抽象为“带状分布”，“长江线型”可以抽象为“AB 分布”，等等。但这样的分布模式不能直接反映方言分布和演变的地理背景，本文不讨论分布模式问题。

方言的地理分布类型与“方言区”不同。方言区是从语言发展演变的角度对该语言所有方言进行分类的结果；它对应于某个地区方言的整体，各方言区之间互不隶属。方言的地理分布类型是由方言现象（语言特征）的地理分布特点归纳出来的；它是针对方言中的某些现象而言的，同一个地区的方言，在一些现象上的表现属于A类型，在另一些现象上的表现可能属于B类型。地理分布类型与方言区不存在直接的对应关系。

方言与地理的关系是一个古老的话题。我国西汉扬雄的《方言》就常常以山岳关隘、江河湖海作为描述方言分布情况的依据，例如“关西”（函谷关以西）、“海岱”（从黄海到泰山之间）、“江淮”、“江湘”等等。在国外，已有少量研究涉及汉语方言的地理分布类型问题。例如，俄罗斯学者扎维雅洛娃（О.И.Завьялова）曾提出区分北部官话和南部官话的分界线——“秦巴山地—淮河线”。（参看 Zavjalova,O. and E. Astrakhan，1998）岩田礼（2009：13~17）依据《汉语方言解释地图》，首次较全面地提出了汉语方言主要的“边界线”和“分布类型”，包括：（1）南北对立：淮河线和长江线，（2）“长江”型，（3）古老“长江”型和“楚地”型，（4）东西对立。

新近出版的《汉语方言地图集》按照统一规范，实地调查了全国930个地点的方言，收集到100多万条第一手方言资料，编写出510幅方言特征地图（语音卷205幅、词汇卷203幅、语法卷102幅），为研究汉语方言的地理分布类型提供了丰富的材料。本文拟以《汉语方言地图集》为依据，从宏观的角度考察汉语方言主要的地理分布类型，以期推进这一崭新领域的研究。

一、对立型

在交通不发达的古代社会里，地理地形是构成汉语方言地理分布状况的最基本的因素。语言的隔阂主要缘自于山川阻隔，语言的扩散、融合主要由移民、战争、经商等人口流动、人员往来活动造成，而这些活动在很大程度上都依赖于地理交通条件。反过来说，地理因素一方面导致方言的“对立”，另一方面又导致方言的“一致”。“对立”和“一致”分别造成方言地理分布的两大类型：对立型和一致型。下文就从“对立”和“一致”的视角来考察汉语方言主要的地理分布类型。

1.1 南北对立型

① 秦淮线型

“秦淮线”是“秦岭—淮河线”的简称。“秦淮线”被认为是中国“北方”和“南方”的地理分界线（单之蔷，2009），在历史上，金和南宋正是以“秦淮线”分而治之。在汉语方言中，“秦淮线”具有重要的意义。例如人称代词“咱们”（语法 004[①]），在“秦淮线”以北都使用包括式的“咱们”、“咱”等词，在“秦淮线”以南，绝大多数地区没有相应的说法，吴闽部分地区使用“我和你”或其他说法来表达。（参看图 1。本文为示意图，详细情况请看《汉语方言地图集》，下文同）

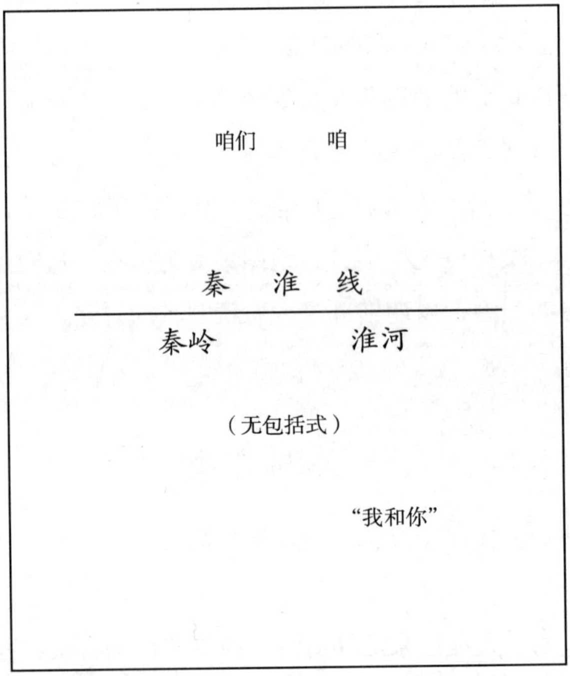

图 1　咱们

又如（线北｜线南）[②]：

① 为《汉语方言地图集》里的图号，省略“卷”字，下同。

② 限于篇幅，每类举 3~5 个例子，“｜”前后的方言形式只列主要的和有代表性的，楷体为说明性文字，下同。

蛇（词汇 035）：长虫｜蛇

炕（词汇 106）：炕｜无炕

俩你们~（语法 006）：俩｜无合音形式

大家（语法 009）：大伙｜大家

谁（语法 016）：谁｜哪个、边=个、啥人、底人

需要说明的是，“炕”一词今天整齐地分布在北纬 34° 线以北地区（山东、河南北部、陕西、甘肃及其以北地区），但实际上在该线南侧还存在一个“无实物，有说法”（没有炕了，但还有“炕”这个词）的地区，因此，从历史上看，“炕”分布区的南端正好就是“秦淮线”。这也从一个侧面（生活习惯）有力地支持了这条地理分界线的地位。

② 长江线型

与历史上中原文化持续南进运动相伴随，北方汉语的特征纷纷越过“秦淮线”向南扩散，但很多特征在遇到长江天险时停顿下来。另一方面，由于政治、文化等原因，南方方言作为相对弱势的方言，其语言特征往往只局限在本地小范围内传播，难以突破长江的阻隔进入北方中原地区。因而，长江自然地成为阻隔南北方言的一条鸿沟。

然而，长江全长 6211.31 公里，仅汉语分布地区（从川滇藏交界处往下）就长达约 4000 公里。一项语言特征要在这么长的一条大江的两侧构成整齐的对立分布，简直是难以想象的。令人惊讶的是，从《汉语方言地图集》里，我们可以看到不少“长江线”（这里指从川滇藏交界处往下部分）的南北对立。例如“手”和“脚”的词义（词汇 068。“脚”闽语说“骹”），长江以北专指手、脚，长江以南指上肢（包括手和臂）、下肢（包括脚和腿）。在《汉语方言地图集》的 930 个调查点中，长江以北只有 20 点是指上肢、下肢，长江以南只有 49 点是指手、脚。如此整齐划一的分布不能不说是一个奇迹！（参看图 2。曹志耘等，2008）

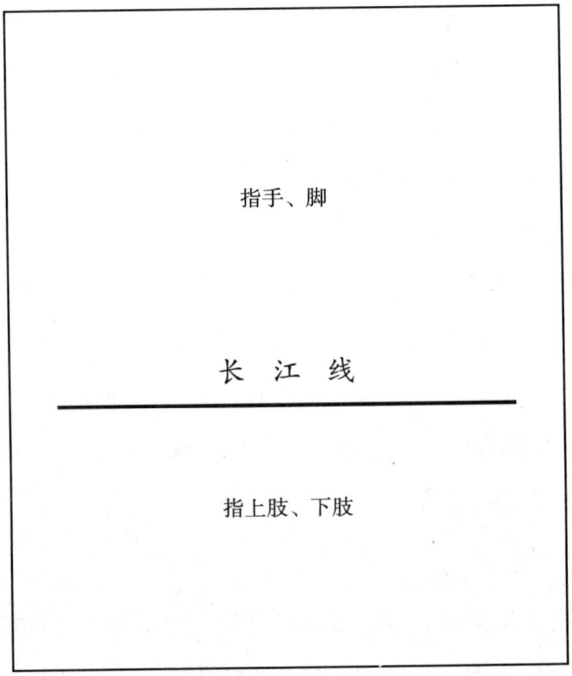

图 2 “手”和“脚”的词义

又如（线北｜线南）：

府—虎非晓声母的异同（语音 053）：声母不同｜声母相同

溪特字的声母（语音 112）：读如晓母｜读如溪母

下雨（词汇 005）：下雨｜落雨、落水

说（词汇 123）：说｜讲、话

疼（词汇 179）：疼｜痛、疾

不过，位于长江上游南部的云贵地区特别是云南开发较晚，汉语方言形成的历史较短。从总体上说，“长江线”的南北对立主要是体现在中下游——为方便起见，本文称之为“下江线”①。需要说明的是，由于西南地区多与北方一致，因此，“下江线型”严格地说不单纯是南北之间的对立，而是“东南—非东南”之间的对立，从方言区的角度来说，基本上就是“东南方言—官话晋语”之间的对立。

① 在地理学上，从湖北宜昌至江西湖口为长江中游，从江西湖口至上海长江口为长江下游。历史上“下江”一般指长江下游，但“下江官话”也包括湖北部分地区。

众所周知，在中国东南地区存在吴、徽、闽、粤、客、赣、湘、平、乡、土、畲等多种方言。以往我们习惯于从各方言区的角度去观察方言现象的分布特点。但如果从“下江线型”的视角出发，我们可以看到一种新的景象，即“下江线”以南为一种形式，“下江线”以北以西为另一种形式。换句话说，在某些语言特征上，东南地区并不存在明显的方言区差别。例如，“清浊分调”（声调按声母清浊各分阴阳）是汉语方言的重要演变规律，平、上、入声在绝大多数方言里都发生了这种分化。但是，去声的演变明显地分为两派：官话晋语不分阴阳，东南方言分阴阳。据王莉宁（2009）对《汉语方言地图集》调查材料的统计，官话晋语（共 364 个调查点）中有 91% 的点不分阴阳，东南方言（共 566 个调查点）中有 84% 的点分阴阳。（参看图 3）学术界多认为今去声不分阴阳是“先分后合”的结果，若然，由阴去、阳去合并为去声的演变在官话晋语地区已基本完成，而在东南方言地区只呈现为一些零星分布。我们知道，声调辖字众多，其演变规律在方言分类中具有举足轻重的作用。“去声是否分阴阳”这种大规律上的南北差异，有力地显示了“下江线”的重要价值。

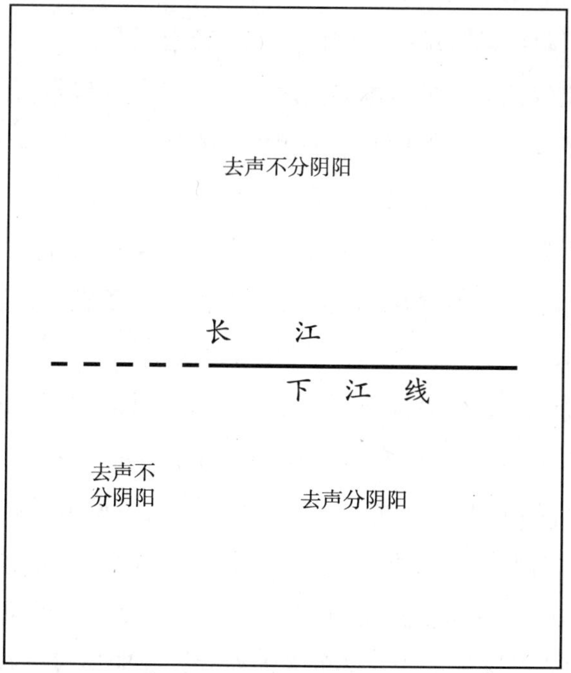

图 3　去声的分化

又如（线北｜线南）：

面儿玉米~，辣椒~（词汇 014）：面｜粉

母猪（词汇 025）：性别词＋动物名｜动物名＋性别词（猪母、猪娘、猪妈、猪婆）

脸（词汇 058）：脸｜面

他（语法 003）：他｜渠、伊

的我~东西（语法 041）：的｜个

1.2 东西对立型

③ 阿那线型

从地势上看，中国主要由从高到低的三大台阶组成。第一台阶即青藏高原，此为非汉语区，暂且不论。第二台阶主要是高原，第三台阶主要是平原，第二台阶与第三台阶的界线大致为“大兴安岭—太行山脉—巫山—雪峰山”一带，有人提出可从黑龙江省塔河县的开库康乡至广西东兴市之间画一条直线。（单之蔷，2005）这条线与著名的“胡焕庸人口密度分布线”（从黑龙江的黑河至云南的腾冲）十分接近，只是线的南端一在广西，一在云南。

东西对立也是汉语方言的基本对立之一。第二台阶与第三台阶之间的地理分界线，同时构成了汉语方言东西对立的界线。不过，在东北地区，只存在汉语和少数民族语言的对立，不存在汉语方言的东西对立。为了方便起见，本文提出从内蒙古兴安盟的阿尔山市（位于大兴安岭山麓，与蒙古交界处）至广西百色市的那坡县（位于广西、云南和越南的交界处）之间画一条直线，称之为“阿那线”，作为汉语方言的东西分界线。“阿那线”正好经过第二、三台阶的交界地带。

“阿那线”直线距离约达 3000 公里，比上文所说的“长江线”（从川滇藏交界处往下部分）的直线距离还要长得多。令人欣慰的是，在该线的两边，我们的确看到了汉语方言的一些东西对立分布（尽管比较少见）。例如单音节名词重叠（语法 059），在“阿那线”以西都有重叠的用法，在“阿那线”以东，除了湖南西南部也有重叠以外，其他地区都不能重叠。重叠是汉语的重要语法手段之一，“阿那线”构成单音节名词能否重叠的东西对立，表明该线具有重要的价值。（参看图 4）

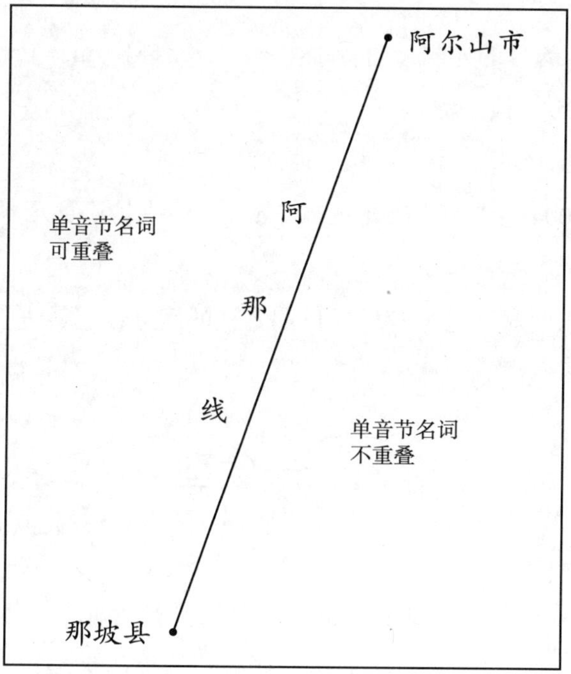

图 4　单音节名词重叠

又如（线西｜线东）：

问问〈方〉单音节动词重叠：你去～（语法 060）：不重叠｜可重叠

马铃薯（词汇 016）：洋芋｜土豆、地蛋、马铃薯

小孩儿（词汇 040）：娃｜小孩、小人、崽、囝

玩儿游玩（词汇 156）：耍｜玩、嬉、搞

除了整体性的东西对立以外，部分语言特征的东西对立只体现在北方地区。由于分界线的核心地段是太行山脉，也可称之为“太行山线型”。该类型也许与汉语方言早期的分布状况有关。据李恕豪（2003）的研究，“秦晋方言区”是西汉时期规模和影响最大的一个方言区，而该方言区正好位于“太行山线”以西地区。不过，正如岩田礼（2009：16~17）所指出的那样，山西方言有时归西部，有时归东部，有时则自成一类。

例如（线西｜线东）：

入声的分化（语音 005）：清入次浊入、全浊入二分｜清入、全浊入、次浊

入三分

滚—公臻通合—韵母的异同（语音 181）：韵母相同（uŋ、uəŋ）｜韵母不同

拔（词汇 130）：拔｜薅

掉树上～下一个梨（词汇 146）：跌｜掉

咱们（语法 004）：“咱”读开尾韵［a］｜“咱”读鼻尾韵［an］或鼻化韵［ã］

汉语方言的东西对立是方言学界长期忽视的问题，有待进一步关注和研究。

二、一致型

④ 长江流域型

长江干流流经青海、四川、西藏、云南、重庆、湖北、湖南、江西、安徽、江苏、上海 11 省市区以及重庆、武汉、南京、上海等大城市，支流流域还包括甘肃、贵州、陕西、广西、河南、广东、浙江等省的部分地区。流域东西直线距离约 3219 公里，南北直线距离约 966 公里。流域总面积 180 万平方公里，占全国总面积近五分之一。长江是中国的第一大河，也是中国最重要的运输河流，年运量居世界河流第一。在中国古代，水运是最重要的交通运输方式。长江流域依赖其水运系统构成了一个巨大的带状地理单元。在这个地理单元里，许多语言特征以水路为媒介传播、扩散，从而形成一种与长江流域地区相对应的地理分布类型，即“长江流域型”。

［n］、［l］声母相混（例如：南＝蓝｜年＝连）是汉语方言中一种重要的语音现象。在人们的印象中，南京、合肥、武汉、南昌、长沙、重庆、成都、贵阳、昆明等地方言都有这种特点，但具体的分布状况到底是怎样的，在以前并不是十分清楚。从“泥来母的分合”（语音 057）、“脑—老｜南—蓝泥来洪声母的异同”（语音 058）、“泥—梨｜年—连泥来细声母的异同”（语音 059）可以看出，尽管［n］、［l］相混的地点南到广东、福建，北到甘肃、陕西，但其主要分布地区正好与长江流域相吻合，离长江越近的地方点越多，离长江越远的地方点越少，可以说是一种“长江流域型”分布。（参看图 5）

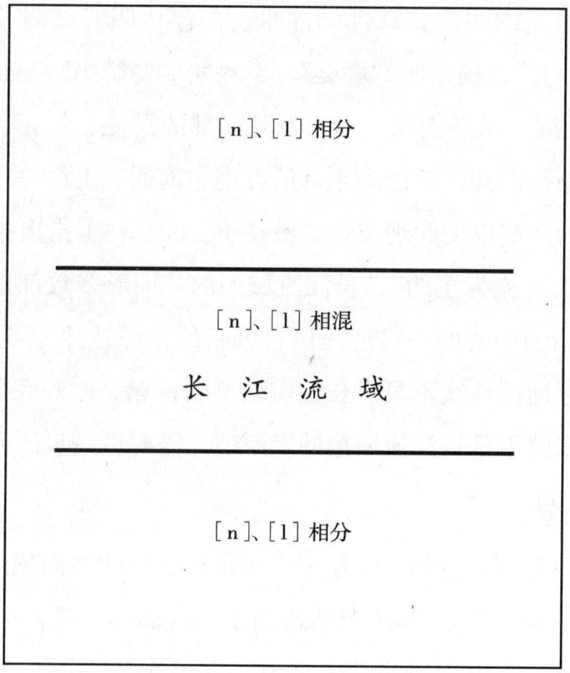

图 5　泥来母的分合

又如（内部 | 外部）：

太阳（词汇 001）：太阳 | 日头

雹子（词汇 007）：冰雹 | 雹、雹子、冷子、蛋子、冰子

外祖母叙称（词汇 045）：家婆、家家 | 外婆、婆婆

肥皂（词汇 117）：肥皂 | 胰子、洋碱

没有他～孩子（语法 030）：没得 | 没有、冇得、冇有、无不

需要指出的是，在所谓的“长江流域型”中，有不少是局部性的。其中有的只分布在长江中下游地区——可称为“下江流域”。例如“雹子”（词汇 007），“冰雹”的说法主要分布在湖南、湖北、安徽、江苏、上海、浙江的长江流域地区。值得一提的是，“冰雹”、“太阳”、“肥皂”等长江流域词正是今天的普通话词。

而在另一方面，上海以及苏南、苏中地区常常置身于“长江流域型”之外。例如“外祖母叙称”（词汇 045），从四川沿长江一直到安徽都使用“家婆”、“家家”等带词头“家”的叫法，江苏的溧水、高淳也叫“家婆”，但南京、苏州、上海等地都叫“外婆”，扬州叫“婆婆”，泰兴叫“婆奶奶”，与长江流域型不同。又如［n］、［l］相混，虽然南京、扬州及其南部的丹徒、句容、金坛、溧阳、溧水、高淳有此现象，但并未扩散到东部的苏南、南通、上海一带，就连同属扬州市、与扬州接壤的江都也无此现象。岩田礼（2009：15）指出：“语言特征沿着长江的移动却总是以逆流为主的”，长江流域型的“词形多数都是江淮起源的，尤其是以南京和扬州为中心的一带应是语言创新的发源地。”不过，事实是在今南京、扬州及其附近地区往往不具有长江流域型的特点。这到底是该地区发生了新的演变，还是本来就不是长江流域型的发源地，需要进一步研究。

⑤江南漏斗型

从中国地形图上可以看到，在第三台阶地区，从北往南依次是东北平原、华北平原、长江中下游平原，再往南就遇到了由武夷山、南岭、雪峰山构成的一个漏斗形屏障。该“漏斗”的北端在长江一带，中心正好是长江以南的两大水系——鄱阳湖水系和洞庭湖水系，亦即江西以及湖南的部分地区。在北方汉语向南推进的过程中，官话的部分语言特征突破长江天险，进入该“漏斗”区并逐渐扩散，在长江以南地区形成北大南小的分布。“漏斗”的内部与官话一致，两边为东南方言的原有形式。属于“江南漏斗型”的语言特征多半是官话的重要特征，而且是正在进行的变化。例如“坐－大浊上与去声调的异同”（语音027），古全浊声母上声字今归去声（例如：坐＝座，弟＝递）是官话晋语方言的共同特点，在北方几乎无一例外；在东南地区，大部分方言全浊上、去相分，但也有部分方言发生了全浊上归去的演变，这类方言虽然各地都有，但最集中的是分布在江西和湖南境内（占东南地区全浊上归去方言的一半以上）。（参看图6）

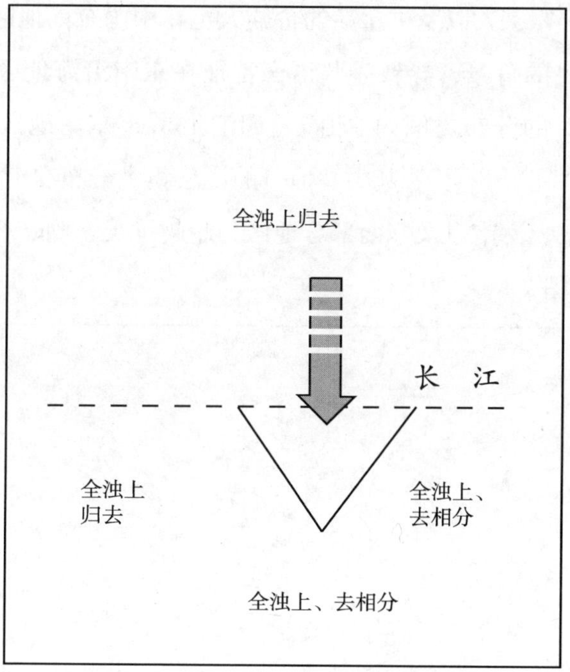

图 6　坐－大浊上与去声调的异同

又如（内部 | 外部）：

问微的声母（语音 052）：零声母 | m

今特字的声母（语音 109）：tɕ | k

走（词汇 138）：走 | 行

只鸡死了〈方〉量词定指（语法 014）：无量词定指用法 | 只鸡死了

不（语法 028）：不 | 弗、唔、冇

⑥ 东南沿海型

“东南沿海”是指浙江、福建、台湾、广东、海南、广西一带，特别是其沿海地区，大致上相当于“江南漏斗型”的背面（南面）。由于西部武夷山脉和北部南岭的阻挡，东南沿海地区构成了一个相对独立的地理单元。因为海岸沿线一般都是平原地区，海上交通也很便捷，该地区内部往来相对来说比较方便。自古以来，该地区内部移民活动十分频繁，例如大量闽南人从福建本土移居台湾、海南、雷州半岛等地，有的还北上到达浙江的沿海和海岛（例如舟山群岛）或进入广东、广西腹地，客家人以及讲畲话的畲族人也在中国东南地区广泛迁徙。这种地理、交通、移民的背景，导致一些语言特征在东南沿海地区扩散或趋同，形成“东南沿海型”的分布。例如“怕”（词汇 155），东南地区的方言说法主要有“惊”、“吓”、“狂”、“慄”，其中“惊”的说法集中分布在沿海的浙江中南部、福建、台湾、广东、海南以及广西部分地区，超越了吴、闽、客、粤、平等方言区的界线。（参看图 7）

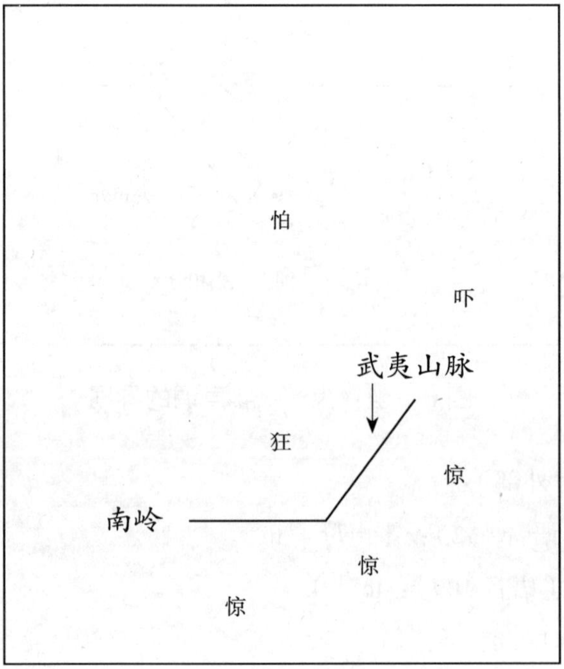

图 7　怕

又如（内部｜外部）：

［m n ŋ］韵尾（语音 121）：3 个（m、n、ŋ）｜2 个（n、ŋ）、1 个（n 或 ŋ）

楼—流流开一三韵母的异同（语音 164）：韵母相同（əɯ、au、ɐu）｜韵母不同

萝卜（词汇 019）：菜头｜萝卜

人（词汇 039）：农｜人

知道（词汇 154）：知、知—（知得、知影）｜晓得、识得

需要注意的是，如果“江南漏斗型”不断扩大，新形式逐渐覆盖更大的地区，东南方言的原有形式只能保存于离长江水系最远的东南沿海地区，因而从另

一方面造成“东南沿海型”的分布（例如“[m n ŋ] 韵尾”）。由此造成的“东南沿海型”与西部、北部地区的方言具有对立的关系，它实际上具有存古的性质，与通常由新形式扩散而造成的一致型有所不同。

三、结语

在上述汉语方言的地理分布类型中，“长江线型”是“秦淮线型”向南推进的结果,“江南漏斗型”是“长江线型”（下江线型）进一步向南推进的结果。“江南漏斗型”如果持续扩大，会造成存古性的“东南沿海型”，最终甚至会覆盖整个东南地区，导致南北对立的消失。

在对立型中，南北对立是主要的，东西对立相对而言是次要的。不过，我们对东西对立的认识还很不够。在南北对立中，最重要的是“下江线型”，它也可作为整个汉语方言第一层次上的一条地理分界线。

南北对立背后的地理因素主要是河流，东西对立背后的地理因素是山脉，也可以说是高原与平原两大台阶之间的对立。“长江流域型”由水系构成；“江南漏斗型”由山脉合围而成，内部以水系为纽带；“东南沿海型”一方面以山脉为屏障，另一方面以沿海为纽带。从今天的情况来看，黄河不构成明显的南北对立，也不构成明显的流域型分布。

应该说明的是，同一个语言项目，在不同地区、不同时期、不同层面（宏观或微观、全国或局部等）可能会存在不同的地理分布类型。反过来说，在同一幅方言地图上，可能既有A类型，也有B、C等类型。例如“深—升深曾韵母的异同”（语音 172）、“心—星深梗韵母的异同”（语音 173）、“马铃薯”（词汇 016）、“儿媳妇叙称”（词汇 053），既属于“阿那线型”，又属于“长江流域型”。又如“箍特字的声母”（语音 107），从今天的情况来看，“箍”字北方读如见母（[k] 等），南方（包括长江流域地区）读如溪母（[kʰ] 等），但湖南、江西也读 [k]，从而形成一个奇特的“空心圆”（也像一个真正的“箍”），即湖南、江西（内核）读 [k]，周围地区（外圈）均读 [kʰ]（再往外又是 [k] 了）。对这种分布的解释无疑具有很大的挑战性。我们试推测如下：一开始 [kʰ] 呈“下江线型”分布，即东南地区均为［kʰ］；后来北方的［k］扩散至湖南、江西地区，变成了“江南漏斗型”分布；最后，吴徽语地区的［kʰ］沿长江逆流而上，形成“长江流域型”分布，把原先“江南漏斗型”的北端封上，结果就形成了今天的“空心圆”。换句话说，今天的“空心圆”是由三种地理分布类型变化、叠积而成的。（参看图8，图中黑圈表示读［k］类声母，黑点表示读［kʰ］类声母）

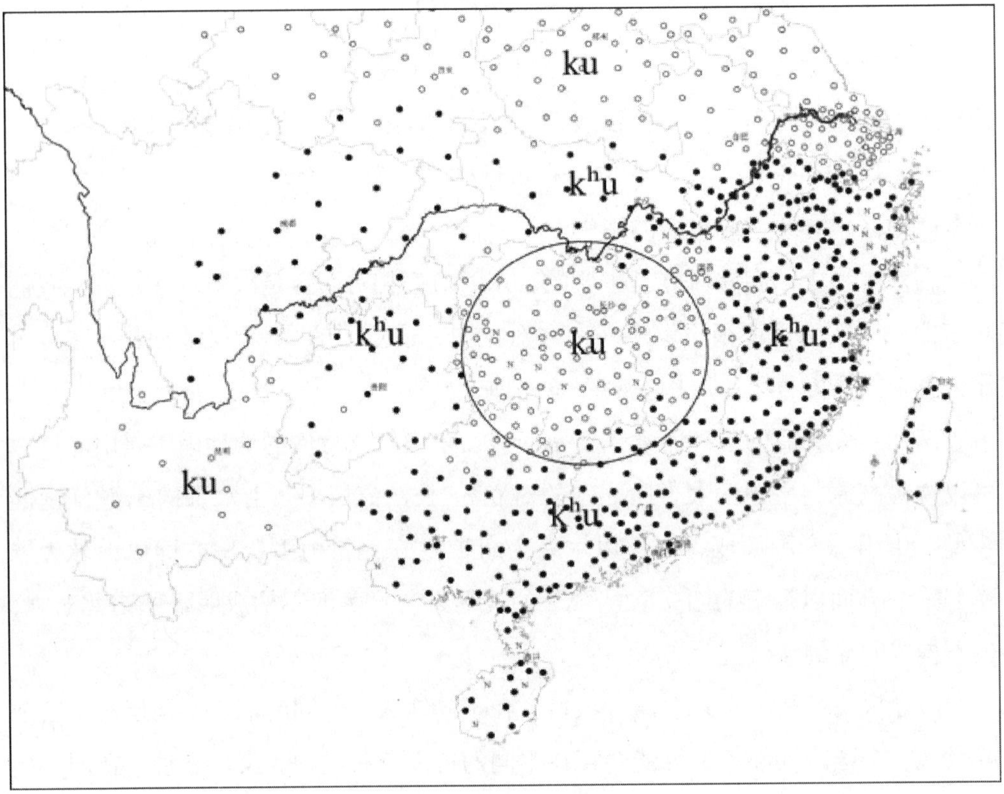

图 8　箍特字的声母

需要说明的另外一点是，语言特征在地理空间上的分布状况并不一定都是地理因素造成的，有的可能是行政区划或其他因素造成的。这种分布状况从表面上看虽然也是地理分布，但实质上是一种“政区分布”或其他分布，需要从地理以外的角度去认识和分析。不过这不在本文讨论的范围之内。

:: 参考文献 ::

曹志耘主编（2008）《汉语方言地图集》，商务印书馆。

曹志耘、王莉宁、张燕芬（2008）汉语方言里的“手”和“脚”，《汉藏语学报》第2期，商务印书馆。

李恕豪（2003）《扬雄〈方言〉与方言地理学研究》，巴蜀书社。

单之蔷（2005）中国的美景分布，《中国国家地理》增刊。

———（2009）南北分界线上的迷雾，《中国国家地理》第10期。

王莉宁（2009）汉语方言声调分化研究，北京语言大学博士学位论文。

岩田礼编（2009）《汉语方言解释地图》，日本：白帝社。

Zavjalova, O. and E. Astrakhan（1998）*The Linguistic Geography of China*，“中国における言語地理と人文・自然地理”研究成果报告书——第1分册，远藤光晓编，青山学院大学经济学部。

原载《语言教学与研究》2011年第5期

汉语方言里的“手”和“脚”*

一、“手”、“脚”、“骹”的词义及其演变

1.1 手

《说文》:“手，拳也。”本义应是指上肢前端能屈伸的部分。段玉裁注:“今人舒之曰手，卷之曰拳，其实一也。”例如《诗·邶风·击鼓》:“执子之手，与子偕老。”在先秦时期，“手”还可以指整个上肢，例如《山海经·南山经》:“有鸟焉，其状如鸱而人手。”在后世文献里，“手”的这两个意义都能看到。例如《颜氏家训·勉学第八》:“时又患疥，手不得拳，膝不得屈。”其中“手”指腕下可“拳”的部分。《六度集经》卷五:“又截其左手，一问一截，截其脚，截其耳，截其鼻，血若流泉，其痛无量。”其中“手”指上肢。在现代汉语普通话里，单音词“手”专指“人体上肢前端能拿东西的部分”，亦即“腕以下的部分”，与其本义相同。“手”的“上肢”义只见于少量多音词语里，例如“举手”、“手舞足蹈”等。

---

* 此项研究受北京市“十一五”重点规划项目“汉语方言地图集”（06AaWY003）和北京市教委共建项目建设计划（xk100320572）资助。文中使用的方言材料全部来自北京语言大学语言研究所“汉语方言地图集数据库”，方言地图由刘晓海先生绘制，谨此致谢。

1.2 脚、骹

《说文》:“脚，胫也。”本义是指小腿，与指大腿的“股”相对。段玉裁注：“股与脚以膝为中，脚之言却也，凡却步必先胫。”此义在先秦时期已经出现，例如《墨子·明鬼下》:“羊起而触之，折其脚。”“脚”还可以指整个下肢，例如《山海经·海外西经》:“长股之国，在雄常北，被发，一曰长脚。”郭璞注:“……以类推之，则此人脚过三丈矣。”在汉魏时期，“脚”最常见的用法是统称下肢。据张雪梅（2007）等，在西汉中期，“脚”开始有“足”（踝下部分）的意思，并在东汉魏晋南北朝时期迅速发展，唐代以后取代“足”成为表示“足”义的基本词汇。在现代汉语普通话里，“脚”专指“人和动物的腿的下端，接触地面支持身体的部分”，亦即“踝以下的部分”。

闽语把脚叫做“骹”（口交切，折合成普通话音为 qiāo)。《说文》:“骹，胫也。”段玉裁注:“胫，膝下也。凡物之胫皆曰骹。”本义也是指小腿。例如《文选·潘岳〈射雉赋〉》:“奋劲骹以角槎，瞵悍目以旁睐。”后引申指足踝处，《广韵》肴韵:“骹，同跤，胫骨近足细处。”也可用于指脚，例如北宋梅尧臣《潘歙州话庐山》:“坐石浸两骹，炎肤起芒粟。”可见，“骹”跟“脚”一样，也经历了一个由指“小腿”到指“足”（脚）的词义转移过程。

二、汉语方言里“手”和“脚”的说法及其地理分布

2.1 “手”的说法

“汉语方言地图集”课题实地调查了全国 930 个地点（参看图 2)。“手”的说法可归纳为以下三种类型：

（1）手：即单音词“手”，计 908 点。

（2）手~X：即一个点既说单音词“手”，又说别的词（本文称为“一点多说”)，计 14 点。

（3）手－：即“手”加上其他语素构成的词，计 8 点。

第（2)、(3）类说法的具体词形、点数和方言点见表 1。

表 1

类型	词形	点数	方言点
（2）	手 ~ 手仔	1	广东龙门
	手 ~ 手巴掌	1	陕西平利
	手 ~ 巴掌	2	河北唐县；云南保山
	手 ~ 爪子	1	宁夏隆德
	手 ~ 爪爪	2	四川盐亭、旺苍
	手 ~ 手骨	6	浙江鄞县、东阳、松阳；福建晋江、南安；广西北海
	手 ~ 手梗	1	浙江磐安
（3）	手骨	3	江西莲花、于都；福建宁化
	手杆	4	贵州大方、正安、余庆；广西河池
	手拐子	1	广西桂林

由此可见，“手”在汉语方言里的说法一致性非常强。除了“一点多说”类中有个别地点使用“巴掌”、“爪子”、“爪爪”等形象化的说法之外，全国绝大部分地点都使用“手”或以“手”为词根构成的词。“手”在汉语方言里不存在词根差异。

2.2 “脚”的说法

在全国 930 个地点，“脚”的说法可归纳为以下五种类型：

（1）脚：即单音词“脚”，计 788 点。

（2）脚~X：即一个点既说单音词“脚”，又说别的词，计 5 点。

（3）脚—：即“脚”加上其他语素构成的词，计 25 点。

（4）骹：即单音词“骹”，计 110 点。

（5）骹~X：即一个点既说单音词“骹”，又说别的词，计 2 点。

第（2）、（3）、（5）类说法的具体词形、点数和方言点见表 2。

表 2

类型	词形	点数	地理分布
(2)	脚～脚骨	4	浙江鄞县、东阳、松阳；广西北海
	脚～脚梗	1	浙江磐安
(3)	脚丫子	6	内蒙古赤峰；河北围场、承德、晋州；天津；山东临邑
	脚片子	4	新疆吐鲁番；内蒙古临河、鄂尔多斯；陕西神木
	脚板子	8	内蒙古呼和浩特、集宁、太仆寺；河北张北；山西偏关、代县、灵丘、太原
	脚板儿	1	河北阳原
	脚骨	2	浙江镇海、浦江
	脚杆	3	贵州大方、都匀、安龙
	脚屋⁼	1	广东吴川
(5)	骹～骹骨	2	福建晋江、南安

第（1）~（3）类共计 818 点，其性质跟“手”的（1）~（3）类一样，都可视为“脚”类。第（4）、（5）两类以“骹”为词根，可称为“骹”类。“骹”类与“脚”类是词根的不同，表现出重要的方言差异。

2.3 地理分布

图 1 表示汉语方言里“手”和“脚”两个概念的说法及其地理分布情况。为了简明起见，地图上只标出“特殊说法”的分布情况，即“手”的第（2）、（3）类说法，“脚”的第（2）~（5）类说法。其中“脚”的第（4）、（5）类说法（“骹”类）用阴影显示。其余未标出说法的调查点均使用单音词“手”和“脚”。（因版面所限，新疆维吾尔自治区缩小比例后放在地图的左上角）

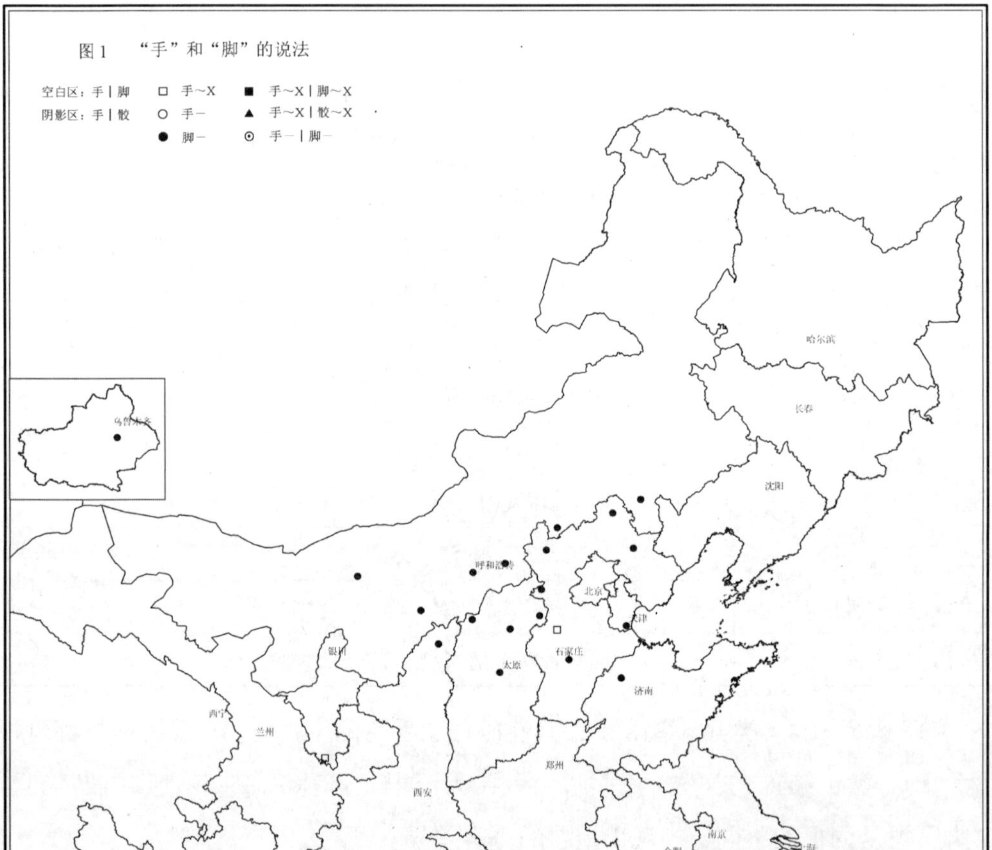
图 1 “手”和“脚”的说法
空白区：手 | 脚
阴影区：手 | 骹
□ 手～X
○ 手一
● 脚一
■ 手～X | 脚～X
▲ 手～X | 骹～X
⊙ 手一 | 脚一
哈尔滨
长春
沈阳
乌鲁木齐
呼和浩特
北京
天津
石家庄
太原
济南
银川
西宁
兰州
郑州
西安
南京
合肥
上海
杭州
武汉
成都
重庆
南昌
长沙
贵阳
昆明
广州
南宁
南海诸岛

图 1 “手”和“脚”的说法

从图1可以看到，单音词“手”、“脚”占据了全国大部分地区，“骹”很规则地分布在闽语区（福建、台湾、海南三省的大部分地区，广东省潮汕地区和雷州半岛，浙江省东南角）以及与福建闽语相邻的浙西南、赣东吴语地区，其余说法则零星地分布在单音词“手”和“脚”、“骹”的分布区内。就“手”的说法而言，除了河北唐县、云南保山、宁夏隆德、四川盐亭和旺苍5点说“巴掌”、“爪子”、“爪爪”以外，其余使用“手－”（包括与“手”一点多说的）的地点除陕西平利1点外均分布在长江以南地区。就“脚”的说法而言，“骹－”（即“骹骨”）分布在福建，“脚－”（包括与“脚”一点多说的）在长江南北都有分布，但以长江以北地区为主，并在河北、山西、内蒙古三省区交界地区形成了一个较大范围的连续性分布。

以“手”、“脚”、“骹”为词根构成的“手巴掌”、“手骨”、“手杆”、“脚丫子”、“脚板儿”、“脚骨”、“脚杆”、“骹骨”等等，都是对“手”、“脚”、“骹”的进一步形象化、生动化描述。在一些方言里，“手－”、“脚－”、“骹－”比单音词更为常用（例如浙江鄞县），甚至取代了单音词（例如贵州大方）。不管今天的情况如何，可以认为，所有“手－”、“脚－”、“骹－”都是在单音词“手”、“脚”、“骹”的基础上发展出来的。也就是说，今天使用“手－”、“脚－”、“骹－”的地点以前应该也是单音词“手”、“脚”、“骹”的分布区，那些“手～手－”、“脚～脚－”、“骹～骹－”一点多说的地点正好反映了新旧两种形式共存的状态。

值得注意的是，“手－”、“脚－”、“骹－”等创新形式以长江为界，呈现出截然不同的两种形态：

长江以北：手巴掌；脚丫子、脚片子、脚板子、脚板儿。

长江以南：手骨、手梗、手杆、手拐子；脚骨、脚梗、脚杆，骹骨。（广东龙门的“手仔”由“手”加小称后缀“仔”构成，广东吴川的“脚屋⁼”后字本字不明，这两点暂且不论）

长江以北地区的创新形式全部着眼于“手掌”、“脚掌”本身（即使不以“手”为词根的创新形式“巴掌”、“爪子”、“爪爪”也是如此），而长江以南地区的创新形式则全部着眼于整个上肢或整个下肢。这无疑是与这两个地区对

“手”、“脚”的词义的理解直接相关的。（参看本文第三节）

“骹”的分布基本上与闽语区重合。在闽语区内所有地点都说“骹”，没有例外。在“骹”类同言线内只有11个非闽语的方言点：福建西部的明溪（客家话），福建西北角的浦城，浙江西南部的开化、常山、江山、衢县、遂昌、龙泉、庆元，江西东部的玉山、广丰（以上均为吴语）。由此可见，“骹”是闽语的一个非常重要的区别性特征词（李如龙，2002），明确地显示了闽语与其他汉语方言的分野，同时也显示了闽语与其北边相邻的吴语上丽片（旧称处衢片）之间的密切关系。

三、汉语方言里“手”和“脚”的词义及其地理分布

3.1 “手”和“脚”的词义

本节讨论汉语方言里表示“手”、“脚”的词的具体词义。为了叙述方便，下文中把汉语方言里所有表示“手”的说法（手、手仔、手巴掌、巴掌、爪子、爪爪、手骨、手梗、手杆、手拐子）都称做“手”（用楷体表示），把所有表示“脚”的说法（脚、脚丫子、脚片子、脚板子、脚板儿、脚骨、脚梗、脚杆、脚屋⁼、骹、骹骨）都称做“脚”（用楷体表示）。

如上文所述，在普通话里，单音词“手”、“脚”专指“手”（腕下部分）、“脚”（踝下部分），全国多数地区的方言也是如此。但也有很多方言（基本上位于长江以南地区，姑且称为“江南方言”），“手”、“脚”并不是专指手、脚，而是分别指上肢、下肢。换句话说，“手”的意思包括“手和臂”，“脚”的意思包括“脚和腿”。例如吴语汤溪方言“大手”是指“右上肢”，“细手”是指“左上肢”，“大脚”是指“右下肢”，“细脚”是指“左下肢”。在江南方言里，如果需要专门指手、脚或臂、腿时，仍可以用“手”、“脚”来表示。例如汤溪方言可以说“洗手”、“洗脚”，也可以说“渠个手跌断罢他的胳膊摔断了”、“渠个脚阔⁼断罢他的腿压断了”。从普通话的立场来看，江南方言的“手”、“脚”似乎既可以用作统称，也可以用作分称。不过，从方言的立场来看，在他们的概念系统里，其实不

一定有“手”与“臂”、“脚”与“腿”的截然对立。就像“奶”一词，有时指乳房，有时指乳汁，有时则不太清楚是指乳房还是指乳汁（例如“小孩吃奶”）。又如“衣服”一词，有时是上衣和裤子的总称，有时专指上衣，有时则无所谓指其中哪个意思（例如“她在洗衣服”）。因此，我们认为，江南方言的情况是，“手”、“脚”的基本意义是指上肢或下肢，如果说话时所指的物体只是上肢或下肢的某一部分，仍可使用“手”、“脚”，而不必使用其他不同的词。

在全国 930 个调查点里，“手”和“脚”的词义情况可分为以下两类：

（1）“手”专指手，“脚”专指脚：计 334 点。

（2）“手”指上肢（包括手和臂），“脚”指下肢（包括脚和腿）：计 596 点。

需要说明的是，虽然第（2）类的分布点数比第（1）类多，但实际上第（1）类的分布区域比第（2）类要大。这是因为“汉语方言地图集”的调查点不是平均分布的，在东南方言地区是一个县设一个调查点，在官话和晋语地区是 3~4 个县设一个调查点。

3.2 地理分布

图 2 表示汉语方言里“手”和“脚”两类说法的词义及其地理分布情况。

从图 2 可以看到，“手”和“脚”的两类词义大致上以长江为界，长江以北为（1）类（可称为“江北型”），长江以南为（2）类（可称为“江南型”）。不一致的情况见表 3。

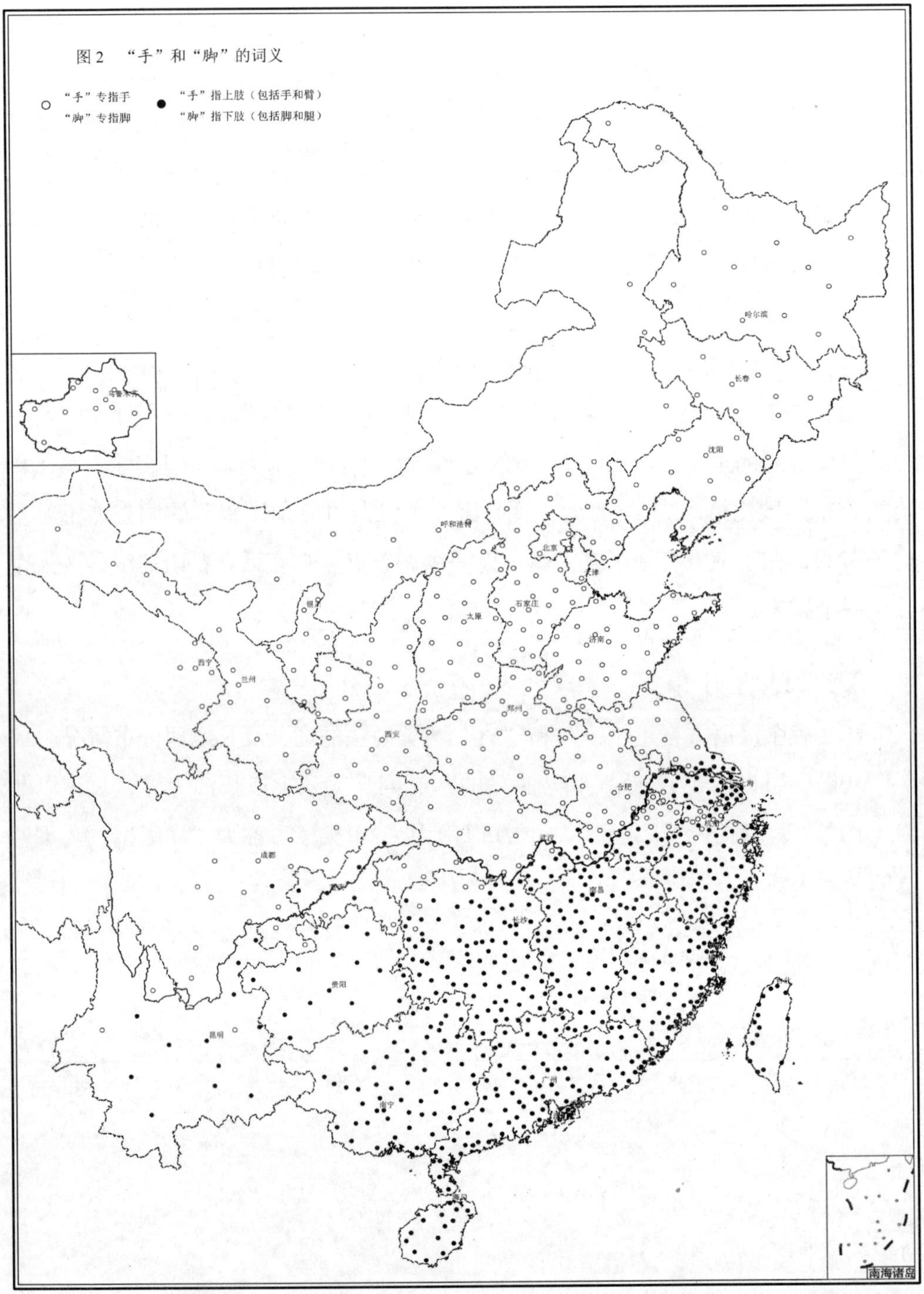
图2 “手”和“脚”的词义
○ “手”专指手
“脚”专指脚
● “手”指上肢（包括手和臂）
“脚”指下肢（包括脚和腿）
哈尔滨
长春
沈阳
呼和浩特
北京
天津
石家庄
太原
济南
西宁
兰州
郑州
西安
合肥
杭州
武汉
成都
南昌
长沙
贵阳
昆明
广州
南宁
海口
南海诸岛

图2 “手”和“脚”的词义

表 3

	点数	方言点	方言区
长江以北的（2）类点	20	四川资中；重庆大足、重庆、忠县、云阳；湖北英山、蕲春、武穴；安徽和县；江苏如皋、南通、如东	官话
		安徽宿松、太湖、望江、怀宁	赣语
		江苏靖江、通州、海门、启东	吴语
长江以南的（1）类点	49	云南保山、马龙；四川长宁、古蔺；重庆綦江、秀山；湖北恩施、鹤峰、秭归、宜都、石首、鄂州；湖南永顺、临澧、安乡；安徽马鞍山、芜湖市、郎溪、广德、宁国；江苏丹徒	官话
		湖南吉首	湘语
		安徽池州、铜陵、当涂、芜湖县、宣城、繁昌、南陵、泾县；江苏溧水、高淳；浙江安吉、湖州、武康、德清、嘉善、海盐、海宁、崇德、分水、杭州、富阳、桐庐、慈溪、奉化、宁海、象山、舟山	吴语

长江以北的（2）类点（江南型）只有 20 个，而且都紧贴长江分布。其中点数比较集中的有两个地区，一是皖西南和鄂东地区，二是江苏南通一带。如果看一下汉语方言分布图，就可以发现这两个地区正好是两只突破长江、伸向官话地区的“东南方言之角”，前者赣语，后者吴语（事实上，位于长江以北的东南方言也只有这两只“角”）。这表明长江以北的江南型分布主要是东南方言特征的表现，或其影响所致。

长江以南的（1）类点（江北型）有 49 个，也都分布在长江沿岸或离长江不远的地区，其中点数最集中的有两个地区，一是湖北西南部、湖南西北部以及重庆南部、四川东南角地区，二是安徽东南部、浙江北部地区。前者为西南官话，后者主要为吴语，但安徽马鞍山、芜湖市、郎溪、广德、宁国 5 点是官话，其中马鞍山、芜湖市、郎溪是江淮官话，广德是河南移民方言，宁国是湖北移民方言。从汉语方言分布图上看，在长江以南，鄂湘渝交界地区和皖苏沿江地区正好是踏在东南方言头上的两只“官话之脚”，因此，这两块地区的江北型分布可能是随着官话南下而形成的。但在苏皖浙交界地区甚至浙江宁波、舟山地区的北部吴语里出现大量的江北型点（27点），显得格外突兀。不过，此一江北型分布区的西端正好与上述皖东南官话区相连，二者之间应该存在着某种联系。

在长江以南的其余广大地区，“手”和“脚”的词义的分布与方言区之间不存在对应关系。不仅吴闽粤客赣湘等大方言之间没有区别，东南方言与官话之间也没有区别。

从总体上看，长江以北的（2）类点和长江以南的（1）类点都沿长江分布，并与长江北岸的（1）类点、长江南岸的（2）类点一起形成了一条以长江为轴心的（1）、（2）类的混合过渡带。从图2还可以看出，这条混合过渡带的主要区域位于长江南岸。

如上文所述，“手”的本义是手，“脚”的本义是小腿。经过一定的历史发展，北方地区的“手”、“脚”演变为专指手、脚，而南方地区的“手”、“脚”（及“骹”）则演变为指上肢、下肢。我们推测，随着北方汉语的扩散运动，江北型的“手”、“脚”不断向南方推进，最终到达长江地区。但是，东西流向的长江天险对来自北方的新形式起到了阻挡作用，致使江北型的“手”、“脚”未能顺利地继续向南推进，而只是在长江南岸形成了一些小块和零星的分布。

（1）、（2）类的混合过渡带主要位于长江南岸而不是北岸，有力地支持了上述推测。假如新形式的扩散是由南方发起的，长江南岸（例如鄂湘渝交界地区和皖南浙北地区）不应该成为扩散的禁区，（1）、（2）类的混合过渡带将会主要出现在长江北岸。

本文在实地调查的基础上，总结归纳了汉语方言里“手”、“脚”的说法、词义及其地理分布情况。研究发现，在各地汉语方言里，“手”、“脚”的词义均具有平行性，即在同一地点，“手”、“脚”要么都是专指手、脚，要么都是指上肢、下肢。研究还发现，长江（不仅仅是其中下游部分）是汉语南北方言之间的一条重要分界线。在“汉语方言地图集”课题的调查研究过程中，我们注意到“‘溪’的声母”、“下雨”、“‘猪舌头’的婉称”等条目的地理分布也与长江有关。随着研究的深入，我们相信“长江线”在汉语方言分布中的意义将会被逐渐揭示出来。

:: 参考文献 ::

邓　明（1996）杨氏“足”字说补正，《古汉语研究》第3期。

李如龙（2000）《汉语方言的比较研究》，商务印书馆。

李云云（2004）汉语下肢语义场的历史演变，《绵阳师范学院学报》第1期。

汪维辉（2000）《东汉－隋常用词演变研究》，南京大学出版社。

王　力主编（2000）《王力古汉语词典》，中华书局。

张雪梅（2007）“脚”有“足”义始于西汉中期，《古汉语研究》第2期。

中国社会科学院和澳大利亚人文科学院（1987）《中国语言地图集》，香港朗文出版（远东）有限公司。

与王莉宁、张燕芬合写

原载《汉藏语学报》第2期，商务印书馆，2008年

语音变化和演变

汉语方言中的韵母分调现象

“韵母分调”是指由韵母的元音、韵尾等因素而使声调产生分化的现象。从音变过程来看，分调往往是由一个调里面部分字的声调发生了改变（可称为“改调”）而造成的，不过我们现在看到的都是变化的结果，有时难以判定各有关声调之间的变化关系。本文只着眼于调值的异同，只要不同就作为“分调”对待。

就声韵母对声调的制约关系（远藤光晓，1994；李如龙，1996）而言，以往人们较多地注意声母对声调变化的作用，而不太重视韵母对声调变化的作用。随着近年来汉语方言调查工作的不断深入，许多新鲜的方言现象被揭示出来，其中包括各种鲜为人知的韵母分调现象。本文根据现有文献、笔者调查以及北京语言大学语言研究所“汉语方言地图集数据库”的材料，全面梳理汉语方言中存在的韵母分调现象，希望能为解释汉语声调的变化提供一个新颖的视角。

一、韵尾分调

1.1 塞尾与非塞尾分调

在汉语中，塞音韵尾［p t k ʔ］往往会导致音节短促，从而使带塞音韵尾的字的声调与不带塞音韵尾的字分开。这在汉语方言中主要有以下几种表现。

1.1.1 入声字保留塞音韵尾，读短促的入声调，与舒声调对立。例如梅县话：福 fuk^{1} 阴入 ‖ 湖 fu^{11} 阳平；厦门话：及 kip^{5} 阳入 ‖ 基 ki^{55} 阴平。

1.1.2 部分舒声字带塞尾，读短促调，与读长调的舒声调对立。例如晋语普遍存在舒声促化现象，如果促化的字数较多或比较集中地出现在某个舒声调里，就会在一定程度上造成与舒声调的分化。例如山西忻州（张光明，2006）：

去声［53］：怕 $p^{h}ɑ^{53}$ ｜坐 $tsuɛ^{53}$ ｜雇 ku^{53} ｜锯 $tɕy^{53}$ ｜誉 y^{53} ｜利 li^{53}

入声［2］：帕 $p^{h}ɑʔ^{2}$ ｜做 $tsuəʔ^{2}$ ｜锢 $kuəʔ^{2}$ ｜去 $kəʔ^{2}$~$k^{h}əʔ^{2}$ ｜裕 $yɔʔ^{2}$ ｜荔 $liəʔ^{2}$

1.1.3 入声部分字保留塞尾，部分字消失塞尾，塞尾消失后声调拉长，与短促的入声调对立。例如徽语浙江寿昌方言（曹志耘，1996：84），深臻宕江曾梗通七摄入声字保留喉塞尾［ʔ］，古清入读短阴入［3］，古浊入读短阳入［31］；咸山两摄入声字［ʔ］尾消失，古清入读长阴入［55］，古浊入读长阳入［24］（调值同阴上）：

短阴入［3］：急 $tɕiəʔ^{3}$ ｜ 笔 $piəʔ^{3}$ ｜ 托 $t^{h}ɔʔ^{3}$ ｜ 壳 $k^{h}ɔʔ^{3}$ ｜ 北 $pəʔ^{3}$ ｜ 尺 $ts^{h}əʔ^{3}$ ｜竹 $tɕiɔʔ^{3}$

长阴入［55］：搭 $tuə^{55}$ ｜八 $pɤ^{55}$

短阳入［31］：十 $səʔ^{31}$ ｜ 鼻 $p^{h}iəʔ^{31}$ ｜ 药 $iɔʔ^{31}$ ｜ 学 $hɔʔ^{31}$ ｜ 直 $tsəʔ^{31}$ ｜ 白 $p^{h}əʔ^{31}$ ｜读 $t^{h}ɔʔ^{31}$

长阳入［24］=阴上：叠 $t^{h}ie^{24}$ ｜月 $ȵyei^{24}$

1.2 前塞尾与后塞尾分调

“前塞尾”是指发音部位靠前的塞音韵尾，“后塞尾”是指发音部位靠后的塞音韵尾。前后塞尾分调在汉语方言中有两种表现。

1.2.1 ［p t］尾—［k］尾（曹志耘，2004）

这里“［p t］尾”大致相当于咸深山臻四摄，“［k］尾”大致相当于宕江曾梗通五摄。［p t k］尾均包括其演变形式，例如由［t］尾变来的［l］尾，由［k］尾变来的［ʔ］尾等。

在赣语江西南丰、新余，客家话江西安远、赣县、南康、于都、定南、湖南汝城，土话广东南雄、仁化等方言里，古入声字韵尾的前后对入声的内部分化存在重要的制约作用。例如笔者调查的赣语江西南丰方言，带［p l］尾的入声字读前入［23］调，带［ʔ］尾的入声字读后入［5］调：

前入［23］：搭 tap^{23} ｜十 ɕip^{23} ｜八 pal^{23} ｜月 nyɛl^{23} ｜笔 pil^{23}

后入［5］：落 loʔ^{5} ｜角 koʔ^{5} ｜直 tsʰəʔ^{5} ｜白 pʰaʔ^{5} ｜谷 kuʔ^{5}

南丰的［p l］尾基本上来自咸深山臻四摄，［ʔ］尾基本上来自宕江曾梗通五摄。因此，这种现象常常被称为“韵摄分调”或“韵类分调”。（陈昌仪，1991；刘纶鑫，1999；辛世彪，2004）不过，咸山臻摄中个别今读［ʔ］尾的字，声调也读做后入［5］，例如：纳咸 naʔ^{5} ｜撮山 tʰoʔ^{5} ｜术臻 ɕyʔ^{5}；曾摄中个别今读［l］尾的字，声调也读做前入［23］，例如：塞 ɕiɛl^{23} ｜息 ɕil^{23} ｜极 tɕil^{23}。可见，南丰的入声实际上是根据韵尾的实际读音来分调的。

有些方言（例如南康、赣县王母渡、安远欣山、新余、汝城、南雄、仁化等）的入声字今已失去辅音韵尾，但声调仍然保留类似南丰的“前、后入之分”。这说明它们的入声字曾经也是根据韵尾的前（［p t］）、后（［k］）分成了两类，后来韵尾消失了，但声调上的分别保留了下来。例如湖南汝城：

前阴入［21］＝上声：搭 ta^{21} ｜塔 tʰa^{21} ｜急 tɕiæ^{21} ｜法 fuæ^{21} ｜杀 sæ^{21} ｜一 iæ^{21}

后阴入［24］＝阴去：郭 ku^{24} ｜壳 kʰu^{24} ｜色 sæ^{24} ｜百 po^{24} ｜尺 tɕʰi^{24} ｜哭 hu^{24} ｜竹 iəu^{24}

前阳入［33］＝阴平：十 sæ^{33} ｜活 huæ^{33} ｜罚 fuæ^{33} ｜立 liæ^{33} ｜热 niæ^{33}

后阳入［44］＝阳去：学 hu^{44} ｜贼 tsʰuæ^{44} ｜白 po^{44} ｜墨 mæ^{44} ｜力 li^{44}

1.2.2 ［p t k］尾—［ʔ］尾

在闽语海南文昌、昌江、琼中、万宁、广东湛江、台湾花莲方言里，大致上

“咸开三四合三深臻江曾通”摄的入声字今读［p t k］尾（有的方言已合并为［p t］尾），“咸开一二山宕梗”摄的入声字今读［ʔ］尾。这两类韵尾对古入声字具有分调作用。例如海南文昌：

短阴入［5］：贴 hiap^{5} ｜急 kiɔp^{5} ｜笔 ɓiet^{5} ｜角 kiak^{5} ｜国 kɔk^{5} ｜刻 hak^{5} ｜织 tsiet^{5} ｜竹 ɗiɔk^{5}

短阳入［3］：十 tap^{3} ｜侄 tɕiet^{3} ｜贼 sat^{3} ｜力 lak^{3} ｜直 ɗiek^{3} ｜毒 ɗak^{3} ｜绿 liak^{3}

长入［41］：搭 ɗaʔ^{41} ｜鸭 aʔ^{41} ｜八 ɓɔiʔ^{41} ｜血 uɛʔ^{41} ｜郭 kueʔ^{41} ｜百 ɓeʔ^{41} ｜尺 ɕiɔʔ^{41}；拉 laʔ^{41} ｜活 uaʔ^{41} ｜药 iɔʔ^{41} ｜白 ɓeʔ^{41}

从［p t k］尾到［ʔ］尾再到无塞尾，是汉语方言入声韵尾演变的一般规律。文昌的［ʔ］尾来自古［p t k］各尾，是该方言塞尾合并、弱化并走向消失的表现。实际上，已有少量与［ʔ］尾字来源相同的字，今天已失去塞尾了，例如：塔 ha^{41} ｜插 sa^{41} ｜辣 lua^{42} ｜学 ɔ^{42}。从调值来看，［p t k］尾字读短调，［ʔ］尾字读长调，也显示了［ʔ］尾字正在向舒声字演变的趋势。因此，闽语中的这种“［p t k］尾—［ʔ］尾”分调现象，虽然从共时层面上看像客赣方言一样，是一种“前塞尾与后塞尾分调”，但实质上应该是“塞尾与非塞尾分调”的早期形式。（参看 1.1.3）

1.3 鼻尾与非鼻尾分调

陈晖（2005）首次报告了赣语湖南岳阳君山方言古清平字的韵尾分调现象。经笔者调查，岳阳君山古清平字分为三类：开尾、元音尾、鼻化韵字读做阴平甲［44］（鼻化韵来自咸山摄三四等，声调有时略升），鼻尾韵字依声母不送气和送气分别读做阴平乙［45］和阴平丙［35］。例如：

阴平甲［44］：多 to^{44} ｜开 gʰɛi^{44} ｜高 kɑo^{44} ｜州 tsou^{44} ｜山 sɔ̃^{44} ｜尖 tɕiɛ̃^{44} ｜官 kuɔ̃^{44} ｜砖 tɕyɛ̃^{44}

阴平乙［45］：三 san^{45} ｜尊 tsən^{45} ｜温 uən^{45} ｜精 tɕin^{45} ｜张 tsɑŋ^{45} ｜东 toŋ^{45} ｜兄 ɕioŋ^{45}

阴平丙［35］：春 dzʰuən^{35} ｜轻 dʑʰin^{35} ｜仓 dzʰɑŋ^{35} ｜通 dʰoŋ^{35}

有个别古阳声韵字今读开尾韵，声调也读做阴平甲［44］，例如：杉 sɑ^{44}。可以说，阴平甲［44］是“不带鼻尾的阴平”，不妨叫做“口阴平”，阴平乙［45］、阴平丙［35］是“带鼻尾的阴平”，可以分别叫做“全鼻阴平”、“次鼻阴平”。

鼻尾与非鼻尾分调现象还见于赣语安徽潜山和客家话江西于都等方言。例如潜山（笔者调查）：

口阴去［35］=阳平：过 kuo^{35} ｜嫁 ka^{35} ｜锯 tʂʮ^{35} ｜世 ʂʅ^{35} ｜盖 kai^{35} ｜岁 sei^{35} ｜寄 tɕi^{35} ｜罩 tʂau^{35} ｜瘦 səu^{35}

鼻阴去［42］：店 tien^{42} ｜炭 t^{h}an^{42} ｜寸 ts^{h}ən^{42} ｜放 fɑŋ^{42} ｜镜 tɕin^{42} ｜冻 toŋ^{42}

1.4 开尾与非开尾分调

赣语江西泰和方言古清平字分为阴平甲和阴平乙两类。李菡幽（2002）和谢留文、张骅（2006）都从“韵摄”的角度寻找分类条件。谢留文、张骅（2006）的分类条件如下：

阴平甲［45］（带紧喉，近［5］）：古清平的果假遇三摄，止摄开口，止摄合口非组见组字。例如：碑 pi^{45} ｜都 tu^{45} ｜区 tɕ^{h}y^{45} ｜家 ka^{45}。但从谢、张文看，读阴平甲的还包括蟹摄开口四等字，例如：西 si^{45} ｜鸡 tɕi^{45}。此外，止摄合口读阴平甲的字有“非飞规龟归亏”，读阴平乙的字有“吹炊追衰辉挥徽威”，可见不完全是“非组见组”与其他组之分。如果把条件修改为“果假遇三摄，蟹摄开口四等，止摄开口，止摄合口部分字”，例外字有：猪 tui^{35} ｜蛆 t^{h}ui^{35} ｜朱硃珠 tsui^{35} ｜书舒须需 sui^{35}。（个别来自非古清平的字也读［45］，是小称调，例如：鞋 hæ^{45} ｜茄 tɕ^{h}iɤ^{45} ｜蚊 mẽ^{45} ｜尾 mi^{45}）

阴平乙［35］：古清平的其他韵摄字。例如：包 pau^{35} ｜丢 tiu^{35} ｜班 pã^{35} ｜风 fəŋ^{35}。例外字有：抓 tsa^{45} ｜杉 sa^{45} ｜佳 ka^{45}。

从古韵摄的角度难以解释蟹摄、止摄内部的分化，也难以解释上述例外字。其实，语音变化的依据只能是读音本身，而不会是音韵学里的“韵摄”。当然，韵摄是对中古音进行归纳的结果，古韵摄与今方言韵母之间也存在着一定程度的对应关系，因此，人们常常从韵摄的角度去寻找语音变化的条件（参看 1.2），但这样做似乎有点舍本求末。基于这种认识，笔者根据谢、张文的同音字汇，从韵母读音的角度进行考察，得到结果如下：

阴平甲［45］:［ʅ i u y a ua ɤ uɤ］韵。例外字有：低 ti^{35}。

阴平乙［35］:［æ uæ oɛ au iau ieu iu ui ĩ uĩ yĩ ã iã uã õ iõ uõ ɵ̃ uɵ̃ yɵ̃ ẽ iẽ əŋ iəŋ］韵。例外字有：规龟归 kui⁴⁵ ｜亏 kʰui⁴⁵。

其中［æ uæ］韵来自蟹摄一二等，可看做是由［ai uai］类韵母单元音化而成的，鼻化韵均由鼻尾韵演变而来，在李菡幽（2002）里均仍记做鼻尾韵。（由此也可推测分调发生在［ai uai］类韵母单元音化和鼻尾韵变鼻化韵之前）

由此观之，阴平甲和阴平乙的区分实际上是开尾韵和非开尾韵（元音尾韵、鼻尾韵或鼻化韵）的区分，阴平甲可以叫做"开阴平"，阴平乙可以叫做"尾阴平"。把韵尾看做分调条件，也圆满地解释了上述"猪蛆朱硃珠书舒须需"等字读［35］调、"抓杉佳"等字读［45］调的所谓"例外"的现象。

开尾与非开尾分调现象还见于赣语安徽望江（参看 2.2.1）、太湖，闽语福建屏南、闽清等方言。

二、元音分调

2.1 长元音与短元音分调

在许多粤语以及部分平话、土话方言里，古清入字分为两类。例如广州话，长元音音节读长阴入［33］（通常叫做"中阴入"或"下阴入"），短元音音节读短阴入［5］（通常叫做"上阴入"）。例如：

长阴入［33］：搭 tap³³ ｜八 pat³³ ｜节 tsit³³ ｜阔 fut³³ ｜血 hyt³³ ｜托 tʰɔk³³ ｜削 sœk³³ ｜角 kɔk³³ ｜百 pak³³ ｜尺 tsʰɛk³³

短阴入［5］：急 kɐp⁵ ｜笔 pɐt⁵ ｜出 tsʰøt⁵ ｜北 pɐk⁵ ｜色 sek⁵ ｜竹 tsok⁵

需要指出的是，广州话两个阴入调的元音不仅长短不同，高低也有区别，严格地说应该是"长低元音与短高元音分调"（广州话读长阴入的字来自"咸山宕江梗"，分调时可能都读低元音。王莉宁，2009）。而在其他一些方言里，两个阴入调的元音今无长短之别，但有高低之别，或者既无明显的长短之别，亦无明显的高低之别。例如笔者调查的湖南通道"四里话"（可以看做是一种土话）：

阴入甲［21］（相当于广州话的长阴入。与浊入字同调）：搭 ta²¹ ｜八 pia²¹ ｜节 tsɛ²¹ ｜阔 kʰua²¹ ｜血 fyɛ²¹ ｜托 tʰɔ²¹ ｜角 kɔ²¹ ｜百 pɛ²¹ ｜尺 tsʰɛ²¹

阴入乙［33］（相当于广州话的短阴入。与清上字同调）：急 tɕie³³ ｜笔

pie^{33} ｜出 ȶiɔ^{33} ｜北 pɛ^{33} ｜色 sɛ^{33} ｜竹 ȶiɔ^{33}

属于这种情况的还有粤语广东恩平、开平、台山、新会、连山，平话广西龙胜、富川、平乐、永福、钟山，土话湖南江华、嘉禾等方言。这些方言里两个阴入调今元音的面貌，可能是在声调分化之后又发生了进一步演变的结果。

长短元音分调现象在粤语、平话和土话区形成了大面积的连片分布（参看图2）。值得注意的是，广西境内的一些粤语和广西西部的平话的清入字虽然元音有长、短元音之分，但声调并未分为两个，只是受元音长度的影响，长元音音节的调值比短元音音节稍长（与广州话浊入字的情况类似）。例如平话广西百色：

阴入［3］：搭 tap^{3} ｜八 pat^{3} ｜节 tsit^{3} ｜阔 fut^{3} ｜血 ʋit^{3} ｜托 t^{h}ak^{3} ｜削 ɬɛk^{3} ｜角 kak^{3} ｜百 pɛk^{3} ｜尺 ts^{h}ət^{3}；急 kəp^{3} ｜笔 pɐt^{3} ｜出 ts^{h}ət^{3} ｜北 pɐk^{3} ｜色 sɐk^{3} ｜竹 tsɔk^{3}

2.2 高元音与低元音分调

在汉语方言中，直接由元音舌位的高低引起的分调现象，见于湘语湖南溆浦桥江，江淮官话安徽舒城高峰、舒城龙河、六安孙岗等方言。

2.2.1 溆浦（笔者调查）

为了叙述方便，我们先按主元音（这里也包括［ʋ］）舌位的高低把溆浦的韵母分为以下三类：

（1）高元音韵，包括舌尖元音、无擦通音和最高舌面元音韵母以及以最高元音为主元音的韵母：开尾的［ɿ ʅ ʋ i u y］，非开尾（鼻尾）的［in］。

（2）低元音韵，包括以最低元音为主元音的韵母：开尾的［a ia ua ɒ iɒ uɒ yɒ］，非开尾（鼻尾）的［ɑŋ iɑŋ uɑŋ］。

（3）中元音韵，除了以上两类韵母以外的韵母：［ʊ iɛ yɛ ɛi uɛi ei uei ɐu iɐu ɤɯ iɤɯ en uen yen əŋ ɐr］。

溆浦有五个单字调：阴平［44］，阳平［213］，阴上［224］，阴去［35］，阳去［45］，次浊上归阴上，全浊上归阳去，清入分归阴平、阳平，浊入归阴去或阳平。其中，本来应读阴上、阳去的字，会因韵母主元音舌位的高低而产生声调的分化。溆浦高低元音分调的现象有以下两种：

（1）开尾的低元音韵与其他韵分调

阴上［224］调逢开尾的低元音韵［a ia ua ɒ iɒ uɒ yɒ］时改读为阴去［35］，从而造成与其他韵的阴上字分调。例如：

阴上［224］：掌 tsɑŋ^{224} ｜想 ɕiɑŋ^{224} ｜谎 xuɑŋ^{224} ｜纸 tsɿ^{224} ｜煮 tʂʅ^{224} ｜苦 k^{h}ʊ^{224} ｜喜 ɕi^{224} ｜普 p^{h}u^{224} ｜许 ɕy^{224} ｜紧 tɕin^{224} ｜果 kʊ^{224} ｜改 kiɛ^{224} ｜犬 tɕ^{h}yɛ^{224} ｜陕 sɛi^{224} ｜短 tuɛi^{224} ｜美 mei^{224} ｜腿 t^{h}uei^{224} ｜草 ts^{h}ɐu^{224} ｜小 ɕiɐu^{224} ｜祖 tsɤɯ^{224} ｜九 tɕiɤɯ^{224} ｜品 p^{h}en^{224} ｜吻 uen^{224} ｜允 yen^{224} ｜孔 k^{h}əŋ^{224}

阴去［35］：彩 ts^{h}a^{35} ＝菜｜姐 tɕia^{35} ｜拐 kua^{35} ＝怪｜马 mɒ^{35} ｜野 iɒ^{35} ｜寡 kuɒ^{35} ＝挂（［yɒ］韵未发现适当的例字）

（2）开尾的高元音韵与其他韵分调

阳去［45］调逢开尾的高元音韵［ɿ ʅ ʊ i u y］时改读为阴平［44］，从而造成与其他韵的阳去字分调。例如：

阳去［45］：近 tɕ^{h}in^{45} ｜丈 ts^{h}ɑŋ^{45} ｜样 iɑŋ^{45} ｜旺 uɑŋ^{45} ｜坐 ts^{h}ʊ^{45} ｜验 ȵiɛ^{45} ｜院 yɛ^{45} ｜害 xɛi^{45} ｜坏 xuɛi^{45} ｜昧 mei^{45} ｜汇 xuei^{45} ｜抱 p^{h}ɐu^{45} ｜轿 tɕ^{h}iɐu^{45} ｜度 t^{h}ɤɯ^{45} ｜就 tɕ^{h}iɤɯ^{45} ｜阵 ts^{h}en^{45} ｜顺 suen^{45} ｜运 yen^{45} ｜洞 t^{h}əŋ^{45}

阴平［44］：字 tsɿ^{44} ＝资｜住 tʂʅ^{44} ＝猪｜妇 fʊ^{44} ＝呼｜技 tɕ^{h}i^{44} ＝欺｜步 p^{h}u^{44} ＝铺｜具 tɕ^{h}y^{44} ＝区

下面进行相关的讨论。

问题一：为什么阴上、阳去调会出现分调呢？为什么在阴上调里低元音韵会分出来，在阳去调里高元音韵会分出来呢？

在溆浦方言里，与韵母分调现象相伴，还存在着一种“调值分韵”的现象。（“调值分韵”是指由声调的长短、高低等因素而使韵母产生分化的现象。曹志耘，2009）具体地说，“高元音韵”和“低元音韵”的音值不受声调的影响，但“中元音韵”［ʊ iɛ yɛ ɛi uɛi ei uei ɐu iɐu ɤɯ iɤɯ en uen yen əŋ ɐr］的主元音舌位高低会因声调的不同而有所不同。具体变化规律和举例见表 1：

表 1

	高元音调 ←————————→ 低元音调				
	阴平 44	阴上 224	阳平 213	阳去 45	阴去 35
ʊ — o — ʊo	歌 kʊ^{44}	果 kʊ^{224}	河 xʊ^{213}	祸 xo^{45}	过 kʊo^{35}
uɪi — uei — uᴇi	归 kuɪi^{44}	鬼 kuɪi^{224}	葵 guei^{213}	柜 kʰuᴇi^{45}	贵 kuᴇi^{35}
ɤŋ — əŋ — ʌŋ	东 tɤŋ^{44}	懂 tɤŋ^{224}	同 dəŋ^{213}	洞 tʰʌŋ^{45}	冻 tʌŋ^{35}

尽管各个韵母的表现不完全相同，但从总体上来说，越位于左边的调，其元音越高（可称为“高元音调”）；越位于右边的调，其元音越低（可称为“低元音调”）。换句话也可以说，溆浦方言的阴平、阴上（有时也包括阳平）与较高的元音相配，阴去、阳去与较低的元音相配。

既然如此，当高元音调逢低元音韵、低元音调逢高元音韵时就出现了矛盾。上文（1）所述的“阴上逢低元音韵时改读为阴去”，（2）所述的“阳去逢高元音韵时改读为阴平”的现象，结果使最低元音韵［a ia ua ɒ iɒ uɒ yɒ］读成了最低元音调阴去，使最高元音韵［ɿ ʅ ʋ i u y］读成了最高元音调阴平，圆满地解决了上述矛盾。如图 1 所示：

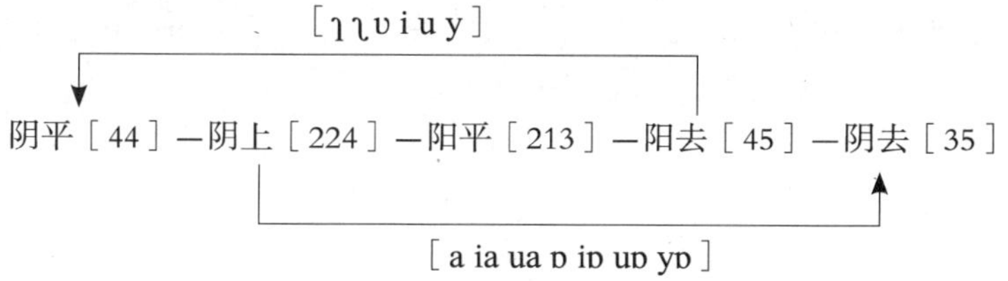

图 1

问题二：为什么阴平不改读为阴去，阴去不改读为阴平呢？为什么在阴上、阳去调里，同属低元音韵或高元音韵的“非开尾韵（鼻尾韵）”不分出来呢？

按上述道理，阴平和阴上逢低元音韵时都应该改读为最低元音调阴去，阴去和阳去逢高元音韵时都应该改读为最高元音调阴平。但事实上阴平、阴去并未发生“改调”。笔者认为这可能受到“调值相似度”的制约。从调值上看，阴上［224］和阴去［35］（实际音值为［435］或［335］）调值很接近，存在改变的可能性；但阴平［44］和阴去［35］调值差别较大。阳去［45］（实际音值为

［454］）和阴平［44］调值很接近，存在改变的可能性；但阴去［35］和阴平［44］调值差别较大。

“改调”现象只发生在“开尾”的低元音韵或高元音韵。在阴上调里，同属低元音韵的［aŋ iaŋ uaŋ］韵字不改调，仍读阴上。在阳去调里，同属高元音韵的［in］韵字不改调，仍读阳去。例见上文“（1）开尾的低元音韵与其他韵分调”和“（2）开尾的高元音韵与其他韵分调”。

如 1.3、1.4 所述，鼻尾与非鼻尾、开尾与非开尾是两对分调的因素。由 1.3 赣语安徽潜山方言的例子可见，当发生鼻尾与非鼻尾分调时，鼻尾韵字保留原调，非鼻尾韵字从原调里分化出来。由下面赣语安徽望江方言（笔者调查）的情况可见，当发生开尾与非开尾分调时，非开尾韵字保留原调，开尾韵字从原调里分化出来。望江清去字今分两类，其中非开尾韵字仍自成一类，开尾韵字则与浊去、全浊上字合并。例如：

开阴去［13］＝阳去：过 ko^{13} ｜嫁 tɕia^{13} ｜锯 tɕy^{13} ｜戏 ɕi^{13} ｜气 tɕ^{h}i^{13}

尾阴去［35］：盖 kai^{35} ｜对 tei^{35} ｜罩 tsɑu^{35} ｜瘦 səu^{35} ｜暗 ŋan^{35} ｜店 tien^{35} ｜寸 ts^{h}ən^{35} ｜放 fɑŋ^{35} ｜镜 tɕin^{35} ｜冻 toŋ^{35}

可见，有时韵尾对声调的变化具有一种“阻挡”的作用。这可能是导致溆浦非开尾韵（鼻尾韵）的字未随之参与改调的原因。从这个角度来说，溆浦的分调现象既是一种“高元音与低元音分调”，也与“开尾与非开尾分调”或“鼻尾与非鼻尾分调”有关。

2.2.2　舒城（笔者调查）

江淮官话安徽舒城高峰方言的入声字老年人读入声［45］，年轻人分为两类：低元音音节读低入［24］，高元音音节读高入［45］（接近［5］）。例如：

低入［24］：答 tɐʔ^{24} ｜贴 t^{h}iɐʔ^{24} ｜滑 xuɐʔ^{24} ｜血 ɕyɐʔ^{24} ｜托 t^{h}uɐʔ^{24} ｜药 yɐʔ^{24} ｜学 ɕyɐʔ^{24} ｜北 pɐʔ^{24} ｜白 pɐʔ^{24} ｜客 k^{h}ɐʔ^{24} ｜麦 mbɐʔ^{24}

高入［45］：十 ʂəʔ^{45} ｜急 tɕiəʔ^{45} ｜笔 piəʔ^{45} ｜侄 tʂəʔ^{45} ｜力 ndiəʔ^{45} ｜织 tʂəʔ^{45} ｜席 ɕiəʔ^{45} ｜笛 tiəʔ^{45} ｜谷 kuəʔ^{45} ｜六 ndəʔ^{45} ｜菊 tɕyəʔ^{45}

低入来自“咸山宕江曾开一梗开二”，高入来自“深臻曾开三梗开三四通”。这与 2.1 所述粤语等方言古清入字的分类法基本相同，例如广州话的长阴入来自“咸山宕江梗”，短阴入来自“深臻曾通”。低入调值低长，高入调值高短，这也与广州话的长、短阴入的调值（［33］、［5］）构成对应。

江淮官话安徽舒城龙河、六安孙岗方言（孙宜志，2006：106~108）也存在这种高低元音分调现象。

2.3　单元音与复元音分调

闽语福建屏南也有“调值分韵”现象，即［i u y］三个韵母逢阳平［221］、阳去［324］调时改读为［ei ou øy］，韵母由原来的单元音变成了复元音。例如：

上声［21］：棋 kei^{21} ｜浮 $p^{h}ou^{21}$ ｜锄 $t^{h}øy^{21}$（比较开阴平：猪 ty^{2}）

阳去［324］：柿 kei^{324} ｜户 xou^{324} ｜树 $søy^{324}$（比较阴去：试 $θi^{24}$）

值得注意的是，凡是原属阳平的字，韵母发生变化后，声调一律由阳平［221］改读为上声［21］。“棋浮锄”等字原属阳平，变韵后读上声，从而造成与其他阳平字（例如：爬 pa^{221} ｜泥 $nɛ^{221}$ ｜含 $kaŋ^{221}$）分调。也就是说，“棋浮锄”等字原来读单元音时为阳平，后来读复元音时为上声，分调是因单元音变复元音（即元音复化）造成的，这里姑且把它叫做“单元音与复元音分调”。

在有“调值分韵”的其他闽语方言里，尚未发现既变韵又改调的现象。

三、结语

本文 1.1“塞尾与非塞尾分调”所述的分调现象，是由于塞音韵尾的有无或增减造成的，基本上可视为入声与舒声、短调与长调之分。在有入声的方言里，在入声消失的过程中，这种分调现象普遍存在。

其他的韵母分调现象，则都是在同一个调内部，由于韵母的元音、韵尾等因素而产生了分化。应该说，这是更加典型的韵母分调现象，在声调演变研究中具有重要的意义。图 2 表现了除“塞尾与非塞尾分调”以外的其他韵母分调现象的地理分布情况。

汉语方言韵母分调的研究还处于起步阶段。本文显示，韵母影响声调的方式是多种多样的。在今后的调查研究中，我们应当注意发现新的分调类型，挖掘新的音变机制。例如，在鼻尾与声调的关系中，前鼻尾与后鼻尾对声调的分化有无影响？元音对声调分化的影响，除了长短、高低、单复的因素以外，舌位的前后、圆唇不圆唇等因素是否也有影响？单元音与复元音分调是否还有更加典型的表现？这些是今后需要注意的。

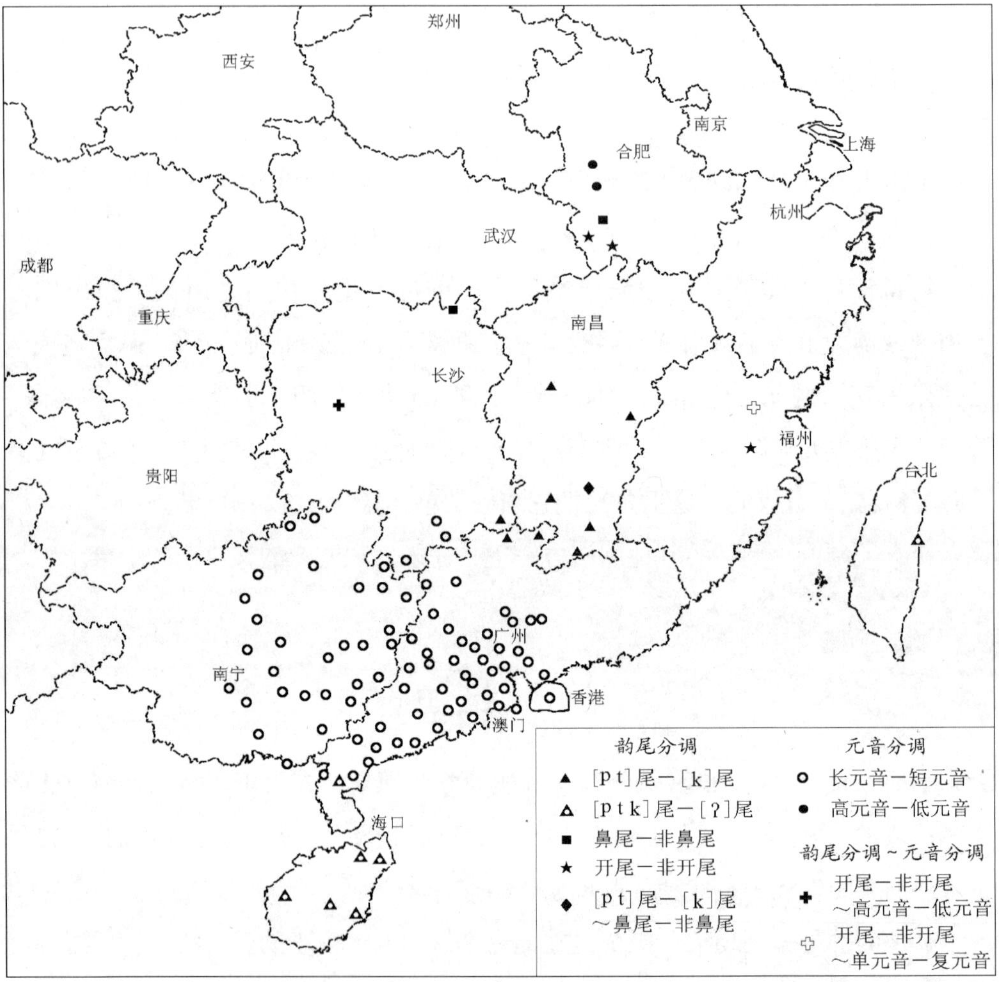

图2

:: 参考文献 ::

曹志耘（1996）《严州方言研究》，日本：好文出版。

———（2004）汉语方言中的韵尾分调现象，《中国语文》第1期。

———（2009）汉语方言中的调值分韵现象，《中国语文》第2期。

曹志耘主编（2008）《汉语方言地图集》，商务印书馆。

陈昌仪（1991）《赣方言概要》，江西教育出版社。

陈 晖（2005）从湖南方言看声调分合演变的条件，全国汉语方言学会第十三届年会论文，苏州，2005年9月。

李菡幽（2002）赣语泰和方言阴平分两调，《方言》第3期。

李如龙（1996）声韵调的演变是互制互动的，《方言与音韵论集》，香港中文大学中国文化研究所吴多泰中国语文研究中心。

刘纶鑫主编（1999）《客赣方言比较研究》，中国社会科学出版社。

孙宜志（2006）《安徽江淮官话语音研究》，黄山书社。

王莉宁（2009）汉语方言声调分化研究，北京语言大学博士学位论文。

谢留文、张 骅（2006）江西泰和方言记略，《语文研究》第1期。

辛世彪（2004）《东南方言声调比较研究》，上海教育出版社。

远藤光晓（1994）元音与声调，《中国境内语言暨语言学》第二辑，中央研究院历史语言研究所。

张光明（2006）忻州方言的舒声促化现象，《语文研究》第2期。

与王莉宁合写

原载《语言科学》2009年第5期

汉语方言中的调值分韵现象

“调值分韵”是指由声调的长短、高低等因素而使韵母产生分化的现象。声调的读音（调值的长短、高低等）可能会影响到韵母的读音，使韵母元音的单复、高低、前后以及韵尾等产生变化，从而造成原本同一个韵母，在不同声调里有不同读音的现象。（远藤光晓，1994；李如龙，1996）从音变过程来看，分韵往往是由一个韵里面部分字的韵母发生了改变（一般称为“变韵”）而造成的，不过我们现在看到的都是变化的结果，有时难以判定各有关韵母之间的变化关系。本文只着眼于韵母音值的异同，只要不同就作为“分韵”对待。

在汉语方言中，现已发现在北京话、中原官话、晋语、吴语、徽语、湘语、乡话、闽语、粤语、平话等方言中都不同程度地存在“调值分韵”现象，其中有些方言（例如北京话、福州话）的“调值分韵”现象已有较多研究。本文根据现有文献、笔者调查以及北京语言大学语言研究所“汉语方言地图集数据库”的材料，全面梳理汉语方言中存在的调值分韵现象，希望能为解释汉语韵母的变化提供一个新颖的视角。

一、长调与短调分韵

首先需要说明，本文中“长调—短调”、“高调—低调”都是基于某个具体方言的声调系统而言的相对的概念。其中“长调”是指音长较长、动程较大的调，一般而言，曲折调（包括降升调、升降调、平升调、平降调、升平调、降平调）以及跨度达4度以上的升调或降调（例如［14］、［51］）往往是“长调”（有的降调虽然音长较短，但跨度较大时，动程较大，所以也具有“长调”的性质）。

1.1 北京话

长短调分韵现象最突出的例子是北京话。吴宗济（1992：147）指出：“一般地说，汉语普通话的上声字、去声字中的韵母比阴平字、阳平字中的韵母长一些。这一现象在e［ɤ］、er［ɚ］、ei［eɪ］、ou［oʊ］、uei［ueɪ］、iou［ioʊ］、uen［uən］七个韵母中特别显著。”例如：

	阴平55 ｜阳平35	上声214 ｜去声51
ui — uei	虽 sui^{55} ｜随 sui^{35}	髓 $suei^{214}$ ｜岁 $suei^{51}$
iu — iou	优 iu^{55} ｜油 iu^{35}	有 iou^{214} ｜又 iou^{51}

至于其原因，吴宗济（1992：110）说：“这种由于不同声调而使韵腹有长短变化的现象，如上声去声里的韵腹比较长些，读得清楚些，是由于声调频率的动程较大所致。”

这里可以补充两个有趣的例子。北京口语中单用的“对！”、“喂！”（如打电话时）常常读做［$tuai^{51}$］、［uai^{51}］（或［uai^{214}］），这符合长调使元音低化、使韵母强化的原理。不过，“［uei］→［uai］”的变化目前只出现在个别特殊的词里。

1.2 晋语和中原官话

晋语山西襄垣方言（金有景，1985）蟹摄开口一二等、效摄字逢上声［213］时，元音尾［i u］消失，同时增加了鼻尾［n ŋ］，或者说［i u］尾“变成”了［n ŋ］尾：

	阴平 33 ｜阳平 11 ｜去声 55	上声 213
ai — an	猜 $ts^{h}ai^{33}$ ｜财 $ts^{h}ai^{11}$ ｜菜 $ts^{h}ai^{55}$	彩 $ts^{h}an^{213}$
au — ɑŋ	掏 $t^{h}au^{33}$ ｜逃 $t^{h}au^{11}$ ｜套 $t^{h}au^{55}$	讨 $t^{h}ɑŋ^{213}$
iau — iɑŋ	腰 iau^{33} ｜摇 iau^{11} ｜要 iau^{55}	舀 $iɑŋ^{213}$

辅音发音时上、下腭的发音部位要接触，发音过程中动作变化比元音大。因此，元音尾变为鼻辅尾，可以说是增加了韵母的长度。这种变化显然与该方言的上声［213］是一个曲折调（即长调）直接相关。

笔者调查的赣语江西南丰方言，［i u ɑu iɑu］韵母后也会带上一个或强或弱的鼻尾［ŋ］。值得注意的是，当逢去声［313］时，［ŋ］尾最为明显，例如：吐呕吐兔渡 $huŋ^{313}$。而去声是南丰方言里调值变化幅度最大的一个调（其他调为：全阴平［33］，次阴平［223］，全阳平［24］，次阳平［45］，阴上［11］，高入［5］，低入［23］）。这种现象与襄垣方言有相似之处。

在其他一些方言里，长调会导致鼻化韵变为元音尾韵。例如晋语山西隰县（刘勋宁，1998）：

	阳平 34 ｜上声 22	阴平 312 ｜去声 52
ã — ai	盘 $p^{h}ã^{34}$ ｜板 $pã^{22}$	班 pai^{312} ｜半 pai^{52}
iã — iai	墙 $tɕ^{h}iã^{34}$ ｜讲 $tɕiã^{22}$	江 $tɕiai^{312}$ ｜酱 $tɕiai^{52}$
uã — uai	团 $t^{h}uã^{34}$ ｜短 $tuã^{22}$	端 $tuai^{312}$ ｜锻 $tuai^{52}$
yã — yai	圆 $yã^{34}$ ｜选 $ɕyã^{22}$	宣 $ɕyai^{312}$ ｜楦 $ɕyai^{52}$

注：［ã iã uã yã］原文作［an ian uan yan］，但说明［n］尾阻塞很松，老年人为鼻化音。

这种现象表面上看起来跟襄垣方言相反，但实际上原理相同。原韵母（鼻化韵或接近鼻化韵）无典型的韵尾，增加［i］韵尾后，韵母的长度变长了。

与隰县相距不太远的中原官话山西永济方言（吴建生、李改样，1989）也有类似的现象：

	阴平 21 | 阳平 24 | 上声 42	去声 33
æ̃ — ai	班 pæ̃²¹ | 盘 pʰæ̃²⁴ | 板 pæ̃⁴²	半 pai³³
iæ̃ — iai	尖 tɕiæ̃²¹ | 钱 tɕʰiæ̃²⁴ | 剪 tɕiæ̃⁴²	见 tɕiai³³
uæ̃ — uai	欢 xuæ̃²¹ | 环 xuæ̃²⁴ | 缓 xuæ̃⁴²	换 xuai³³
yæ̃ — yai	酸 ɕyæ̃²¹ | 悬 ɕyæ̃²⁴ | 选 ɕyæ̃⁴²	楦 ɕyai³³

永济不仅把开尾的鼻化韵变成了［i］尾韵，主元音的舌位也有所下降，从而使韵母的发音动程进一步加大。不过，从今读来看，去声［33］并不是一个明显的长调，它是不是由长调变来的尚难以断定。

1.3 湘语和乡话

贺凯林（1999：19）已经指出湘语溆浦县城方言“声调对元音的音值有明显影响”。瞿建慧（2008）也讨论了湘语辰溆片（即湖南泸溪、辰溪、溆浦三县）方言的“异调变韵”现象。下面介绍笔者调查的溆浦桥江方言的调值分韵情况。

为了叙述方便，我们先按主元音（这里也包括［ʋ］）舌位的高低把溆浦的韵母分为以下三类：

（1）高元音韵，包括舌尖元音、无擦通音和最高舌面元音韵母以及以最高元音为主元音的韵母：［ɿ ʅ ʋ i u y in］。

（2）低元音韵，包括以最低元音为主元音的韵母：［a ia ua ɒ iɒ uɒ yɒ ɑŋ iɑŋ uɑŋ］。

（3）中元音韵，除了以上两类韵母以外的韵母：［ʊ iɛ yɛ ɛi uɛi ei uei ɐu iɐu ɤɯ iɤɯ en uen yen əŋ ɐr］。

其中“高元音韵”和“低元音韵”的音值不受声调的影响，但“中元音韵”的主元音舌位高低会因声调的不同而有所不同。例如：

	阴平 44	阴上 224	阳平 213	阳去 45	阴去 35
ʊ — o — ʊo	歌 kʊ⁴⁴	果 kʊ²²⁴	河 xʊ²¹³	祸 xo⁴⁵	过 kʊo³⁵
iᴇ — iɛ — iɛe — iæ	煎 tɕiᴇ⁴⁴	剪 tɕiᴇ²²⁴	钱 dʑiɛ²¹³	践 tɕʰiɛe⁴⁵	线 ɕiæ³⁵
ɛi — æi	耽 tɛi⁴⁴	胆 tɛi²²⁴	谈 dɛi²¹³	淡 tʰæi⁴⁵	担 tæi³⁵

续表

	阴平 44	阴上 224	阳平 213	阳去 45	阴去 35
uɪi — uei — uᴇi	归 kuɪi^{44}	鬼 kuɪi^{224}	葵 guei^{213}	柜 kʰuᴇi^{45}	贵 kuᴇi^{35}
iəu — iɐu — iæu	焦 tɕiəu^{44}	小 ɕiəu^{224}	桥 dʑiɐu^{213}	轿 tɕʰiæu^{45}	票 pʰiæu^{35}
ˠɯ — ɤɯ — əɯ — ɐɯ	收 sˠɯ^{44}	手 sˠɯ^{224}	柔 zɤɯ^{213}	受 səɯ^{45}	兽 sɐɯ^{35}
en — ɛn — ɛᵉn	精 tsen^{44}	整 tsen^{224}	情 dzen^{213}	净 tsʰɛn^{45}	正 tsɛᵉn^{35}
ɤŋ — əŋ — ʌŋ	东 tɤŋ^{44}	懂 tɤŋ^{224}	同 dəŋ^{213}	洞 tʰʌŋ^{45}	冻 tʌŋ^{35}

由上可见，各调之间的韵母差异存在一种渐进关系，但不完全是等距的，各韵母内部的差异程度也不完全相同。有些差异比较细微，难以用音标直接表示。而我们看到的其他方言材料，大多显示为“本韵调—变韵调”的韵母简单二分。

但从总体上来说，越位于左边的调，其元音越高（可称为“高元音调”）；越位于右边的调，其元音越低（可称为“低元音调”）。其中阴平、阴上、阳平（非去声类）调的元音比较接近，阳去、阴去（去声类）调的元音比较接近，而去声类与非去声类之间则差别很明显。溆浦方言声调与元音高低之间的大致的对应关系可图示如下：

阴平［44］—阴上［224］—阳平［213］—阳去［45］—阴去［35］

高元音调 ←——————————————————→ 低元音调

溆浦阴去［35］的实际音值为［435］或［335］，阳去［45］的实际音值为［454］。相对而言，阴去、阳去、阳平的调值比较长。笔者调查的辰溪方言，阴去［324］（收尾比 4 略高），阳去［55］（略降）。瞿建慧（2008）调查了泸溪、辰溪、溆浦三县 24 个点的音系，阴去的调值多为［213］，其次为［35］；阳去的调值多为［55］，其次为［53］、［35］。从总体上看，有调值分韵现象的辰溆片方言的去声具有长调的特点。

溆浦以及辰溆片其他方言，“变韵”（一般即阴去、阳去字的韵母）往往表现为主元音低化。如果是复韵母，主元音低化后跟介音、韵尾之间的动程加大，整个韵母的长度必然随之增加。如果是单韵母，元音低化后开口度加大，相对于高元音而言发音动作较大，也可以看做具有“长”的特点。（可参看远藤光晓，1994：489）

在辰溆片方言的调值分韵中，泸溪兴隆场（瞿建慧，2008）的情况比较特殊。跟永济方言一样，泸溪兴隆场也存在主元音低化、开尾的鼻化韵变［i］尾韵的现象。显然，这也是韵母“长化”的表现：

	阴平 35 丨阳平 24 丨上声 42 丨阳去 55	阴去 213
ẽ — ai	灯 tẽ^{35} ｜藤 dẽ^{24} ｜等 tẽ^{42} ｜邓 dẽ^{55}	凳 dai^{213}
uẽ — uai	村 ts^{h}uẽ^{35} ｜存 dzuẽ^{24} ｜损 suẽ^{42} ｜论 luẽ^{55}	寸 ts^{h}uai^{213}

乡话与湘语辰溆片方言呈交叉分布的状态。从现有材料来看，泸溪、辰溪、溆浦以及沅陵、古丈等各地乡话似乎都存在调值分韵的迹象。但在以往的调查研究中，乡话的这个特点未得到足够的重视，加上乡话是一种弱势方言，很多字没有乡话读音，所以目前还难以理清乡话调值分韵的状况和规律。下面是笔者调查的溆浦大渭溪乡罗山溪村乡话材料：

	去声 224	阴平 55	阳平 213	阴上 53	阳上 342
ɔo — ɒɔ	报 pɔo^{224}	包 pɔo^{55}		保 pɔo^{53}	老 lɒɔ^{342}
iɔo — iɒɔ	要 iɔo^{224}	腰 iɔo^{55}	姚 iɔo^{213}	表 piɔo^{53}	舀 iɒɔ^{342}
ɪi — ᴇe		根 kɪi^{55}		恨 xᴇe^{53}	
uᴇe — uɛe		砖 tsuᴇe^{55}	船 dzuɛe^{213}		

值得注意的是，跟辰溆片方言不同，乡话韵母元音的“高—低”之别并不与“非去声—去声”对应。乡话读做较低元音的是［342］（阳上）、［53］（阴上）、［213］（阳平）等较长调值的调类。这表明不管乡话的调值分韵这种音变方式是不是在当地湘语的影响下产生的，但具体的变韵规则无疑直接受制于本方言的调值，也就是说，是本方言的调值直接决定了韵母的变化和差异。

远藤光晓（1994：496）介绍了湘语湖南邵阳方言的调值分韵现象。在邵阳方言里，“短调（阴平）—中调（上声、阴去）—长调（阳平、阳去）”的元音构成“高—低”或“单—复”的关系，与湘语辰溆片方言、乡话的特点相似。

二、高调与低调分韵

2.1 吴徽语

在吴徽语的有些方言中，调值的高低有时会影响到韵母元音的高低。例如徽语淳安（曹志耘，1996：26~27）：

	上声 55	阴平 224 ｜阳平 445 ｜阳去 535
ui — ue	鬼 kui^{55}	归桂 kue^{224} ｜奎 k^{h}ue^{445} ｜柜 k^{h}ue^{535}

在吴语浙江缙云方言（太田斋，2004。笔者也参与调查）中，舒声调的调值为“阴高阳低”：阴平［334］、阴上［53］、阴去［554］，阳平［231］、阳上［31］、阳去［213］。一些韵母的元音也表现为逢阴调时元音较高，逢阳调时元音较低，例如［ʌiŋ］—［aiŋ］、［iʌiŋ］—［iaiŋ］、［yʌiŋ］—［yaiŋ］。在语流中，阳调韵的读音接近阴调韵。因此，缙云的调值分韵是出现在单字音里的一种“低调低化”现象。

在入声韵里，元音也表现为逢阴入时高，逢阳入时低。但缙云阴入［423］调值比阳入［35］低，似乎不符合调值高低与元音高低的对应关系：

	阴入 423	阳入 35
ɤ — ʌɯ	匆 fɤ^{423}	佛 vʌɯ^{35}
ei — ʌɪ	积 tsei^{423}	直 dzʌɪ^{35}
iei — iai~iɛi	级 tɕiei^{423}	及 dʑiɛi^{35}
yei — yai~yɛi	出 ts^{h}yei^{423}	习 zyai^{35}
ɔu — ɑu	速 sɔu^{423}	熟 zɑu^{35}
iɔu — iɑu	菊 tɕiɔu^{423}	肉 ȵiɑu^{35}

但陈贵麟（2008）记录的缙云东乡话阴入［434］、阳入［24］，西乡话阴入［324］、阳入［13］，都是“阴高阳低”。在通常情况下，吴语调值呈“阴高阳低”格局，缙云周围的几个方言也无一例外：

	磐安	永康	武义	丽水	青田	仙居
阴入	434（=阴上）	35（=阴上）	5	5	43	5
阳入	213（=阳平）	13（=阳上）	212	23	32	23

由此可以推测，缙云方言的入声曾经也有过“阴高阳低”的阶段，入声韵元音的高低之分应该是跟当时的阴入、阳入调值的高低相对应的。

2.2 闽语

在闽语闽东片的福州、闽侯、连江、长乐、福清、平潭、永泰、闽清、古田杉洋、屏南、宁德、周宁、福安以及闽中片的沙县等方言中，普遍存在“调值分韵”现象。例如福州（陈泽平，1998）：

	阴平 55 ｜阳平 53 ｜上声 33 ｜阴入 5	阴去 213 ｜阳去 242 ｜阴入 24
i — ei	碑 pi^{55} ｜脾 pi^{53} ｜比 pi^{33}	闭 pei^{213} ｜备 pei^{242}
o — ɔ	遭 tso^{55} ｜曹 tso^{53} ｜早 tso^{33}	做 tsɔ^{213} ｜座 tsɔ^{242}
uŋ — ouŋ	风 xuŋ^{55} ｜红 xuŋ^{53} ｜粉 xuŋ^{33}	奋 xouŋ^{213} ｜凤 xouŋ^{242}
eiʔ — aiʔ	十 seiʔ^{5}	色 saiʔ^{24}

注：福州除了个别辖字极少的韵母以外，其他所有韵母都有两种读音，但低元音韵母逢阴去、阳去、阴入时变化较小，例如［a］（实际音值为［ʌ］）的变韵为［ɑ］。

在连读中，当阴去、阳去、阴入变为“非变韵调值”（即［213］、［242］、［24］以外的调值）时，韵母读“本韵”，与读“变韵”的单字音不同，例如：记忆 ki$^{213-53}$ei^{213} —记 kei^{213} ｜顺风 suŋ$^{242-55}$xuŋ^{55} —顺 souŋ^{242} ｜贴墙 t^{h}eiʔ$^{24-21}$ts^{h}uoŋ^{53} —贴 t^{h}aiʔ^{24}。

又如沙县（李如龙，2001：280~281）：

	阴平 33 ｜阳平 31 ｜阳上 53 ｜去声 24	阴上 21 ｜阴入 212
i — e	卑 pi^{33} ｜脾 pi^{31} ｜婢 pi^{53} ｜闭 pi^{24}	比 pe^{21} ｜笔 pe^{212}
o — ɔ	遭 tso^{33} ｜曹 tso^{31} ｜坐 tso^{53} ｜做 tso^{24}	早 tsɔ^{21} ｜作 tsɔ^{212}
ue — uɛ	飞 pue^{33} ｜赔 pue^{31} ｜倍 pue^{53} ｜焙 pue^{24}	尾 buɛ^{21} ｜发 puɛ^{212}
uĩ — uẽ	翻 xuĩ^{33} ｜坟 xuĩ^{31} ｜犯 xuĩ^{53} ｜份 xuĩ^{24}	粉 xuẽ^{21}

注：鼻尾韵、［ŋ］韵以及以［a ɔ］为主元音的韵母只有一种读音，其余 16 个韵母有两种读音。

在连读中，当阴上、阴入变为“非变韵调值”（即［21］、［212］以外的调值）时，韵母读“本韵”，与读“变韵”的单字音不同，例如：角四 ku$^{212-4}$si^{24} —角 ko^{212}。而当其他调变为“变调调值”（即前字阳上、去声变为［21］）时，韵母随之读“变韵”，与读“本韵”的单字音不同，例如：四角 se$^{24-21}$ko^{212} —四 si^{24}。（李如龙，1996：33）

再如屏南：

	开阴平 2 ｜上声 21 ｜阴去 24	阳平 221 ｜阳去 324
i — ei	丝 θi^{2} ｜米 mi^{21} ｜试 θi^{24}	棋 kei^{21} ｜柿 kei^{324}
u — ou	箍 k^{h}u^{2} ｜虎 xu^{21} ｜副 xu^{24}	浮 p^{h}ou^{21} ｜户 xou^{324}
y — øy	猪 ty^{2} ｜水 tsy^{21} ｜醉 tsy^{24}	锄 t^{h}øy^{21} ｜树 θøy^{324}

注：“开阴平”是指开音节的阴平（此外还有“尾阴平［42］”）。阳平字韵母复化后声调由原来的［221］变为［21］（＝上声）。屏南只有［i u y］3 个韵母有两种读音。

闽语各方言的“变韵”很一致，都表现为元音低化、复化。但导致“变韵”的声调情况比较复杂，详见下表（带底纹的是“变韵调”，除沙县外全浊上归阳去）。材料来自陈泽平（1998：79）、戴黎刚（2008）、李如龙（2001），可惜除福州、沙县外缺调值材料。现据“汉语方言地图集数据库”补齐调值材料，需要说明的是，由于地图集的调查地点跟上述材料的调查地点不一定相同（例如闽侯县，地图集调查的是上街镇榕桥村，陈泽平 1998 调查的是县城），所以调值可能会有所出入。

	阴平	阳平	上声	阴去	阳去	阴入	阳入
福州	55	53	33	213	242	24	5
闽侯	55	51	33	213	242	24	5
连江	55	51	33	324	242	24	5
长乐	55	51	33	213	242	24	5
福清	51	55	32	213	31	2	5
平潭	52	44	322	211	41	2	5
永泰	44	452	31	213	231	2	5
闽清	44	452	332	23	213	23	5
古田杉洋	544	33	42	21	324	2	5

续表

<table>
<tr><th></th><th>阴平</th><th>阳平</th><th>上声</th><th>阴去</th><th>阳去</th><th>阴入</th><th>阳入</th></tr>
<tr><td rowspan="2">屏南</td><td>尾阴平 42</td><td rowspan="2">221</td><td rowspan="2">21</td><td rowspan="2">24</td><td rowspan="2">324</td><td rowspan="2">5</td><td rowspan="2">3</td></tr>
<tr><td>开阴平 2</td></tr>
<tr><td>福安</td><td>443</td><td>221</td><td>42</td><td>335</td><td>223</td><td>5</td><td>3</td></tr>
<tr><td rowspan="2">沙县</td><td rowspan="2">33</td><td rowspan="2">31</td><td>阴上 21</td><td rowspan="2">去声 24</td><td rowspan="2">＝去声</td><td rowspan="2">212</td><td rowspan="2">＝阳上</td></tr>
<tr><td>阳上 53</td></tr>
</table>

注：据戴黎刚（2008），宁德、周宁也有变韵，其中周宁跟福安一样，也是除上声外其他调都有变韵。但戴文材料不详，暂不列入上表。

几种有关的调值在“本韵调”、“变韵调”里出现的情况如下：

<table>
<tr><th>调值</th><th>说明</th><th>本韵调 51 个</th><th>变韵调 33 个</th></tr>
<tr><td rowspan="2">长调</td><td>曲折调，跨度达 5 或 4 度的降调</td><td>10 个（20%）</td><td>22 个（67%）</td></tr>
<tr><td>曲折调降升调、升降调、平升调、平降调、降平调</td><td>5 个（10%）</td><td>21 个（64%）</td></tr>
<tr><td rowspan="2">高调</td><td>含 5 或 4 度</td><td>33 个（65%）</td><td>15 个（45%）</td></tr>
<tr><td>含 5 度</td><td>25 个（49%）</td><td>2 个（6%）</td></tr>
<tr><td rowspan="2">低调</td><td>含 2 或 1 度</td><td>23 个（45%）</td><td>30 个（91%）</td></tr>
<tr><td>含 1 度</td><td>8 个（16%）</td><td>14 个（42%）</td></tr>
</table>

以上数据中，最引人注目的莫过于“含 2 或 1 度”的低调在变韵调里的比例高达 91%，与此相关，“含 1 度”的低调在本韵调和变韵调里的比例分别为 16% 和 42%，而“含 5 度”的高调在本韵调和变韵调里的比例分别为 49% 和 6%。这充分表明低调与变韵具有重要的相关性。当然，长调在本韵调和变韵调里所占比例的差距也十分明显（20% 和 67%）。从上述情况看，低调是导致变韵的重要因素，但长调的作用也不可忽视。

2.3 粤语和平话

在粤语和平话里，调值分韵现象目前只见于广西横县。横县以讲平话为主，但也有粤语分布（例如县城）。两种方言的［i u y］韵母逢阴去、阳去时都发生元音复化。例如：

粤语（谢建猷，2007）：

	阴平 55 丨阳平 232 丨阴上 33 丨阳上 24	阴去 52 丨阳去 22
i — ɐi	碑 pi^{55} ｜皮 p^hi^{232} ｜比 pi^{33} ｜被 pi^{24}	痹 $pɐi^{52}$ ｜备 $pɐi^{22}$
u — ou	呼 hu^{55} ｜胡 hu^{232} ｜虎 hu^{33} ｜户 hu^{24}	裤 hou^{52} ｜护 hou^{22}
y — ɔi	居 ky^{55} ｜渠他 k^hy^{232} ｜举 ky^{33} ｜巨 ky^{24}	句 $kɔi^{52}$ ｜树 $ʃɔi^{22}$

平话（闭克朝，1991）：

	阴平 44 丨阳平 13 丨阴上 33 丨阳上 22	阴去 55 丨阳去 42
i — əi	碑 pi^{44} ｜皮 pi^{13} ｜比 pi^{33} ｜被 pi^{22}	痹 $pəi^{55}$ ｜备 $pəi^{42}$
u — ɔu	呼 hu^{44} ｜胡 hu^{13} ｜虎 hu^{33} ｜户 hu^{22}	裤 $hɔu^{55}$ ｜护 $hɔu^{42}$
y — ɔi	居 ky^{44} ｜渠他 ky^{13} ｜举 ky^{33} ｜巨 ky^{22}	句 $kɔi^{55}$ ｜具 $kɔi^{42}$

两种方言的韵母表现几乎相同，与 2.2 所举闽语屏南方言的韵母表现也非常相像。但跟复元音相配的声调既有低调，也有高调。横县周边的粤语、平话的阴去、阳去调值为：

	南宁粤	北海粤	灵山粤	兴业粤	玉林粤	南宁平	邕宁平	上林平	宾阳平
阴去	33	33	13	513	52	55	35	55	55
阳去	22	22	33	213	22	223	22	33	42

从周边方言来看，阴去既有低调，也有高调，阳去除宾阳外全是低调。横县粤语的阴去［52］以前可能也读低调，并在阴去、阳去为低调时发生了调值分韵。横县平话调值分韵的原理应与粤语相同，它的阳去读中降调，而周边方言几乎都读低调，由此推测横县平话的今调值可能也是后来变化的结果。

三、余论

关于调值分韵现象，以往有“异调变韵”、“韵随调转”、“本韵—变韵”、“紧音—松音”、“去声韵特殊”等各种认识。我们认为，从根本上说，一切语音变化皆源自音值自身的特点。因此，“原本同一个韵母，在不同声调里有不同读音的现象”，其初始原因必然是调值的特性，调类不过是对调值的归纳。福州、沙县方言在连读中“依调值分韵”，而不是“依调类分韵”，有力地证明了这一点。这也正是我们把这种音变现象称为“调值分韵”的原因。

当然，语音是处于变化之中的。调值在变，韵母也在变。我们今天看到的调值分韵现象，有的是自创的，有的可能是后来扩散的。有的是初始形式的固化，有的可能已在音变的基础上发生了新的变化。因此，在有些方言中，调值和韵母之间的对应关系就会显得不太整齐甚至杂乱无绪（例如永济、缙云、横县）。不过，有时候可以通过跟周围方言比较或利用层次分析法“复原”以前的语音面貌，这时仍可看到调值和韵母之间的对应关系（例如缙云，又如福安。参看戴黎刚，2008）。不管怎样，对待调值分韵现象，需要有历史的眼光。

但同时也需要有全局的眼光。从地理分布情况来看，调值分韵现象并不局限于某一地或某一种方言（参看图 1）。这是因为调值分韵的直接原因是调值的长短、高低本身，所以，从理论上说，只要一个方言声调系统内的调值长短、高低存在足够的差异，就有可能发生调值分韵——当然是否发生另当别论。换句话说，调值分韵是一种具有普遍意义的音变方式。既然如此，它必然具有共同的特征和规律，而具体的表现形式可能会因方言而异。由此认识出发，综观今天汉语方言中的调值分韵现象，长调导致韵母元音复化、韵尾增生（可合称“长化”），低调导致韵母元音低化、复化，显然是两种主要的音变机制。从一个更高的层面来看，我们也可以把长化、低化、复化都视为对原韵母的一种“强化”，即增强原韵母的长度、响度和信息量。概括地说，调值分韵是具有长、低特点的调值使韵母音值发生强化。正因如此，大多数调值分韵现象都发生在最高或较高的元音，而最低或较低的元音一般不发生变韵，如要变韵，则只能采取“后化”或增加韵尾的方式。

本文显示，调值分韵是在汉语许多方言中都可见到的一种语音变化现象。但在不同的方言里，显著程度各不相同。有时候“本韵—变韵”的差异可能十分细微。而发音人对这种音变现象往往习焉不察，不能自觉地区分两类韵母，更增加了调查的难度。因此，在以往的调查中，有些调值分韵现象可能被调查者忽略了，这是需要在今后加以注意的。

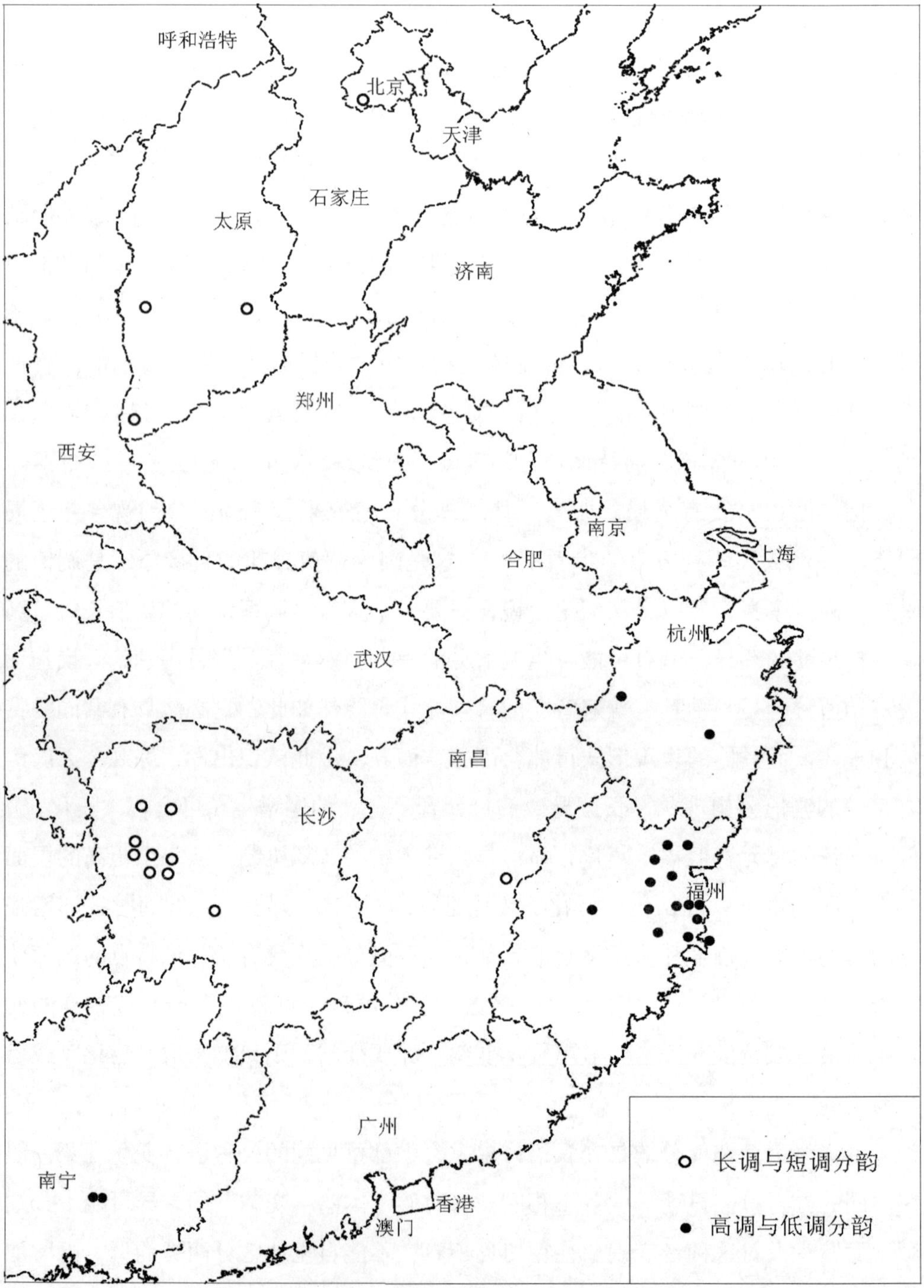
呼和浩特
北京
天津
石家庄
太原
济南
郑州
西安
南京
合肥
上海
杭州
武汉
南昌
长沙
福州
广州
南宁
香港
澳门
长调与短调分韵
高调与低调分韵

图 1

参考文献

闭克朝（1991）横县平话中的韵随调转现象，《华中师范大学学报》（哲学社会科学版）第1期。

曹志耘（1996）《严州方言研究》，日本：好文出版。

陈贵麟（2008）吴语缙云方言东西二乡音韵系统之差异，《吴语研究》，上海教育出版社。

陈泽平（1998）《福州方言研究》，福建人民出版社。

戴黎刚（2008）闽东福安话的变韵，《中国语文》第3期。

贺凯林（1999）《溆浦方言研究》，湖南教育出版社。

金有景（1985）襄垣方言效摄、蟹摄（一、二等韵）字的韵母读法，《语文研究》第2期。

李如龙（1996）声韵调的演变是互制互动的，《方言与音韵论集》，香港中文大学中国文化研究所吴多泰中国语文研究中心。

———（2001）《福建县市方言志12种》，福建教育出版社。

刘勋宁（1998）隰县话古咸山宕江摄舒声字的韵尾，《现代汉语研究》，北京语言文化大学出版社。

瞿建慧（2008）湘语辰溆片语音研究，陕西师范大学博士学位论文。

太田斋（2004）缙云方言音系，日本：《外国学研究》第58号。

吴建生、李改样（1989）永济方言咸山两摄韵母的分化，《方言》第2期。

吴宗济（1992）《现代汉语语音概要》，华语教学出版社。

谢建猷（2007）《广西汉语方言研究》，广西人民出版社。

远藤光晓（1994）元音与声调，《中国境内语言暨语言学》第二辑，中央研究院历史语言研究所。

原载《中国语文》2009年第2期

汉语方言声调演变的两种类型

——以遂安、济南为例兼论北京

一、引言

汉语声调的起源和演变是汉语语音研究中的重大问题。关于声调的起源，学术界已经有了多种理论（徐通锵，1997）。本文不打算讨论汉语声调的起源问题。不过值得指出的是，在研究汉语声调起源问题时，必须充分注意和利用汉语方言声调历时演变和共时变化的材料。

关于汉语及其方言声调的演变，我们现在的知识基本上仍限于平分阴阳、全浊上归去、入派三声等等现成的演变条例。至于平声为什么要分阴阳，全浊上为什么要合入去声而不独立成调，清入是按什么规律派入其他三声的，等等，则一直缺乏明确而满意的解释。汉语方言声调千变万化、多姿多彩的现象背后的内在规律和理论意义，迄今很少有人进行过深入系统的研究。

笔者近年在浙江省遂安县调查方言时发现，在全县所调查的18个地点方言中，竟有13种不同的调类系统。这种奇特的现象迫使我去寻求问题的答案。联系到我所调查过的浙江建德、寿昌、汤溪、云和，江西广丰，山东济南、海阳，甘肃武威，青海乐都等地方言在声调演变方面表现出来的特殊情况，以及其他学者所报告的有关调查材料（如江西南丰，山东章丘、利津，甘肃河州，新疆塔城、裕民等地方言，以及吉尔吉斯斯坦和哈萨克斯坦的东干话等），我认为现在已经很有必要对汉语方言声调的演变规律做一番初步的梳理工作了。本文拟在笔者所掌握材料的基础上，来探讨一下汉语方言声调演变的两种类型——自变型和他变型。至于汉语方言声调演变的其他问题，待以后再撰文讨论。

考察声调的演变，应该从演变的原因、演变的过程和演变的结果三个方面着眼。其中演变原因是问题的关键，因为演变原因直接影响到演变过程和演变结果。从汉语方言中已经发生和正在发生的声调演变情况来看，导致声调产生演变的原因有两大类：一类是自身语言系统特别是语音系统内部的原因，例如音系的简化，声母清浊对立的消失，入声韵塞音尾的丢失，调值之间的相近度，连读音变的影响，词语的多音节化，等等；另一类是自身语言系统外部的原因，例如强势方言、普通话或其他语言的影响。这两大类原因的性质很不相同，因此，由它们导致的演变过程和演变结果也很不一样。比如，由内部原因导致的演变过程往往是渐变的，由外部原因导致的演变过程则往往是突变的。内部原因所导致的演变结果具有很强的系统性，而外部原因所导致的演变结果系统性差，往往演变得不彻底，造成很多异读（一字多调）现象。我们把由内部原因导致的演变叫做“自变型”，把由外部原因导致的演变叫做“他变型”。二者的区别如下：

	自变型	**他变型**
演变原因	内因	外因
演变过程	渐变	突变
演变结果	成系统	不成系统

从理论上说，内因和外因可能同时起作用，也可能单独起作用。但在一定时代一定地区的方言里，常常以其中某一类原因为主。因而在具体的方言里，声调的演变常常是以某一种类型为主要形式的。下文以具体方言为例，来考察这两种演变的类型。

二、遂安话：自变型

2.1 遂安概况

遂安县位于浙江省西部，与安徽省交界。东汉建安十三年（208 年）置县，1958 年并入淳安县。原遂安县大致上相当于今浙江省淳安县西南部的安阳、东亭、姜家、郭村等乡镇及其以西、以南地区。据明万历壬子《遂安县志》记载，遂安县东西长 123 里，南北长 124 里。据 1947 年调查，遂安县总面积为 1513 平方公里。地形以山地丘陵为主，白际山和千里岗两大山脉分别分布于县的西北部和东南部。武强溪自西向东横贯县境，至淳安的港口镇汇入新安江。

1959 年，在遂安、淳安二县建成著名的新安江水库（即千岛湖）。遂安县武强溪两岸包括县城狮城镇在内的广大地区沦为库区。在原遂安县境内，今设有 5 个镇、7 个乡，共 12 个乡镇，如下：

5 镇：中洲镇，汾口镇，姜家镇，枫树岭镇，大墅镇。

7 乡：浪川乡，郭村乡，百亩畈乡，龙源乡，白马乡，安阳乡，东亭乡。

据 1948 年统计，遂安县人口为 13.2 万多人。自 1956 年至 1970 年，原遂安县先后移至外县、外省的移民达 5.5 万多人。自从与淳安县合并以后，原遂安县境内的人口已无法单独统计，据估计现在不会超过 20 万。除了汉族以外，还有少量畲族人散居在县内各地。

2.2 遂安方言概况

遂安县境内的方言主要是“遂安话”，以县城狮城镇的方言为代表。遂安话属徽语严州片，是严州方言中最特殊和复杂的方言。以狮城话为例，古全浊声母字今读清音声母，逢塞音塞擦音不论平仄均读送气清音；泥母字洪音今读 [l] 声母，细音今读零声母；“追决春拳顺血”等字今读 [k k^h f] 声母；“帮汤方江光床双”等字今读 [om] 韵母；单数人称代词为“尬 [ka^{52}] 我”、“义 [i^{52}] 你”、“渠 [$k^hɯ^{33}$] 他”；指示代词有“牙 [$ɑ^{33}$] 近指”、“伊 [i^{33}] 远指”、“耶 [$iɛ^{33}$] 远指的旁指”三套，等等。

除了遂安话以外，在遂安县境内还有以下几种方言：浙江淳安话、建德话、寿昌话、衢县话、常山话、开化话，安徽休宁话、安庆话，江西南丰话，福建话，畲话。这些方言大多数分布在县境的边缘地区，尤其是南部与原寿昌、衢县、常山、开化等县交界的崇山峻岭之中。在这些地方，不同方言的分布错综复杂，不少村庄往往同时有好几种方言并存并用。据安阳乡政府的陈功先生介绍，安阳乡乌龙村存在衢县、常山、安庆、福建 4 种方言，黄家源村则存在建德、寿昌、衢县、常山、安庆 5 种方言。当然，以外县方言为母语的人，在跟使用遂安话的人交际时一般还都会说当地的遂安话。

遂安话内部的差异非常大。因此，要了解遂安话的真实面貌，应该调查全县各乡镇农村方言，而不能仅限于调查县城话。笔者根据遂安县乡镇变更的实际情况，选择了以下 18 个地点进行调查（为避免跟其他数字混淆，文中调查点编号一律下加横线）（参看图 1）：

中洲镇：<u>01</u> 樟村（原樟村乡驻地），<u>02</u> 中洲村（现中洲镇驻地）

汾口镇：<u>03</u> 龙门村（原界川乡驻地），<u>04</u> 杨旗坦村（现汾口镇驻地）

浪川乡：<u>05</u> 大联村塥头自然村（现浪川乡驻地）

郭村乡：<u>06</u> 霞五村下胡宅自然村（离现郭村乡驻地郭村 1 华里，为朱熹讲学之瀛山书院所在地。下文称郭村）

姜家镇：<u>07</u> 姜家村（现姜家镇驻地）

百亩畈乡：<u>08</u> 直街村（离现百亩畈乡驻地 1 华里。下文称百亩畈）

龙源乡：<u>09</u> 龙源村（现龙源乡驻地）

枫树岭镇：<u>10</u> 铜山村（原铜山乡驻地），<u>11</u> 新丰村当畈自然村（现枫树岭镇驻地）

白马乡：<u>12</u> 白马村（现白马乡驻地）

大墅镇：<u>13</u> 寺林村（跟原上坊乡驻地上坊村连着。下文称上坊），<u>14</u> 麦坞村（现大墅镇驻地）

安阳乡：<u>15</u> 安阳村日头山自然村（现安阳乡驻地）

桐子坞乡：<u>16</u> 严家村（现桐子坞乡驻地）

东亭乡：<u>17</u> 姚家村（现东亭乡驻地）

狮城镇：<u>18</u> 城里（原遂安县驻地）

2.3 遂安各地方言的声调系统

遂安县内 18 个地点方言的声调系统见表 1。需要说明的一点是，为避免引起混乱，调类名称一律“尽前不尽后”。例如樟村的清平跟浊入合，调类名称就叫做“阴平”，而不叫做“阳入”。

表 1　遂安 18 地点方言声调系统表

古声调	平		上		去		入		调类数
古声母	清	浊	清	浊	清	浊	清	浊	
例　字	东天三	皮徐南	九草火	坐近米	对菜四	洞树硬	八铁福	毒十麦	
01 樟　村	阴平 33	阳平 213	阴上 243	阳上 53	阴去 21	＝阳上	＝阳上	＝阴平	5
02 中　洲	阴平 35	阳平 22	阴上 231	阳上 53	阴去 213	＝阳上	＝阳上	＝阴上	5
03 龙　门	阴平 55	阳平 22	＝阳平	阳上 53	阴去 213	＝阳上	阴入 31	阳入 44	6
04 汾　口	阴平 55	阳平 22	阴上 24	阳上 53	阴去 213	＝阳上	阴入 31	阳入 132	7
05 浪　川	阴平 55	阳平 31	阴上 24	＝阴上	阴去 113	阳去 42	阴入 435	＝阴上	6
06 郭　村	阴平 545	阳平 33	阴上 45	阳上 31	阴去 113	阳去 313	阴入 535	＝阳上	7
07 姜　家	阴平 31	阳平 44	阴上 435	阳上 223	阴去 113	阳去 24	阴入 53	＝阳上	7
08 百亩畈	阴平 55	阳平 33	＝阳平	阳上 53	阴去 213	＝阳上	阴入 534	＝阴平	5
09 龙　源	阴平 44	阳平 13	阴上 11	阳上 53	阴去 213	＝阳上	阴入 534	＝阴平	6
10 铜　山	阴平 42	阳平 44	阴上 22	阳上 213	阴去 24	＝阳上	阴入 53	＝阴上	6
11 枫树岭	阴平 523	阳平 22	阴上 213	阳上 33	阴去 55	＝阴上	阴入 24	＝阴上	6
12 白　马	阴平 523	阳平 22	阴上 213	阳上 24	阴去 55	＝阳上	＝阳上	＝阴上	5
13 上　坊	阴平 534	阳平 33	阴上 213	阳上 55	＝阳平	阳去 53	阴入 24	＝阴上	6
14 大　墅	阴平 534	阳平 33	阴上 213	阳上 55	阴去 423	阳去 53	阴入 24	＝阴上	7
15 安　阳	阴平 534	阳平 33	阴上 213	阳上 42	＝阳上	阳去 53	阴入 24	＝阴上	6
16 桐子坞	阴平 534	阳平 33	阴上 113	阳上 42	＝阳上	阳去 53	阴入 35	＝阴上	6
17 东　亭	阴平 534	阳平 33	阴上 113	阳上 42	＝阳上	阳去 53	阴入 35	＝阴上	6
18 狮　城	阴平 534	阳平 33	阴上 213	阳上 422	＝阳上	阳去 52	阴入 24	＝阴上	6

2.4 遂安各地方言声调的共同特点和内部差异

2.4.1 共同特点

为了便于把握遂安方言声调的总体情况，这里先归纳一下它的共同特点。

（1）调类数目在5~7个之间，多为6个。

（2）古平、上、去、入按古声母清浊各分两类。例外的情况只有05浪川上声不分两类。

（3）由古四声乘以古声母清浊得到的"八个类别"之间往往互有合并，其中以下几个类别之间在比较多的地点发生了合并：清平跟浊入，清上跟浊入，浊上跟清去，浊上跟浊去，浊上跟清入。可以看出，这种合并已不限于"清—清"合并或"浊—浊"合并，也就是说已经打破了原声母清浊所造成的声调阴阳之间的界限，比如清平字和浊入字可以读为一调。

（4）次浊上声和全浊上声没有区别。

（5）大部分地点（15个点）保留独立的阴入调类，读长调，韵母不带喉塞音尾。01樟村、02中洲、12白马3个点例外，清入字读同阳上。

（6）阳平是一个平调，多数地点调值读［33］或［22］，个别地点读［44］。只有以下3个点例外：01樟村读［213］，05浪川读［31］，09龙源读［13］。

2.4.2 内部差异

由表1和图1可以看出，遂安各地方言声调系统之间的差异之大是令人惊讶的。这里把几项比较重要的内部差异情况归纳一下。

（1）调类系统

由表1可见，在全部18个地点方言中，一共有13种不同的调类系统。这是遂安方言中最引人注目的现象。相同的地点有：

02中洲、12白马为一类；

06郭村、07姜家为一类；

15安阳、16桐子坞、17东亭、18狮城为一类。

其中除了安阳、桐子坞、东亭、狮城4个点在调值上也十分接近，同时在地理上也能互相连接，的确表现出一种亲缘关系以外，郭村跟姜家之间调值上出入颇多，中洲跟白马之间则不仅调值差别巨大，而且地理上也相距遥远。中洲跟白马 2 个点调类系统的一致性应该看做是一种偶合。

（2）清去

在严州方言里，清去字在调类上是属于不太稳定的一类。除狮城以外的其他 3 个县城方言的情况如下（曹志耘，1996：13）：

淳安县淳城镇 同阴平［224］，如：富＝夫［fua^{224}］。

建德县梅城镇 白读同阳平［334］，如：素＝锄［su^{334}］；文读同上声［55］，如：趣＝娶［$tɕ^hy^{55}$］。

寿昌县寿昌镇 白读跟浊去一起读去声［33］，如：兔＝渡［t^hu^{33}］；文读同上声［55］，如：趣＝娶［$tɕ^hy^{55}$］。

由表 1 可见，遂安话清去字的今调类有 3 种情况：

a. 01 樟村 ~12 白马，14 大墅（13 个点）：读独立的阴去调；

b. 13 上坊（1 个点）：同阳平；

c. 15 安阳 ~18 狮城（4 个点）：同阳上。

（3）浊去

由表 1 可见，遂安话浊去字的今调类有 4 种情况：

a. 05 浪川 ~07 姜家，13 上坊 ~18 狮城（9 个点）：读独立的阳去调；

b. 11 枫树岭（1 个点）：同阴上和阳入；

c. 03 龙门，04 汾口，08 百亩畈 ~10 铜山（5 个点）：同阳上；

d. 01 樟村，02 中洲，12 白马（3 个点）：同阳上和阴入。

如果采用音韵学上“浊上归浊去”的说法，那么 c、d 两种情况（共 8 个点）也可以说是浊上归到浊去里去了。

（4）浊入

在今天的一些徽语、吴语方言里，浊入字在调类上也是属于不太稳定的一类。由表 1 和图 1 可见，遂安话浊入字的今调类比较复杂，有以下 6 种情况：

a. 03 龙门，04 汾口（2 个点）：读独立的阳入调；

b. 01 樟村，08 百亩畈，09 龙源（3 个点）：同阴平；

c. 06 郭村，07 姜家（2 个点）：同阳上；

d. 02 中洲，10 铜山，12 白马 ~18 狮城（9 个点）：同阴上；

e. 05 浪川（1 个点）：同阴上和阳上；

f. 11 枫树岭（1 个点）：同阴上和阳去。

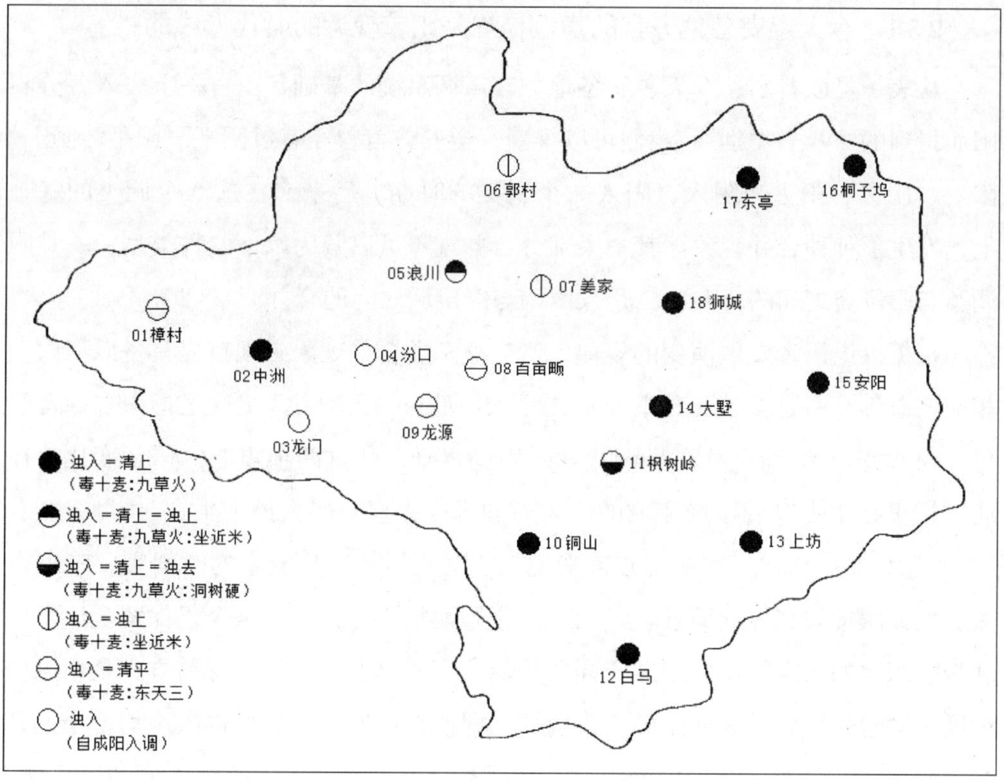

图 1　遂安方言浊入字归类

（5）调值

遂安各地方言除了阳平调值具有较大的一致性以外，在其他各调的调值上都存在很大的差异。例如阴上调值，除了 11 枫树岭 ~18 狮城（共 8 个点）读低降升调［213］或低平升调［113］显得比较一致以外，其余 01 樟村 ~10 铜山（共 10 个点）有的读高降升调，有的读升调，有的读平调，还有的（01 樟村、02 中洲）读升降调，很难看出什么规律来。综合各调调值的情况来看，差异主要集中出现在 01 樟村 ~10 铜山这 10 个地点之间，而 11 枫树岭 ~18 狮城这 8 个地点相对地说比较一致。详细情况见表 1，此不一一细说。

2.5 遂安方言声调复杂面貌成因初探

在遂安这么一个面积只有1000多平方公里，人口不超过20万的狭小区域内，方言的声调系统却呈现出如此复杂多样的状态，无疑值得我们作进一步的探讨。

2.5.1 今天遂安各地方言的声调格局是比较晚近的时代形成的

从表1可以看出，今天遂安各地方言声调系统的基础是由古平上去入各分阴阳而得到的“八个类别”。我们可以推断，遂安方言曾经有过阴平、阳平、阴上、阳上、阴去、阳去、阴入、阳入八个调类的时期。后来，在这八个调类的基础上，发生了种种合并现象。其中大部分合并现象可以归为以下两种类型：一是阴调类与阳调类之间的合并，二是入声调与舒声调之间的合并。

根据汉语语音发展演变的规律，产生这两类合并现象必须首先具备以下两个相应的条件：一是全浊声母清化，二是入声韵母“舒声化”（这里指失去塞音韵尾，声调变长）。而全浊声母清化和入声韵母舒声化这两项重要的语音变化，在北方话里是中古以后慢慢完成的，入声韵母失去塞音尾大约发生在14世纪左右（王力，1980：134）。就遂安方言来说，这两项语音变化发生的时间则要晚近得多。例如跟遂安交界的衢县、常山、开化等地吴语方言里，至今仍保留全浊声母和带喉塞尾的入声韵母。跟遂安同属严州方言的淳安、建德、寿昌方言至今也仍程度不同地保留着带喉塞尾的入声韵母。即使在遂安方言里，古入声韵母今天虽然已经失去塞音尾，但03龙门、04汾口至今仍保留着独立的阴入调和阳入调，绝大部分地点仍保留着独立的阴入调，狮城有的发音人的阴入调还在一定程度上保留着短促的特点。这都说明了遂安方言全浊声母清化和入声韵母舒声化的历史并不会太悠久（我们推测不会超过三四百年的时间）。当然，在没有任何历史文献可资证明的情况下，我们还无法确定音变发生的具体年代。

2.5.2 底层和移民不是主要原因

如果遂安方言全浊声母的清化和入声韵母的舒声化的确发生在近三四百年之内，那么可以断定，上古时代生活在这一地区的越族（后来被称为“山越”）的语言底层很难对这两项音变之后所产生的声调系统的大变动构成直接的影响。

至于移民方面的因素，据《淳安县志·第三编·人口》：“在历史上，原淳安、遂安两县不少姓氏，都是先后从外地迁入的……其中以宋随赵构南渡定居淳遂各乡者居多。”（第94页）而作为遂安县最大的余姓（达数万人），则是在“东汉初平元年（190年），渡江迁居润州、丹阳。西晋永嘉元年（307年），分迁武强（遂安县）连理乡九势山下萝蔓塘桂林里。”（第95页）可见遂安县的主要移民定居遂安已经具有相当长的历史，早已成为当地的主人。清代以后，虽然还有一些来自安徽、江西、福建以及浙江其他地区的难民“陆续流入淳安（“淳安”一名这里也包括遂安——引者注）山区，经营无主山地，开荒种植，安家落户，俗称‘歇山棚’”（第87页），但由于这些新移民来源众多而人数有限，且主要居住在那些荒无人烟的高山深坞，因而实际上很难对早已成型的遂安方言产生比较大的影响。相反地，倒是他们在沿用自己的母语方言之外，还学会了当地的遂安方言。

2.5.3 声调系统合并的可能性和必要性

声母的清浊对立导致了阴阳调类的区别，带塞音尾的入声韵母的存在保证了短促的入声调的存在。在具有全浊声母和带塞音尾的入声韵母的方言里，如果发生调类合并的事情，只能限于阴调类内部、阳调类内部、舒声调内部或入声调内部，而不能发生在阴阳调类之间或舒促声调之间。因此，这种类型的方言的调类合并的幅度无论是大是小，都必然沿着共同的道路和方向进行，最后的结果也只能是大同小异。即使是发生了最剧烈的调类合并现象，最后也必然会剩下以下四个调类，即阴舒声、阳舒声、阴入、阳入。例如新派上海话的五个调类就是在上述原则制约下的剧烈合并的结果：阴平［52］，阴去（包括清上）［334］，阳去（包括浊平、浊上）［113］，阴入［55］短调，阳入［23］短调。

遂安方言全浊声母的清化和入声韵母的舒声化，则为由平上去入各分阴阳而产生的“八个类别”之间的自由合并提供了极大的方便。比如，原先当阳上调跟其他调类发生合并时，无非是跟阳平或者阳去这两个调类合并。而现在，它有了七种可能性。

在调类系统出现大合并的可能性的同时，汉语音系简化的大趋势则显示了调类系统合并的必要性。随着汉语词汇的多音节化，汉语语音不断地朝着简化的方向发展。全浊声母的清化、入声韵母的舒声化就是声母和韵母系统简化的结果。

而在平上去入各分阴阳的八大类别之间逐步进行合并，就是声调系统简化的主要任务。

2.5.4 在缺乏强势方言统一制约的情况下自由化地发展

如上所述，遂安方言声调系统的调类合并既具备了可能性，也具备了必要性。从理论上说，在声调系统即将发生大变动的时候以及大变动发生的过程当中，对遂安方言具有“影响力”的方言（强势方言）必定要发挥它的制约作用。然而，让人吃惊的是，对遂安方言来说，事实上并不存在一个或几个这样的强势方言。勉强带有一定强势方言性质的只有狮城话，但它的“影响力”只发生在狮城附近很有限的地区。

为什么会出现这样的局面呢？我们有必要来看一看古代遂安的地理交通和经济文化情况。遂安位于浙江省西部边陲，一直是严州地区内最偏僻落后的小县。它四面高山环绕，对外交通主要依赖唯一的大河武强溪。武强溪在狮城的上游缺乏水运条件，在狮城的下游可通过小船或排筏跟新安江连接，但从狮城到新安江边上的淳安县港口镇有30公里之远。在本县内部，除了武强溪沿岸和汾口一带平原地区以外，均为褶皱型山区。这种地貌的特点是，两边高山陡立，山谷狭窄曲折，高低不平，一般长达几十公里，谷中必有一条小溪，大部分村庄就建在小溪的两边。当地人把山谷中的一条溪流流经的整个区域叫做“源”（陶渊明所记的桃花源就是这样的“源”，据说在离遂安不远的安徽黟县）。这样的“源”在遂安有十几条，事实上遂安主要是由这些“源”组成的。在这样的地理交通条件下，可以想象古时候的遂安人既难以跟外地人来往，也难以在不同的“源”之间进行沟通。

由于遂安山多地少，交通不便，经济文化一直比较落后。也许是因为这里的山太高，路太远，当地人很少走出大山，到外面去经商、求学或求仕。就连本地仅有的一点买卖（主要是盐），也差不多全都由徽州商人在经营。从总体上说，遂安人在长达几千年的时间里，一直过着自给自足的小农经济生活。在这样的经济形态中，人们没有必要过多地跟外地人来往交流。自明万历四十年（1612年）起，遂安县建立了“18都”的行政体制。这种“都”基本上就是以“源”为基础而设立的，一条“源”就是一个“都”，不同的“源”属于不同的“都”。这个体制一直延续了300多年，到本世纪才有了一些小的变化。这就从行政关系上进一步决定了当地人绝大多数的交往行为只发生在一条“源”的内部，尤其是在本村内部或本村与邻村之间。

综上所述，遂安各地方言的声调系统在发生调类合并的大变动时，没有出现过某种有“影响力”的强势方言来统一制约这种合并运动。作为县城方言的狮城话，只对其附近——主要是武强溪下游的少数几个乡镇（东亭、桐子坞、安阳等）方言的调类合并产生过作用。这就使得各地方言犹如脱缰的野马，可以自由自在地发展变化。

2.5.5 调类合并的唯一依据就是调值的相近度

当然，我们说遂安各地方言发生了自由化的发展，是指它在发展变化的过程中不受制于外来因素。就方言现象本身来说，所有的变化都必然有它的原因和规律。就像河水在没有人工修筑的堤坝、渠道等引导的情况下自然会往地势低的地方流一样，调类的自我合并也存在它的内在规律，这个规律就是调值越相近的调类越容易合并，或者说，调类合并的唯一依据就是调值的相近度。

遂安各地方言阴入调和阳入调的归并去向可以有力地证明这一点。遂安方言的入声韵母失去塞音尾之后，入声调（包括阴入、阳入）也随之由原来的短促调变（可以理解为“延伸”）为一般的长调。当入声调发生这种“延伸”的时候，仅从音理上说（不考虑外来因素的制约），如果“延伸”的结果正好跟舒声调里某个调类的调值相同或十分接近，那么这个入声调就很容易归入那个舒声调。否则，这个入声调将会保存独立的调类（尽管是长调）。比方说，一个方言里阴入读［5］短调，阴平读［55］调，阴入发生“延伸”时就很容易归入阴平。

从表1可以看出，11枫树岭~18狮城这8个地点的清入字的调值基本上是中升型的。其中12白马的清入字归入了舒声调（同阳上和阳去），这是因为白马的舒声调里正好有中升的［24］调。其余7个地点的清入字保持独立的阴入调，因为这7个地点方言的声调系统里根本没有相应的升调。再看浊入字，同样是升降调，02中洲归入了舒声调（同阴上），而与之相邻的04汾口（相距大约仅5公里）则保持独立的阳入调。这是因为中洲的舒声调里有升降调，汾口则没有。11枫树岭~18狮城这8个地点的浊入字全都归入了舒声调（同阴上，枫树岭还同阳去），同样可以看出这些方言浊入字的原调值（低降升型）在调类归并过程中的决定性作用。

遂安各地的方言由于长期处于相对独立存在和发展的状态，调值系统早已形态各异。有时即使是在两个相距很近的地点，相应的调值之间也迥然不同。试比较同是七个调类的 04 汾口和 07 姜家二地（相距大约 10 公里）的调值系统：

	清平	浊平	清上	浊上	清去	浊去	清入	浊入
04 汾口	阴平 55	阳平 22	阴上 24	阳上 53	阴去 213	＝阳上	阴入 31	阳入 132
07 姜家	阴平 31	阳平 44	阴上 435	阳上 223	阴去 113	阳去 24	阴入 53	＝阳上

既然各地方言的调值是如此的悬殊，当它们的调类发生合并，而且这种合并是以调值的相近度为唯一依据的时候，出现“八仙过海，各显神通”的合并结果也就不足为怪了。

三、济南话：他变型

济南话有四个声调：阴平［213］，阳平［42］，上声［55］，去声［21］。除了古清入字以外，古今声调演变关系跟北京话相同。

在传统的（比如说老年人的）济南话里，古清入字一律归阴平，例如：一＝衣［i^{213}］，级＝鸡［tɕi^{213}］，笔＝杯［pei^{213}］，速＝苏［su^{213}］。但据笔者 1990 年调查，现在一些中年以下的济南人，在多数古清入字仍然保持读阴平［213］调的情况下，有一小部分古清入字的声调已经发生了变化。具体情况是，中青年有的字读成了去声［21］调，少儿有的字读成了阳平［42］调和去声［21］调。结果同是古清入字，在老年里读阴平一调，在中青年里读做阴平和去声二调，在少儿里分读阴平、阳平和去声三调。可以说在当今少儿年龄段的济南话里又出现了一种古清入字的“入派三声”现象。例字见表 2。（“/”表示又读）

表 2　济南话清入字在不同年龄段里的读音

例字	拆	则责	德	百	策册	色	克客
老　年	tʂ^{h}ei^{213}	tʂei^{213}	tei^{213}	pei^{213}	tʂ^{h}ei^{213}	ʂei^{213}	k^{h}ei^{213}
	阴平						
中青年	tʂ^{h}ei^{213}/tʂ^{h}ɛ^{213}	tsɤ^{213}	tɤ^{213}	pei^{213}/pɛ^{213}	ts^{h}ɤ^{21}	sɤ^{21}	k^{h}ɤ^{21}
	阴平				去声		
少　儿	tʂ^{h}ɛ^{213}	tsɤ^{42}	tɤ^{42}	pɛ^{213}	ts^{h}ɤ^{21}	sɤ^{21}	k^{h}ɤ^{21}
	阴平	阳平		阴平	去声		
北京话	tʂ^{h}ai^{55}	tsɤ^{35}	tɤ^{35}	pai^{214}	ts^{h}ɤ^{51}	sɤ^{51}	k^{h}ɤ^{51}
	阴平	阳平		上声	去声		

从表 2 例字可以看出，济南话清入字的语音变化具有以下几个特点：

（1）声调的变化是伴随着该音节的声韵母（或韵母，下同）的变化而发生的。这些字原来的声韵母跟普通话相差很大，是方言向普通话靠拢的过程当中首当其冲地要被改掉的音。声韵母的这种“普通话化”，在中青年里导致了部分字的声调向普通话的去声调类靠拢，在少儿里导致了部分字的声调向普通话的阳平、去声调类靠拢。（没有不改声韵母而只改声调的例子。）

（2）声调的变化以普通话的调类为依据，比如在少儿里，普通话读阳平的字济南话变为阳平，普通话读去声的字济南话变为去声。而不以普通话的调值为依据，例如普通话的去声是［51］，济南话的阳平是［42］，“策册色克客”等字的声调向普通话靠拢时并不变成跟普通话去声调值相近的阳平［42］，而是变成去声［21］。

（3）普通话读阴平、上声的清入字如“拍拆”、“百窄”等，在济南年轻人里，虽然韵母由［ei］变成了［ɛ］，但声调仍保持阴平［213］未变。普通话读阴平的“拍拆”等字，济南话声调不变是为了跟普通话的阴平调类保持一致。普通话读上声的“百窄”等字，济南话声调未变是为了跟普通话的上声调值保持一致，因为济南话的阴平调值［213］正好跟普通话的上声调值［214］相近。在这里，普通话的调值对济南话声调的变化也表现出了牵制作用。

四、余论：关于北京话清入字的读音

北京话清入字的演变原因和演变过程是汉语语音史上的一大悬案。如本文开头所说，声调的演变结果是由演变原因决定的，我们可以从古清入字在今北京话里的演变结果来考察它的演变原因。

古清入字在今北京话里分化到阴、阳、上、去四调，看不出明显的规律。根据平山久雄（1994）的统计，古清入字分化到北京话四个声调里的字数和比例如表3。

表3　北京话清入字分化表

	阴平	阳平	上声	去声	总数
字数	163字	147字	64字	250字	624字
比例	26%	24%	10%	40%	100%

在北京话里，部分清入字的声调还有异读现象，如：答 dá~复/dā~应，血 xuè心~/xiě出~，塞 sè堵~/sāi瓶~，角 jiǎo三~/jué主~儿，雀 què麻~/qiǎo家~儿/qiāo~子，浙 zhè/zhé，室 shì/shǐ，以及“一、七、八、不”的特殊变调，等等。北京话清入字在韵母方面的异读现象更加突出。

上述北京话清入字今分四调和一字多调的现象，表明古清入字在北京话里面的演变缺乏系统性。而系统性差正是“他变型”（由自身语言系统外部的原因所导致的演变）的特点。由此我们可以作如下推断。

当北京话清入字的塞音韵尾消失的时候，调值随之由短促调“延伸”为长调。这个长调可能是一个不同于原有声调的新调，也可能是原有声调系统里的某一个旧调（比如上声或阴平）。不管是新调还是旧调，当初清入字的归类应该是一致的。后来，由于移民或其他方面的原因，北京话受到某一种（或几种）强势方言的影响。在那种（或几种）方言里，清入字的声调（尤其是调类）跟北京话不同，于是北京话清入字的声调开始向那种（或几种）方言的声调变化。由于各清入字的声韵母结构、常用程度、单用程度等方面的情况不一样，清入字声调发生变化的速度也不一样。结果是有些字变了，有些字没变；或者同一个字在这个词里变了，在那个词里没变；也有的字既可以读变化后的新调，又可以读变化前的旧调，两种声调读法并存。假如一个方言同时受到了多种强势方言的影响，或者先后受到了多种强势方言的影响，那么清入字声调的读法就会更加分歧。从北京话清入字的今读音来看，历史上对北京话产生影响的强势方言很可能不止一个。

结合移民史、音韵学资料和今天北京周围地区方言清入字的声调情况，要把上述的推测具体化并不是不可能的。但这不是本文所要论述的问题。

本文所要说明的是，北京话清入字曾经经历过的那种音变，如今正在济南话里发生。只不过济南话只受到北京话（普通话）一种方言的影响，而北京话可能同时或先后受到了多种方言的影响，情况更为复杂罢了。

:: 参考文献 ::

曹志耘（1987）金华汤溪方言的词法特点，《语言研究》第1期。

———（1996）《严州方言研究》，日本：好文出版。

———（1997）浙江遂安方言的声调，第九届北美洲国际汉语语言学研讨会论文，加拿大维多利亚，1997年5月。

陈其光（1997）河州话的声调重音，中国语言学会第九届年会论文，江西，1997年8月。

淳安县志编纂委员会（1990）《淳安县志》，汉语大词典出版社。

高晓虹（1997）章丘方言入声调的研究，山东大学硕士学位论文。

李如龙（1997）论汉语方音的演变，第30届国际汉藏语言及语言学会议论文，北京，1997年8月。

刘俊一（1997）胶东话四声变三调的现状和趋势，首届官话方言国际学术讨论会论文，青岛，1997年7月。

刘俐李、周 磊（1986）新疆汉语方言的分区（稿），《方言》第3期。

刘纶鑫（1997）南丰方言试论，中国语言学会第九届年会论文，江西，1997年8月。

刘淑学（1997）中古入声字在河北方言中的读音研究，山东大学博士学位论文。

刘勋宁（1997）《中原音韵》所反映的中原官话和北方官话的一个区别，第30届国际汉藏语言及语言学会议论文，北京，1997年8月。

罗福腾（1997）汉语方言连续多音节读轻声的现象，首届官话方言国际学术讨论会论文，青岛，1997年7月。

孟子敏（1997）平邑话的功能变调，首届官话方言国际学术讨论会论文，青岛，1997年7月。

平山久雄（1994）北京文言音基础方言里入声的情况，汉语史研究会论文，日本东京，1994年9月。

————（1997）从声调调值演变史的观点论山东方言的轻声前变调，首届官话方言国际学术讨论会论文，青岛，1997年7月。

平田昌司（1983）“小称”与变调，《〈アジア・アフリカ語の計數研究〉共同研究報告》21。

钱曾怡（1997）从汉语方言看汉语声调的发展，第30届国际汉藏语言及语言学会议论文，北京，1997年8月。

桥本万太郎，余志鸿译（1985）《语言地理类型学》，北京大学出版社。

石　锋（1997）送气声母对于声调的影响，第30届国际汉藏语言及语言学会议论文，北京，1997年8月。

王　力（1980）《汉语史稿》（上册），中华书局。

徐通锵（1997）声母的变化和声调的起源，第30届国际汉藏语言及语言学会议论文，北京，1997年8月。

岩田礼（1996）论北京方言和连云港方言的“高降轻声”及其历史含义——兼论吴语“广用式”变调的语音特征（稿）。

杨秋泽（1990）《利津方言志》，语文出版社。

原载《语言研究》1998年第1期

吴徽语入声演变的方式*

一、官话方言入声的演变

在官话和晋语中，只有晋语和江淮官话还系统地保留入声调，其他方言基本上都已归派到别的声调。就整个官话方言来说，这种“归派”的方式具有很强的系统性和普遍性。具体情况见表 1。

表 1　官话方言入声演变表（李荣，1985：3）

<table>
<tr><th></th><th>西南官话</th><th>中原官话</th><th>北方官话</th><th>兰银官话</th><th>北京官话</th><th>胶辽官话</th><th>江淮官话</th></tr>
<tr><td>古清音</td><td rowspan="2">阳　平</td><td colspan="2">阴　平</td><td>去　声</td><td>阴阳上去</td><td>上　声</td><td rowspan="3">入　声</td></tr>
<tr><td>古次浊</td><td>阴　平</td><td colspan="4">去　声</td></tr>
<tr><td>古全浊</td><td colspan="6">阳　平</td></tr>
</table>

注：“北方官话”现一般称“冀鲁官话”，“北京官话”后来又分为“北京官话”和“东北官话”。江淮官话绝大多数方言的入声是带喉塞尾的短促调。

---

* 本文曾在第一届中国语言文字国际学术研讨会（2002 年 3 月 12~14 日于香港大学）上宣读，发表时作了修改。

二、吴徽语入声的演变

2.1　北部吴语除个别地点（如江苏溧阳）外，基本上仍系统地保留入声调，入声调一般按声母清浊分为阴阳两类。在南部吴语和徽语中，入声正处于消亡的过程当中。与官话方言完全相反，吴徽语入声的“归派”方式体现出强烈的“个别性”。

2.2　南部吴语分布在浙江省南部金华、衢州、丽水、温州四个地级市，以及江西省东部上饶市的部分县市、福建省西北角浦城县的部分地区，共 37 个县市。（下文地级市统称“地区”，恢复使用汤溪旧县名。）

在南部吴语中，衢州地区、上饶地区、丽水地区缙云龙泉除外、金华地区的兰溪和温州地区的泰顺，入声仍读短促调，带喉塞尾，并按古声母的清浊分为阴阳两类，其中阴入调一般为高短调，阳入调一般为短促的低升调或低降升调。

在其余地区，即金华地区兰溪除外、温州地区泰顺除外以及缙云、龙泉、浦城，共 19 个县市（占全部 37 个县市的一半），入声已经发生了变化。具体的演变类型见表 2，调类名称前面标“ʔ”的表示是短促调，不标“ʔ”的是长调。

表 2　南部吴语入声演变表（一）

	义乌	磐安	永康	汤溪	温州永强	武义	金华城里	金华小黄村	浦江 东阳 缙云 龙泉 温州 永嘉 乐清 瑞安 洞头 平阳 苍南 文成	浦城
古清入	阴平	阴上	阴上	阴入	阴入	ʔ阴入	ʔ阴入非咸山 阴去咸山	ʔ阴入甲部分 阴入乙部分	阴入	入声
古浊入	阳平	阳平	阳上	阳上	阳去	ʔ阳入部分 阳上部分	ʔ阳入非咸山 阳去咸山	ʔ阳入甲部分 阳入乙部分	阳入	

注：衢州等 18 个县市古清入读ʔ阴入，古浊入读ʔ阳入，未列入表 2。

表 2 仿照表 1 制成。对比二者可见，入声演变的类型，在整个官话区有 7 种，在南部吴语地区则有 11 种。这 11 种类型在各地的具体读法见表 3，地点按地理分布由北往南排列，调值前面标“ʔ”的表示是短促调，不标“ʔ”的是长调。

表3　南部吴语入声演变表（二）

	古清入			古浊入		
	入声短调	入声长调	非入声	入声短调	入声长调	非入声
金华城里	阴入 ʔ4 非咸山		= 阴去 55 咸山	阳入 ʔ212 非咸山		= 阳去 14 咸山
金华小黄村	阴入甲 ʔ4 部分	阴入乙 55 部分		阳入甲 ʔ313 部分	阳入乙 113 部分	
汤溪		阴入 55				= 阳上 113
浦江		阴入 334			阳入 223	
义乌			= 阴平 33			= 阳平 213
东阳		阴入 434			阳入 212	
磐安			= 阴上 434			= 阳平 213
永康			= 阴上 35			= 阳上 13
武义	阴入 ʔ5			阳入 ʔ212 部分		= 阳上 13 部分
缙云		阴入 423			阳入 35	
龙泉		阴入 54			阳入 23	
温州		阴入 323			阳入 212	
温州永强		阴入 323				= 阳去 22
永嘉		阴入 34			阳入 213	
文成		阴入 24			阳入 213	
浦城		入声 32			= 入声	

注：衢州等18个古清入读ʔ阴入、古浊入读ʔ阳入的县市未列入表3。温州地区的乐清、洞头跟温州相同，瑞安、平阳跟永嘉相同，苍南跟文成相同。温州永强据郑张尚芳先生告知。

2.3　徽语主要分布在原徽州府6县（绩溪、歙县、休宁、黟县、祁门、婺源）和严州府4县（淳安、遂安、建德、寿昌），共10个县，亦即今安徽省南部宣州市的绩溪县、黄山市，江西省东北角上饶市的婺源县，浙江省西部杭州市的

淳安县、建德市。（下文恢复使用遂安、寿昌两个旧县名）

在徽语中，绩溪、淳安入声仍读短促调，带喉塞尾，其中绩溪不分阴阳，淳安按古声母的清浊分为阴阳两类。在其余地区，入声已经发生了变化。具体的演变类型见表 4。

表 4　徽语入声演变表（一）

<table>
<tr><th></th><th>婺源</th><th>黟县</th><th>屯溪</th><th>遂安</th><th>歙县
祁门</th><th>建德</th><th>寿昌</th><th>休宁</th><th>淳安</th><th>绩溪</th></tr>
<tr><td>古清入</td><td rowspan="2">阳去</td><td>阳去</td><td>阴入</td><td>阴入</td><td>阴入</td><td>阳去咸山宕江，梗部分
ʔ阴入其他</td><td>阴入甲咸山
ʔ阴入乙非咸山</td><td>阴入</td><td>ʔ阴入</td><td rowspan="2">ʔ入声</td></tr>
<tr><td>古浊入</td><td>阴平</td><td>阴平</td><td>阴上</td><td>阳去</td><td>上声咸山宕江，梗部分
ʔ阳入其他</td><td>阴上咸山
ʔ阳入非咸山</td><td>阳入</td><td>ʔ阳入</td></tr>
</table>

注：歙县阴入在单字音中带不明显的喉塞尾，这里忽略不计。

由表 4 可见，在徽语区共有 10 种入声演变的类型，几乎一县一种。这 10 种类型在各地的具体读法见表 5，地点按地理分布由东往西、由北往南排列。

表 5　徽语入声演变表（二）

	古清入			古浊入		
	入声短调	入声长调	非入声	入声短调	入声长调	非入声
绩溪	入声 ʔ32			= 入声		
歙县		阴入 21				= 阳去 33
屯溪		阴入 5				= 阴平 11
休宁		阴入 212			阳入 35	
黟县			= 阳去 3			= 阴平 31
祁门		阴入 435				= 阳去 33
婺源			= 阳去 51			= 阳去
淳安	阴入 ʔ5			阳入 ʔ13		
遂安		阴入 24				= 阴上 213

续表

	古清入			古浊入		
	入声短调	入声长调	非入声	入声短调	入声长调	非入声
建德	阴入 ʔ5 其他		= 阳去 55 咸山宕江，梗部分	阳入 ʔ12 其他		= 上声 213 咸山宕江，梗部分
寿昌	阴入乙 ʔ3 非咸山	阴入甲 55 咸山		阳入 ʔ31 非咸山		= 阴上 24 咸山

注：歙县阴入、屯溪阴入、黟县阳去有时带不明显的喉塞尾，也可以归入带 ʔ 尾的短促调。

2.4 为了更加充分地说明吴徽语入声演变的"个别性"特点，下面再把视野缩小到一个县，以遂安县境内方言为例作进一步论述。

遂安县位于浙江省西部，与安徽省交界。东汉建安十三年（208 年）置县，1958 年并入淳安县。原遂安县大致上相当于今浙江省淳安县西南部的安阳、东亭、姜家、郭村等乡镇及其以西、以南地区，共 12 个乡镇，人口不到 20 万。遂安话属于徽语严州片，内部差异相当大。笔者曾简单调查了遂安县境内 18 个地点的方言，这 18 个地点共有 6 种入声演变的类型，见表 6。

表 6　遂安方言入声演变表

	樟村	中洲 白马	百亩畈 龙源	浪川，铜山，枫树岭，上坊，大墅，安阳，桐子坞，东亭，狮城	郭村 姜家	龙门 汾口
古清入	阳上	阳上	阴入	阴入	阴入	阴入
古浊入	阴平	阴上	阴平	阴上	阳上	阳入

注：表中阴入、阳入均为不带喉塞尾的长调。

2.5 由表 2 至表 6 可见，吴徽语入声的演变情况非常复杂多样，根据其演变结果，可归纳为以下 13 种。

（1）入声长调化：吴语金华地区兰溪除外，温州地区泰顺除外，缙云，龙泉，浦城；徽语歙县参看表 5 注，屯溪参看表 5 注，休宁，祁门，遂安县城，寿昌。

"长调化"这里指入声失去短促的特征，读做像舒声调一样的长调，但未跟其他舒声调合并。以南部吴语为例，温州等地是阴入、阳入全部读为长调；汤溪是阳入跟阳上合并，阴入读为长调；也有些方言是部分字读为长调，部分字仍读短调，如金华小黄村部分清入字（“割桌接发雪”等）读长调［55］，部分浊入字（如“薄夺叠袜月”等）读长调［113］。

（2）入声不分阴阳：吴语浦城。

浦城的入声字不分阴阳，都读长调［32］，自成一个调类。从周围方言的入声都分阴阳两类的情况来看，浦城的入声调应当是阴入和阳入合并的结果。但由于浦城古全浊声母已经清化，［32］的调值也缺乏明显的阴调或阳调的特征，所以难以断定究竟是清入归阳入，还是浊入归阴入。从总体上看，浦城入声的调值［32］跟周围方言的阳入调值更加接近一些，例如广丰阳入［23］，江山阳入［3］，遂昌阳入［23］，龙泉阳入［23］，庆元阳入［34］，离浦城稍远的青田阳入也是［32］。

（3）入声归阳去：徽语婺源。

（4）清入归阴平：吴语义乌。

（5）清入归阴上：吴语磐安，永康。

（6）清入归阴去：吴语金华城里，咸山。

（7）清入归阳去：徽语黟县，建德部分字。

（8）浊入归阴平：徽语屯溪，黟县。

（9）浊入归阳平：吴语义乌，磐安。

（10）浊入归上声：徽语建德部分字。

（11）浊入归阴上：徽语遂安县城，寿昌咸山。

（12）浊入归阳上：吴语汤溪，永康，武义西南部王宅、白姆、俞源等地，武义城里，部分字。

（13）浊入归阳去：吴语金华城里，咸山，温州永强；徽语歙县，祁门。

由上可见，在吴语温州地区泰顺除外和金华小黄村、浦江、东阳、缙云、龙泉、浦城，徽语休宁等地，入声的变化表现为短促特征的消失（长调化）。在吴语金华地区的一些县市、温州永强和徽语的多数县市，则已出现入声调跟其他调类合并的现象，这种合并也以入声字喉塞尾的消失为前提。此外，跟清入相比，浊入更容易并入舒声调，例如吴语汤溪、武义、温州永强，徽语歙县、屯溪、祁门、遂安、寿昌，都是只有浊入字归入舒声调。

三、吴徽语入声演变的方式

入声字喉塞尾弱化、消失，调值拉长，并入其他舒声调类，是当代南部吴语和徽语语音演变的大趋势。入声调失去短促特征以后，究竟会归向何处呢？决定它的归向的因素是什么呢？

在入声已经消失的官话方言里，入声的归向具有很强的一致性。例如，古全浊声母入声字归阳平的读法涵盖了除保留入声的江淮官话以外的所有官话区，古次浊声母入声字归去声的读法涵盖了冀鲁、兰银、北京、东北、胶辽等五个官话区，古清声母归阴平的读法也涵盖了中原官话和冀鲁官话。

但如上所述，在南部吴语和徽语里，情况完全相反。入声调的短促特征消失以后，有的保留了入声调类，有的在入声内部发生了合并（阴入跟阳入合），有的跟其他舒声调合并，而不同的方言往往有不同的合并方式，相互间看不出有什么联系。吴徽语入声的演变为什么会出现如此“杂乱无章”的局面呢？我们认为，这是因为吴徽语各地方言之间调值系统差别很大，而在南部吴语和徽语地区，都不存在一个对各地方言有较大影响力和制约力的强势方言，所以，在入声演变的过程中，各地方言各自为政，各行其道。即使如金华城里、金华小黄村、汤溪这样相距很近的地点，入声的演变就分别走了三条不同的道路（参看表 3）。更为突出的是，在遂安这么一个小县里，入声的演变竟然出现了 6 种不同的类型（参看表 6）。不过，在内部一致性比较高的温州地区泰顺除外，入声演变的道路没有出现分歧，即清入字读阴入长调，浊入字读阳入长调。

那么，各地方言是如何各行其道的呢？表 3 和表 5 的材料为我们提供了有趣的线索。例如金华城里方言，非咸山摄的古入声字今按声母清浊分别读阴入［4］、阳入［212］二调，咸山摄的古入声字今按声母清浊分别归入阴去［55］、阳去［14］二调。我们可以推断，咸山摄的古入声字原来也是读阴入［ʔ4］、阳入［ʔ212］的，由于这两摄入声字的喉塞尾率先脱落，韵母变为开尾韵，所以它们的调值也同时失去短促特征。在这个时候，如果金华城里方言没有受到外来影响的话，它的咸山摄阴入字应该读成［44］，咸山摄阳入字应该读成［212］。在金华城里方言的原声调系统中，没有［44］调，但有阴去［55］调，因此，咸山摄阴入字并入了与之读音十分接近的阴去调。至于阳入字的归向，原声调系统中跟［212］比较接近的有两个调，即阳平［313］调，阳去［14］调。由于原阳入调［212］的实际读音以上升部分为主（南部吴语的阳入调一般都是一个以低升为主的调），所以咸山摄阳入字失去短促特征以后，并入了读音比较接近的升调即阳去［14］调。

其他方言入声的演变情况也可以同样解释。例如汤溪方言，阴入字今读阴入［55］调，阳入字今归入阳上［113］调。根据周围方言的情况和汤溪方言自己的连调规律，我们可以推断汤溪方言的阴入原读［ʔ5］（或［ʔ4］），阳入原读［ʔ23］（或［ʔ12］）——金华阴入［ʔ4］、阳入［ʔ212］（以上升为主），兰溪阴入［ʔ34］、阳入［ʔ12］，龙游阴入［ʔ5］、阳入［ʔ23］，遂昌阴入［ʔ5］、阳入［ʔ23］，汤溪方言浊入字在部分字组中连读调为［24］。当汤溪方言的入声失去短促特征时，阴入字应该读成［55］（或［44］），阳入字应该读成［23］（或［12］）。由于汤溪方言的原声调系统中没有高平调，所以阴入字自成调类读［55］。至于阳入字的归向，原声调系统中有跟［23］（或［12］）比较接近的阴平［24］调和阳上［113］调，但阴平是阴调，只跟清声母相配，所以阳入字只能以阳上调作为归宿。

从以上分析可以看出，南部吴语入声调的演变过程首先是"延伸"，即把原来的短促调值拉长。延伸之后，如果原声调系统中有相同相近的调值，就并入跟它最接近的那个调，如果没有，就保留单独的调类。在这个过程中，要受到声母清浊的制约，即阴入字只能并入阴调，阳入字只能并入阳调。浦城方言的阴入字和阳入字之所以可以合并，正是因为它的全浊声母已经清化，不存在清阴浊阳的天然界线的缘故。

南部吴语入声演变的方式在徽语里可以同样看到。只是在徽语中，清浊声母的对立已经消失，所以入声字的归并不受声母清浊、声调阴阳的限制。因此，阴入字可以并入阳调，阳入字可以并入阴调。例如建德部分阴入字并入阳去［55］，屯溪阳入字并入阴平［11］，遂安县城阳入字并入阴上［213］。

那么，官话方言入声的消失和归派是如何进行的？由上可见，"延伸—归并"式演变的方式要受入声"长调化"以后跟其他舒声调值的相似性的制约。如果认为官话各地方言全浊入归阳平这项演变都是自行"延伸—归并"的结果，那就必须假设各地方言入声长调化以后的调值跟本方言阳平调值相同相近，就官话如此广阔的地域分布和差异悬殊的调值系统而言，这是完全不可能的。比较可能的是，入声首先在某个方言里发生了“延伸—归并”，然后以这个方言为中心，把这种新的变化形式“扩散”到各地方言中去，这可以说是一种“延伸—归并—扩散”式的演变。“扩散”式演变首先需要一个具有影响力和制约力的强势方言，其次需要具备传播新形式的途径，官话具备这样的条件。当然，在官话方言中，入声的演变类型是如何扩散的，为什么清入、次浊入的演变类型各区不尽相同，这些问题都有待讨论，不过这不属本文的范围。

可以肯定的是，南部吴语、徽语入声演变的方式及其结果，与官话方言相比有着极大的不同。

:: 参考文献 ::

曹志耘（1996）《严州方言研究》，日本：好文出版。

———（1998）汉语方言声调演变的两种类型，《语言研究》第1期。

———（2002）《南部吴语语音研究》，商务印书馆。

曹志耘、秋谷裕幸、太田斋、赵日新（2000）《吴语处衢方言研究》，日本：好文出版。

李　荣（1985）官话方言的分区，《方言》第1期。

刘淑学（2000）《中古入声字在河北方言中的读音研究》，河北大学出版社。

平田昌司主编（1998）《徽州方言研究》，日本：好文出版。

张世方（2002）北京官话语音研究，北京语言文化大学博士学位论文。

原载《中国语文》2002年第5期

方言语音现象和特点

浙江九姓渔民方言的语音特点*

一、引言

九姓渔民是我国旧时的一类贱民。九姓渔民的自称一般是“船上人梅城话”、“船浪人梅城话”或“船拉人三都话、大洋话”（意为船上人），也称“搭鱼个”（意为抓鱼的），现被称为“九姓渔民”或“九姓渔户”。他们以浙江省西部三江交汇的建德市梅城镇（旧严州府府治）[①]为中心，主要分布在新安江、兰江、富春江（七里泷一段）上，即建德、兰溪、桐庐一带，活动范围南至龙游、衢县、江山，西至淳安，北至杭州。

九姓渔民的“九姓”是指陈、钱、林、李、袁、孙、叶、许、何九个姓。清初时曾编为伏、仁、义、礼、智、信、捕七个字号，有大小船只2000多艘，至道光、咸丰年间尚有1000多艘，太平天国革命（1851~1864年）后减少为300多户。

---

* 本文为北京语言文化大学“汉语方言与中国地域文化”科研项目成果之一。

① 梅城自公元225年至1960年为建德县县城，历时1735年；自公元697年至1958年为州府地区级政府所在地，历时1261年。

1958年合作化时，定居在建德县（今建德市）的九姓渔民共有366户，1300多人，其中以陈、钱、孙、许四姓居多。他们或者加入了渔业社，或者加入了航运社，继续从事水上生产工作。六十年代以后，地方政府组织散居在江上的九姓渔民上岸定居。这些九姓渔民被集中安置在建德县三江沿岸的梅城、三都、大洋三个镇，在这三个镇的江边分别建立了九姓渔民聚居的渔业村。梅城渔业村的九姓渔民一部分原来就生活在梅城附近，一部分由七里泷迁来，现在该村有120多人，以钱、陈二姓为主。三都渔业村的九姓渔民原来主要生活在七里泷，现在该村有170多人，以许姓为主，其次为钱姓。大洋渔业村的九姓渔民约有1/3原来就生活在兰江上，2/3来自七里泷和新安江（来自七里泷的略多），现在该村有160多人，有陈、钱、许等姓。此外，梅城南门码头附近和洋溪也住着几户九姓渔民。

除建德县以外，据说在兰溪、桐庐、衢州也有少量九姓渔民居住。

目前所能见到的关于九姓渔民的资料和研究，除了一些零星的历史文献以外，比较主要的有程秉荣（1987）、方向（1994）、施怀德（1994）。曹志耘（1997）曾在现有资料和研究的基础上，结合自己所作的调查，对九姓渔民的来历、生活、风俗以及方言的基本情况作了介绍和分析。

本文根据笔者1995年8月、1996年4月、1997年3月三次赴建德市梅城、三都、大洋调查九姓渔民方言所得的材料，介绍九姓渔民方言的具体情况，并作一些讨论。九姓渔民称自己的方言为“船上白话”、“船浪白话”或“船拉（人）白话”，意为船上话（为阅读方便，下文有时称“船上话”）。今天的船上话跟旧府治、旧县城梅城一带的方言十分相近，相互通话没有困难，但九姓渔民和当地人都能够区分船上话和当地方言。九姓渔民在家里使用船上话，跟当地人交往使用当地方言。但非九姓渔民只会说当地方言，不会说船上话。不过现在从外面嫁到九姓渔民家里的女子也会说一点船上话。今天，真正地道的船上话只有七八十岁的老年人会说。中年人受当地方言影响很大，常常会不自觉地把当地方言的成分混入船上话。青少年主要生活活动在非九姓渔民社会里，他们已经说不好船上话了，而且使用船上话的机会也越来越少。估计再过十来年，船上话就会基本消亡。

各地九姓渔民的方言基本相同，但长期生活在一定地区的九姓渔民其方言也各有一些自己的特点。今天聚居在梅城、三都、大洋三地的九姓渔民因为来源不完全相同，方言也有所不同，即使同一聚居地的九姓渔民因来源不同，其方言内部也存在着一些差异。本文的材料主要以大洋九姓渔民方言为依据，同时参考梅城、三都二地的船上话。由于60岁以上的九姓渔民几乎都不识字，记录《方言调查字表》的时候只好请了一位52岁的发音人，即陈国良，男，1945年出生于大洋附近的麻车（兰江上），1958年迁到大洋（兰江上），1969年以后在大洋岸上定居，读过两年书。除了陈国良外，在梅城、三都、大洋还调查了十来位发音人，年龄在44岁至86岁之间。本文提及的几位发音人简况如下：

现住地	原生活地区	姓名	性别	第一次调查时年龄
梅城	梅城	钱狗儿	男	86岁
梅城	乾潭、大洋	钱樟生	男	51岁
三都	?	许顺明	男	78岁
三都	?	钱天生	男	45岁
大洋	麻车	许老鼠	男	61岁
大洋	新安江（原白沙）	陈樟坤	男	64岁
大洋	新安江（原白沙）	陈金红	男	51岁
大洋	乾潭	钱金花	女	44岁

二、九姓渔民方言的声韵调

2.1 声母20个，包括零声母在内。

p 布爬簿白	pʰ 破步	m 米毛满命袜		f 斧房
t 到头淡夺	tʰ 土地	n 耐南	l 脑农老龙连炉	
ts 紫早精纸赵郑	tsʰ 草清			s 三字星墙时
tɕ 经主陈权舅择	tɕʰ 起轻春轿共	ȵ 泥年热软牛月		ɕ 戏兴书刷实
k 改跪厚	kʰ 苦及	ŋ 鹅藕矮		x 海虎灰
ø 儿衣烟换雨远				

说明：来自古全浊声母平声的字读的不送气清音声母，有时带送气色彩。

2.2 韵母 47 个，包括自成音节的［m］、［n］在内，其中［ã iã uã yã］四韵是文读专用韵母。

ɿ 子刺事	i 低棋衣味割鳖脱叶	u 补府库	y 女主水
			yu 桌戳
a 篮咸安眼耕	ia 借山娘生	ua 官关梗横	
ɑ 排买街	iɑ 柴夜择	uɑ 怪快坏	yɑ 帅抓
ɤə 爬马法		uə 家花落	
ɤ 盘满方		uɤ 光糠黄	yɤ 双庄壮
	ie 尖店边	ue 嘴桂鬼	ye 靴砖原月
ᴇ 来赔堆罪男敢短酸		uᴇ 块灰位	
ou 鹅婆过火薄			
ɔ 宝饱敲	iɔ 表姚脚药		
əɯ 头凑狗后酒	iəɯ 手牛油		
ã 文叛感	iã 文县演	uã 文团完	yã 文券宣
en 心根村灯冰城星	in 深身音	uen 滚婚温	yen 准闰云
ɑŋ 汤床讲	iɑŋ 亮养长墙养	uɑŋ 广王	yɑŋ 状爽
oŋ 东风公	ioŋ 虫凶用		
m 亩			
n 五鱼儿耳二			
əʔ 塔佛北黑百木	iəʔ 甲贴十雪一力尺	uəʔ 杀刮骨国屋	yəʔ 缺橘竹浴

说明：

（1）［a］组韵母里的［a］，接近［ɐ］。

（2）［ue］韵，有人（许老鼠）读［ui］。

（3）［ue］、［uᴇ］二韵的区分有时不太稳定。

（4）［ou］韵，实际读音是［ʊu］。

（5）［əɯ］韵，与［k］组声母相拼时［ə］不太明显，为［ᵊɯ］。

（6）［ã］组韵母，鼻化不太明显。

（7）入声韵的喉塞尾［ʔ］不太明显。

（8）通摄入声读［təʔ］音节的字，韵母有时接近［ᵘəʔ］或［ᵘoʔ］。

（9）梅城、三都与大洋的主要差异：

大洋［a ia ua］韵的部分字如“耕山关”等，梅城钱樟生读［ᴇ iᴇ uᴇ］（钱狗儿读［a ia ua］），三都发音人都读［ᴇ iᴇ uᴇ］（许顺明“耕”字读［a］韵，但“冷”字读［ᴇ］韵）。

大洋［ɤə］韵，梅城钱狗儿读［ɤa］，梅城钱樟生读［ɤ］，三都发音人都读［ɤ］。

大洋［ɤ］韵，梅城发音人都读［ou］，三都发音人都读［u］。

大洋［ie］韵，梅城钱樟生、三都钱天生读［iɪ］。

大洋［oŋ ioŋ］韵，梅城发音人都读［ɔm iɔm］，但［m］尾的发音不明显。

2.3 单字调7个。

阴平	［534］	衣天西东新山
阳平	［33］	皮田亭梅南来
上声	［13］	死早水改火粉，是稻柱米冷眼，截盒热月药叶
去声	［44］	四变做盖送放，大地洞命乱硬
阴入甲	［55］	八发脚桌刷血
阴入乙	［5］	北国哭七福一
阳入	［12］	毒贼十木六日

说明：

（1）阴平［534］有时为［53］。

（2）阳平［33］接近［223］。

（3）上声［13］的开头先略降。

（4）去声［44］接近［34］。

（5）阴入甲［55］较短，有时略带喉塞尾色彩。

（6）阳入［12］是短调，开头先略降。

三、九姓渔民方言的音韵特点

3.1 声母的特点

（1）古全浊声母字今读清声母，逢塞音塞擦音平、上、入声不送气，去声送气。但平声字有时也带送气色彩。如：排 pɑ^{33} ｜亭 ten^{33} ｜舅 tɕiəɯ^{13} ｜近 tɕin^{13} ｜地 tʰi^{44} ｜洞 tʰoŋ^{44} ｜白 pəʔ^{12} ｜毒 təʔ^{12}。

梅城钱狗儿为平上入声不送气，去声送气。钱樟生基本上平上入声不送气，去声送气；但有的平上入声字也读送气，有的去声字也读不送气；有时则是送气和不送气又读，或是介于送气和不送气之间。

三都发音人不论平上去入声一律不送气，即跟梅城、大洋不同，浊去字也不送气，如：步 pu^{44} ｜地 ti^{44} ｜洞 toŋ^{44} ｜郑 tsen^{44} ｜轿 tɕiɔ^{44}。

（2）泥母洪音多数字读［l］声母，与来母字不分，如：奴＝炉 lu^{33} ｜脑＝老 lɔ^{13} ｜农＝龙 loŋ^{33}。少数字读［n］声母，如：奶 nɑ^{534} ｜南 nᴇ^{33}。

梅城钱狗儿、钱樟生泥母洪音字一般读［n］声母，与来母字不混。但来母宕开三的“良凉量粮两亮”等字读［n］声母，如：两 niɑŋ^{13} ｜亮 niɑŋ^{44}。这些字大洋读［l］声母。

三都有少量泥母洪音字读［l］声母，如：南男 lᴇ^{33}（许顺明）~nᴇ^{33}（钱天生）｜农 loŋ^{33}。同时，来母宕开三的字读［n］声母。

（3）精组细音字，多数字读［ts］组；有的字（一般是口语里不常用的字）读［tɕ］组，或［ts］、［tɕ］组又读。如：酒 tsəɯ^{13} ≠九 tɕiəɯ^{13} ｜妻 tsʰi^{534} ≠溪 tɕʰi^{534} ｜选 sie^{13} ≠险 ɕie^{13} ｜济＝计 tɕi^{44} ｜集 siəʔ^{12} 收拾，tɕiəʔ^{12}~体。

从本市乾潭、新安江等地移居大洋村的渔民如钱金花乾潭、陈樟坤新安江、陈金红新安江，不分尖团，精组细音字读［tɕ］组声母。

梅城钱狗儿保留比较完整的尖团对立；钱樟生的情况跟大洋陈国良大致相同，但是尖团不分的例字更多一些。

三都发音人都不分尖团，精组细音字读［tɕ］组声母。

（4）知系字今读［ts］、［tɕ］两组声母。就传统的、土的语音层次而言，二等字多读［ts］组，三等字多读［tɕ］组。

知系二等字中有少数也读做［tɕ］组声母，如：柴 ɕiɑ^{33} ｜搀 tɕʰia^{534} ｜山 ɕia^{534} ｜删 sa^{534}~ɕia^{534}~ɕiɑ^{534} ｜桩 tɕyɤ^{534} ｜双 ɕyɤ^{534} ｜生 ɕia^{534} ｜争 tɕia^{534}。

知系三等字中，假摄、遇摄鱼韵、蟹摄、止摄开口一般读做［ts］组声母。

（5）见系开口二等字，白读为［k］组声母，文读为［tɕ］组声母，如（“/”前面是白读，后面是文读）：教 kɔ^{44}/tɕiɔ^{44} ｜江 kuɤ^{534}/tɕiɑŋ^{534} ｜学 xəʔ^{12}/ɕiəʔ^{12}。

（6）疑、影母，今韵母为开口呼的字读［ŋ］声母，如：牙 ŋuə^{33} ｜眼 ŋa^{13} ｜矮 ŋɑ^{13} ｜安 ŋE^{534}。

3.2 韵母的特点

（1）古阳声韵，咸山摄全部、宕江摄部分、梗摄开二字在白读中没有鼻音尾，今读开尾韵。其余韵摄的字收［n］尾或［ŋ］尾。例见下条。

（2）古入声韵，咸山宕江摄的部分字在白读中没有塞音尾，今读开尾韵。其余韵摄的字收［ʔ］尾，不过［ʔ］不太明显。如：

咸	深	山	臻	宕	江	曾	梗开二	梗其他	通
点 tie^{13}	金 tɕin^{534}	反 fa^{13}	民 men^{33}	房 fɤ^{33}	桩 tɕyɤ^{534}	升 ɕin^{534}	耕 ka^{534}	成 ɕin^{33}	用 ioŋ^{44}
叠 tia^{13}	急 tɕiəʔ^{5}	发 fɤə^{55}	密 miəʔ^{12}	缚 fu^{13}	桌 tɕyu^{55}	识 ɕiəʔ^{5}	隔 kəʔ^{5}	石 ɕiəʔ^{12}	浴 yəʔ^{12}

（3）果摄字主要读［ou］韵，如：多 tou^{534} ｜哥 kou^{534} ｜火 xou^{13}。

（4）假开二以及咸合三入声、山开二入声和合三入声的部分字读［ɤə］韵。例如：爬 pɤə^{33} ｜马 mɤə^{13} ｜八 pɤə^{55} ｜法 fɤə^{55} ｜袜 mɤə^{13}。

（5）效摄一、二等没有区别。

（6）咸山摄三、四等字韵母的主要元音没有区别。

（7）宕江摄阳声韵最主要的白读层次为［ɤ uɤ yɤ］韵母，如：帮 pɤ^{534} ｜黄 uɤ^{33} ｜双 ɕyɤ^{534}。

（8）梅城、三都与大洋的主要差异：

大洋［uə］韵，梅城全部合入［uɑ］韵。

果摄字如“大鹅婆过”等，大洋主要读［ou］韵，梅城多合入［u］韵。三都许顺明部分字（如“大婆”）读［o］韵，部分字（如“鹅过”）读［u］韵，钱天生都合入［u］韵。

山合一端系字如“短酸”等，大洋归［ᴇ］韵（与“来堆罪”等字相同），梅城自成一韵［ei］。

3.3 声调的特点

（1）平、入声分阴阳，上、去声不分阴阳。

（2）清入、浊入字根据塞音尾的存失各分长短两类。清入字分为阴入甲［55］（长调）和阴入乙［5］（短调）两调，浊入字的长调读［13］，与上声合流，短调［12］自成调类。

（3）部分不常用的古清上、次浊上字读去声［44］调，部分不常用的古浊去字读上声［13］调，带有文读的性质。

（4）梅城、三都与大洋的主要差异：

清去字的调类，大洋清去字与浊去字合为去声［44］；梅城清去字与浊平字合为阳平［33］。三都许顺明清去字与浊平、浊去字都不同，自成阴去调［434］；钱天生跟大洋一样，清去字与浊去字合为去声［44］。

3.4 特殊字音

写 siɑŋ^{13}（许老鼠、陈国良音。钱狗儿、钱樟生无鼻尾）｜些 səʔ^{5}｜虾～蟆：青蛙 kuə^{33}｜腐 u^{534}｜髓 siəʔ^{5}｜喜～鹊 sɿ^{13}｜蚁□ xou^{44}～：蚂蚁 ŋɑ^{13}｜肥洋～皂：肥皂 pi^{33}｜尾～巴 mi^{44}｜未～去 mi^{44}｜头～颈：脖子 tʰəɯ^{33}｜厚 kəɯ^{13}｜剑 tsie^{44}｜还～有 uəʔ^{5}（陈国良音）~a^{33}（钱樟生音）｜船 ye^{33}（许老鼠音）~ue^{33}（陈国良、钱狗儿、钱樟生音）｜毕 pen^{44}｜昂 kɑŋ^{33}｜娘 ȵia^{33}｜让 ȵia^{44}｜浓 ioŋ^{33}｜春 ɕyɤ^{534}

四、文白异读、连读调、儿化音和小称变调

4.1 文白异读（例略）

（1）精组细音部分字，白读［ts］组声母，文读［tɕ］组声母。

（2）知系三等部分字，白读［tɕ］组声母，文读［ts］组声母。

（3）见系开口二等部分字，白读［k］组声母，文读［tɕ］组声母。

（4）咸山宕江梗摄部分字，白读没有鼻音韵尾，读做开尾韵，文读为鼻化韵（咸山摄）、收［n］尾（梗摄）或［ŋ］尾（宕江摄）。具体情况如下：

	白读韵	文读韵
咸	a ᴇ ie	ã iã
山	a ᴇ ie ɤ ua ye	ã iã uã yã
宕	ɤ uɤ yɤ	ɑŋ iɑŋ uɑŋ yɑŋ
江	uɤ yɤ	ɑŋ iɑŋ yɑŋ
梗	a ia ua	en in

（5）咸山宕江摄部分字，白读没有塞音韵尾，读做开尾韵，文读收［ʔ］尾。

（6）如上文“三”3.3（3）所述，在带有文读性质的场合（如较新较文的词语），部分古清上、次浊上字读去声［44］调，部分古浊去字读上声［13］调。

4.2 连读调

九姓渔民方言两字组的连调规律见表1。表中各栏的上一行为单字调，下一行为连读调，无下一行的表示连读调与单字调相同。

表1 九姓渔民方言两字组连调表

<table>
<tr><th>2
1</th><th>阴平 534</th><th>阳平 33</th><th>上声 13</th><th>去声 44</th><th>阴入甲 55</th><th>阴入乙 5</th><th>阳入 12</th></tr>
<tr><td rowspan="2">阴平
534</td><td>534 534
53</td><td>534 33
53</td><td rowspan="2">534 13
53</td><td>534 44
53</td><td rowspan="2">534 55
53</td><td rowspan="2">534 5
53</td><td rowspan="2">534 12
53</td></tr>
<tr><td>534 534
53 13</td><td>534 33
53 13</td><td>534 44
53 13</td></tr>
<tr><td rowspan="2">阳平
33</td><td rowspan="2">33 534</td><td>33 33</td><td rowspan="2">33 13</td><td rowspan="2">33 44</td><td rowspan="2">33 55</td><td rowspan="2">33 5</td><td rowspan="2">33 12</td></tr>
<tr><td>33 33
     53</td></tr>
</table>

续表

<table>
<tr><th>2
1</th><th>阴平 534</th><th>阳平 33</th><th>上声 13</th><th>去声 44</th><th>阴入甲 55</th><th>阴入乙 5</th><th>阳入 12</th></tr>
<tr><td rowspan="3">上声
13</td><td>13 534
33</td><td>13 33
33</td><td>13 13
33</td><td>13 44
33</td><td>13 55
33</td><td>13 5
33</td><td>13 12
33</td></tr>
<tr><td rowspan="2">13 534</td><td>13 33</td><td>13 13</td><td>13 44</td><td rowspan="2">13 55
21</td><td rowspan="2">13 5
21</td><td rowspan="2">13 12</td></tr>
<tr><td>13 33
44 53</td><td>13 13
21 44</td><td>13 44
21</td></tr>
<tr><td rowspan="2">去声
44</td><td rowspan="2">44 534</td><td>44 33</td><td>44 13</td><td>44 44</td><td rowspan="2">44 55</td><td rowspan="2">44 5</td><td rowspan="2">44 12</td></tr>
<tr><td>44 33
33 44</td><td>44 13
33 44</td><td>44 44
33</td></tr>
<tr><td>阴入甲
55</td><td>55 534</td><td>55 33</td><td>55 13</td><td>55 44</td><td>55 55</td><td>55 5</td><td>55 12</td></tr>
<tr><td>阴入乙
5</td><td>5 534</td><td>5 33</td><td>5 13</td><td>5 44</td><td>5 55</td><td>5 5</td><td>5 12</td></tr>
<tr><td>阳入
12</td><td>12 534</td><td>12 33</td><td>12 13</td><td>12 44</td><td>12 55</td><td>12 5</td><td>12 12</td></tr>
</table>

说明：

（1）连调类型基本上属于前变型，但后字也有一些变化。如前字为阴平时，后字的阴平、阳平、去声会变成［13］。

（2）阴平做后字时常读做［53］，阳入做前字时有时读做［2］，本文里均不标出。

（3）读做轻声的词较少，所以轻声未列入连调表。现已记录到的轻声词有：舌头 ɕye^{13}təɯ^{0}，比喻 pi^{44}y^{0}，可以 kʰou^{44}i^{0}，荔枝 li^{44}tsɿ^{0}，鲤鱼 li^{44}n^{0}，哪里 lɑ^{44}li^{0}，枕头 tɕin^{44}təɯ^{0}，忘记 mɤ^{44}tɕi^{0}，钵头钵 pɤ^{55}təɯ^{0}，客人 kʰəʔ^{5}in^{0}，橘子 tɕyəʔ^{5}tsɿ^{0}。

4.3 儿化音和小称变调

九姓渔民方言里只有少量的儿化词和小称词。儿化词的语音手段主要是加自成音节的“儿”［n^{33}］，该音节一般要变成高平调［44］。小称词的语音手段是把最后一个音节一律变成高平调［44］。

（1）儿化词

“儿”自成音节并变调。例如：虾儿虾 $xuə^{534-53}n^{33-13}$ ｜兔儿兔子 $t^hu^{44}n^{33-44}$ ｜筷儿筷子 $k^hua^{44}n^{33-44}$ ｜□儿梳子 $liɔ^{13-21}n^{33-44}$ ｜鸟儿 $tiɔ^{13-33}n^{33-44}$ ｜燕儿 $ȵie^{44-33}n^{33-44}$。

（2）小称词

最后一个音节一律变成高平调［44］。例如：牙子牙齿 $ŋuə^{33}tsɿ^{13-44}$ ｜老鼠 $lɔ^{13-33}ts^hɿ^{13-44}$ ｜偷油老鼠蝙蝠 $t^həɯ^{534-33}iəɯ^{33}lɔ^{13-33}ts^hɿ^{13-44}$ ｜辣虎辣椒 $luə^{13}xu^{13-44}$ ｜笤帚扫地用的 $tiɔ^{33}tɕiəɯ^{13-44}$ ｜头颈太阳穴 $təɯ^{33}tɕin^{13-44}$ ｜头颈脖子 $t^həɯ^{33}tɕin^{13-44}$ ｜舅母 $tɕiəɯ^{13}m^{13-44}$。

∷ 参考文献 ∷

曹志耘（1996）《严州方言研究》，日本：好文出版。

———（1997）浙江的九姓渔民，《中国文化研究》第3期。

程秉荣（1987）建德县“九姓渔户”，建德县政协文史资料委员会编《建德文史资料》第二辑。

方　向（1994）富春江上的“九姓渔户”，《中国民间文化》第2集，学林出版社。

建德县志编纂办公室（1986）《建德县志》，浙江人民出版社。

施怀德（1994）兰溪茭白船的渊源及其习俗，《中国民间文化》第1集，学林出版社。

原载《汉语现状与历史的研究——首届汉语语言学国际研讨会文集》
江蓝生、侯精一主编，中国社会科学出版社，1999年

湖北通城方言的语音特点 *

通城县位于湖北省东南部的咸宁市，与江西省修水县和湖南省平江县、岳阳县、临湘市交界。通城方言属于赣语大通片。2003 年 9 月 28 日~10 月 6 日，我们对通城县麦市镇白沙村（位于县城东南 20 公里，离镇政府驻地 1 公里）的方言进行了调查。主要发音人刘邦辉，男，1940 年出生，高中毕业，退休教师。下文以“麦市”称该村方言。

通城县境内方言比较复杂，可分为县城、麦市、九岭、北港、沙堆等口音。麦市话分布在原麦市区范围内，包括陈塅、盘石、黄龙、塘湖、黄袍等地。吴宗济先生曾于 1936 年调查了通城县十里市方言（赵元任等，1948），十里市今为五里镇石板铺村，位于县城南部 5 公里处。我们也到石板铺村作了粗略的调查，石板铺话属于县城片，与麦市话差别较大。

* 本文曾在第二届赣方言学术研讨会（2009 年 11 月于南昌）上宣读。咸宁学院尤翠云老师为通城方言的调查工作提供了很大帮助，我的学生周晨萌协助整理调查材料，栗华益、张勇生提供了他们调查的材料，谨此致谢。

一、声韵调

1.1 声母 18 个

p 八兵	b 派爬病	m 卖	f 飞副饭灰活	
t 多东张竹主	d 讨甜毒连柱车船	n 脑南老蓝路		
ts 早租争装纸			s 丝酸山顺手树	z 刺寸贼坐祠拆茶初床
tɕ 酒九		ȵ 年热软月	ɕ 想响县	ʑ 清全谢轻
k 高		ŋ 泥熬安	h 开共好	
ø 问权温王云用药				

说明：

（1）[b d] 后面带一个轻微的 [h]，连读中有时有弱化现象，读得像 [β l]。有的人送气成分明显。董为光（1989）记麦市话为 [b^h d^h]。

（2）[d] 在开口呼韵母前发音部位靠后，近 [ɖ]，有时近 [dʐ]。

（3）[z ʑ] 有时带塞音色彩，像 [dz dʑ]。董为光（1989）记麦市话为 [dz^h $dʑ^h$]。

（4）[k ŋ] 在细音韵母前为 [c ɲ]。

1.2 韵母 65 个

ɿ 师丝试	i 赔对戏飞鱼米	u 补苦	
ʮ 痴齿治			
øʮ 二如			
ɑ 茶车瓦	iɑ 写爷	uɑ 鸦瓜	
o 歌坐		uo 过科	
ᴇ 靴锯豆	iᴇ 也渠他	uei 雨鬼	
ai 开排鞋		uai 怪快	
ɑo 宝饱	iɑo 笑桥走		
ou 土猪	iu 酒油		
œ̃ 南半短		uœ̃ 官碗	

续表

		un 滚问	yn 军云
an 山眼		uan 关湾	
ᴇn 根灯争横文	iᴇn 盐年		yᴇn 权圆
ən 深针寸春升	in 心新病文星文		
ɑŋ 冷硬	iɑŋ 病白星白	uɑŋ 横白	
ɔŋ 糖床双	iɔŋ 响讲	uɔŋ 光王	
əŋ 东风	iŋ 兄用		
ʅʔ 织识直 2	iʔ 集七逼锡文	uʔ 木谷	
ɥʔ 侄直 1			
ɑʔ 百白拆	iɑʔ 踢锡白		yɑʔ 曰
oʔ 托郭壳	ioʔ 药学	uoʔ 扩握	
ᴇʔ 黑百文北色	iᴇʔ 接节贴热月	uᴇʔ 国	yᴇʔ 越决
		ueiʔ 玉	
ouʔ 毒叔	iuʔ 六肉局		
alʔ 塔法鸭辣八		ualʔ 袜刮 1	
œlʔ 盒拔脱说割		uœlʔ 括刮 2 阔	
ənʔ 十出佛释	inʔ 立笔力	unʔ 骨物	ynʔ 橘入
n 尔			
ŋ 五			

说明：

（1）[i] 韵在 [p　t] 组和 [ŋ] 声母后近 [ɪi]，在 [f] 声母后近 [ei]。

（2）[u] 韵在 [k] 组和 [f] 声母后为 [ʋ]。

（3）[ᴇ iᴇ] 韵里的 [ᴇ] 近 [ᴇe]。

（4）[ᴇn] 韵里的 [ᴇ] 为 [ɛ]。[iᴇn yᴇn] 韵主元音带鼻化色彩，鼻尾较弱。

（5）[əŋ] 韵里的 [ə] 近 [ʌ]。

（6）边音尾［l］不太明显，发音时舌面起作用，舌尖不抬起。

（7）［l　n］尾后的［ʔ］表示一种紧张色彩，不是独立的喉塞音。

（8）［iEʔ］韵里的［E］有时带鼻化色彩。

（9）［alʔ］组里的［a］有时带鼻化色彩。

1.3　单字调 7 个

阴平	［313］	东该风通开春
阳平	［33］	门龙油铜皮红
上声	［42］	懂古九统苦草，买老有
阴去	［214］	冻怪四痛快去
阳去	［34］	洞地树卖路乱，动罪后
全入	［55］	谷百杀，刻缺渴，盒罚十，麦叶月
次入	［35］	拍出曲，毒白择，立历六

说明：

（1）上声［42］中，今浊塞音浊擦音声母字（主要来自古次清声母）开头略升，为［^{3}42］。

（2）阴去［214］开头降幅不很明显，以升为主。

（3）阳去［34］中，今浊塞音浊擦音声母字开头略低，升幅较大，近［24］。

（4）全入［55］较短，有时有点降。

（5）次入［35］有时升幅较小，近［45］。

二、音韵特点

2.1　声母的特点

（1）古次清声母和全浊声母合流，今读浊塞音（因发音人不同而有不同程度的送气成分，下同）、浊擦音、零声母，例如：披 bi^{313}：皮 bi^{33} ｜讨 dɑo^{42}：稻 dɑo^{34} ｜抽 dou^{313}：绸 dou^{33} ｜菜 zai^{214}：在 zai^{34} ｜曲 ʑiu^{35} ＝局 ʑiu^{35} ｜控 həŋ^{214}：

共 həŋ^{34} ｜亏 uei^{313}：葵 uei^{33}。

是次清浊化，还是全浊先清化为送气清音，然后和次清一起再浊化？在汉语方言中，声母的“清—浊”对立与调值的“阴高—阳低”分布是伴随现象。按照这一规律，如果浊音声母是存古的，阳调应该比阴调低。但通城方言按古声母清浊分调的平、上、去三类字，调值都表现出“阴低阳高”的现象，这是在声母“清—浊”对立消失之后才会发生的变化。也就是说，通城的全浊声母曾经应该有过消失（即清化）的时期，今天的浊音是后起的。

次清声母和全浊声母的合流应该发生在清浊分调之后，否则二者不可能分属阴、阳两调。（入声情况特殊，参看下文“2.3 声调的特点”）

（2）古全浊声母的演变有两种方式：

a. 清化：古浊擦音声母清化为清擦音，例如：肥 ɦi^{33} ｜像 ɕiɔŋ^{34} ｜时 sɿ^{33} ｜鞋 hai^{33} ｜学 hoʔ^{55}~ɕioʔ^{55}。

b. 弱化：古浊塞音、浊塞擦音声母都发生了不同程度的弱化现象，可以说弱化是通城方言全浊声母演变中一个十分突出的现象。主要表现为：

擦音化：浊塞擦音［dz dʑ］的塞音成分减弱，读得像擦音［z ʑ］，例如：自 zɿ^{34} ｜钱 ʑiᴇn^{33} ｜茶 zɑ^{33} ｜愁 ʑiɑo^{33} ｜近 ʑin^{34}。浊塞音［b］在连读中有时也会弱化为［β］。

脱落：群母在今合口呼、撮口呼前读零声母，例如：具 uei^{34} ｜葵 uei^{33} ｜狂 uɔŋ^{33} ｜拳 yᴇn^{33} ｜群 yn^{33}。这应该是［g］声母脱落所致，在声母脱落的过程中，也许先经过擦音化的阶段。（参看本小节（8））匣母今读［h f ɕ］，但山合一桓韵字读零声母，例如：桓 uœn^{33} ｜换 uœn^{34} ｜活 uœlʔ^{35}，也可能由早期的［ɦ］声母脱落所致。

应该指出的是，上述弱化现象同样出现于古次清声母。因为它们早已转读浊音，所以也可以看做是属于浊音弱化现象。（实际上，“送气清音浊化”是通城方言更早层次的声母弱化现象，兹不论。）

从声母表可以看到，通城方言没有送气清音声母，没有与清音相配的［v dz dʑ g ɦ］等浊音声母。声母系统里无送气不送气对立，而有清浊对立。导致声母系统变得如此“残缺不全”甚至“外语式”，关键原因在于弱化。

（3）精、见组在今齐齿呼韵母前都读［tɕ］组声母，不分尖团，例如：精＝经 tɕin^{313} ｜秋＝丘 ʑiu^{313} ｜钱＝钳 ʑiᴇn^{33} ｜想＝响 ɕiɔŋ^{42}。逢古合口韵时，精组读［tɕ］组拼齐齿呼，例如：取 ʑi^{42} ｜宣 ɕiᴇn^{313}；见组一般读［k］、［ø］、［f］声母拼撮口呼，例如：卷 kyᴇn^{42} ｜均 kyn^{313} ｜决 kyᴇʔ^{55} ｜劝 yᴇn^{214} ｜缺 yᴇʔ^{55} ｜拳 yᴇn^{33} ｜群 yn^{33} ｜熏 fyn^{313}。

见组在撮口呼韵母前未颚化，［ø］来自［g］（参看本小节（8）），［f］来自［h］。

（4）泥、来母在今洪音韵母前不分，都读［n］声母，例如：奴＝卢 nou^{33} ｜脑＝老 nɑo^{42} ｜南＝蓝 nan^{33}。

在今细音韵母前相分。泥母一般读［ȵ］声母，例如：尿 ȵiɑo^{34} ｜扭 ȵiu^{42} ｜念 ȵiᴇn^{34} ｜娘 ȵiɔŋ^{33} ｜捏 ȵiᴇʔ^{55}；但在［i］韵母前读［ŋ］，例如：泥 ŋi^{33} ｜女 ŋi^{42}。来母一般读［d］声母，例如：理 di^{42} ｜连 diᴇn^{33} ｜林 din^{33} ｜两 diɔŋ^{42} ｜掠 dioʔ^{35} ｜率 dinʔ^{35}。也有少数泥、来母字在细音前不分，例如：宁＝零 din^{33} ｜疗 ȵiɑo^{33} ：尿 ȵiɑo^{34}。

通城入声字存在气流分调现象，凡是今读［d］声母的来母入声字，声调一律归次入［35］（参看下文“2.3 声调的特点”），例如：猎 diᴇʔ^{35} ｜立 dinʔ^{35} ｜栗 diʔ^{35} ｜略 dioʔ^{35} ｜六 diuʔ^{35}。与来自古次清声母和古全浊声母的字归调相同，例如：剔＝敌＝栗 diʔ^{35}。这表明这三类字曾经共同拥有一个送气声母（［tʰ］或［dʰ］）的阶段，来母细音字的演变过程应该是：［l］→［ld］→［d］→［tʰ］→［dʰ］→［d］。（王莉宁，2009）

（5）知二庄组（知彻澄二等、庄初崇生）字今一般读［ts］组声母。知三章组（知彻澄三等、章昌船）字今读［t d］声母，例如：

知三：猪 tou^{313} ｜展 tœ̃^{42} ｜张 tɔŋ^{313} ｜哲 tœlʔ^{55} ｜痴 dɥ^{313} ｜超 dɑo^{313} ｜抽 dou^{313} ｜迟 dɥ^{33} ｜锤 dou^{33} ｜虫 dəŋ^{33}

章组：煮 tou^{42} ｜招 tɑo^{313} ｜针 tən^{313} ｜车 dɑ^{313} ｜吹 dou^{313} ｜丑 dou^{42} ｜昌 dɔŋ^{313} ｜冲 dəŋ^{313} ｜船 dœ̃^{33} ｜乘 dən^{33}

与端组相同，例如：都＝猪＝诸 tou^{313} ｜烫＝畅＝唱 dɔŋ^{214} ｜团＝传~达＝船 dœn^{313}。但蟹止摄三等字多读做［tsɿ］类音节，例如：支 tsɿ^{313} ｜持 zɿ^{33} ｜世 sɿ^{214}。

知系乃至和精组一起今读［t］组声母的现象在赣语里比较常见。通城读［t］组声母的并非全部知组字（二等不读［t］组），也不限于知组字（章组也读［t］组）。可以认为，知组读［t］组不是存古现象，而是知系声母依韵母二三等分两类后进一步演变的结果。

在通城县境内，知三章组字麦市、黄龙、黄袍系统性地读［t］组；四庄部分字读［t］组，部分字读［ts］组；北港、石南、县城、石板铺以及吴宗济先生1936年所记十里市方言读［ts］组或［tɕ］组。四庄可能是在麦市的基础上“文读化”的结果，但其他点不管从共时比较还是历时比较来看，都难以判断是否经过［t］组的阶段。具体情况见表1。

表1

	麦市	黄龙	黄袍	四庄	北港	石南	县城	石板铺	十里市
张知	tɔŋ^{313}	tɔŋ^{24}	tɔŋ^{313}	tɒŋ^{312}	tsɔŋ^{44}	tsɔŋ^{34}	tsɔŋ^{212}	tsɔŋ^{313}	tsoŋ^{313}
彻彻	dœl^{35}	dønʔ^{35}	dœʔ^{35}	dzʱieʔ^{45}	dzʱenʔ^{35}	zeʔ^{35}	dzɛʔn^{55}	dzʱenʔ^{45}	dʑʰyel^{5}
柱澄	dou^{34}	dəu^{34}	dəu^{34}	dʱəu^{33}	ʑʏ^{325}	zʮ^{34}	dʑy^{45}	dzʏ^{35}	dʑʰy^{33}
质章	tənʔ^{55}	tənʔ^{55}	tənʔ^{55}	tsɿʔ^{55}	tsɿʔ^{55}	tsɿʔ^{55}	tsəʔn^{55}	tsənʔ^{55}	tsɿʔ^{5}
春昌	dən^{313}	dən^{24}	dən^{313}	dʱən^{312}	zən^{44}	zən^{34}	dzən^{212}	dzʱən^{313}	dʑʰyən^{313}

材料来源：黄龙（花园村）、黄袍（荻田村）、石南（虎岩村）：张勇生调查。四庄（四庄村）、石板铺（何炎武发音）、北港（庄前村，胡国雄发音）：栗华益调查。县城：黄群建（2002）。十里市：吴宗济1936年调查。

（6）知三章组字在［uei］、［i］韵母（来自蟹止摄）前读［k］、［ø］、［f］声母，例如：赘 kuei^{214} ｜追 kuei^{313} ｜垂 uei^{33} ｜税 fi^{214} ｜谁 fi^{33} ｜水 fi^{42} ｜睡 fi^{34}。

［ø］来自［g］（参看本小节（8）），［fi］来自［huei］。

（7）日母字在今齐齿呼韵母前读［ȵ］声母，例如：饶 ȵiɑo^{33} ｜软 ȵiᴇn^{42} ｜人 ȵin^{33} ｜让 ȵiɔŋ^{34} ｜热 ȵiᴇʔ^{55} ｜肉 ȵiuʔ^{55}；在今撮口呼韵母前读零声母，例如：然 yᴇn^{33} ｜任责 ~yn^{34} ｜润 yn^{34} ｜入 ynʔ^{55}。但非撮口呼韵母前也有读零声母的，例如：惹 iɑ^{42} ｜耳 øʮ^{42} ｜柔 iu^{33}。

（8）溪、群母在今开口呼前读［h］声母，例如：开 hai^{313} ｜考 hɑo^{42} ｜共 həŋ^{34}；在今齐齿呼前读［ʑ］声母，例如：气 ʑi^{214} ｜敲 ʑiɑo^{313} ｜桥 ʑiɑo^{33} ｜近

ʑin^{34}；在今合口呼、撮口呼前读零声母，例如：苦 u^{42} ｜快 uai^{214} ｜劝 yᴇn^{214} ｜屈 yn$ʔ^{55}$ ｜柜 uei^{34} ｜狂 uɔŋ^{33} ｜权 yᴇn^{33} ｜裙 yn^{33}。读［h ʑ ø］以后，分别与其他声母的字相混，例如：考＝好 hɑo^{42} ｜桥＝愁 ʑiɑo^{33} ｜苦＝武 u^{42} ｜裙＝云 yn^{33}。

在其他组里，古次清声母和古全浊声母合流读做浊塞音或浊擦音，例如：兔 dou^{214}：度 dou^{34} ｜初 zɿ^{313}：锄 zɿ^{33}。按照同样的原理，溪母和群母应该合流为［g］（相应的颚化音为［dʑ］，进一步弱化为［ʑ］），但今天实际上无［g］声母，而有［h］和零声母。

其中，［h］声母应该是溪、群母合流以后，在读［k^h］（或［g^h］）的阶段，以开口呼为条件擦音化的结果。“［k^h］→［h］”之变是粤语、客家话的普遍现象。与通城交界的湖南省平江县城关话（喻深根调查）溪群母今开口呼字就读［k^h］（晓匣母读［h］）；平江县三墩方言（董同龢先生 1935 年调查）溪群晓匣母今开口呼字都读［k^h］，董同龢先生还特意指出［k^h］的音值：“k‘ 较软性，是一个变值音位，读舌根的送气塞音 k‘、塞擦音 kx‘ 或小舌擦音不定，读前二者时略带浊气流，与 t‘、p‘ 等同，后者是纯清音。”（转引自董为光，1989）据汪平等（1988），平江县长寿方言溪群晓匣母今开口呼字也都读［k^h］，例如：开 k^hai^{33} ｜共 k^həŋ^{11} ｜好 k^hɑu^{35} ｜河 k^ho^{13}，并指出：“［k^h］的实际音值还可以是［x χ h］，其中念［h］机会最多”。平江的［k^h］及其变体也许就是通城［h］声母的前身。

零声母应该是由［g］弱化而来的。吴宗济先生 1936 年所记通城十里市方言合口呼字读［g^h］，例如：苦 g^hu^{31} ｜快 g^huai^{24} ｜葵 g^hui^{22}（但撮口呼字读［$dʑ^h$］）。而笔者和栗华益分别调查的石板铺各年龄段发音人合口呼字均已无［g^h］声母，例如：苦 u^{42} ｜快 uai^{214}。显示在几十年间［g^h］声母已完全脱落。麦市应该同样具有这一“［g］→［ø］”的演变方式。

“［g］→［ø］”之变可能经历过中间阶段，张勇生调查的石南（虎岩村）方言提供了例证。石南溪群母在今合口呼前读小舌浊擦音［ʁ］，与零声母字有别，例如：科 ʁuo^{34} ≠窝 uo^{34} ｜枯 ʁu^{34} ≠乌 u^{34} ｜葵 ʁui^{33} ≠维 ui^{33} ｜捆 ʁun^{42} ≠稳 un^{42} ｜哭 ʁu$ʔ^{35}$ ≠屋 u$ʔ^{55}$。也有个别字已读做零声母，例如：款＝碗 uøn^{42} ｜狂＝王 uɔŋ^{33}。（麦市零声母撮口呼字，石南读［z］声母，例如：群 zən^{33} ｜缺 zɛ$ʔ^{35}$）

（9）晓、匣母合流，来自古合口的大部分字今读［f］声母，例如：虎

fu⁴² ｜花 fɑ³¹³ ｜许 fᴇ⁴² ｜坏 fai³⁴ ｜幻 fan³⁴ ｜黄 fɔŋ³³ ｜红 fəŋ³³ ｜灰 fi³¹³ ｜回 fi³³ ｜弦 fyᴇn³³ ｜训 fyn²¹⁴ ｜血 fyᴇʔ⁵⁵。与非组相混，例如：荒＝方 fɔŋ³¹³ ｜户＝父 fu³⁴。

（10）疑、影母在今开、合、撮韵母前合流。在今开口呼前读［ŋ］声母，例如：牙 ŋɑ³³ ｜藕 ŋᴇ⁴² ｜岸 ŋœ̃³⁴ ｜哑 ŋɑ⁴² ｜爱 ŋai²¹⁴ ｜暗 ŋœ̃²¹⁴；在今合口呼、撮口呼前读零声母，例如：午 u⁴² ｜外 uai³⁴ ｜原 yᴇn³³ ｜窝 uo³¹³ ｜弯 uan³¹³ ｜温 un³¹³ ｜怨 yᴇn²¹⁴。

后者可能是由［ŋ］声母弱化、脱落造成的，与溪群母在今合口呼、撮口呼前读零声母的音变同理。

在今齐齿呼韵母前相分，疑母读［ȵ］或［ŋ］（实际音值是［ɲ］）声母，例如：牛ȵiu³³ ｜银ȵin³³ ｜虐ȵioʔ⁵⁵ ｜鱼ŋi³³ ｜艺ŋi³⁴ ｜魏ŋi³⁴；影母读零声母，例如：意 i²¹⁴ ｜要 iɑo²¹⁴ ｜有 iu⁴² ｜厌 iᴇn²¹⁴ ｜约 ioʔ⁵⁵。

2.2 韵母的特点

（1）阳声韵今读［n ŋ］尾或鼻化韵：

a. 咸山摄部分字（主要来自一二等，主元音为［œ］）鼻尾已脱落，读做鼻化韵［œ̃ uœ̃］。

b. 咸山摄其他字、深臻曾摄合流，读［n］尾。这导致曾摄与深、臻摄字同音的现象，例如：恒＝痕 hᴇn³³ ｜藤 dᴇn³³ ：吞 dᴇn³¹³ ｜陵＝林＝邻 din³³ ｜蒸＝针＝真 tən³¹³ ｜鹰＝音＝因 in³¹³。

c. 宕江通三摄读［ŋ］尾。

d. 梗摄有两类韵母，较老较白的一类读低元音［ŋ］尾，较新较文的一类读高元音［n］尾，例如：冷 nɑŋ⁴² ｜硬 ŋɑŋ³⁴ ｜争 tsᴇn³¹³ ｜形 ʑin³³ ｜病 biɑŋ³⁴~bin³⁴ ｜轻 ʑiɑŋ³¹³~ʑin³¹³ ｜横 uɑŋ³³~fᴇn³³ ｜兄 fiɑŋ³³~ɕin³³。

（2）入声韵今读三种韵尾：

a. 咸山摄部分字（尤其是一二等）读［lʔ］尾，例如：塔 dalʔ³⁵ ｜盒 hœlʔ⁵⁵ ｜鸭 ŋalʔ⁵⁵ ｜八 palʔ⁵⁵ ｜割 kœlʔ⁵⁵ ｜瞎 halʔ⁵⁵ ｜袜 ualʔ⁵⁵。

b. 深臻曾梗摄部分字（尤其是三四等）读［nʔ］尾，例如：立 dinʔ³⁵ ｜十 sənʔ⁵⁵ ｜笔 pinʔ⁵⁵ ｜骨 kunʔ⁵⁵ ｜出 dənʔ³⁵ ｜佛 fənʔ⁵⁵ ｜力 dinʔ³⁵ ｜域 ynʔ⁵⁵ ｜释 sənʔ⁵⁵ ｜历 dinʔ³⁵。

c. 宕江通摄字以及咸山深臻曾梗摄部分字读［ʔ］尾，例如：凿 zoʔ^{35} ｜脚 tɕioʔ^{55} ｜桌tsoʔ^{55} ｜握uoʔ^{55} ｜谷kuʔ^{55} ｜族zouʔ^{35} ｜肉ȵiuʔ^{55}；（以下咸山深臻曾梗摄）接 tɕiᴇʔ^{55} ｜贴 diᴇʔ^{35} ｜热 ȵiᴇʔ^{55} ｜血 fyᴇʔ^{55} ｜习 ɕiʔ^{55} ｜虱 sᴇʔ^{55} ｜北 pᴇʔ^{55} ｜息 ɕiʔ^{55} ｜格 kᴇʔ^{35} ｜踢 diɑʔ^{35} ｜击 tɕiʔ^{55}。

从主元音来看，［lʔ］尾出现在低元音后，［nʔ］尾出现在高元音后，［ʔ］尾韵则各种元音都有。

入声韵尾是通城方言中备受关注的现象。值得注意的是，通城各地、各年龄段方言在该现象上表现各异，《湖北方言调查报告》所载只是其中一种而已。表 2 以麦市老年发音人刘邦辉的系统为纲（［lʔ nʔ］尾每韵举一字，［ʔ］尾只举宕江通三摄各一字），列出了刘邦辉及其子（刘明晃）、女（刘焱）的韵母例字读音，同时列出十里市（石板铺）各发音人和县城的读音。发音人姓名下注出生年份；刘明晃、刘焱与其父亲刘邦辉有异者用底色标出，石板铺的年轻发音人（胡华炳、魏柳一）与何炎武有异者用底色标出；材料中无该例字时以同类字代替，无同类字时标"—"。

表 2

	麦市 刘邦辉 1940	麦市 刘明晃 1967	麦市 刘焱 1971	十里市 (1936)	石板铺 何炎武 1945	石板铺 胡华炳 1972	石板铺 魏柳一 1990	县城 (2002)
答咸	talʔ^{55}	taʔ^{55}	tælʔ^{55}	tal^{5}	tanʔ^{55}	tanʔ^{55}	taiʔ^{55}	taʔn^{55}
袜山	ualʔ^{55}	uaʔ^{55}	uælʔ^{55}	挖 ual^{5}	uanʔ^{55}	uanʔ^{55}	uaiʔ^{55}	uaʔn^{55}
盒咸	hœlʔ^{55}	hæʔ^{55}	hœlʔ^{55}	合 hol^{5}	hœnʔ^{55}	hœnʔ^{55}	喝 hœnʔ^{55}	hœʔn^{55}
阔山	uœlʔ^{55}	uæʔ^{55}	uœlʔ^{55}	gʰuol^{5}	uœnʔ^{55}	uɑʔ^{55}	uœnʔ^{55}	uœʔn^{55}
十深	sənʔ^{55}	sənʔ^{55}	sənʔ^{55}	səl^{5}	sənʔ^{55}	sənʔ^{55}	sənʔ^{55}	səʔn^{55}
立深	dinʔ^{35}	dʱinʔ^{35}	diʔ^{45}	dʰil^{5}	dʱinʔ^{45}	dʱiʔ^{45}	diʔ^{35}	dʰiʔn^{55}
骨臻	kunʔ^{55}	kunʔ^{55}	kunʔ^{55}	kuəl^{5}	kuənʔ^{55}	kuənʔ^{55}	kunʔ^{55}	kuəʔn^{55}
日臻	ynʔ^{55}	ȵinʔ^{55}	ȵinʔ^{55}	yl^{5}	入 ɤənʔ^{55}	ɤənʔ^{55}	ynʔ^{55}	yʔn^{55}
脚宕	tɕioʔ^{55}	tɕioʔ^{55}	—	tɕioʔ^{5}	tɕiɵoʔ^{55}	tɕiɵoʔ^{55}	—	tɕioʔ^{55}
壳江	hoʔ^{55}	hoʔ^{55}	hoʔ^{55}	角 koʔ^{5}	hɵoʔ^{55}	hɵoʔ^{55}	—	hoʔ^{55}
毒通	douʔ^{35}	dʱouʔ^{35}	douʔ^{45}	读 dʰəuʔ^{5}	dʱɵʊʔ^{45}	dʱɵʊʔ^{45}	dəuʔ^{35}	dʰouʔ^{55}

材料来源：刘邦辉、刘焱、魏柳一：笔者调查。刘明晃、何炎武、胡华炳：栗华益调查。十里市：吴宗济 1936 年调查。县城：黄群建（2002）。

就麦市的情况而言，老年人的［lʔ nʔ］尾在较年轻的人里都有所减少：刘明晃［lʔ］尾全部变为［ʔ］，刘焱［nʔ］尾部分字变为［ʔ］（除“立”外还记到“一笔密急吉七漆不橘”等字）。就石板铺的情况来说，似乎存在一个［l］尾变［nʔ］，再由［nʔ］尾变为［ʔ］的过程。

宕江通摄各地都读［ʔ］尾。

结合麦市、十里市（石板铺）、县城等地的情况来看，通城方言入声韵尾的演变可能存在两条途径。一是以宕江通摄为主流的字，塞音尾逐步合并、弱化为［ʔ］，这跟绝大多数汉语方言所走的道路是相同的。二是以咸深山臻摄为主流的字，塞音尾先合并为［t］，再弱化为［lʔ］（十里市记做［l］，无音值描写），在此阶段，可能像石板铺和县城那样先全部变为［nʔ］（陈有恒、黄群建县城记做［ʔn］），然后再逐渐脱落鼻音变为［ʔ］；也可能像麦市那样低元音韵母保留［lʔ］，高元音韵母变为［nʔ］，然后再脱落边音或鼻音变为［ʔ］，如图1所示（有的鼻边音尾脱落时可能会导致产生元音［i］）：

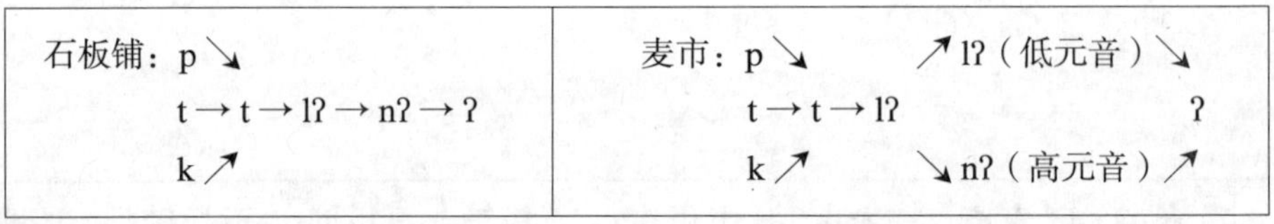

图 1

（3）遇、流摄有相混现象，例如：付＝副 fu^{214} ｜赌＝肘 tou^{42} ｜书＝收 sou^{313} ｜锯＝够 kᴇ^{214}。

（4）遇摄鱼、虞两韵在庄组和见组中相分，例如：

鱼韵：阻 tsɿ^{42} ｜初 zɿ^{313} ｜梳 sɿ^{313}；锯 kᴇ^{214} ｜去 ʑiᴇ^{214} ｜渠他 iᴇ^{42} ｜虚 fᴇ^{313}

虞韵：数名词 sou^{214}；句 kuei^{214} ｜区 uei^{313} ｜瞿 uei^{33} ｜雨 uei^{42}

（5）效摄四等萧韵、流摄一等侯韵在端泥组中有相混现象，读［ᴇ］韵，例如：鸟＝陡 tᴇ^{42} ｜跳 dᴇ^{214} ：豆 dᴇ^{34} ｜料＝漏 nᴇ^{34}。

（6）流摄一等侯韵帮端系、三等尤韵非庄组部分字读［iɑo］韵，与效摄相混，例如：某＝秒 miɑo^{42} ｜凑＝俏 ʑiɑo^{214} ｜谋＝苗 miɑo^{313} ｜邹＝焦 tɕiɑo^{313} ｜瘦＝笑 ɕiɑo^{214}。

（7）咸摄一等覃、谈两韵端系字相分，覃韵读［œ̃ œlʔ］，谈韵读［an alʔ］，例如：

覃韵：贪 dœ̃^{313} ｜潭 dœ̃^{33} ｜南 nœ̃^{33} ｜惨 zœ̃^{42} ｜感 kœ̃^{42} ｜含 hœ̃^{33} ｜庵 ŋœ̃^{313}；杂 zœlʔ^{35}

谈韵：担 tan^{313} ｜毯 dan^{42} ｜谈 dan^{33} ｜蓝 nan^{33} ｜暂 zan^{34} ｜三 san^{313}；塔 dalʔ^{35}

见系字两韵都读［œ̃ œlʔ］，与山摄一等相同。（参看下条）

（8）山摄开口一等寒韵见系字读［œ̃ œlʔ］韵（其他字读［an alʔ］韵），主元音与山摄合口字相混，例如：

开一见系：肝 kœ̃^{313} ｜刊 hœ̃^{313} ｜岸 ŋœ̃^{34} ｜汉 hœ̃^{214} ｜寒 hœ̃^{33} ｜安 ŋœ̃^{313}；割 kœlʔ^{55} ｜渴 hœlʔ^{55}

合口：半 pœ̃^{214} ｜短 tœ̃^{42} ｜乱 nœ̃^{34} ｜算 sœ̃^{214} ｜穿 dœ̃^{313}；末 mœlʔ^{55} ｜说 sœlʔ^{55}

（9）山摄合口一等桓韵、二等山删韵见系舒声字相分，一等读［uœ̃］，二等读［uan］，例如：

一等：官 kuœ̃^{313} ｜款 uœ̃^{42} ｜唤 fœ̃^{214} ｜换 uœ̃^{34} ｜豌 uœ̃^{313}

二等：关 kuan^{313} ｜顽 uan^{33} ｜幻 fan^{34} ｜弯 uan^{313}

2.3 声调的特点

（1）古平、去声按古声母清浊各分为阴阳两类。

（2）古清上和次浊上为一类，全浊上归阳去。

（3）在今上声、阳去两个调里，存在气流分调的痕迹，即今浊塞音浊擦音字（相当于“次调”）与其他字相比，开头略低，具有“升”的特征（上声）或具有更大的“升幅”（阳去）。这种特征与次入［35］的表现是一致的。

（4）古入声分两类：

a. 今不送气清塞音、清塞擦音、清擦音、鼻音、零声母字读全入［55］，例如：八 palʔ^{55} ｜割 kœlʔ^{55} ｜桌 tsoʔ^{55} ｜节 tɕiᴇʔ^{55} ｜熟 souʔ^{55} ｜黑 hᴇʔ^{55} ｜蔑 miᴇʔ^{55} ｜辣 nalʔ^{55} ｜月 ȵiᴇʔ^{55} ｜鄂 ŋoʔ^{55} ｜越 yᴇʔ^{55}。

b. 今浊塞音、浊擦音声母字读次入［35］，例如：拍 bɑʔ^{35} ｜白 bɑʔ^{35} ｜托 doʔ^{35} ｜叠 diᴇʔ^{35} ｜六 diuʔ^{35} ｜擦 zalʔ^{35} ｜贼 zᴇʔ^{35} ｜七 ʑinʔ^{35} ｜绝 ʑiᴇʔ^{35}。

分调的条件不是古声母清浊。从今声母来看，倒是有点像“全浊上归去”那样，即今读“全浊”声母的归一类（b 类）。但从来源看，b 类字除来母细音字外均来自古次清声母和古全浊声母，其中浊塞音带送气成分，浊擦音来自［dz dʑ］，它们的前身可能均为送气音（［p^{h} t^{h} ts^{h} tɕ^{h}］或［b^{h} d^{h} dz^{h} dʑ^{h}］等）。从赣语其他方言的情况来看，可以断定通城入声的分调条件是声母的气流，今天的局面是早期气流分调演变的结果。

气流分调是赣语的重要特征，但在鄂东南很少见。（王莉宁，2009）不过，在与麦市紧邻的江西省修水县白岭方言里，去声和入声都按古声母的全清、次清、浊分为三类（董为光，1989）：

全阴去［55］：报 pau^{55}　　全阴入［4］：滴 til^{4}

次阴去［34］：炮 bau^{34}　　次阴入［24］：踢 dil^{24}

阳去［22］：暴 bau^{22}　　阳入［2］：敌 diʔ^{2}

对通城境内的方言，除了笔者 2003 年对麦市老年人所作的调查以外，栗华益 2009 年对麦市中年 1 人、石板铺老中青 3 人、北港庄前村老年 2 人、四庄四庄村老年 1 人，张勇生 2009 年对黄龙花园村老年 1 人、黄袍荻田村中年 1 人、石南虎岩村中青年 2 人等地方言的入声字进行了专题调查，结果也都是入声分两类。例见表 3。

表 3

	麦市老	石板铺老	北港老	四庄老	黄龙老	黄袍中	石南中
滴	tiʔ^{55}	tiʔ^{55}	tiʔ^{55}	tiʔ^{55}	tiʔ^{55}	tiʔ^{55}	tiʔ^{55}
踢	diɑʔ^{35}	d^{ɦ}iɑʔ^{45}	d^{ɦ}iɑʔ^{35}	d^{ɦ}iɑʔ^{45}	diɑʔ^{35}	diɑʔ^{35}	diɑʔ^{35}
敌	diʔ^{35}	d^{ɦ}iʔ^{45}	d^{ɦ}iʔ^{35}	d^{ɦ}iʔ^{45}	dinʔ^{35}	diʔ^{35}	diʔ^{35}

但是，从董为光（1989）的例字来看，他所记麦市方言入声应该只有一类，为［5］。陈有恒（1987）、黄群建（2002）所记通城县城方言都只有一个入声，为［5］或［55］。吴宗济先生 1936 年所记通城十里市方言也只有一个入声，为［5］，但有一个重要的说明：“入声是短高平调（5），后面带有 ʔ 或 l 尾。常常读

得起点较低，如遇浊音声母，这种现象更为显明，如（35）。宽式一律用短高平调号（˥5）。”（赵元任等，1948：1803）可见，当时的十里市方言实际上也是存在全入［5］和次入［35］两个调的。

麦市老年人次入字的声母为［b d z ʑ］，［b d］虽带有送气成分但并不明显和稳定，［dz dʑ］已演变为［z ʑ］。修水白岭方言入声分全阴入、次阴入、阳入三类，而通城各地、各年龄段方言次阴入和浊入已经合二为一。这都表明通城方言气流分调存在的时间已经比较长了，不可能是近些年才产生的新现象。（当然，通城的气流分调也可能是在一个入声的基础上直接产生的。）

音变虽不能测定具体年份，但可推导先后顺序。来母字今有［n］、［d］两种声母，其中洪音［n］声母字归［55］调，细音［d］声母字归［35］调。这表明通城的气流分调是在来母分两类、细音字变成［t^h］或［d^h］（今［d］的前身）之后才产生的。

∷ 参考文献 ∷

陈有恒（1987）通城入声的复辅音韵尾，《咸宁师专学报》（哲学社会科学版）第3期。

董为光（1987）湘鄂赣三界方言的“l”韵尾，《语言研究》第1期。

———（1989）湘鄂赣三界方言的送气声母，《语言研究》第2期。

黄群建主编（2002）《鄂东南方言音汇》，华中师范大学出版社。

汪　平等（1988）平江长寿方言的语音语法特点，《语文论集》（三），外语教学与研究出版社；转载于汪平（2003）《方言平议》，华中科技大学出版社。

王莉宁（2009）汉语方言声调分化研究，北京语言大学博士学位论文。

赵元任等（1948）《湖北方言调查报告》，商务印书馆。

原载《语言研究》2011年第1期

湘西方言里的特殊语音现象 *

本文所说的“湘西”，包括湖南省西部张家界市的市辖区永定区、武陵源区，本文称为“张家界”、桑植县，湘西土家族苗族自治州的全部县市（吉首、龙山、永顺、花垣、保靖、古丈、凤凰、泸溪），怀化市的全部县市区（市辖区鹤城区、中方、沅陵、辰溪、溆浦、麻阳、新晃、芷江、洪江、会同、靖州、通道）。其中张家界市的市辖区旧大庸县、桑植县是1988年从湘西土家族苗族自治州分出去的，所以本文的“湘西”实际上等于旧湘西土家族苗族自治州和怀化市两个地级单位。当地有人把这一地区称为“大湘西”，以与湘西土家族苗族自治州的“湘西”区别。

湘西的语言和方言情况相当复杂。就汉语方言来说，主要有湘语和西南官话，此外还有乡话和一些小土话，各种方言呈交错分布的状态。本文的“湘西方言”只限于指湘西的湘语和西南官话，不包括分布在湘西的乡话和一些其他小土

* 本文曾在第四届土话平话国际学术研讨会（2007年3月于广西贺州）上宣读。调查期间，得到湖南师范大学陈晖老师、怀化学院段勇军、胡蓉老师和吉首大学余金枝、杨春菊、杨再彪老师的大力帮助，谨此致谢。

话。关于湘西方言的基本情况，包括全浊声母、去声、入声等演变情况，见曹志耘（2007）。本文介绍湘西方言里的一些比较特殊的语音现象，材料来源如下（右下角小字是调查点）：曹志耘调查的吉首万蓉江乡金坪村、花垣麻栗场镇、保靖大妥乡舍那村、凤凰官庄乡官庄村、中方泸阳镇新店坪村、辰溪辰阳镇、溆浦桥江镇、麻阳高村乡通灵溪村、新晃鱼市镇岩山村、芷江岩桥乡栗木桥村、洪江硖州乡溪边村、会同朗江镇东城村、靖州寨牙乡汕头村、通道县溪镇，赵日新调查的张家界西溪坪办事处鲁家坪村、龙山咱果乡卡撮村、永顺石堤镇，瞿建慧（2005）调查的泸溪浦市镇。

一、声母

1.1 来、定相混

辰溪、溆浦、洪江来母细音字和定母平声细音字声母相混，辰溪、溆浦读［d］（溆浦有时变读为［^{l}d］），洪江读［ld］。例如溆浦：犁＝题 di^{213} ｜莲＝田 diᴇ^{213} ｜亮 diɑŋ^{45} ｜吕 dy^{224}。又如洪江：犁＝题 ldi^{213} ｜林＝停 ldin^{213}。定母仄声细音字声母已经清化，所以不会跟来母字相混。

此外，中方、会同、靖州来母细音字读做［l^{d}］声母，但它们的定母字读做塞音声母，二者不混。

1.2 知三章组字读［t tʰ d］声母

会同知二庄组字读［ts］、［tʂ］、［tɕ］组声母，知三章组字主要读［t tʰ d］声母（这组声母的读音有时接近［ʈ］组），例如：

知三：张 tɑŋ^{33} ｜中 təŋ^{33} ｜竹 tou^{24} ｜抽 tʰou^{33} ｜锤 tʰei^{31} ｜长 dɑŋ^{31} ｜虫 dəŋ^{31}

章组：照 tɑo^{55} ｜州 tou^{33} ｜章 tɑŋ^{33} ｜肿 təŋ^{24} ｜烛 tou^{24} ｜车 tʰa^{33}~tʰɛ^{33} ｜唱 tʰɑŋ^{55}

但知三也有读［tɕ］声母的，例如：猪 tɕy^{33}。

1.3 知章组部分字读［tʂ］组声母

张家界、泸溪、辰溪、溆浦、洪江、会同知章组有部分字读做［tʂ］组声母。各地读［tʂ］组声母的字来源不完全相同。以溆浦为例，来自：遇摄，止摄个别字（知蜘痴吹锤水），深臻曾梗摄开口三等入声字，臻摄合口三等个别字（出术）。溆浦［tʂ］组声母只拼［ʅ］韵母。泸溪限于止蟹摄开口三等、深臻曾梗摄开口三等入声字，韵母也是［ʅ］。会同读［tʂ］组声母的字较少，有“纸迟柿试十直织尺”等，韵母为［ɤ］。

辰溪、洪江读［tʂ］组声母的字较多（但不是全部知章组字），韵母也不限于某个专用韵。例如辰溪读［tʂ］组声母的字有“书鼠纸迟柿试锤除水十出顺直织尺”等。张家界跟北京话的情况类似，知系字基本上都读［tʂ］组声母。

1.4 日母字的读音

湘西方言止摄日母字读零声母，其余日母字的声母读音可分为以下几类：

（1）浊擦音［ʐ z ʑ］：张家界、吉首、龙山、永顺、花垣、保靖、泸溪、辰溪、溆浦。例如吉首：人 $\mathrm{z\tilde{e}}^{22}$ ｜日 $\mathrm{zʅ}^{11}$ ｜软 $\mathrm{zu\tilde{a}}^{42}$。

（2）鼻音［ɲ］：麻阳，例如：人 $\mathrm{ɲi}^{213}$ ｜日 $\mathrm{ɲiɑŋ}^{55}$ ｜软 $\mathrm{ɲy\tilde{a}}^{33}$。

（3）边音［l］：通道，例如：人 $\mathrm{lən}^{212}$ ｜日 $\mathrm{lɯ}^{214}$ ｜软 $\mathrm{lu\tilde{a}}^{52}$。

（4）零声母或部分零声母，有四种情况：

a. 新晃、芷江、会同开口字读开口呼零声母，合口字读撮口呼零声母。例如新晃：人 en^{213} ｜日 $\mathrm{ɛ}^{213}$ ｜软 yen^{41}，但芷江“肉”读［lu^{213}］，会同“肉”读［lou^{24}］，“软”读［$\mathrm{ȵy\tilde{a}}^{24}$］。

b. 靖州开口字读齐齿呼零声母，合口字读撮口呼零声母，例如：人 in^{53} ｜日 i^{313} ｜软 yan^{55}。

c. 洪江开口字读［ʐ］或开口呼零声母，合口字读撮口呼零声母，例如：人 $\mathrm{ʐən}^{213}$ ｜日 $\mathrm{ʅ}^{55}$ ｜软 $\mathrm{y\tilde{a}}^{334}$。

d. 中方开口字读［ȵ］，合口字读撮口呼零声母，例如：人 $\mathrm{ȵi}^{213}$ ｜日 $\mathrm{ȵi}^{55}$ ｜软 $\mathrm{yæ}^{33}$。

（5）凤凰今开口呼、合口呼字读［z］，今齐齿呼字读［ɳ］，今撮口呼字读［ȵ］，例如：热 $\mathrm{zᴇ}^{33}$ ｜闰 zuen^{435} ｜人 $\mathrm{ɳi}^{33}$ ｜软 $\mathrm{ȵyæ}^{41}$。

1.5 见系部分字读［p $\mathrm{p^h}$ f］声母

麻阳遇合一模韵的见溪晓匣母字，读［p $\mathrm{p^h}$ f］声母，例如：姑 pu^{55} ｜箍

pu55 | 古 pu33 | 股 pu33 | 故 pu45 | 谷 pu55 | 苦 pʰu33 | 裤 pʰu45 | 哭 pʰu55 | 虎 fu33 | 胡 fu213 | 户 fu45。此外，"葵"字读［pʰɛ213］，似乎是由［kʰuɛ213］变来的。不过，"桂鬼国骨亏"等［kuɛ kʰuɛ］音节的字不读做［p pʰ］声母。

1.6 见组部分字读［ȶ ȶʰ］声母

麻阳见溪群母拼齐齿呼韵母中的［iɑ io iʌɯ iã iɑŋ iəŋ］6个韵母时，读［ȶ ȶʰ］声母，实际音值接近［c cʰ］，例如：架 ȶiɑ45 | 脚 ȶio55 | 叫 ȶiʌɯ45 | 见 ȶiã45 | 姜 ȶioŋ55 | 牵 ȶʰiɑŋ55 | 桥 ȶʰiʌɯ213 | 穷 ȶʰiəŋ213 | 共 ȶʰiəŋ55。

二、韵母

2.1 舌尖化

吉首、花垣、凤凰、麻阳存在前高元音舌尖化现象。附近其他方言读［pi pʰi bi mi］音节的字，吉首等四方言读做［pɿ pʰɿ bɿ mɿ］。例如吉首：笔 pɿ22 | 屁 pʰɿ213 | 皮 bɿ22 | 米 mɿ42。

吉首等四方言舌尖化的另一个表现是，单元音韵母［i y］前面的［tɕ］组声母都读做舌叶音［tʃ］组声母，吉首、花垣、凤凰三方言的元音［i y］带舌尖色彩，麻阳已经完全变为舌尖元音［ɿ ʮ］了。例如麻阳：寄 tʃɿ45 | 溪 tʃʰɿ55 | 西 ʃɿ55 | 主 tʃʮ33 | 区 tʃʰʮ55 | 书 ʃʮ55。

此外，中方也存在一定程度的舌尖化现象，［tɕ］组声母拼［i y］韵母时，声母接近［tʃ］组，韵母接近［ɿ ʮ］，［mi］音节里的［i］也接近［ɿ］。

2.2 侯、尤相分

"侯、尤相分"这里指流摄的侯韵、尤韵庄组字跟尤韵其他字韵母不同类。具有这种现象的方言有泸溪、辰溪、溆浦、麻阳、洪江、会同。

其中泸溪、辰溪、溆浦、麻阳侯韵、尤韵庄组字读做［ai æe ɛi ɪi ɛ］等韵母，跟蟹摄韵母合流，例如溆浦（尤韵其他字读［ɤɯ iɤɯ］韵）：偷 tʰɪi44 | 豆 tʰɛi44 | 走 tsɪi224 | 钩＝该 kɪi44 | 厚＝亥 xɛi45 | 呕 ɪi224 | 愁 dzɪi213 | 馊 sɪi44。

洪江、会同读做［iɑo］韵，跟效摄细音字相混，例如会同（尤韵其他字读［ou iou］韵）：豆 tiɑo33 | 楼 ldiɑo31 | 走 tɕiɑo24 | 钩＝交 tɕiɑo33 | 厚 xiɑo33 | 愁＝桥 dʑiɑo31 | 瘦＝笑 ɕiɑo55。

2.3 辅音韵尾消失

湘西方言没有塞音韵尾，古阳声韵字各地都有不同程度的鼻化或丢失鼻音韵尾的现象。辰溪古阳声韵、入声韵字已没有任何鼻尾、鼻化和塞尾，全部读如阴声韵，可以说是成了一种“纯元音方言”（也可叫做“无辅尾方言”）。笔者的母语吴语汤溪话也是这种类型的方言。在汉语方言中，笔者所知的“纯元音方言”只有辰溪话和汤溪话两种。值得注意的是，辰溪话韵母丢失辅音韵尾以后的演变表现出很多跟汤溪话相同的特点，辰溪话很多古阳声韵、入声韵字韵母的具体读音跟汤溪话完全相同，例见表 1。

表 1

	甜	烟	心	音	零	辣	八	色
辰溪	die^{213}	ie^{34}	sei^{34}	iei^{34}	lei^{213}	lo^{213}	po^{213}	sɛ^{213}
汤溪	die^{11}	ie^{24}	sei^{24}	iei^{24}	lei^{11}	lo^{213}	po^{55}	sɛ^{55}

2.4 无撮口呼

永顺、保靖无撮口呼韵母，附近其他方言读撮口呼韵母的字，永顺、保靖读相应的齐齿呼韵母。例如保靖：雨 i^{53} | 园 iaŋ^{21} | 云 in^{21} | 局 tɕi^{21}。

三、声调

3.1 上声未彻底分化

湘西方言次浊上跟清上同调，全浊上绝大多数方言跟去声或浊去同调。但凤凰、中方、麻阳全浊上部分读上声，部分归阴去，其中麻阳多读上声，凤凰、中方多归阴去。例如麻阳读上声的：坐 tsʰo^{33} | 柱 tʃʰɥ^{33} | 厚 xɛ^{33} | 淡 tʰã^{33} | 近 tɕʰin^{33} | 动 tʰəŋ^{33} 白；归阴去的：罪 tɕyɛ^{45} | 犯 fã^{45} | 件 ȶiɑŋ^{45} | 动 təŋ^{45} 文。在麻阳话里，全浊上字的阴去读法是比较新、比较文的，主要见于一些口语中不太常用的字词，这说明该方言全浊上从上声中分离出来归向去声还是一种比较新的语音变化，上声尚未彻底分化为两类。

3.2 上声归阴平

保靖有四个单字调：阴平［55］，阳平［21］，上声［53］，去声［213］。

古上声中，全浊上归去声，清上次浊上大部分字归阴平，或阴平和上声自由变读，少数字读上声。值得注意的是，其中鼻尾韵字基本上都读阴平了，只有个别字还有阴平和上声两读，例如：胆 $taŋ^{55}$ ｜选 $ɕiaŋ^{55}$~$ɕiaŋ^{53}$ ｜音 in^{55} ｜滚 $kuen^{55}$ ｜双 $suaŋ^{55}$ ｜井 $tɕin^{55}$ ｜顶 ten^{55} ｜懂 $toŋ^{55}$ ｜满 $maŋ^{55}$ ｜冷 $leŋ^{55}$。开尾、元音尾韵字则既有读阴平的，也有读上声的，还有阴平和上声两读的，读阴平的例如：几＝机 $tɕi^{55}$ ｜草＝抄 $ts^hɘu^{55}$。

总的来说，保靖清上次浊上字的读音不太稳定，发音人常常第一遍读做阴平［55］，但一追问，又会读做上声［53］。

与此同时，有的清平字也会读做上声，例如：初 ts^hu^{53} ｜区 $tɕ^hi^{53}$。

上述现象表明，保靖的上声［53］和阴平［55］两个调正处于合并的过程当中。

3.3 小称调

溆浦古浊声母平声字，除了浊擦音变为清音以外，其他字一般读浊声母阳平调，例如：逃 $dɐu^{213}$ ｜毛 $mɐu^{213}$。但有少数字读做浊声母阴去调：茄 $dʑyɒ^{35}$ ｜厨 $dʐʅ^{35}$ ｜锤 $dʐʅ^{35}$ ｜桃 $dɐu^{35}$ ｜坛 $dɛi^{35}$ ｜蚕 $dzɛi^{35}$ ｜螃 $baŋ^{35}$ ｜肠 $dzɑŋ^{35}$ ｜筒 $dəŋ^{35}$ ｜虫 $dzəŋ^{35}$ ｜猫 $mɐu^{35}$ ｜馒 $mɛi^{35}$ ｜篮 $lɛi^{35}$ ｜笼 $nəŋ^{35}$。

溆浦古全浊声母逢塞音塞擦音平声读浊音，仄声读送气清音；去声按古声母清浊分为阴去、阳去二调。因此，上述浊平字读为阴去调，并保留浊音声母，显得很特别。从意义来看，这些字基本上都是口语中常用的名词性字词，其中不乏小动物和植物名称，从读音来看，［35］是一个响亮的高升调，这些特征跟吴语等方言里的变调型小称很像。不过，在当地人的语感里，并不以为它们是小称，因此，从目前情况来说，不能把［35］调看做是一个小称调。但是，如果溆浦话曾经存在过变调型小称，那么它们很可能是一种残存形式，［35］调是一个残存的小称调。当然，这需要对溆浦话的历史以及周围其他方言的情况作进一步的研究才能证实。

泸溪浊平字除了读浊声母阳平调［24］以外，也有少数读做浊声母阴去调［113］的，例如“菩筒磁厨迟词篮”。其中阴去调的读法更加口语化，例如“篮”

字，在“篮球”里读阳平［læ^{24}］，在“花篮”里读阴去［læ^{113}］。杨春菊（2005）也指出，泸溪浦市有部分口语常用字白读为浊声母阴去调，文读为浊声母阳平调，例如“茄伢菩抬柴锤篮岩顽虫”。

四、声调与韵母之间的相互影响

泸溪、辰溪、溆浦存在“调值分韵”现象，溆浦还存在“韵母分调”现象。“调值分韵”是指由声调的长短、高低等因素而使韵母产生分化的现象，“韵母分调”是指由韵母的元音、韵尾等因素而使声调产生分化的现象。下面简要介绍溆浦话声调与韵母之间的这种相互影响现象。

为了叙述方便，我们先按主元音（这里也包括［ʋ］）舌位的高低把溆浦的韵母分为以下三类：

（1）高元音韵，包括舌尖元音、无擦通音和最高舌面元音韵母以及以最高元音为主元音的韵母：开尾的［ɿ ʅ ʋ i u y］，非开尾（鼻尾）的［in］。

（2）低元音韵，包括以最低元音为主元音的韵母：开尾的［a ia ua ɒ iɒ uɒ yɒ］，非开尾（鼻尾）的［ɑŋ iɑŋ uɑŋ］。

（3）中元音韵，除了以上两类韵母以外的韵母：［ʊ iɛ yɛ ɛi uɛi ei uei ɐu iɐu ɤɯ iɤɯ en uen yen əŋ ɐr］。

其中“高元音韵”和“低元音韵”的音值不受声调的影响，但“中元音韵”的主元音舌位高低会因声调的不同而有所不同，例见表 2：

表 2

	高元音调 ←——————————→ 低元音调				
	阴平 44	阴上 224	阳平 213	阳去 45	阴去 35
ʊ — o — ʊo	歌 kʊ^{44}	果 kʊ^{224}	河 xʊ^{213}	祸 xo^{45}	过 kʊo^{35}
uɪi — uei — uɛi	归 kuɪi^{44}	鬼 kuɪi^{224}	葵 guei^{213}	柜 kʰuɛi^{45}	贵 kuɛi^{35}
ɤŋ — əŋ — ʌŋ	东 tɤŋ^{44}	懂 tɤŋ^{224}	同 dəŋ^{213}	洞 tʰʌŋ^{45}	冻 tʌŋ^{35}

由表 2 可见，各调之间的韵母差异存在一种渐进关系，但不完全是等距的，各韵母内部的差异程度也不完全相同。有些差异比较细微，难以用音标直接表示。但从总体上来说，越位于左边的调，其元音越高（可称为“高元音调”）；越位于右边的调，其元音越低（可称为“低元音调”）。其中阴平、阴上、阳平（非去声类）调的元音比较接近，阳去、阴去（去声类）调的元音比较接近，而去声类与非去声类之间则差别很明显。

既然如此，当高元音调逢低元音韵、低元音调逢高元音韵时就出现了“调—韵匹配矛盾”。在溆浦话里，我们看到一种巧妙的解决办法：

（1）阴上［224］调（高元音调）逢开尾的低元音韵［a ia ua ɒ iɒ uɒ yɒ］时改读为阴去［35］（低元音调），例如：彩 ts^ha^{35} ＝菜｜姐 $tɕia^{35}$ ｜拐 kua^{35} ＝怪｜马 $mɒ^{35}$ ｜野 $iɒ^{35}$ ｜寡 $kuɒ^{35}$ ＝挂（［yɒ］韵未发现适当的例字）。

（2）阳去［45］调（低元音调）逢开尾的高元音韵［ɿ ʅ ʋ i u y］时改读为阴平［44］（高元音调），例如：字 $tsɿ^{44}$ ＝资｜住 $tʂʅ^{44}$ ＝猪｜妇 $fʋ^{44}$ ＝呼｜技 $tɕ^hi^{44}$ ＝欺｜步 p^hu^{44} ＝铺｜具 $tɕ^hy^{44}$ ＝区。

关于一些细节问题的讨论详见另文。从上述情况，已经可以看到，在溆浦话里，声调调值与韵母元音之间存在着一种相互影响、相互协调的关系。这种声调与韵母之间的双向互动现象在其他方言里是很少见到的。

五、音系简化

龙山、永顺、保靖的语音系统非常简单，其中保靖话的语音系统是笔者所调查过的汉语方言中最简单的音系，尤其是韵母系统。

声母 20 个：p p^h m f t t^h l ts ts^h s z tɕ $tɕ^h$ ȵ ɕ k k^h ŋ x ø。全浊声母清化，泥、来相混，尖团不分，知系一律读［ts］组，跟精组洪音合流。

韵母 27 个：ɿ i u ɑ iɑ uɑ o io ɛ iɛ ai uai ei uei əu iəu ɤɯ iɯ ər en in uen aŋ iaŋ uaŋ oŋ ioŋ。无撮口呼（参看 2.4），无塞尾韵，咸山宕江摄都读［aŋ］组，深臻曾梗摄都读［en］组。

单字调 4 个：阴平［55］，阳平［21］，上声［53］，去声［213］。入声归阳平，全浊上归去，清上次浊上少数读上声，多数归阴平，上声正在往阴平合并。因此，有可能归并为 3 个单字调。（参看 3.2）

儿化音变属于卷舌型，所有儿化音节的韵母一律依介音归并为 3 个儿化韵：ər iər uər。

如此简单的一个音系，在语言交际时并不存在任何的不便。事实上，保靖的量词系统也已经高度简化，绝大多数事物都用“个”表示，例如“一个牛、一个桌子、一个锁、一个汽车、一个豆子、一个事情”。

龙山、永顺的情况跟保靖大同小异，只是韵母数量稍微多一点，龙山话 29 个，永顺话 30 个。

:: 参考文献 ::

鲍厚星、陈　晖（2005）湘语的分区（稿），《方言》第 3 期。

曹志耘（2007）湘西方言概述，《语文研究》第 1 期。

贺凯林（1999）《溆浦方言研究》，湖南教育出版社。

李启群（1996）湖南吉首方言同音字汇，《方言》第 1 期。

———（2002a）湘西州汉语与土家语、苗语的相互影响，《方言》第 1 期。

———（2002b）《吉首方言研究》，民族出版社。

瞿建慧（2005）湖南泸溪（浦市）方言音系，《方言》第 1 期。

———（2008）湘语辰溆片语音研究，陕西师范大学博士学位论文。

杨春菊（2005）泸溪县浦市方言的音韵特点（未刊稿）。

中国社会科学院和澳大利亚人文科学院（1987）《中国语言地图集》，香港朗文出版（远东）有限公司。

原载《方言》2009 年第 1 期

桂北“资全灌”土话记略*

2004年9月28日至10月8日，笔者与广西师大教师赵敏兰和北语博士研究生石绍浪、解正明一起对广西北部桂林市的资源、全州、灌阳（下文简称“资全灌”[①]）三县土话进行了初步调查。现把调查所得的主要结果整理成文，以供同行们对该地区土话作进一步调查研究时参考。

一、方言状况

1.1　方言种类和系属

除了少数民族（主要是苗族和瑶族）所使用的语言之外，资全灌三县的汉语方言主要有“土话”和“官话”两类。“土话”的概念在当地非常通行，它用于指与“官话”相对的方言，包括本地土话、移民方言（如湖南新化话），有时

---

* 此项研究受教育部“高等学校优秀青年教师教学科研奖励计划”和北京语言大学“十五”规划项目“汉语方言地图集”（01GH01）资助。

① 当地有“兴全灌”的简称，其中“兴”指兴安县，无“资全灌”的简称。资源之所以未被包括在内，可能与其置县历史有关。资源县是1936年由全州、兴安两县析置的。

甚至包括“苗话”、“瑶话”在内。因此，“土话”内部的情况比较复杂。为了明确起见，下文“土话”均指本地土话（即本地汉族人传统留传下来的土话）。“官话”的概念各地说法不完全一致，比如资源县境内的“官话”，有时称为“资源官话”，有时称为“资源话”，但“官话”内部的情况比较接近，各地“官话”之间可以通话。值得注意的是，当地人都会把本县的“官话”称为“资源话”、“全州话”、“灌阳话”，而不会把本县的“土话”称为“资源话”等。

在资全灌地区，没有听到有人用“平话”和“湘语”来指称当地的方言。

从方言的分布情况和语言特点来看，桂北资全灌地区和湘南地区的情况非常相像，应该统一考虑其系属问题。目前把湘南看做是土话和官话双语区，而把桂北资全灌看做是湘语单语区；把湘南的非土话看做西南官话，而把桂北资全灌的非土话看做湘语，这样处理是相互矛盾的。本文暂且依据当地人的习惯，使用“土话”和“官话”的概念来指称资全灌地区的方言。

1.2 土话的分布情况

资全灌土话呈碎片状分布，“碎片”的大小不一，三个县的土话之间互不相连，本县内部的土话大致上能够连缀成片。具体情况见表1，前带“★”的是土话分布比较集中的乡镇。

表1 资全灌三县的土话分布情况

县	乡 镇	备 注
资源	梅溪，瓜里，★延东，★城关	分布在县境中部和北部（与湖南新宁、城步接壤）地区，该地区原属全州县。使用人口约占全县三分之一。城关镇是从延东乡分出的，因此资源县的土话常常被称做“延东土话”或“延东话”。延东、城关的土话内部大同小异，梅溪、瓜里的土话面貌不详。
全州	★文桥，★庙头，黄沙河，★永岁，★枧塘，白宝，石塘，朝南，两河，全州（城关）	分布在县境东北部（与湖南东安接壤）和东部（与湖南永州市、双牌、道县接壤）地区。使用人口约占全县四分之一。最集中的是东北部的文桥、庙头二乡，文桥、庙头的土话与本县其他地方的土话差异很大，无法通话。文桥、庙头以外的土话比较接近，其中永岁土话较为特殊。白宝、石塘、朝南、两河等乡镇只有少数村有土话，全州镇只有个别村有土话。

续表

县	乡镇	备注
灌阳	★观音阁，★洞井	分布在县境西南角（与广西恭城接壤）。使用人口约占全县5%。洞井乡是1984年从观音阁乡分出的，因此灌阳县的土话常常被称做“观音阁土话”。观音阁乡绝大部分村说土话。洞井乡位于平原地区的洞井、太和、石家寨、桂平岩、椅山5个村和野猪殿村的部分自然村说土话，共约4000多人。观音阁乡说土话的人数比洞井乡多。观音阁土话和洞井土话之间大同小异。

资全灌三县使用土话的人口总计约有20万左右。土话在资源县占很重要的地位，无论是分布地区占全县总面积的比例，还是使用人数占全县总人口的比例，在资全灌三县中都是最高的。在全州县，土话集中分布在偏远的东北角，此外比较零散地分布在东部边缘地区。在灌阳县，土话只蜷缩在西南一隅。在资源县城里，土话和官话并用，一般非正式场合说土话，正式场合说官话。全州和灌阳县城不说土话。

值得指出的是，桂北土话的分布区域，除了资全灌三县以外，目前已发现的还有兴安县南部的高尚乡，使用人口约2.5万（林亦，2004）；恭城瑶族自治县北部的栗木镇（包括原属栗木镇今划归龙虎乡的岭尾、实乐两个自然村），使用人口约1.85万（关英伟，2005）。这两个地方都与灌阳县的土话区相邻。

1.3 其他非官话方言

晓锦话：分布在资源县延东乡晓锦村和同禾村的上梁自然村，共2000多人。晓锦话与延东土话之间差异并不太大（互相可以通话），但当地人一致把晓锦话单列为一种与当地土话不同的方言。晓锦话的性质尚待进一步调查。

新化话：分布在资源县的许多乡镇，不限于某地。据说是湖南新化移民所带来的方言。（湖南新化方言属于湘语娄邵片）

新方话：也叫“新化话”、“保庆话”，分布在灌阳县西山、洞井、观音阁等乡，在洞井乡分布在保良村的部分自然村和小河江村的部分自然村。据说是湖南新化、溆浦等地移民所带来的方言，很可能与资源县的“新化话”属于同一种方言。“新方话”的名称也许与“新化”有关。

鲁塘话：也叫“四村话”，分布在灌阳县洞井乡保良村的鲁塘等四个（也有人说是五六个）自然村，约四五百人。当地说土话的人能够听懂部分鲁塘话。

1.4 语言生活

在资全灌地区，土话是地域性方言，官话既是某些地方的地域性方言，又是整个地区的地区性共同语。土话等非官话方言只限于本方言内部使用，对外场合需要使用本地官话。因此，现在以非官话为母语的人，大多数都会说当地的官话。有的人由于家庭环境、工作需要等原因，还会说本地的其他非官话方言，例如资源县延东乡的发音人除了会说延东土话和资源官话外，还会说晓锦话、新化话、苗话。但以官话为母语的人，一般都不会说土话。

但是，在土话区，有些老年人不会说官话。例如灌阳县洞井乡石家寨村，50岁以上的妇女一般都说不好官话，该村发音人的母亲（80多岁）只会说一点简单的官话。这似乎表明官话在当地尚未百分之百地普及（这与湘西乡话区的情况有所不同），或许也可以看做官话进入土话区的时间还不是很长。

在另一方面，土话区的年轻人正在逐渐放弃土话。例如全州县枧塘乡德桥村，三十年前全村都会说土话，现在很多年轻人（约占全村总人口的20%）已经不会说土话了，在家里，老年人之间一般说土话，但年轻人之间、老年人与年轻人之间则一般只说官话，不说土话。年轻人不愿意学习和使用土话。可以预料，资全灌地区的土话将会逐渐走向消亡，而被当地的强势方言——官话完全取代。

二、语言特点

2.1 调查点

本次调查的地点及其发音人为：

资源县延东乡莲花庵村，赵勋汉，男，1944年生。

全州县枧塘乡德桥村，陈水生，男，1947年生。

灌阳县洞井乡石家寨村，包雯钦，男，1942年生。

从这三个地点的情况来看，资源土话最为特殊，全州土话次之，灌阳土话变化最快，受外界方言影响最大。其中，资源、全州二县土话具有很多共性，灌阳土话与资源、全州土话之间差异很大。（灌阳土话与其相邻的恭城北部的栗木土话之间也存在很大差异，互相不能通话。）

下文根据这三个点的材料介绍资全灌土话的一些主要特点。为了叙述方便，各土话点名直接以县名代表。

2.2 语音特点

2.2.1 声母的特点

（1）古全浊声母

资源、全州读浊音，例如资源：皮 bi^{224} ｜柱 $dʒʮ^{243}$ ｜大 da^{214} ｜毒 $dəɯ^{22}$。灌阳已全部清化，逢塞音塞擦音不论声调都读送气清音，例如：皮 $p^hᴇ^{22}$ ｜柱 t^hiu^{44} ｜大 t^ha^{41} ｜毒 $t^hᴇ^{41}$。值得注意的是，兴安高尚土话和恭城栗木土话均为平声保留浊音，仄声清化，逢塞音塞擦音读不送气清音（林亦，2004；关英伟，2005）；阳朔白沙平话全部清化，逢塞音塞擦音不论声调都读不送气清音（笔者调查）。

（2）非组

各地都有较大一批字读重唇［p］组声母，例如资源：飞 pai^{44} ｜蜂 $p^hãŋ^{44}$ ｜饭 $bẽ^{214}$ ｜蚊 $mãŋ^{224}$。相比之下，资源读重唇的字数较多，全州、灌阳略少。不过，全州枧塘“饭”字虽然读［$ɣyn^{214}$］，但该县文桥、庙头、永岁等地仍读重唇。

（3）知组

各地都有较大一批字读舌头［t］组声母，例如灌阳：猪 tiu^{53} ｜竹 $tiɒ^{35}$ ｜柱 t^hiu^{44} ｜长形容词 $t^hioŋ^{22}$。但没有发现彻母读［t^h］声母的例字，也没有发现精、庄、章、见组读［t］组声母的现象。

（4）帮端母

资源帮端母字读为不太明显的先喉浊塞音［ʔb ʔd］声母（本文仍处理为［p t］），全州、灌阳没有这种读音，但灌阳帮母字中“搬半”二字读做鼻音［m］声母：搬 muo^{53} ｜半 muo^{213}。

（5）知庄章组

除了知组部分字读做［t］组声母外，其余字灌阳一律读做舌尖后［tʂ］组声母，资源、全州读做［ts］［tʃ］［tɕ］等组声母，没有［tʂ］组声母。灌阳日母字读［n］或零声母，并不读相应的舌尖后声母。此外，灌阳县与洞井乡接壤的观音阁乡读舌叶音声母，不读舌尖后声母。

（6）见系

在细音前，灌阳读舌面中［c］组声母，资源、全州读［tɕ］组声母。见系开口二等字多数已读做细音类。例如灌阳：几 ci^{44} ｜局 c^hy^{41} ｜硬 $ɲia^{41}$ ｜雄 $çioŋ^{22}$ ｜嫁 cia^{213} ｜壳 c^hio^{35}。

（7）溪母

部分字读擦音声母［x］或［ɸ］，灌阳读擦音声母的字较少。例如全州：苦 xu^{334} ｜开 $xuɤɯ^{44}$ ｜口 $xɑɯ^{334}$。

（8）泥来母

灌阳泥［n］、来［l］相分。资源古阳声韵字泥来母相混，都读［n］（在细音前个别字读［ȵ］）；在其他场合泥［n］、来［l］相分。全州泥来母相混，古阳声韵字都读［n］，在其他场合［n］~［l］自由变读。例如全州：南＝蓝 $nõ^{223}$ ｜老 no^{53}~lo^{53}。

（9）尖团

资源、全州尖团不分。灌阳尖团相分，精组细音读［ts］组声母，见组细音读［c］组声母，但本县观音阁乡尖团不分。例如灌阳：酒 $tsiɒ^{44}$ ≠九 $ciɒ^{44}$ ｜清 ts^hin^{53} ≠轻 c^hin^{53} ｜想 $sioŋ^{44}$ ≠响 $çioŋ^{44}$。

2.2.2　韵母的特点

（1）入声韵

没有塞音韵尾。古入声韵字大部分合入阴声韵，还有部分独自成韵。例如全州：八 $piᴇ^{53}$ ｜色 sai^{53} ｜白 ba^{231} ｜药 io^{231}。

（2）阳声韵

全州读鼻尾韵或鼻化韵，未合入阴声韵。资源、灌阳咸山梗摄均有部分字合入阴声韵。全州、灌阳有［n ŋ］两个鼻尾，资源只有［ŋ］韵。就鼻化韵的情况来说，灌阳只有［ɑ̃ŋ］组韵母的元音带鼻化，全州有［ã］［õ］［ɔ̃］三组鼻化韵和［ĩ］韵。资源所有未合入阴声韵的字都读为鼻化韵或元音鼻化的［ŋ］尾韵，资源韵母的鼻化色彩非常突出。例如资源：三咸 sõŋ^{44} ｜心深 ɕi ĩ^{44} ｜官山 kuɛ̃^{44} ｜寸臻 tsʰãŋ^{35} ｜帮宕 pãŋ^{44} ｜双江 sõŋ^{44} ｜灯曾 tãŋ^{44} ｜城梗 zɛ̃^{22} ｜洞通 dõŋ^{214} ｜蓝咸 no^{224} ｜山山 sɤ^{44} ｜井梗 tɕio^{22}。

（3）鱼虞韵

资源、全州有鱼虞相分的现象，其中资源更为突出。灌阳看不出鱼虞相分。例如资源：猪 tai^{44} ｜鼠 so^{0} ｜锯 tʃɿ^{35} ｜去 xɑɯ^{35} ｜鱼 uɛi^{224}（以上鱼韵）｜主 tʃʮ^{53} ｜雨 u^{53}（以上虞韵）。

（4）豪肴韵

三县都有豪肴相分的现象，其中全州、灌阳肴韵字读齐齿呼韵母，比较特殊。例如灌阳：宝 pu^{44} ｜早 tsɿ^{44} ｜高 ku^{53}（以上豪韵）｜饱 piɒ^{44} ｜罩 tʂuo^{213} ｜交 cio^{53}（以上肴韵）。

（5）通摄一三等

三县通摄一三等的元音都相分，一等读［aŋ ãŋ］韵，三等读［oŋ õŋ õ］韵及相应的齐齿呼韵母。例如全州：东 taŋ^{44} ｜痛 tʰaŋ^{214} ｜粽 tsaŋ^{214}（以上一等）｜中 tsõ^{44} ｜龙 nõ^{223} ｜共 gõ^{214}（以上三等）。

（6）宕江摄和通摄

三县宕江摄的元音都读圆唇元音［o ɔ］，通摄一等的元音都读低元音［a ɑ］，与官话方言相反。例如灌阳：糖宕 tʰoŋ^{22} ｜讲江 cioŋ^{44} ｜铜通 tʰãŋ^{22}。

2.2.3 声调的特点

表 2 资全灌土话的单字调

	清平	浊平	清上	次浊上	全浊上	清去	浊去	清入	浊入
资源 7	阴平 44	阳平 224 = 阴上少	阴上 22	次阳上 53	全阳上 243	阴去 35	阳去 214	= 次阳上 = 阴上少	= 阴上
全州 7	阴平 44	阳平 223 = 阴上少	阴上 334	次阳上 53	全阳上 243 = 去声少	去声 214	= 去声	= 次阳上	阳入 231
灌阳 6	阴平 53	阳平 22	上声 44	= 上声	= 上声	阴去 213	阳去 41	阴入 35	= 阳去

注：资源延东乡石溪村土话清上读阴上［323］，浊入读阳入［22］，比莲花庵村土话多出一个阳入调，为 8 个调。

（1）资源、全州二地调类和调值系统比较接近，灌阳与资源、全州差异很大。

（2）浊平

在资源、全州，浊平中都有一部分字归阴上，看不出规律。例如资源浊平读阴上的字：余祠肥严林颜连莲传动权铅民防城零横荣红娘脓虫又雄，其中“颜连雄”等字似乎是官话音，但浊平归阴上是否官话影响所致尚不清楚。灌阳没有看到明显的浊平归阴上现象。

（3）上声

资源、全州上声按声母清、次浊、全浊三分，这是当地土话的突出特点。例如资源：纸 tsɿ^{22} ｜米 mi^{53} ｜坐 zo^{243}。全州的全浊上中还有少数字读去声，例如“罪后柿弟舅”等，但看不出规律，也许与官话“全浊上归去”的演变规律有关。灌阳古上声字今全读上声。

（4）去声

全州不分阴阳去，资源、灌阳分阴阳去。

（5）入声

入声已失去塞音韵尾和短促调的特征，例如灌阳：北 pɛ^{35} ｜雪 suᴇ^{35} ｜白 pʰa^{41} ｜六 liɒ^{41}。长调化之后，有的仍独立成调，有的合入调值相近的舒声调。目前正处于这种合并过程之中，例如资源县延东乡石溪村浊入仍独立成调，但莲花庵村已与清上合并了。

入声曾分为阴阳两类，但各地都有少量清入字读如浊入、浊入字读如清入的现象。资源清入字读阴上的字数相对较多，这实际上是清入字读如浊入的现象，因为该方言浊入字合入阴上。

2.3 语法特点

2.3.1 人称代词

资全灌人称代词系统见表 3，圆括号“（ ）”表示里面的成分可有可无，浪号“~”表示又读，调值为连读调。

表 3　资全灌土话的人称代词

	我	你	他	我们	你们	他们
资源	doŋ^{22}（ə^{44}）	xᴇn^{22}（ə^{44}）	dʒʅ^{22}（ə^{44}）	da^{22}ti^{53}	xᴇn^{22}ti^{53}	dʒʅ^{22}ti^{53}
全州	xõ^{53}	xai^{214}	xi^{214}	xõ^{53}tsõ^{0}~xã^{53}tsõ^{0}	xai^{21}tsõ^{53}	xi^{21}tsõ^{53}
灌阳	ŋa^{44}	nuo^{44}	tsuo^{44}	ãŋ^{53}~a^{53}	nᴇn^{53}	tsãŋ^{53}~tsa^{53}

注：没有相当于“咱们”的包括式。

从本字的角度来看，资源第三人称中的［dʒʅ^{22}］可能来源于“渠”字（也可以看做是“其”字），灌阳第一人称单数［ŋa^{44}］应为“我”字。其余形式的本字都难以确定。

从复数构成方式来看，资源、全州分别加词尾［ti^{53}］、［tsõ^{53}］。灌阳则以在单数形式上加鼻音韵尾为基本手段，其中第一、三人称复数中的［a^{53}］、［tsa^{53}］应是鼻尾韵音节［ãŋ^{53}］、［tsãŋ^{53}］的弱化形式。灌阳的复数形式可能属于内部曲折形态变化，但也可能是合音的结果。

2.3.2　名词后缀和小称词尾

表 4　资全灌土话的名词后缀和小称词尾

	名词后缀	例 词	小称词尾	例 词
资源	ə^{0}	叶～，狗～，猪～，桌～	tsai^{0}	刀～，凳～，鸟～，猫～
全州	i^{0}~ĩ^{0}	叶～，棍～，梳～，桌～	tsai^{0}tsai^{0}	刀～，猫～
	tsai^{0}	刀～，猫～，老鼠～，女婿～		
灌阳	ti^{0}	叶～，棍～，瓶～，嫂～	tsɛ^{0}	刀～，猪～，鸡～，孙～
	tsɛ^{0}	舅～舅舅，姑～姑姑，哥～	tsɛ^{0}tsɛ^{0}	猪～，鸡～

全州名词词尾主要用［i^{0}~ĩ^{0}］，其中［ĩ^{0}］是［i^{0}］在鼻尾韵或鼻化韵后面的条件变体。灌阳名词词尾主要用［ti^{0}］。资源［ə^{0}］、全州［i^{0}~ĩ^{0}］、灌阳［ti^{0}］本字不详，但都是弱化形式，也许有共同来源。其余的［tsai^{0}］、［tsɛ^{0}］可认为是“崽”字（通常写做“仔”）。

“仔”的功能在土话中似乎不太明确。但实际上很难把小称词尾从名词后缀中截然分出，某些一般的名词后缀在一定程度上可能也有指小功能。这大概正是全州、灌阳在表示小称（指小表爱）时，要特意重叠“仔”的原因。

2.3.3 “个”、“这”、“的”

表 5 资全灌土话的“个”、“这”、“的”

	个	这	的
资源	uo^{35}	kuo^{44}	uo^{44}
全州	ɔ^{214}~kɔ^{214}	a^{214}~dai^{214}	lio^{0}~nio^{0}
灌阳	kuo^{213}	kuo^{213}	ka^{0}

资源、灌阳的量词“个”、近指代词“这”、助词“的”均来自“个”。全州除了量词用“个”以外，“这”、“的”来源不明。注意在资源、全州，“个”字有声母脱落现象。

2.3.4 否定词

表 6 资全灌土话的否定词

	副词		动词
	不~是	未~去过北京	无~钱
资源	唔［ŋ^{44}］	没有［mai^{22}iᴇ^{44}］	没有［mai^{22}iᴇ^{44}］
全州	□［õ^{223}］	没有［ma^{53}iɯ^{223}］ 没［ma^{53}］	没有［ma^{53}iɯ^{223}］ 没［ma^{53}］
灌阳	有［mɒ^{44}］ □［oŋ^{22}］	有［mɒ^{44}］	有得［mɒ^{44}tɛ^{0}］

资源、全州的否定词分类与北京话相同，即“不”—“未、无”二分。灌阳“不”义主要说“有”［mɒ^{44}］，与“未”义同形，属于“不、未”—“无”二分，实际上表示“无”义的“有得”［mɒ^{44}tɛ^{0}］也以“有”做否定语素，因此在一定意义上可以说是“不、未、无”三位一体。值得注意的是，类似灌阳的现象也见于附近的阳朔方言，阳朔的否定词为：柳$^{=}$不［liou^{21}］，柳$^{=}$未［liou^{21}］，柳$^{=}$得无［liou^{21}tɑ^{35}］。

在资源，有一个来历不明的否定词“□”［nai^{0}］，只用于表可能的动词后面，例如（其中“□”［ə^{0}］是表可能的动词后缀，也可理解为“得”）：

晓□□［çiəɯ^{22}ə^{0}nai^{-44}］：不晓得

认□□［nin$^{14-243}$ə^{0}nai^{0}］：不认得

□□□［iᴇ^{22}ə^{0}nai^{-22}］：吃不得

□□饱［iᴇ^{22}nai^{-44}po^{22}］：吃不饱

□□下［iᴇ^{22}nai^{-44}a^{52}］：吃不下

打□赢［ta^{22}nai^{-44}ȵio^{224}］：打不过

全州与此相应的形式是“□”［mai^{0}］（在表示“不晓得、不认得、吃不得”时为单音节动词直接加“□”［mai^{0}］），应是“没”［ma^{53}］加表可能的动词后缀［i^{0}］的合音。灌阳的形式和结构无特殊之处。

2.3.5 进行体的语序

	他吃着饭呢
资源	渠他□吃倒着饭（在）dʒʅ^{22}iᴇ^{22}təɯ^{44}bᴇn^{14}（diᴇ^{22}）
全州	□他□吃倒着饭□ xi^{214}iɯ^{231}to^{334}ɣyn^{214}lai^{214}
灌阳	□他□吃该$^{=}$着饭在黑$^{=}$了 tsuo^{44}i^{41}ciᴇ^{0}p^{h}an^{41}ts^{h}iᴇ^{44}xɛ^{0}

值得注意的是，资源、灌阳的“在”都放在动词短语的后面，在同样的位置，全州不用“在”［di^{243}］，但有个“□”［lai^{214}］，性质不明。仅就资源、灌阳的用法而言，这种语序是颇有特色的。

此外，灌阳的进行体助词“该$^{=}$”［ciᴇ^{0}］来源不明，也比较特别，又如以下例句：

门开该$^{=}$□［ti^{0}］门开着呢

□［nuo^{44}］坐该$^{=}$你坐着

路上停该$^{=}$一架车路上停着一辆车

手里拿该$^{=}$一把刀手里拿着一把刀

三、余言

资全灌位于桂北广西、湖南交界地区，汉、苗、瑶等民族杂处，多种语言、方言共存，语言、方言接触和交融现象十分普遍。土话是资全灌地区最引人注目的语言现象，它一方面具有很强的存古性，另一方面由于身处复杂多变的语言环境中，土话自身也发生了许多独特的变化，具有其他地区方言所缺少的特色。因而，桂北土话对于汉语历史、语言接触和语言变化的研究都具有非常重要的价值。可以说桂北地区是汉语方言研究的一块宝地。

由于土话目前在当地处于明显的弱势地位，发生剧变并走向消亡是它的必然归宿，从这个意义上说，对土话的传统面貌进行抢救性的调查记录，已经成为一项刻不容缓的工作。

笔者认为，开展桂北土话研究，首先需要对该地区土话的地理分布、使用人口、各地土话间的异同关系进行全面的普查，并确定“小土话”（土话的下位方言）的种类，在每一种“小土话”里选择一个地点进行比较全面深入的调查，进而再对这些“小土话”作共时的比较，在此基础上，可以对土话进行历史比较研究和相关的理论研究。

:: 参考文献 ::

关英伟（2005）广西恭城直话音系，《方言》第3期。

林　亦（2004）高尚土话系属初探，桂北平话及周边方言学术研讨会论文，南宁。

林　亦、糜思军（2002）从方言比较看文桥土话的复杂性，湘南土话及周边方言国际学术研讨会论文，长沙。

张桂权（2002）资源全州土话初探，《桂林师范高等专科学校学报》第4期。

———（2004）资源延东土话的否定副词对句法结构的影响，桂北平话及周边方言学术研讨会论文，南宁。

赵敏兰（2004）桂北全州土话和标敏瑶语的初步比较，桂北平话及周边方言学术研讨会论文，南宁。

原载《方言》2006年第1期

方言语法

金华汤溪方言的词法特点*

一、前言

1.1 汤溪位于浙江省中部偏西，原是一个县，1958年并入金华县，改为汤溪区。原金华县话以金华城里话为代表，分布在现金华县东部、中部占全县面积四分之三以上的地区，汤溪话以原汤溪县城汤溪镇话为代表，分布在西部紧靠龙游县一带南北50公里、东西10公里的地区。二者之间，特别是语音方面，差别较大。

本文记录的是金华县汤溪区中戴乡岩下村（位于县城西南30公里）的方言，发音人为作者本人和村中老乡。岩下村方言与周围村庄以及旧县城汤溪镇的话基本相同，但也有一些差异。

1.2 本文标记符号说明

（1）一律用数字表示调值。本调调值写在连字号“-”前，变调调值写在连

---

* 本文是作者硕士学位论文《金华（岩下）方言》（山东大学，1985年）中的一部分。在写作过程中，得到导师钱曾怡先生的悉心指导，谨此衷心致谢。

字号后，未明是本调还是变调的调值也写在连字号后。

（2）语流中由变调或儿化引起的声韵母变化用连字号表示，如：茶叶 dz-tso$^{11-33}$ie$^{113-24}$，盒儿 ɤ-ɯŋ^{113}。

（3）又读音除了在声韵母表中加以说明外，文中标音时一般只标出常用的一读。

（4）同音字在右上角用小等号“⁼”表示。无本字或无适当同音字可写的用□表示。举例中出现原词用～表示。

（5）合音字在原来那两个字的外面加“[ ]”表示。本文所用的合音字有：[弗要]fi^{52}（不要、别），[我尔]ɑŋ^{113}、又读 ɑoŋ^{113}（咱们）。

（6）训读字外加“〈 〉”表示。本文所用的训读字有：〈这〉gə^{113}，〈那〉gɑo^{11}，又读 gɔ^{11}、gu^{11}。

（7）文中较常用的几个特殊方言词有：尔你 ŋ^{113}，渠他 gɯ^{11}，个的 kə$^{-24}$ 阴上阳上后、gə$^{-2}$ 其他调后，农人 nɑo^{11}，吓农很 ha^{44}nɑo$^{11-2}$，弗不 fɛ^{44}，忒太 tʰɛ^{44}，罢了 bɑ^{113}。

1.3 声韵调

（1）声母：28 个。

p 标	pʰ 偏	b 瓢	m 边棉蚊		f 分丰婚又	v 坟文
t 朵	tʰ 妥	d 断断绝	n 短暖使热	l 了		
ts 祭置志	tsʰ 砌撑衬	dz 治			s 细晒始	z 谢事侍
tɕ 竹祝菊	tɕʰ 畜触曲	dʑ 轴镯局	ȵ 捏肉玉		ɕ 叔旭	ʑ 弱熟
k 工	kʰ 空	g 狂			h 烘翻又	ɦ 烦又红
ø 讴椅护芋母儿						

说明：

a. 古帮、端二母鼻尾韵字分别读 m、n 母（n 拼齐齿呼时又读 ȵ），声调仍为阴调不变。如：帮 mɑo^{24}，端 nɤ^{24}。

b. 来自非、敷、奉、微四母的 f、v 在 u、o 韵前又读 h、ɦ（同时 o 韵也变为 uo 韵），但仍以读 f、v 为常，如：斧 fu^{534}~hu^{534}，烦 vo^{11}~ɦuo^{11}。来自晓母的 h 在所有合口呼前又读f（韵母除u外都丢掉u介音变为开口呼），但仍以读h为常，如：灰 huɛ^{24}~fɛ^{24}，婚 huai^{24}~fai^{24}。ɦ 母没有字可又读 v。

（2）韵母：50个，其中象声词和感叹词专用韵5个，文读专用韵4个。

ɿ 紫纸	i 医飞闭	u 古初吴富雾	y（i）书雨跪
ɯ 锯狗	ie 洗尖选叶浙		yu 㖞唤鸡声只～顾：只管
ɛ 盖妹夺佛北	iɛ 十实织	uɛ 块国	
a 争摘	ia 借贴铁	ua 横划计～	
ɑ 拖洒街	iɑ（yɑ）蛇帅	uɑ 怪快	
ɔ 屋六绿	iɔ（yɔ）竹浴		
o 爬毯炭烫剥		uo 架官缸江鸭	yo 张脚桌
ɤ 多男汗枪割	iɤ（yɤ）远血	uɤ 鹅过	
ə 刀包	iə 妖叫		
ei 心新星立七	iei 音因英极激	uei 位屈弯曲	yei（iei）军匀
ai 根嫩能	iai 针真蒸贞	uai 困温	yai（iai）春顺
ɑo 帮皇棒通风	iɑo 装撞用		
əɯ 走酒	iəɯ 九优		
m 无有～母			
ŋ 儿五			
eŋ 玎金属物撞击声			
oŋ 咚鼓声		uŋ 喏表指示叹词	
ɑoŋ［我尔］咱们，又	iɑoŋ 喵猫叫声	uɑoŋ 汪狗叫声	
ɑŋ 般帮	iɑŋ 江样	uɑŋ 关光	yɑŋ 装壮

说明：

a. 在白读里，中古鼻尾韵全部失去鼻音尾，塞音尾韵全部失去塞音尾，如：平 bei^{11}，德 tɛ^{44}。

b. ŋ 的舌面与上腭接触很轻，舌位在 ɲ，韵尾 ŋ 的发音部位同此，不过音值更为轻弱模糊。

c. eŋ、oŋ、uŋ、iɑoŋ、uɑoŋ 是口语里象声词或感叹词专用的韵母，所管字极少。ɑoŋ 韵除了合音字“［我尔］”外也只有个别象声词。

d. ɑŋ、iɑŋ、uɑŋ、yɑŋ 四韵，除了个别合音字和象声词外，都是文读音。

e. 括号外的韵母可又读为括号里的韵母，例如：书 ɕy[24]~ɕi[24]，远 iɤ[113]~yɤ[113]，但括号里的 i、iei、iai 三韵不是全部字都可又读为 y、yei、yai，而只限于遇止摄合口三等、臻摄合口三等字。

（3）声调：7 个。

阴平 24	东西三天	阳平 11	南田头农
阴上 534	九水火手	阳上 113	稻坐两五，十白六麦
阴去 52	四菜线秤	阳去 231	地面饭望
阴入 44	北七八屋		

说明：阳入跟阳上在单字调里合为一类，但在部分字组的变调、儿化音变里仍然分开。

1.4 变调

汤溪话的变调十分复杂，这里介绍一下两字组的连读变调。在汤溪话里，两字组的连读变调是三字组、四字组等多字组连读变调的基础，许多结构变调（如述宾式、数量式、量叠式、动叠式、动代式、动趋式、方位式、动结式、主谓式等等）和儿化变调也与两字组的连读变调有密切的关系。可以说，两字组的连读变调是各种变调的关键。

表 1 是两字组的连读变调表。这里为了讨论方便，把阳上和阳入分作两调处理。

从表 1 中可以清楚地看到，汤溪话连调有如下规律：

（1）八个单字调有六十四种组合，变调后只有二十种调式。

（2）总的来说，平声和去声连调行为相近，上声和入声相近；阴调内部各调连调行为相近，阳调内部相近。

（3）作为前字，阴上、阴入变如阴去，但阴入有些例外；在上声、入声前，阴平、阴去和阳平成一类，一律变新的调 33，阳去、阳入和阳上成一类，一律变如阳平，但在平声、去声前不太整齐。

表 1　两字组连读变调表

后字 / 前字	阴去 52		阴平 24		阳平 11		阳去 231		阴上 534		阴入 44		阳入 113		阳上 113	
阴上 534	写 sia	52 信 sei	52 比 pi	方 fɑo	52 草 tsʰə	11 鞋 ɑ	52 本 mai	231 事 zɿ	52 火 huɤ	534 腿 tʰɛ	52 打 na	44 铁 tʰia	手 ɕiəɯ	52 镯 dʑyo	113 水 ɕyei	桶 dɑo
阴入 44	客 kʰa	气 tɕʰi	浙 tɕie	44 江 k-guo	2 出 tɕʰiɤ	门 mai	吃 tɕʰiei	饭 vo	结 tɕie	果 kuɤ	节 tsia	约 yo	毕 pei	业 ȵie	割 kɤ	稻 də
阴平 24	相 sɤ	信 s-ze	先 sie	24 生 s-za	2 耕 ka	田 die	开 kʰɛ	会 uɛ	33 天 tʰie	534 井 tsei	33 中 tɕiɑo	44 国 kuɛ	33 生 sa	24 日 ȵiei	33 轻 tɕʰiei	113 重 dʑiɑo
阴去 52	做 tsɤ	33 戏 ɕi	52 汽 tɕʰi	车 tsʰɑ	过 kuɤ	年 ȵie	性 sei	命 mei	要 iə	紧 tɕiei	货 huɤ	色 sɛ	做 tsɤ	贼 z-sɛ	送 sɑo	礼 li
阳平 11	脾 bi	气 tɕʰi	良 lɤ	113 心 sei	4 农 nɑo	民 mei	长 dʑyo	寿 ʑ-ɕiəɯ	门 mai	口 kʰɯ	颜 uo	色 sɛ	粮 lɤ	食 ʑ-ɕiɛ	牛 ȵiəɯ	奶 nɑ
阳去 231	饭 vo	11 票 pʰie	52 地 di	方 fɑo	弄 lɑo	堂 d-to	大 dɤ	路 lu	11 饭 vo	534 碗 uo	11 办 bo	44 法 fo	事 zɿ	11 实 ʑiɛ	113 味 vi	道 də
阳入 113	力 lei	气 tɕʰi	石 za / 白 ba	灰 huɛ / 山 so	石 za	头 d-təɯ	11 月 ȵiɤ	231 亮 lɤ	局 dʑiɔ	长 tɕyo	蜡 lo	烛 tɕiɔ	独 dɔ	立 lei	十 ʑiɛ	五 ŋ
阳上 113	眼 uo	镜 tɕiei	下 uo	风 fɑo	11 后 əɯ	11 门 mai	里 li	面 mie	耳 ŋ	朵 tɤ	犯 vo	法 fo	老 lə	实 ʑiɛ	道 də	理 li

（4）作为后字，上声、入声不变调，但阳入有例外；阴去大都不变，阴平大都变阴去；阳平、阳去在上声、入声后大都不变，在平声、去声后大都变新的调 2 或 4。2、4 都较轻弱，且微降，像是 21、43，可以说，汤溪话后字变调主要是轻声化。

（5）阳上、阳入单字调不分，变调也大都不分，例如：软饼＝月饼 ȵiɤ$^{113-11}$ mei^{534}，大岭＝大力 dɤ$^{231-11}$lei^{113}。但在平声前，阳入大都不变调，阳上变如阳平；在平声、阴去后，阳上不变调，阳入则变如阴平，二者存在对立，例如：件头衣服的件数 dʑie$^{113-11}$dəɯ^{11} ≠舌头 dʑie^{113}d-təɯ$^{11-4}$，新瓦 sei$^{24-33}$uo^{113} ≠新镬新锅 sei$^{24-33}$ uo$^{113-24}$。

（6）阳平、阴去作为前字的两字组中，各有一小部分字组前后两字都不变调，这些字组一般是比较书面化的新词，例如：文科、无能、民主、条件、同意、提问、民国、传达、化工、证明、政府、制造、布告、信号、庆祝、化学。但是有些新词也参加变调，如：农场、唱片。

（7）变调中由于声调的阴阳合流，引起了声母的清浊转换：凡是阳调字变为 33、24、52、4 的，全浊声母要转变为相应的全清声母，例如：平服 b-pei$^{11-33}$ v-fɔ$^{113-24}$，外婆 ɑ$^{231-113}$b-pɤ$^{11-4}$；凡是阴调字变为 2 的，全清声母要转变为相应的全浊声母，但次清声母仍读清音不变，例如：东风 nɑo^{24}f-vɑo$^{24-2}$，山东 so^{24}nɑo$^{24-2}$。

1.5 儿化音变

汤溪话儿化的语音变化，牵涉到韵母和声调两个方面。

韵母方面：除了 yu、m、ŋ、eŋ、oŋ、uŋ、ɑoŋ、iɑoŋ、uɑoŋ、ɑŋ、iɑŋ、uɑŋ、yɑŋ 等韵没有儿化例词外，其他韵母都在韵尾处加上一个轻弱模糊的鼻音 ŋ（“儿”单念 ŋ^{11}）。加 ŋ 后大部分韵母产生了变化，由 37 个合并成 26 个（不计又读），其中 eŋ、oŋ、uŋ、ɑoŋ、iɑoŋ、uɑoŋ、ɑŋ、iɑŋ、uɑŋ 九韵跟基本韵母中的象声词、感叹词、文读专用韵相同。汤溪话基本韵与儿化韵的关系如下：

基本韵→儿化韵	基本韵→儿化韵	基本韵→儿化韵	基本韵→儿化韵
ɿ → ɿŋ	i、ie → iŋ	u、o、uo → uŋ	y → yŋ
ɯ、ɤ → ɯŋ	iɤ（yɤ）→ iɯŋ（yɯŋ）	uɤ → uɯŋ	yo → yuŋ
ɛ、ei → eŋ	iɛ、iei → ieŋ	uɛ、uei → ueŋ	yei → yeŋ
a → ɑŋ	ia → iɑŋ	ua → uɑŋ	
ɔ → oŋ	iɔ（yɔ）→ ioŋ（yoŋ）		
ə、əɯ → əŋ	iə、iəɯ → iəŋ		
ai → aiŋ	iai → iaiŋ	uai → uaiŋ	yai → yaiŋ
ɑ、ɑo → ɑoŋ	iɑ（yɑ）→ iɑoŋ（yɑoŋ）	uɑ → uɑoŋ	
	iɑo → iɑoŋ		

单音节重叠后的儿化，如“嫂嫂儿”、“甜蜜蜜儿”，除了“儿”字前一音节要发生儿化音变外，再前一音节韵母的元音一般也有同样的变化，但大多数情况下不加 ŋ 尾，对此音节韵母的变化本文一律不标，如：嫂嫂儿 sə$^{534-52}$sə-əŋ$^{534-52}$，甜蜜蜜儿 d-tie$^{11-33}$mei$^{113-11}$mei-eŋ^{113}。

声调方面：有的要变调，有的不变调。单音节词儿化的变调规律如下（阳上跟阳入分开）：

阴平	24	不变	阳平	11	变	113
阴入	44	不变	阴上	534	变	52
阳入	113	不变	阳上	113	变	231
			阴去	52	变	534
			阳去	231	变	113

儿化词举例：小猪儿 sia$^{52-33}$tsɿ-ɿŋ^{24}，锣鼓儿 lɤ$^{11-33}$ku-uŋ$^{534-52}$，盖儿 kɛ-eŋ$^{52-534}$，柏儿 pa-ɑŋ^{44}，小蛇儿 sia$^{52-33}$ʑiɑ-ɕiɑoŋ$^{11-24}$，歌儿 kuɤ-uɯŋ^{24}，舅舅儿 dʑiəɯ$^{113-11}$dʑiəɯ-iəŋ$^{113-231}$。

二、词缀

汤溪话的词缀主要有：前缀“老、第、初”，后缀“儿、头、子、生”，以及生动形式形容词的一些多音后缀和单音中缀、后缀。其中“儿、头”最常用，

“子”很少用。“老、第、初”的用法跟普通话一样，生动形式形容词的词缀放在第三节里讲。这里介绍“儿、头、子、生”四个词缀。

2.1　儿

后缀“儿”的音变规律见上文“儿化音变”。

“儿”在绝大多数情况下跟普通话一样，主要是加在名词性以及少数动词性、形容词性的成分后构成名词，例如：

名＋儿：猫儿 mə-əŋ$^{11-113}$｜桃儿 də-əŋ$^{11-113}$｜小刀儿 sia$^{52-33}$tə-əŋ^{24}｜小凳儿 sia$^{52-33}$nai-aiŋ$^{52-534}$

动＋儿：盖儿 kɛ-eŋ$^{52-534}$｜叫儿哨子 tɕiə-iəŋ$^{52-534}$

形＋儿：尖儿 tsie-iŋ^{24}｜圆儿药片 iɤ-iɯŋ$^{11-113}$

“儿”的其他用法有：

（1）在一部分 ABB、AABB 式的形容词里，可作为形容词后缀（下文词缀中意义较虚的只注连读音）。如：冷冰冰 la$^{113-11}$mei^{24}mei$^{24-2}$→冷冰冰儿 la$^{113-11}$mei$^{24-33}$mei-eŋ^{24}，乌咚咚黑洞洞 u$^{24-33}$tɑo^{-24}dɑo^{-2}→乌咚咚儿黑油油 u$^{24-33}$tɑo^{-33}tɑoŋ$^{-24}$，清清楚楚 tsʰei$^{24-33}$tsʰei$^{24-33}$tsʰu$^{534-52}$tsʰu^{534}→清清楚楚儿 tsʰei$^{24-33}$tsʰei$^{24-33}$tsʰu$^{534-52}$ tsʰu-uŋ$^{534-52}$。这类词不儿化时含贬义或中性色彩（多含贬义色彩），儿化时则含褒义色彩，语气上也往往更为轻快，试比较：

冷冰冰：~个水吃落去要难过个。la$^{113-11}$mei^{24}mei$^{24-2}$gə$^{-2}$ɕyei^{534}tɕʰiei^{44}lo$^{113-2}$kʰəɯ$^{52-2}$iə^{52}no$^{11-113}$kuɤ$^{52-4}$gə$^{-2}$。

冷冰冰儿：天忒暖天太热，归去吃点儿~个茶再来做。tʰie^{24}tʰɛ^{44}nai^{113}，kuei^{24}kʰəɯ$^{52-2}$tɕʰiei^{44}ȵiɑŋ$^{-2}$la$^{113-11}$mei$^{24-33}$mei-eŋ^{24}gə$^{-2}$dzo^{11}tsɛ^{52}lɛ$^{11-33}$tsɤ^{52}。

又如（释义中“褒、贬”分别指含褒义色彩并轻快语气、贬义色彩，能从释义中直接看出属于哪种色彩的不注褒贬。下文同）：

浞淋淋湿淋淋 tɕʰyo$^{44-52}$lei$^{11-113}$lei$^{11-4}$	浞淋淋儿湿润，褒 tɕʰyo$^{44-52}$lei$^{11-33}$lei-eŋ$^{11-24}$
红呱呱红，贬 ɑo$^{11-33}$kua^{-24}gua^{-2}	红呱呱儿红扑扑 ɑo$^{11-33}$kua^{-52}kuɑŋ$^{-44}$
灰秃秃灰乎乎 huɛ$^{24-33}$tʰɔ$^{-52}$tʰɔ$^{-44}$	灰秃秃儿灰，褒 huɛ$^{24-33}$tʰɔ$^{-52}$tʰoŋ$^{-44}$
厚卜卜厚，贬 gɯ$^{113-11}$bɔ$^{-113}$pɔ$^{-4}$	厚卜卜儿厚，褒 gɯ$^{113-11}$bɔ$^{-11}$boŋ$^{-113}$

续表

薄休休薄，贬 bo$^{113-11}$ɕiəɯ$^{-24}$ʑiəɯ$^{-2}$	薄休休儿薄薄儿，褒 bo$^{113-11}$ɕiəɯ$^{-33}$ɕiəɯ-iəŋ$^{-24}$
狭流流窄，贬 uo$^{113-11}$ləɯ$^{-24}$ləɯ$^{-2}$	狭流流儿窄，褒 uo$^{113-11}$ləɯ$^{-33}$ləŋ$^{-24}$
暖暖和和热，指天气 nai$^{113-11}$nai$^{113-11}$uɤ$^{11-113}$uɤ$^{11-4}$	暖暖和和儿暖烘烘 nai$^{113-11}$nai$^{113-11}$uɤ$^{11-33}$uɤ-uɯŋ$^{11-24}$
宽宽慢慢慢悠悠 k^{h}uo$^{24-33}$k^{h}uo$^{24-33}$ mo$^{231-24}$mo$^{231-2}$	宽宽慢慢儿慢慢悠悠，褒 k^{h}uo$^{24-33}$k^{h}uo$^{24-33}$mo$^{231-11}$ mo-uŋ$^{231-113}$

（2）除了“好好儿好端端”以外，“儿”不能像普通话那样加在单音形容词的重叠式后构成“AA 儿”式形容词。但“儿”可以再行儿化成“儿儿”ȵiŋ$^{-24}$，加在单音形容词的重叠式后构成“AA 儿儿”式形容词（如：慢慢儿儿），意义和用途相当于普通话的“AA 儿”（如：慢慢儿）。例如：

做状语：慢慢儿儿吃，[弗要]急！慢慢儿吃，别急！mo$^{231-11}$mo$^{231-11}$ȵiŋ$^{-24}$tɕ^{h}iei^{44}，fi^{52}tɕiei^{44}！

好好儿儿走 hə$^{534-52}$hə$^{534-52}$ȵiŋ$^{-24}$tsəɯ^{534}

轻轻儿儿讲 tɕ^{h}iei$^{24-33}$tɕ^{h}iei$^{24-33}$ȵiŋ$^{-24}$kuo^{534}

做定语：舀点儿温温儿儿温和个水来。iə$^{113-11}$ȵiaŋ$^{-44}$uai$^{24-33}$uai$^{24-33}$ȵiŋ$^{-24}$gə$^{-2}$ɕyei$^{534-52}$lɛ$^{11-52}$。

做谓语：渠写起来个字小小儿儿小巧个。gɯ^{11}sia$^{534-22}$tɕ^{h}i$^{534-52}$lɛ$^{11-2}$gə$^{-2}$zɿ^{231} sia$^{52-33}$sia$^{52-33}$ȵiŋ$^{-24}$gə$^{-2}$。

（3）同普通话一样，“儿”还具有辨义、构词作用，就是具体例子有所不同：

婶妈妈 ɕiai^{534}	婶儿婶子 ɕiai-iaiŋ$^{534-52}$
囡女儿 na^{113}	囡儿女孩 na-ɑŋ$^{113-231}$
小手左手 sia$^{52-33}$ɕiəɯ^{534}	小手儿小的手 sia$^{52-33}$ɕiəɯ-iəŋ$^{534-52}$
老佛佛像 lə$^{113-11}$vɛ^{113}	老佛儿画儿 lə$^{113-11}$vɛ-eŋ^{113}
古形容词 ku^{534}	古儿故事 ku-uŋ$^{534-52}$
汤热水 t^{h}o^{24}	汤儿菜汤 t^{h}o-uŋ^{24}

2.2 头

“头”不读轻声，变调符合规律。

“头”跟普通话基本相同，主要作用是加在名词性、动词性、形容词性的成分后构成名词，有的还带“儿”（带“儿”后有指小、喜爱等儿化意义）。例如：

名＋头：石头 za^{113}d-təɯ$^{11-4}$ | 砖头 tɕiɤ^{24}dəɯ$^{11-2}$ | 鼻头鼻子；鼻涕 bei^{113}d-təɯ$^{11-4}$ | 日子头日子 ȵiei$^{113-11}$tsɿ$^{534-52}$dəɯ^{11}

动＋头：吃头 tɕʰiei^{44}dəɯ$^{11-2}$ | 想头 sɤ$^{534-52}$dəɯ^{11} | 来头靠山 lɛ$^{11-113}$d-təɯ$^{11-4}$ | 搭头傻气 to^{44}dəɯ$^{11-2}$

形＋头：准头 tɕyai$^{534-52}$dəɯ^{11} | 甜头 die$^{11-113}$d-təɯ$^{11-4}$ | 酸头儿微酸的味道 sɤ$^{24-33}$dəɯ-təŋ$^{11-24}$ 忙头繁忙的时节 mɑo$^{11-113}$d-təɯ$^{11-4}$

汤溪话后缀“头”的其他用途和意义有以下两点：

（1）加在数量词后构成名词，表示具有这一数量的某一事物。例如：

一分头 i^{-52}fai^{24}dəɯ$^{11-2}$ | 两角头 lia$^{113-11}$kuo^{44}dəɯ$^{11-2}$ | 五块头 ŋ$^{113-11}$kʰuɛ$^{52-24}$dəɯ$^{11-2}$（以上钞票）| 一斤头 i^{-52}tɕiei^{24}dəɯ$^{11-2}$ | 半斤头 mɤ$^{52-33}$tɕiei^{24}dəɯ$^{11-2}$ | 一两头 i^{-52}lɤ$^{113-11}$dəɯ^{11}（以上粮、油票）| 一尺头 i^{-52}tɕʰiɛ^{44}dəɯ$^{11-2}$ | 五寸头 ŋ$^{113-11}$tsʰɤ$^{52-24}$dəɯ$^{11-2}$（以上布票）| 两间头 lia$^{113-11}$kuo^{24}dəɯ$^{11-2}$ | 五间头 ŋ$^{113-11}$kuo^{24}dəɯ$^{11-2}$（以上房屋）| 廿支头二十支一包的香烟 ȵie$^{231-11}$tsɿ^{24}dəɯ$^{11-2}$ | 十五支头十五支光的灯泡 ʑiɛ$^{113-11}$ŋ$^{113-11}$tsɿ^{24}dəɯ$^{11-2}$ | 三节头可装三节电池的手电 so$^{24-33}$tsia^{44}dəɯ$^{11-2}$ | 五个头由五人组成的委员会、小组 ŋ$^{113-11}$kɑ$^{52-24}$dəɯ$^{11-2}$

（2）加在名词后，表示头上、口上、旁边等意义，“头”的本义还未完全虚化。例如：

门头门口，门跟前 mai$^{11-113}$d-təɯ$^{11-4}$ | 大门头 dɤ$^{231-11}$mai$^{11-113}$d-təɯ$^{11-4}$ | 小门头儿 sia$^{52-33}$mai$^{11-33}$dəɯ-təŋ$^{11-24}$ | 西门头 sie$^{24-33}$mai$^{11-24}$dəɯ$^{11-2}$ | 桥头桥的头里、桥的一头及其周围 dʑiə$^{11-113}$d-təɯ$^{11-4}$ | 大桥头 dɤ$^{231-11}$dʑiə$^{11-113}$d-təɯ$^{11-4}$ | 小桥头儿 sia$^{52-33}$dʑ-tɕiə$^{11-33}$dəɯ-təŋ$^{11-24}$ | 根头物体的根部、下部，但一般不包括地下部分 kai^{24}dəɯ$^{11-2}$ | 樟树根头 tɕyo$^{24-33}$ʑy$^{231-11}$kai^{24}dəɯ$^{11-2}$ | 毛竹根头 mə$^{11-33}$tɕiɔ$^{44-52}$kai^{24}dəɯ$^{11-2}$ | 白菜根头 ba$^{113-11}$tsʰɛ$^{52-33}$kai^{24}dəɯ$^{11-2}$ | 耳朵头耳旁 ŋ$^{113-11}$tɤ$^{534-52}$dəɯ^{11} | 猪栏头猪圈旁边 tsɿ$^{24-33}$lo$^{11-24}$dəɯ$^{11-2}$ | 正月头正月的头几天 tɕiai$^{24-33}$ȵiɤ$^{113-24}$dəɯ$^{11-2}$ | 剪刀头儿剪子的尖儿 tsie$^{534-52}$tə$^{24-33}$dəɯ-təŋ$^{11-24}$

2.3　子

后缀“子”一般在阴调后变 2，在阳调后变 52，带“儿”时一律变 52。

“子”的构词能力比普通话小得多，加“子”构成的名词一共只有以下二十来个，多有外来或书面色彩。其中有的还在后面带“儿”，含儿化意义。

名+子：墩子 nai^{24}ts-dzɿ$^{534-2}$ | 伙子家伙，指人 huɤ$^{534-52}$ts-dzɿ$^{534-2}$ | □子猪腿肘子 ɑo^{-52}ts-dzɿ$^{534-2}$ | 面子 mie$^{231-11}$tsɿ$^{534-52}$ | 银子 ȵiei^{11}tsɿ$^{534-52}$ | 样子 yo$^{231-11}$tsɿ$^{534-52}$ | 日子 ȵiei$^{113-11}$tsɿ^{534} | 个子 kɑ$^{52-33}$tsɿ$^{534-52}$ | 个子儿 kɑ$^{52-33}$tsɿ-ɿŋ$^{534-52}$ | 狮子儿 sɿ$^{24-33}$tsɿ-ɿŋ$^{534-52}$ | 门子儿门坎两头用来装门轴的方石 mai$^{11-33}$tsɿ-ɿŋ$^{534-52}$ | □子儿毽子 tie^{-52}tsɿ-ɿŋ$^{534-53}$

动+子：包子 pə^{24}ts-dzɿ$^{534-2}$ | 眯子眯眼的人 mi^{44}ts-dzɿ$^{534-2}$ | □子爱笑的人 li^{44}ts-dzɿ^{534} | 探子儿探子、侦察人员 tʰɤ$^{52-33}$tsɿ-ɿŋ$^{534-52}$ | 拐子儿拐子、拐骗者 kuɑ$^{534-52}$ tsɿ-ɿŋ$^{534-52}$

形+子：傻子 sɑ^{24}ts-dzɿ$^{534-2}$ | 婊子 pie^{24}ts-dzɿ$^{534-2}$ | 老子丈夫 lə$^{113-11}$tsɿ$^{534-52}$

2.4 生

“生”做动词、形容词时念 sa^{24}，做后缀时多念 s-za$^{24-2}$，又念 sa^{24}。

“生”只用在数量词后（数词“一”常可省去），如：一样生 i^{-52}yo^{231}s-za$^{24-2}$、样生 yo^{231}s-za$^{24-2}$、两回生 lia^{113}uɛ$^{11-4}$s-za$^{24-2}$，表示事物的状态或动作的方式，无具体的词汇意义。由此构成的带“生”的数量词多用在动词后做补语或动词前做状语，有时也可跟“个”构成“个”字短语做主语、谓语，或带“个”用在名词前做定语。例如：

（1）动+数量生

摆块生放在一块儿 pɑ^{534}kʰuɛ^{52}s-za$^{24-2}$

堆十堆生堆成十堆 tɛ^{24}ʑiɛ^{113}tɛ$^{24-4}$s-za$^{24-2}$

切四块生还是八块生切成四块还是八块？ tsʰia^{44}si^{52}kʰuɛ$^{52-2}$s-za$^{24-2}$uo$^{11-33}$dzɿ$^{113-2}$po^{44}kʰuɛ$^{52-2}$s-za$^{24-2}$？

（2）数量生+动

一回生吃吃净一次就吃光了 i^{-52}uɛ^{11}s-za$^{24-2}$tɕʰiei^{44}tɕʰiei$^{44-2}$zei^{231}

我和渠起生去我和他一起去 ɑ^{113}həɯ$^{-52}$gɯ^{11}tɕʰi$^{534-52}$s-za$^{24-2}$kʰəɯ^{52}

（3）数量生+个

一样生个摆块生一样的放在一块儿 i^{-52}yo^{231}s-za$^{24-2}$gə$^{-2}$pɑ^{534}kʰuɛ^{52}s-za$^{24-2}$

〈这〉包烟廿支生个这烟是二十支一包的 gə$^{113-11}$pə$^{24-52}$ie^{24}ȵie^{231}ts-dzʅ$^{24-2}$s-za$^{24-2}$gə$^{-2}$

（4）数量生＋个＋名

一样生个农一样的人 i^{-52}yo^{231}s-za$^{24-2}$gə$^{-2}$nɑo^{11}

五层生个洋房屋五层的楼房 ŋ^{113}z-sai$^{11-4}$s-za$^{24-2}$gə$^{-2}$yo$^{11-33}$v-fɑo$^{11-33}$ɔ^{44}

三、形容词的生动形式

3.1　生动形式形容词的构成和意义

（1）~（4）是跟普通话大致相同的形式，但具体的用字不尽相同。

（1）ABB（儿）式。例如：

闹动动晃晃悠悠 nə$^{231-11}$dɑo$^{113-11}$dɑo^{113}，冰农农儿冰凉 mei$^{24-33}$nɑo$^{11-33}$nɑo-ɑoŋ$^{11-24}$，文体体儿文静、斯文 v-fai$^{11-33}$t^{h}ie$^{534-52}$t^{h}ie-iŋ$^{534-52}$，乌嘀嘀黑糊糊 u$^{24-33}$ti^{-24}di^{-2}，抖淋淋哆哆嗦嗦 təɯ$^{534-52}$lei^{-113}lei^{-4}，韧纠纠儿韧，褒 ȵiei$^{231-11}$tɕiəɯ$^{-33}$tɕiəŋ$^{-24}$，圆六六儿圆，褒 iɤ$^{11-33}$lɔ$^{-11}$ loŋ$^{-113}$。

（2）AABB（儿）式。例如：

杀杀性性迅速 so$^{44-52}$so$^{44-52}$sei^{52}sei^{52}，散散碎碎零零碎碎 so$^{534-52}$so$^{534-52}$sɛ^{52}sɛ^{52}，红红绿绿儿 ɑo$^{11-33}$ɑo$^{11-33}$lɔ$^{113-11}$lɔ-oŋ^{113}。

（3）A 里 AB 式。例如：

慌里慌经慌里慌张 hɑo$^{24-33}$li^{-11}hɑo$^{24-33}$tɕiei^{24}，破里破落破破烂烂 p^{h}ɑ$^{52-33}$li^{-11}p^{h}ɑ$^{52-33}$lo$^{113-24}$。

（4）AXYZ 式。例：

删里卜六稀稀拉拉 so$^{24-33}$li^{-11}bɔ$^{-113}$lɔ$^{-4}$，乱木叽抓凌乱不堪 lai$^{231-11}$mɔ$^{-33}$tɕi^{-44}dʑiɑ$^{-2}$，黏脂搭脂黏乎乎 ȵie$^{24-33}$tsʅ$^{-33}$to^{-44}dzʅ$^{-2}$。

（5）~（12）是跟普通话不太相同的形式。

（5）老 AA（儿）式：由在单音形容词重叠式前加上程度副词"老很、挺" lə$^{113-52}$构成，意义相当于普通话的 AA（如：大大），无褒贬色彩，个别词可儿化，儿化后基本意义不变，语气更为轻快。例如：

老大大 $lə^{113-52}dɤ^{231-113}d\text{-}tɤ^{231-4}$，老重重 $lə^{113-52}dʑiɑo^{113-11}dʑiɑo^{113}$，老远远 $lə^{11-52}iɤ^{113-11}iɤ^{113}$，老早早 $lə^{113-52}tsə^{534-52}tsə^{534}$，老早早儿 $lə^{113-52}tsə^{534-52}tsə\text{-}əŋ^{534-52}$。

（6）AA 儿儿式：参看上文"词缀·儿"。

（7）ABA 丞式：由双音节形容词或动词 AB 重叠 A 后加后缀"丞" $tɔ^{-44}$ 构成，含贬义色彩。例如：

笪角笪丞歪歪斜斜 $ts^hia^{52-33}kuo^{44-52}ts^hia^{52-33}tɔ^{-44}$，夹舌夹丞结结巴巴 $guo^{113-11}dʑie^{113-11}guo^{113-11}tɔ^{-44}$，□鼻□丞齉鼻儿 $hɑo^{-52}bei^{113-11}hɑo^{-52}tɔ^{-44}$，多讲多丞多嘴 $tɤ^{24-33}kuo^{534-52}tɤ^{24-33}tɔ^{-44}$。

（8）B（儿）A（儿）式：由起修饰作用的 B（多为名词或动词）加形容词 A 构成，无褒贬色彩。个别词可儿化或必须儿化，含轻快语气。例如：

蜜甜 $mei^{113}die^{11}$，屁轻极轻 $p^hi^{52}tɕ^hiei^{24}$，飞快 $fi^{24}k^huɑ^{52}$，塞⁼亮刺眼的亮 $sa^{44}lɤ^{231}$，葱白儿 $ts^hɑo^{24-33}ba\text{-}pɑŋ^{113-24}$。

（9）B 呱之 A 式：由在双音节的偏正形容词 BA 中加进中缀"呱" gua^{-2} 和助词"之"构成，基本意义仍同 BA，只是语气上显得更加轻快，有如普通话的"非常之好"之于"非常好"。例如：

绯呱之红绯红 $fi^{24}gua^{-2}tsɿ^{-33}ɑo^{11}$，雪呱之白雪白 $sie^{44}guə^{-2}tsɿ^{-33}ba^{113}$，屁呱之轻极轻 $p^hi^{52}gua^{-2}tsɿ^{-33}tɕ^hiei^{24}$，塞⁼呱之亮刺眼的亮 $sa^{44}gua^{-2}tsɿ^{-33}lɤ^{231}$。

（10）BC（D）A 式：由起修饰作用的 BC 或 BCD（多为名词组或动词组）加形容词 A 构成，无褒贬色彩。例如：

生盐咸像生盐一样咸 $sa^{24-33}ie^{11-24}uo^{11-2}$，苦丁咸像苦丁茶一样咸 $k^hu^{534-52}nei^{24}uo^{11-2}$，滚轮圆滚圆 $kuai^{534-52}lai^{11-2}iɤ^{11}$，□天响像天裂开了那么响 $kua^{44-52}t^hie^{24-33}ɕyo^{534}$。

（11）AXY 式：由单音形容词加不叠音的双音后缀构成，XY 多是双声。除个别词外都含贬义色彩。例如：

乌嘀咚黑洞洞 $u^{24-33}ti^{-24}dɑo^{-2}$，软踢秃软得近乎烂，贬 $ȵiɤ^{113-11}t^hei^{-52}t^hɔ^{-44}$，厚贫卜厚，贬 $gɯ^{113-11}bei^{-113}pɔ^{-4}$，埨贫棚尘土飞扬的样子 $ɑo^{534-52}bei^{-113}pa^{-4}$，狭兵绷空间窄，贬 $uo^{113-11}mei^{-24}ma^{-2}$。

（12）其他：还有少数不好归类的，例如：

老长老大高大 $lə^{113-52}dʑ\text{-}tɕyo^{11-33}lə^{113-52}dɤ^{231}$，白白里白白的，徒然 $ba^{113-11}ba^{113}li^{-4}$，破里破抓破破烂烂 $p^hɑ^{52-33}li^{-11}p^hɑ^{52-24}dʑiɑ^{-2}$，铁淡绷里淡巴巴 $t^hia^{44-52}do^{113-11}ma^{-24}li^{-2}$。

3.2 生动形式形容词的功能

（1）除了BA式外，一般能受大多数程度副词的修饰，也可在后面带程度副词做补语。例如：

吓农老大大很大很大 ha^{44}nɑo$^{11-2}$lə$^{113-52}$dɤ$^{231-113}$d-tɤ$^{231-4}$，忒硬迸迸太硬 t^{h}ɛ^{44}a$^{231-11}$mɑo^{52}mɑo^{52}，糊里糊涂猛糊涂得很 u$^{231-11}$li^{-11}u$^{231-113}$d-tu$^{11-4}$mai^{113}。

（2）都可加在中心语前做定语，要带助词“个”kə$^{-24}$/gə$^{-2}$。例如：

雪白个纸 sie^{44}ba$^{113-11}$kə$^{-24}$tsɿ^{534}，绿茵茵儿个稻 lɔ$^{113-11}$iei^{-33}ieŋ$^{-24}$gə$^{-2}$də^{113}，傻里卜六个农傻里傻气的人 sɑ$^{24-33}$li^{-11}pɔ$^{-44}$lɔ$^{-2}$gə$^{-2}$nɑo^{11}。

（3）加在动词前做状语的主要是AA儿儿式，不带助词。例如：

慢慢儿儿走慢慢儿走 mo$^{231-11}$mo$^{231-11}$ȵiŋ$^{-24}$tsəɯ^{534}，好好儿儿讲好好儿说 hə$^{534-52}$hə$^{534-52}$ȵiŋ$^{-24}$kuo^{534}。

（4）绝大部分可用在动词后做补语，要加助词“得”tei^{44}。例如：

爬得老高高爬得很高 bo^{11}t-dei$^{44-2}$lə$^{113-52}$kə$^{24-33}$kə^{24}，走得飞快 tsəɯ$^{534-52}$tei$^{44-24}$fi^{24}k^{h}uɑ^{52}，做得夜洞洞干得很晚 tsɤ^{52}t-dei$^{44-2}$iɑ$^{231-11}$dɑo^{-113}tɑo^{-4}。

（5）绝大部分可以加“个”构成“个”字短语，做主语、谓语和宾语。例如：

冷冰冰儿个好吃些 la$^{113-11}$mei$^{24-33}$mei-eŋ^{24}gə$^{-2}$hə$^{534-52}$tɕ^{h}iei^{44}zɤ$^{-2}$，渠个牙齿铁硬个 gɯ^{11}gə$^{-2}$uo$^{11-33}$ts^{h}ɿ^{534}t^{h}ia^{44}a^{231}gə$^{-2}$，我欢喜小六六儿个我喜欢小小儿的 ɑ^{113}hua^{-33}ɕi^{534}sia$^{52-33}$lɔ$^{-11}$loŋ$^{-11}$kə$^{-24}$。

四、程度表示法

跟普通话一样，汤溪话形容词以及部分动词、方位词、短语的不同程度，是用附加副词的方法来表示的。这里要提出来讨论的是程度副词“猛”。

“猛”的基本意义是“很、极”，“猛”可以不用助词连接而直接加在被修饰词语的前面或后面。由于所在位置不同，意义有所差别，读音也有变化。

由“猛”构成的形式及其作用如下：

（1）猛（ma$^{113-11}$）A：表示的程度相当于“挺”，稍不如“很”强烈，并带有肯定的语气。

渠走路猛快个。gɯ^{11}tsəɯ$^{534-52}$lu$^{331-11}$ma$^{113-11}$kʰuɑ^{52}gə$^{-2}$。

〈这〉碗菜好吃弗？——猛好吃。gə$^{113-11}$uo$^{534-52}$tsʰɛ^{52}hə$^{534-52}$tɕʰiei^{44}f-vɛ$^{44-2}$？——ma$^{113-11}$hə$^{534-52}$tɕʰiei^{44}。

（2）A 猛（mai^{113}）：程度相当于“很”，多用于指程度过深而有余的情况。

饭多猛，吃饱啊！vo^{231}tɤ^{24}mai^{113}，tɕʰiei^{44}pə^{534}a^{-52}！

走快点儿，忒慢猛来弗及个。tsəɯ^{534}kʰuɑ^{52}ȵiɑŋ$^{-2}$，tʰɛ^{44}mo^{44}mai^{113}lɛ^{11}f-vɛ$^{44-2}$gɛ^{231}gə$^{-2}$。

（3）A 猛（mai$^{113-52}$ 阴上阳上后，mai$^{113-2}$ 其他调后）：程度相当于“很”，有“太……了点儿”的意思，表示贬义、消极义，后面一般带“个”。

约⁼渠做〈这〉种生活苦猛个让他干这种活儿太苦了点儿。yo^{44}gɯ^{11}tsɤ^{52}gə$^{113-11}$tɕiɔ^{52}sa$^{24-33}$uo$^{113-24}$kʰu$^{534-52}$mai$^{113-52}$gə$^{-2}$。

尔事干〈这〉么多，弗忙猛个啊你事儿这么多，不会太忙了呀？ŋ^{113}zɿ$^{231-11}$kɤ^{52}gə$^{113-11}$mə^{113}tɤ^{24}，fɛ^{44}mɑo^{11}mai$^{113-2}$gə$^{-2}$a^{-2}？

（4）A 猛（ma$^{113-44}$）A 猛（mai^{113}）：程度相当于“非常、极其”。

钞票多猛多猛，用弗了。tsʰə$^{-52}$pʰie^{52}tɤ$^{24-33}$ma$^{113-44}$tɤ^{24}mai^{113}，iɑo^{231}f-vɛ$^{44-2}$lɤ^{113}。

〈这〉本书我欢喜猛欢喜猛。gə$^{113-11}$mai$^{534-52}$ɕy^{24}ɑ^{113}hua^{-33}ɕi$^{534-52}$ma$^{113-44}$hua^{-33}ɕi^{534}mai^{113}。

对于上述四式有三点需要说明：

（1）A 表示被修饰词语，可以是多音节的。

（2）四式中“A 猛 A 猛”式最常用，这是因为本方言中没有“非常、极其、相当、十分”之类表示程度极高的副词。其他三式不是十分常用，所表示的程度大致相当于“很”，但又有细微的差别，这是因为本方言已有了一般性的相当于“很”的副词“吓农 ha^{44}nɑo$^{11-2}$、吓儿 ha-ɑŋ^{44}”，这三式各自表示了“吓农、吓儿”未能精确表示的三种程度。

（3）两种“A 猛”式都可受程度副词“忒”tʰɛ^{44} 的修饰，如：忒多猛 tʰɛ^{44}tɤ^{24}mai^{113}、tʰɛ^{44}tɤ^{24}mai$^{113-2}$。“猛 A、A 猛 A 猛”式则不能受“忒”修饰。

五、复数表示法

汤溪话表复数的词尾是“□”tə$^{-52}$阴上阳上后 /də$^{-2}$其他调后，为叙述方便，暂且以近音字“到$^{=}$”代替。“到$^{=}$”可以加在指人的代词、名词、人名、称谓语后，不能加在指物的名词后。

5.1 代词

表 2 代词单复数的构成

代 词	单 数	复 数	
		排除式	包括式
第一人称	我 ɑ^{113} 我农 ɑ$^{113-11}$nɑo$^{11-113}$	我到$^{=}$ ɑ$^{113-11}$tə$^{-52}$	[我尔] ɑŋ^{113}、又读 ɑoŋ^{113} [我尔]到$^{=}$ ɑŋ$^{113-11}$tə$^{-52}$、又读 ɑoŋ$^{113-11}$tə$^{-52}$
第二人称	尔 ŋ^{113} 尔农 ŋ$^{113-11}$nɑo$^{11-113}$	尔到$^{=}$ ŋ$^{113-11}$tə$^{-52}$	
第三人称	渠 gɯ^{11} 渠农 gɯ^{11}nɑo$^{11-2}$	渠到$^{=}$ gɯ^{11}də$^{-2}$	
谁（疑问）	哪农 la^{113}nɑo$^{11-4}$ □农 tɕ^{h}ia^{44}nɑo$^{11-2}$、又读 tɕ^{h}iɛ^{44}nɑo$^{11-2}$	哪农到$^{=}$ la^{113}nɑo$^{11-4}$də$^{-2}$ □农到$^{=}$ tɕ^{h}ia^{44}nɑo$^{11-2}$də$^{-2}$、又读 tɕ^{h}iɛ^{44}nɑo$^{11-2}$də$^{-2}$	
别人（指示）	别农 bie^{113}nɑo$^{11-4}$	别农到$^{=}$ bie^{113}nɑo$^{11-4}$də$^{-2}$	

说明：

（1）三种人称代词各有两个单数形式，但相应的复数形式却只有一个（不计包括式），即只能在不带“农”的单数后加“到$^{=}$”构成。

（2）第一人称的复数除了与“你们”相对的排除式“我到$^{=}$我们”外，还有与“他们”相对的包括式“[我尔]咱们”或“[我尔]到$^{=}$咱们”，“[我尔]”比“[我尔]到$^{=}$”常用。很明显，“[我尔]”ɑŋ^{113}、ɑoŋ^{113}是由“我”ɑ^{113}和“尔”ŋ^{113}合音而成的。

（3）在普通话里，“我们”有时可代替“咱们”，如甲对乙说：“我们去看电影吧！”但汤溪话的“我到$^{=}$”跟“[我尔]、[我尔]到$^{=}$”是严格分开的，“我到$^{=}$”绝对不能包括“你”在内。

（4）第二人称单数无敬称。

（5）相当于“谁”的疑问代词有单复数之分。“哪农、□tɕ^{h}ia^{44}农”表示单数，在后面加上“到$^{=}$”则表示复数，相当于“哪些人”的意思，例如：

哪农到$^{=}$去哪些人去？ la^{113}nɑo$^{11-4}$də$^{-2}$k^{h}əɯ^{52}？

〈这〉些东西哪农到$^{=}$个这些东西是哪些人的？ gə$^{113-11}$sɤ$^{-52}$nɑo^{24}s-zie$^{24-2}$la^{113}nɑo$^{11-4}$də$^{-2}$gə$^{-2}$？

尔请□农到$^{=}$你请哪些人？ ŋ^{113}ts^{h}ei^{534}tɕ^{h}ia^{44}nɑo$^{11-2}$də$^{-2}$？

（6）“别农别人”既可表示单数，也可表示复数，加上“到$^{=}$”后专门表示复数，相当于“别的人、别些人、另外那些人”的意思，例如：

别农到$^{=}$来未别的人来了没有？ bie^{113}nɑo$^{11-4}$də$^{-2}$lɛ^{11}mi$^{231-2}$？

我和别农到$^{=}$去我和别些人去。ɑ^{113}həɯ$^{-52}$bie^{113}nɑo$^{11-4}$də$^{-2}$k^{h}əɯ^{52}。

5.2 名词

指人的名词后加“到$^{=}$”表示复数，跟普通话相似。例如：

小农儿到$^{=}$小孩儿们 sia$^{52-33}$nɑo-ɑoŋ$^{11-24}$də$^{-2}$ | 青年到$^{=}$ts^{h}ei^{24}ȵie$^{11-2}$də$^{-2}$ | 老师到$^{=}$lə$^{113-52}$s-zɿ$^{24-2}$də$^{-2}$

5.3 人名

在人名后“到$^{=}$”可以表示“……他们、……等人”，普通话也有类似的用法，但比较少用，汤溪话则很常用。例如：

志有到$^{=}$tsɿ^{52}iəɯ$^{113-11}$tə$^{-52}$ | 小生儿到$^{=}$sia$^{52-33}$sa-ɑŋ^{24}də$^{-2}$ | 雪梅到$^{=}$sie^{44}mɛ$^{11-2}$də$^{-2}$ | 樟明到$^{=}$tɕyo^{24}mei$^{11-2}$də$^{-2}$

益华到$^{=}$归来未益华他们回来没有？ iei^{44}uɑ$^{11-2}$də$^{-2}$kuei^{24}lɛ$^{11-2}$mi$^{231-2}$？

我和小英儿到$^{=}$去我和小英儿她们去。ɑ^{113}həɯ$^{-52}$sia$^{52-33}$iei-ieŋ^{24}də$^{-2}$k^{h}əɯ^{52}。

5.4 称谓语

在称谓语后加“到$^{=}$”可以表示“……他们、……等人”，普通话正常情况下没有这样的用法。例如：

伯到˭爸爸他们 pa^{44}də$^{-2}$ | 姊到˭姐姐她们 tsɿ$^{534-52}$tə$^{-52}$ | 舅舅儿到˭dʑiəɯ$^{113-11}$dʑiəɯ-iəŋ$^{113-231}$də$^{-2}$ | 外公到˭ɑ$^{231-11}$kɑo$^{24-52}$də$^{-2}$ | 姑到˭ku^{24}də$^{-2}$ | 表哥到˭pie$^{534-52}$kuɤ^{24}də$^{-2}$

姑到˭归去罢姑姑他们回去了。ku^{24}də$^{-2}$kuei^{24}k^{h}əɯ$^{52-2}$bɑ^{113}。

尔望见我个妹到˭未你看见我妹妹她们了吗？ ŋ^{113}mɑo$^{231-11}$tɕie^{52}ɑ$^{113-11}$gə$^{-2}$mɛ^{231}də$^{-2}$mi$^{231-2}$？

六、动词的重叠

在汤溪话里，多音节动词不能重叠，如不能说“学习学习、商量商量”。但单音节动词的重叠比普通话更为普遍。单音节动词重叠后主要有以下几种功能：

（1）表示进行时间短暂的动作，例如：

做着力罢，歇歇再做干累了，歇一会儿再干。tsɤ^{52}dʑyo$^{113-11}$lei^{113}bɑ^{113}，ɕie^{44}ɕ-ʑie$^{44-2}$tsɛ^{52}tsɤ^{52}。

坐坐车用弗几个钟头坐车用不了几个钟头。zɤ$^{113-11}$z-sɤ$^{11-52}$ts^{h}ɑ^{24}iɑo^{231}f-vɛ$^{44-2}$kɛ$^{534-52}$kɑ^{52}tɕiɑo^{24}dəɯ$^{11-2}$。

买个梨来吃吃买一个梨吃。mɑ$^{113-11}$kɑ^{52}li^{11}lɛ$^{11-2}$tɕ^{h}iei^{44}tɕ^{h}iei$^{44-2}$。

借件衣裳我着着借一件衣服给我穿一穿。tsia^{52}dʑiɛ$^{-2}$i^{44}ʑyo^{-2}ɑ$^{113-11}$tɕyo^{44}tɕ-dʑyo$^{44-2}$。

（2）表示尝试，后面要带助词“添”t^{h}ie^{24}，类似于北部吴语重叠后带“看”。例如：

试试添试试 sɿ^{52}s-zɿ$^{52-2}$t^{h}ie$^{24-2}$

讲讲添说说 kuo$^{534-52}$kuo$^{534-52}$t^{h}ie$^{24-2}$

我去碰碰运气添我去碰一碰运气。ɑ$^{113-11}$k^{h}əɯ^{52}p^{h}ɑo^{52}p^{h}ɑo$^{52-2}$yei$^{231-11}$tɕ^{h}i^{52}t^{h}ie$^{24-2}$。

尔去问问渠添哇你去问问他吧！ ŋ$^{113-11}$k^{h}əɯ^{52}mai^{231}mai$^{231-2}$gɯ^{11}t^{h}ie$^{24-2}$ua^{-2}！

先买个来吃吃添先买一个吃一吃。sie^{24}mɑ$^{113-11}$kɑ^{52}lɛ$^{11-2}$tɕ^{h}iei^{44}tɕ^{h}iei$^{44-2}$t^{h}ie$^{24-2}$。

（3）表示动作完成，但强调的仍是动作不是完成，例如：

吃吃饭到金华去吃了饭到金华去。tɕ^{h}iei^{44}tɕ^{h}iei$^{44-2}$vo^{231}tə^{52}tɕiei^{24}uɑ$^{11-2}$k^{h}əɯ^{52}。

做做起来还未用过做了起来还没用过。tsɤ^{52}ts-dzɤ$^{52-2}$tɕ^{h}i$^{534-2}$lɛ$^{11-2}$uo$^{11-24}$mi^{231}iɑo^{231}k-guɤ$^{52-2}$。

一些东西约$^{=}$别农偷偷去一些东西被人家偷去了。i^{-52}sɤ$^{-52}$nɑo^{24}s-zie$^{24-2}$yo^{44}bie^{113} nɑo$^{11-4}$t^{h}əɯ^{24}t^{h}əɯ$^{24-2}$k^{h}əɯ$^{52-2}$。

渠跌跌桥下去他掉了桥底下去了。gɯ^{11}tia^{44}t-dia$^{44-2}$dʑ-tɕiə$^{11-33}$uo$^{113-11}$k^{h}əɯ^{52}。

单音节动词重叠式的变调跟一般两字组的连读变调不同。动叠式的变调规律是：阴平、阳平、阴去、阳去、阴入调的字，前字不变，后字变轻声 2，调式为“原调＋ 2”，阴上、阳上（包括阳入）调的字，前字阴上变 52、阳上变 11，后字都变 52，调式分别为 52 ＋ 52、11 ＋ 52。

七、量词的用法

汤溪话的量词也有一些特点，其中最主要的是，数词“一”在量词前面常被省去，用不用“一”意思完全一样，只是不用时显得更加利索一些。例如：

（一）百三一百三十（i^{-52}）pa$^{44-52}$so^{24}

（一）尺七布一尺七寸布（i^{-52}）tɕ^{h}iɛ$^{44-52}$ts^{h}ei^{44}pu^{52}

五角洋钿（一）斤五毛钱一斤。ŋ$^{113-11}$kuo$^{44-52}$yo^{11}d-tie$^{11-33}$（i^{-52}）tɕiei$^{24-52}$。

（一）个鸡子换十块糖一个鸡蛋换十块糖。（i^{-52}）kɑ^{52}tɕie$^{24-33}$tsɿ^{534}uo^{231}ʑiɛ^{113}k^{h}uɛ$^{52-4}$ do^{11}。

我买来（一）本书。ɑ^{113}mɑ$^{113-11}$lɛ$^{11-52}$（i^{-52}）mai$^{534-52}$ɕy^{24}。

渠送我（一）支钢笔。gɯ^{11}sɑo^{52}ɑ$^{113-2}$（i^{-52}）tsɿ$^{24-52}$kuo$^{24-33}$pei^{44}。

量词前面的指示词“〈这〉gə^{113}、〈那〉gɑo^{11}”在无比较含义、不特别强调时，一般都被省去，如果加上“〈这〉、〈那〉”就带上了比较含义或特别强调的意味。例如：

把刀落哪里那把刀在哪里？ pɤ$^{24-52}$tə^{24}lo$^{113-24}$la$^{113-11}$li^{113}？

本书买来罢这（那）本书买来了。mai$^{534-52}$ɕy^{24}mɑ$^{113-11}$lɛ$^{11-52}$bɑ^{113}。

个碗破罢这（那）个碗破了。kɑ^{52}uo^{534}p^{h}ɑ^{52}bɑ^{113}。

个碗个口上有点儿破罢这（那）个碗的口上有点破了。kɑ^{52}uo$^{534-52}$kə$^{-24}$k^{h}ɯ$^{534-52}$ʑ-ɕyo$^{231-52}$iəɯ$^{113-11}$ȵiɑŋ$^{-44}$p^{h}ɑ^{52}bɑ^{113}。

这些“量名”结构虽然都省去了“〈这〉、〈那〉”，但仍然含有定指意义，即说话人和听话人都明白所指的对象是谁，可以说含有一个隐性的指示词。

虽然省“一”的量名结构和省“这、那”的量名结构形式相同，但使用中并不会引起歧义。因为前者绝大多数出现在句子的末尾，充当宾语，偶尔出现在句首时（如“个鸡子换十块糖”），由于后面语境的限制，也只能有一种理解；后者则只能出现在句子的开头，充当主语或定语。如果把量名结构放在句子末尾或中间，必须使用“〈这〉、〈那〉”才能具有定指意义，例如：

我要买〈这〉本书。ɑ^{113}iə^{52}mɑ^{113}gə$^{113-11}$mai$^{534-52}$ɕy^{24}。

我买来个〈那〉本书借渠望罢借给他看了。ɑ^{113}mɑ$^{113-11}$lɛ$^{11-52}$gə$^{-2}$gɑo^{11}mai$^{534-2}$ɕy^{24}tsia^{52}gɯ^{11}mɑo^{231}bɑ^{113}。

如果不用“〈这〉、〈那〉”则被理解为省略了“一”，只有一般的泛指意义，或者也只有说话人单方明白所指的对象是谁。

量词的变调比较复杂。在涉及以上问题的情况下，量词的变调规律一般是：阴平、阴上、阴入量词变 52（原阴去调值），阴去量词 52 不变；阳上（包括阳入）量词变 231（原阳去调值），阳去量词 231 不变；阳平量词 11 不变，或变 52。

八、内部屈折

普通话的内部屈折构词法一般只表现在以改变声调为主的读破上，并且只限于很少数的词，如“好”念上声为形容词，念去声则为动词。在汤溪话里，内部屈折现象比较丰富。汤溪话除了像普通话一样改变单音节词的声调外，还常常通过改变多音节词的变调，有时也改变声母或韵母，来构造新词。

8.1　改变单音词的声调，有个别同时也改变声、韵母。例如：

毛 mə^{11}　名词：鸡～tɕie^{24}mə$^{11-2}$。

mə^{24}　动词，下（毛毛雨）：毛毛雨儿～来罢下起毛毛雨来了。mə$^{11-33}$mə$^{11-33}$y-yŋ$^{113-231}$mə^{24}lɛ$^{11-2}$bɑ^{113}。

搣 mie^{113}　名词，捻子：药～yo$^{113-11}$mie^{113}。

mie^{44}　动词，搓：~棉纱线 mie$^{44-52}$mie$^{11-33}$so^{24}s-zie$^{52-2}$。

木 mɔ^{113}　名词：树~ʑy$^{231-11}$mɔ^{113}。

mɔ^{44}　形容词，（冻致）麻木：脚冻冻~。tɕyo^{44}nɑo^{52}nɑo$^{52-2}$mɔ^{44}。

垫 die^{231}　铺垫：桌~高点儿。tɕyo^{44}die^{231}kə^{24}ȵiɑŋ$^{-2}$。

die^{113}　①垫（钱）：~本钿垫本钱 die$^{113-11}$mai$^{534-52}$die^{11}。②粘贴（布鞋底）。

扦 ts^{h}ie^{24}　动词，插：~花 ts^{h}ie$^{24-33}$huo^{24}。

ts^{h}ie^{52}　名词，篱笆：一堵~i^{-52}tu^{-52}ts^{h}ie^{52}。

扭 ȵiəɯ^{113}　揪：~住弗放 ȵiəɯ$^{113-11}$dʑ-tɕy$^{231-52}$fɛ^{44}fɑo^{52}。

ȵiəɯ^{24}　身体扭动：~来~去 ȵiəɯ$^{24-33}$lɛ^{11}ȵiəɯ^{24}k^{h}əɯ$^{52-2}$。

ȵiəɯ^{534}　拧：~螺丝 ȵiəɯ$^{534-52}$lɤ$^{11-113}$sɿ$^{24-4}$。

ȵiəɯ^{231}　坚持不肯罢休，多指取闹：~住弗肯歇闹着不肯罢休 ȵiəɯ^{231}dʑy$^{231-2}$fɛ$^{44-52}$k^{h}ai$^{534-52}$ɕie^{44}。

坑 k^{h}a^{24}　名词，较大的水道，常指洗涤用的水道。

k^{h}a^{52}　①名词，较小的水道。②动词，排（水）：点儿水~出去。ȵiɑŋ$^{-44}$ɕyei^{534}k^{h}a^{52}tɕ^{h}iɤ$^{44-2}$k^{h}əɯ$^{52-2}$。

哄 hɑo^{534}　夸大事实以耸人听闻：~得别农吓农相信说得人家很相信。hɑo$^{534-52}$tei$^{44-24}$bie^{113}nɑo$^{11-4}$ha^{44}nɑo$^{11-2}$sɤ^{24}s-zei$^{52-2}$。

hɑo^{52}　以言语挑拨离间：尔［弗要］听渠~。ŋ^{113}fi^{52}t^{h}ei^{52}gɯ$^{11-2}$hɑo^{52}。

爷 iɑ^{11}　父亲，背称。

iɑ^{52}　①爷爷。②外祖父、姥爷。

腰 iə^{24}　腰部。

iə^{534}　肾：猪~tsɿ$^{24-33}$iə^{534}。

塑 su^{52}　~料 su$^{52-24}$lɤ$^{231-2}$。

zu^{231}　动词，塑造。声调由阴变阳，声母也随之由清变浊：~老佛塑佛像 zu$^{231-11}$lə$^{113-11}$vɛ^{113}。

㞞 zɑo^{11}　形容词，庸碌无能：~货 zɑo$^{11-113}$huɤ$^{52-4}$。

zɑo^{231}、又读 ʑiɑo^{231}　名词，精液。“又读”同时改变声、韵母。

弄 lɑo^{231}　㢮。

lɑo^{24}　搞：~点儿钞票用用。lɑo^{24}ȵiɑŋ$^{-2}$ts^{h}ə$^{-52}$p^{h}ie^{52}iɑo^{231}iɑo$^{231-2}$。

lɑo^{11}　伸：手~袋里。ɕiəɯ^{534}lɑo^{11}dɛ^{231}li$^{113-2}$。

lɔ^{44}　宩，含诙谐义。同时改变韵母。

8.2　改变多音词的变调，有个别同时也改变韵母（声母的清浊转换是由声调的阴阳转换引起的，不属于内部屈折）。例如：

老师 lə$^{113-11}$sɿ^{24}　工匠：剃头~t^{h}ie$^{52-33}$d-təɯ$^{11-33}$lə$^{113-11}$sɿ^{24}。

lə$^{113-52}$s-zɿ$^{24-2}$　教师：李~li$^{113-11}$lə$^{113-52}$s-zɿ$^{24-2}$。

大农 dɤ$^{231-113}$nɑo$^{11-4}$　大人、成人：~欺小农儿。dɤ$^{231-113}$nɑo$^{11-4}$tɕ^{h}i$^{24-33}$sia$^{52-33}$nɑo-ɑoŋ$^{11-24}$。

dɤ$^{231-11}$nɑo^{11}　长辈，多指公婆：渠眼里无~的。gɯ^{11}uo$^{113-11}$li$^{113-52}$m$^{11-33}$dɤ$^{231-11}$nɑo^{11}gə$^{-2}$。

罗蔔 lə$^{-33}$b-pɔ$^{113-24}$　一种菜。

lə$^{-11}$b-pɔ$^{113-44}$　男阴。

梗儿 kua-uɑŋ$^{534-52}$　专指菜梗儿：白菜~ba$^{113-11}$ts^{h}ɛ$^{52-33}$kua-uɑŋ$^{534-52}$。

kua-uɑŋ$^{534-44}$　干的细柴杆儿：烧~ɕiə$^{24-33}$kua-uɑŋ$^{534-44}$。

鐓鸡 sie$^{52-33}$tɕie^{24}　阉鸡：渠会~个。gɯ^{11}uɛ$^{231-11}$sie$^{52-33}$tɕie^{24}gə$^{-2}$。

sie$^{52-33}$tɕie$^{24-52}$　阉过的鸡：一个大~i^{-52}ka^{52}dɤ$^{231-11}$sie$^{52-33}$tɕie$^{24-52}$。

开封 k^{h}ɛ$^{24-33}$fɑo^{24}　动词：〈那〉坛酒~未？gɑo^{11}t-dɤ$^{44-2}$tsəɯ^{534}k^{h}ɛ$^{24-33}$ fɑo^{24}mi$^{231-2}$？

k^{h}ɛ^{24}f-vɑo$^{24-2}$　地名。

后日 əɯ$^{113-11}$ȵiei^{113}　以后。

əɯ^{113}ȵiei$^{113-4}$　后天。

六月 lɔ^{113}ȵiɤ$^{113-4}$　①六月份。②夏天。

lɔ$^{113-11}$ȵiɤ^{113}　专指夏天。

清楚 ts^{h}ei$^{24-33}$ts^{h}u^{534}　清楚：账算~。tɕyo^{52}sɤ^{52}ts^{h}ei$^{24-33}$ts^{h}u^{534}。

ts^{h}ei^{24}ts^{h}u$^{534-2}$　清新、整洁：渠房里顶~。gɯ^{11}vɑo^{11}li$^{113-2}$nei$^{534-44}$ ts^{h}ei^{24}ts^{h}u$^{534-2}$。

晓得 ɕiə^{44}t-dei$^{44-2}$、又读 ɕiə$^{44-52}$tei^{44}　知道。

ɕiə$^{44-52}$t-dei$^{44-2}$　谁知道，用于反问句：～渠去未哇谁知道他去了没有啊？ɕiə$^{44-52}$t-dei$^{44-2}$gɯ$^{11-2}$kʰəɯ^{52}mi$^{231-2}$ua^{-2}？

晓着 ɕiə^{44}dʑyo$^{113-2}$　知道。

ɕiə$^{44-52}$dʑyo$^{113-2}$　谁知道，用于反问句。

落得 lo$^{113-24}$t-dei$^{44-2}$　动词，在：碗～桌上。uo^{534}lo$^{113-24}$t-dei$^{44-2}$tɕyo^{44}ʑyo$^{231-2}$。

lo$^{113-11}$tei^{44}　副词，不得不、最好：尔～快点儿去。ŋ^{113}lo$^{113-11}$ tei^{44} kʰuɑ^{52}ȵiɑŋ$^{-2}$kʰəɯ^{52}。

脱板 tʰɛ$^{44-52}$mo^{534}、又读 tʰɛ$^{44-52}$mo$^{534-44}$　相差：～一点儿。tʰɛ$^{44-52}$mo^{534}i^{-52} ȵiɑŋ$^{-44}$。

tʰɛ$^{44-52}$mo$^{534-44}$　副词，可能、也许：渠～弗来罢他可能不来了。gɯ^{11} tʰɛ$^{44-52}$ mo^{44}fɛ^{44}lɛ^{11}bɑ^{113}。

只顾 tɕyu^{52}k-gu$^{52-2}$　副词，只管：尔～来嬉得个你只管来玩好了。ŋ^{113}tɕyu^{52} k-gu$^{52-2}$ lɛ$^{11-2}$ɕi^{24}t-dei$^{44-2}$gə$^{-2}$。

tɕyu^{52}ku$^{52-44}$　副词，不停地：雪～落来。sie^{44}tɕyu^{52}ku$^{52-44}$lo$^{113-11}$lɛ$^{11-52}$。

尚好 ʑyo$^{231-11}$hə^{534}　形容词，还好、过得去：考得还～。kʰə$^{534-52}$tei$^{44-24}$uo$^{11-24}$ ʑyo$^{231-11}$hə^{534}。

ʑyo$^{231-11}$hə$^{534-44}$　副词，表示并非如此：渠讲伯归来罢，～未欸他说爸爸回来了，并没有啊！ gɯ^{11}kuo^{534}pa^{44}kuei^{24}lɛ$^{11-2}$bɑ^{113}，ʑyo$^{231-11}$ hə$^{534-44}$mi^{231}ɛ$^{-2}$！

前后 z-sie$^{11-33}$əɯ^{113}　前和后：弗顾～fɛ$^{44-52}$ku^{52}z-sie$^{11-33}$əɯ^{113}。

z-sie$^{11-33}$əɯ$^{113-24}$　副词，反正：～来得及个，[弗要]慌。z-sie$^{11-33}$ əɯ$^{113-24}$lɛ^{11}t-dei$^{44-2}$gɛ^{231}gə$^{-2}$，fi^{52}hɑo^{24}。

横直 ua$^{11-33}$dʑ-tɕiɛ$^{113-24}$　横和直、方圆：～十里 ua$^{11-33}$dʑ-tɕiɛ$^{113-24}$ ʑiɛ^{113} lei^{-4}。

ua$^{11-33}$dʑ-tɕiɛ$^{113-44}$、又读 ua$^{11-33}$tɕiə$^{-44}$　副词，反正。“又读”同时改变韵母。

情愿 zei$^{11-113}$ȵiɤ$^{231-4}$　动词：弗～fɛ$^{44-52}$zei$^{11-113}$ȵiɤ$^{231-4}$。

zei$^{11-113}$ȵiɤ$^{231-4}$、又读 zei^{11}ȵiɤ$^{231-44}$　副词，宁可：我～死。ɑ^{113} zei^{11} ȵiɤ$^{231-44}$sɿ^{534}。

到底 tə$^{52-33}$tie^{534}　　到尽头：钻～末？ tsɤ^{24}tə$^{52-33}$tie$^{534-52}$mi$^{231-52}$？

　　tə^{52}tie^{-44}、又读 tə$^{52-24}$die^{-2}　　副词。同时改变韵母。

随便 zei^{-113}b-pie$^{231-4}$　　形容词。

　　sei^{-52}pei^{-44}　　连词，不论、不管。同时改变韵母：～远弗远，我定要去。sei^{-52}pei^{-44}iɤ$^{113-11}$fɛ$^{44-52}$iɤ^{113}，ɑ^{113} dei^{231} iə^{52}kʰəɯ^{52}。

九、词性转换

在保持原有词性的同时，不通过其他构词法而直接在原词本身进行词性转换，分化、派生出新的意义，这是汉语各方言都有的一种构词现象，这里提出汤溪话中的一些有趣的例子。

9.1 名词→动词

坝 pɤ^{52}　　小水道的堤埂→筑坝蓄水：～起来 pɤ^{52}tɕʰi$^{534-2}$lɛ$^{11-2}$。

坑 kʰa^{52}　　较小的水道→排（水）：～点儿水落去。kʰa^{52}ȵiɑŋ$^{-2}$ɕyei$^{534-52}$lo$^{113-52}$ kʰəɯ$^{52-2}$。

车 tsʰɑ^{24}　　车子→①用缝纫机缝：～袜底缝鞋垫儿 tsʰɑ$^{24-33}$mo$^{113-11}$tie^{534}；②推、开（车子）：〈这〉张车～哪里去？ gə$^{113-11}$tɕyo$^{24-52}$tsʰɑ^{24}tsʰɑ^{24}la$^{113-11}$ li$^{113-11}$ kʰəɯ^{52}？

机 tɕi^{24}　　机器→用机器碾（粮食）：～麦 tɕi$^{24-33}$ma$^{113-24}$。

胎 tʰɛ^{24}　　胎→挺（肚子）：个肚皮肚子～起来。kɑ^{52}du$^{113-11}$bi^{11}tʰɛ^{24}tɕʰi$^{534-2}$ lɛ$^{11-2}$。

锹 tsʰɤ^{24}　　铁锹→用锹起（土）：～点儿泥落去。tsʰɤ^{24}ȵiɑŋ$^{-2}$ȵiɑ^{11}lo$^{113-2}$ kʰəɯ$^{52-2}$。

腰 iə^{24}　　腰部→用棍子横打：一棍～～尔死一棍子打死你！ i^{-52}kuai$^{534-52}$ iə^{24}iə$^{24-2}$ ŋ$^{113-2}$sɿ^{534}！

索 so^{44}　　大绳子→搓（绳子）：～稻秆绳 so$^{44-52}$də$^{113-11}$kɤ$^{534-52}$ʑiai^{11}。

帐 $tɕyo^{52}$　布～蚊帐 $pu^{52-33}tɕyo^{52}$ →支（蚊帐）：布帐～起来。$pu^{52-33}tɕyo^{52}$ $tɕyo^{52}tɕ^{h}i^{534-2}lɛ^{11-2}$。

芽 uo^{11}　豆～$dəɯ^{231-113}uo^{11-4}$ →浸制（豆芽）：～点儿豆芽吃吃。$uo^{11}ȵiaŋ^{-2}$ $dəɯ^{231-113}uo^{11-4}tɕ^{h}iei^{44}tɕ^{h}iei^{44-2}$。

家里 $ka^{-33}li^{113-24}$　家里→在家：渠弗～他不在家。$gɯ^{11}fɛ^{44-52}ka^{-33}li^{113-24}$。

9.2　名词→形容词

味 vi^{231}　趣味、意思：有～$iəɯ^{113-11}vi^{231}$ →高兴、舒服：嬉得吓农～玩得很高兴。$ɕi^{24}t\text{-}dei^{44-2}ha^{44}nɑo^{11-2}vi^{231}$。

味道 $vi^{231-11}də^{113}$　①味儿；②趣味→高兴、舒服。

江湖 $kuo^{24}u^{11-2}$　走～$tsəɯ^{534-52}kuo^{24}u^{11-2}$ →不拘礼节：渠吃饭忒～。$gɯ^{11}$ $tɕ^{h}iei^{44-52}vo^{231}t^{h}ɛ^{44}kuo^{24}u^{11-2}$。

本事 $mai^{534-52}zɿ^{231}$　本领→聪明、能干：渠比我～些。$gɯ^{11}pei^{-52}ɑ^{113}mai^{534-52}$ $zɿ^{231}zɤ^{-2}$。

夜 $iɑ^{231}$　～里 $iɑ^{231}li^{113-2}$ →（夜）深、（晚上）晚：渠归来的时紧⁼吓农～罢他回来的时候很晚了。$gɯ^{11}kuei^{24}lɛ^{11-2}gə^{-2}z\text{-}sɿ^{11-33}$ $tɕiei^{534}ha^{44}nɑo^{11-2}iɑ^{231}bɑ^{113}$。

9.3　名词→动词、形容词

烟 ie^{24}　烟→①动词，冒烟：烟囱里只顾～来烟囱里不断地冒出烟来。$ie^{24}tɕ^{h}iɑo^{-2}li^{113-2}tɕyu^{52}ku^{52-44}ie^{24}lɛ^{11-2}$；②形容词，形容烟雾弥漫：屋里吓农～屋子里烟雾弥漫。$ɔ^{44}li^{113-2}ha^{44}nɑo^{11-2}ie^{24}$。

9.4　动词→名词

掠 $lɤ^{113}$　把垂下部分掀起→梳子：买来个～。$mɑ^{113-11}lɛ^{11-52}kɑ^{52}lɤ^{113}$。

9.5　动词→形容词

发财 $fo^{44}zɛ^{11-2}$　恭喜～$kɑo^{-33}ɕi^{534}fo^{44}zɛ^{11-2}$ →富裕：～个农家人家 $fo^{44}zɛ^{11-2}$ $gə^{-2}nɑo^{11-113}kuo^{24-4}$。

有 $iəɯ^{113}$　　~雨 $iəɯ^{113-11}y^{113}$ →富裕：渠农是~他真富！ $gɯ^{11}nɑo^{11-2}$ dz-$tsɿ^{113-24}iəɯ^{113}$ ！

无 m^{11}　　~雨 $m^{11-33}y^{113}$ →贫困:〈这〉个农家人家吓农~个。$gə^{113-11}$ $kɑ^{52}nɑo^{11-113}kuo^{24-4}ha^{44}nɑo^{11-2}m^{11}gə^{-2}$。

原载《语言研究》1987 年第 1 期

金华汤溪方言的体

〇、引言

0.1 金华位于浙江省中部偏西。东汉初平三年（192年）分会稽郡乌伤县（今义乌市）西南地置长山县，隋开皇十八年（598年）改名金华。三国吴宝鼎三年（266年）分会稽郡西部立东阳郡，治长山。自此历为郡、州、路、府、专区、地区、市治所。

明成化七年（1471年）割金华、兰溪、龙游、遂昌四县边陲地置汤溪县。1958年，汤溪县除衢江以北的两个乡划归兰溪外，其余并入金华县。

汤溪县存在了487年，已形成自己的方言。汤溪方言与金华、兰溪、龙游、遂昌的方言均有很大差别，相互间通话很困难，汤溪话的分布区域大致相当于原汤溪县境，即今金华县西部蒋堂、琅琊、周村、溪口及其以西地区。汤溪话内部存在一些地域分歧。原汤溪县城汤溪镇的方言可作为汤溪话的代表。

笔者是汤溪镇西南5公里岩下村人。岩下村原属汤溪区中戴乡，1992年改属汤溪镇。本文记录笔者母语岩下村方言。岩下村方言与周围村庄以及汤溪镇的方言略有差异。为方便起见，下文把金华县汤溪镇岩下村方言称为“汤溪话”。

汤溪话的音系情况（包括连读调、儿化音变），请参看曹志耘（1987）。关于汤溪话的其他问题，可参看曹志耘（1988）等。

0.2 本文标记符号说明

（1）调值用数字标在音节右上角，“-”后是变调。轻声音节在右上角标“0”。

（2）同音字在右上角加小等号“⁼”表示。本文所用的同音字有：约⁼yo^{44}（介词，被），秃⁼t^{h}ɔ^{44}（副词，都），抓⁼tɕiɑ^{24}（在）。

（3）合音字在原来那两个字的外面加“[ ]”表示。本文所用的合音字有：[弗要]fi^{52}（不要、别），[起来]tɕ^{h}iɛ^{0}（趋向动词），[落去]ləɯ^{0}（下去，趋向动词）。

（4）训读字外加“〈 〉”表示。本文所用的训读字有：〈这〉gə^{113}，〈那〉gɑo^{11}，又读gɔ^{11}、gu^{11}。

（5）举例中较常用的几个特殊方言词的音义如下：尔ŋ^{113}（你），渠gɯ^{11}（他），个kə^{0}（的），农nɑo^{11}（人），弗fɛ^{44}（不），记tɕie^{52}（动量词，下），徛gɛ^{113}（站立），望mɑo^{231}（看），脱t^{h}ɛ^{44}（丢失），洋钿yo$^{11-113}$die$^{11-0}$（钱）。

一、完成体

1.1 普通话主要通过在动词后加完成体助词“了”的方式表示动作的完成。例如：

我买了一件衣服。

汤溪话里没有专用的完成体助词。趋向动词“来”lɛ^{11}除了表示趋向（例1~2）外，有时还同时兼有表趋向和表完成的作用（例3~6）。

（1）尔去借把刀来。

（2）渠趁北京寄来一封信。（趁：介词，从）

（3）我买来一件衣裳。

（4）渠上年收来四个徒弟。

（5）车票买来未？

（6）我五百块洋钿赚来罢。（罢：表肯定语气词，详见下文 7.1）

在有的句子里，“来”跟前面的动词不构成一种明显的动趋关系，甚至动词跟后面的“数量名”部分（有时省去数词“一”或名词，下文同）不构成动宾关系而是动补关系（例 7，又例 8 后半部分），这时“来”的趋向意味更加虚化，作用接近普通话的完成体助词“了”。例如：

（7）渠上年抓$^{=}$上海住来个把月。

（8）随便寻来个旅馆宿来一夜。

（9）我问来好些农秃$^{=}$晓弗得。（晓弗得：不知道）

不过这种说法比较少见，很可能是一种新起形式。

其他趋向动词，尤其是“去”k^{h}əɯ^{52}、“落”lo$^{113-0}$（下去）、“落去”lo$^{113-0}$ k^{h}əɯ$^{52-0}$（下去）、“[落去]”ləɯ^{0}（下去）、“[起来]”tɕ^{h}iɛ^{0} 几个，有时也有兼表完成的作用。但这些词的趋向意味比较浓。例如：

（10）〈这〉笔生意约$^{=}$渠赚去一百多洋钿。

（11）我〈那〉支钢笔脱落罢。

（12）我三碗饭吃落去罢。

（13）车票买[起来]未？（例 5 意为“车票买来了没有？”本句可译为“车票买好了没有？”）

“落”、“落去”、“[落去]”意思相同，可互相替换，不逐个举例。下文同。

1.2 汤溪话还有其他几种表示完成的方式，它们都有一定的限制。

1.2.1 一是把助词“得”tei$^{44-0}$ 用在“数量名（受事）＋动词＋得＋趋向动词”的结构里，有强调、夸张数量的意味。受事与动词之间有时夹着由表示“被”的介词引进的施事。这种结构里的“得”与近代汉语里表示动作完成的“得”（如“出得门来”）之间的关系有待探讨。例如：

（14）我昨日十本书买得来。

（15）三碗饭吃得落去还未吃饱。

（16）渠做生意两千洋钿赚得归来。

（17）好些钞票约$^{=}$渠存得[起来]。

1.2.2　第二种是在“数量名（受事）＋动词”的后面加上动量词“记”tɕie⁵²，有强调、夸张数量的意味。例如：

（18）我三碗饭吃记还未吃饱。（我吃了三碗饭还没吃饱）

（19）冻冻去，好两日嬉记。（感冒了，歇了好几天）

（20）尔害我个多钟头等记。（你害我等了一个多小时）

（21）我好些地方寻记也未寻着渠。（我找了好多地方也没找着他）

例 18~21 的“记”也可换成“得落去”，但那就像例 14~17 一样带上了趋向的意味。

1.2.3　第三种是用“动叠＋补语”的结构。其中的动词重叠主要是表示动作的完成，而不是表示动作的短时或尝试。例 22 的“买买来”意为“买了来”，例 25 的“关关屋里”意为“关在了房子里”，例 27 的“打打破”意为“打破了”。补语多为趋向补语、处所补语和结果补语。处所补语前没有介词。“动叠＋补语”的结构在表示动作完成的同时，还含有一定的持续意味。例如：

（22）〈这〉个东西我买买来还未用过。

（23）我支钢笔脱脱落去。

（24）渠一把夺夺转去。

（25）我约⁼渠关关屋里。

（26）渠坐坐地下。

（27）我个碗打打破。

（28）饭吃吃饱再去。

（29）尔〈这〉些东西包包好，寄寄归去。

二、进行体

2.1　普通话表示动作进行的方式是在动词前面加时间副词“在”，在动词后面加“呢”或“着呢”。例如：

他在吃饭。

他吃饭呢。

他在吃饭呢。

他玩儿着呢，没在吃饭。

在汤溪话里，由“是”dzɿ^{113}、“抓=”tɕiɑ^{24}（在）、“落”lo^{113}（在）加处所词“达”da^{113} 构成的“是达”dzɿ$^{113-11}$da$^{113-0}$、“抓=达”tɕiɑ^{24}da$^{113-0}$、“落达”lo$^{113-24}$da$^{113-0}$ 三词，用在动词前，意义已经虚化，相当于时间副词“在”。此外，轻声的“达”da$^{113-0}$ 也可单独用在动词前，意思、用法跟以上三词一样。这个“达”究竟是“是达”、“抓=达”、“落达”三词的省略形式，还是比这三词更早的用法，现在还无法断定。在今天的汤溪话里，“是达”、“达”较常用，其中“是达”比“达”显得强调一些，“抓=达”、“落达”较少用。这四个词的前面可加“正”、“还”等词。例如：

（30）渠是达吃饭。

（31）尔还是达望电视啦？

（32）些读书学生抓=达唱歌儿。

（33）渠落达洗衣裳。

（34）外头达落雨，[弗要]到外头去。

（35）我正达骂渠。

汤溪话利用“是”构成进行体，与英语利用“be”构成进行体有有趣的相似性。

2.2 “达”da^{113} 用在代词和名词后面时，表示处所。“〈这〉达”意为“这儿”，“〈那〉达”意为“那儿”，“我达”意为“我这儿”，“老师达”意为“老师那儿”，余可类推。用在事物名词后面时一般要在“达”前加上指示代词（例39），但也可省去（例40）。例如：

（36）尔坐〈这〉达。

（37）到渠达借点儿钞票来。

（38）我个练习簿落老师达。（落：在）

（39）凳摆得床〈那〉达。

（40）我落车站达碰着渠个。

这个“达”也能离开代词和名词单用，不读轻声，义同“〈这〉达”。此时意义更加实在。这种用法可能由“〈这〉达”省略而来，也可能是保存了“达”的古义。例如：

（41）尔坐达。

（42）达本来无路个。

（43）个碗［弗要］摆达头。

2.3 “达”本字可能是“墶”。《集韵》入声盍韵：“墶，地之区处”，德盍切。为方便起见，本文写做近音字“达”。（汤溪话“传达”的“达”字念 do[113]）

体助词和处所词“达”的后面都可加上“头”dəɯ[11]。这个“头”当由表示方位的后缀“头”（曹志耘，1987：91）演变而来。年纪大的人常常加“头”，年轻人趋向于不加“头”。加不加“头”意思完全一样，只是不加“头”时风格上显得简洁明快一些。为方便起见，本文叙述时只写做“达”，而不写做“达（头）”，只是在举例中举出少量带“头”的例句。

三、持续体

3.1 汤溪话表示动作、状态持续的基本助词是轻声的“达”da[0]，用在动词后。这个“达”应该是由处所词，重读的“达”da[113]（详见上文第二节）演变而来的，在某些结构（例如 3.2.1、3.2.2 二式）里还带有一定程度的处所意味。

以下例句里的“达”均可翻译成普通话的“着”。

（44）尔捏达！

（45）坐达，［弗要］徛［起来］！

（46）门开达个，里面无农个。

（47）渠着达一身新衣裳。

（48）渠手里捏达个茶筒儿。

（49）墙上挂达张画。

（50）渠欢喜徛达吃个。

（51）［弗要］困达头望书。（困：躺）

3.2 与普通话相比，汤溪话持续体助词“达”还有一些特殊的用法，现分述如下。

3.2.1 动词+得+达

这种结构里的“达”还带有一定程度的处所意味。因而“得”tei$^{44-0}$表面上看起来有点像普通话位于动词与处所词语之间的介词“在”（例如“放在桌子上”）。但这里的“得”实际上是一个肯定动作已经发生的助词（参看上文1.2.1），是动词的附加成分（“V得－”），而不是处所词语的介引成分（“－得”）。在汤溪话里，动词与处所词语之间不需要介词连接，例如：

（52）本书摆桌上，[弗要]摆凳上。（把那本书放在桌子上，别放在凳子上）

如果要把汤溪话的“动词+得+达”对应成普通话，不妨暂且看做是“动词+了+着”，即动作完成后紧接着持续下去，不过，由于“动词+得+达”里的“达”尚未完全虚化，整个结构还含有较重的“V在那儿”、“V在这儿”的意味。跟一般的持续句相比，这类句子更强调、突出状态正在持续过程之中。例如“门开达”可译为“门开着”，“门开得达”则可译为“门正开着”或“门开在那儿”。

（53）渠坐得达。（他正坐着，注意如果“达”字重读则意为“他坐在这儿”）

（54）渠身新衣裳着得达。

（55）渠手里个茶筒儿捏得达。

（56）墙上张画挂得达。

（57）门口头三个农徛得达。

（58）渠房里盏灯亮得达头。

当动词有受事宾语时，汤溪话喜欢把受事宾语放在动词之前（例54~56），“动词+达+受事宾语”的结构（例47~49）不太常用。

3.2.2 动词+数量名（受事）+达

“达”用在动词的受事宾语之后，表示在动作完成结束后，动作的结果作为一种状态持续下来，一般有一个表示目的或表示原因的部分与这种状态配用。普通话没有类似的结构。例如：

（59）书上写个名字达，省得和别农和转来。（书上写上个名字，省得跟别人混起来）

（60）存点儿钞票达老来用。（存着点儿钱，等老了用）

（61）明朝有客农来个，买点儿菜达起。（明天有客人来，先买下点儿菜）

（62）苹果退两个达渠吃吃。（苹果留几个给他吃）

（63）吃酒［弗要］吃醉，自候点儿达。（喝酒别喝醉了，自己把握着点儿）

普通话的动补结构“看着点儿”、“记着点儿”等在汤溪话里不能说成“望点儿达”、“记点儿达”。例 63“候点儿达”的“点儿”仍是宾语，不是补语。

3.2.3 动叠＋达

这跟 1.2.3 里“动叠＋补语”的结构类似。只是“达”已经由处所补语虚化为持续体助词了，因而它强调的是状态正在持续之中，而不是动作的完成。由于动词重叠的作用，这种状态有一种连续不断地持续的意味。后面常常接含否定意义的结果。该结果即使不出现，也已经隐含在其中。如例 64 实际上就隐含着“怎么不坐下？”的意思。普通话没有类似的结构。例如：

（64）尔徛徛达啦？（你怎么站着啊？）

（65）我坐坐达还未徛［起来］来过。（我一直坐着，还没站起来过）

（66）些鸡关关达一个秃˭逃弗出。（这些鸡关了起来，一个都跑不出来）

（67）渠哭哭达弗肯歇。（他一直哭着，不肯停下来）

（68）部电视机一日到夜开开达。（这台电视机一天到晚开在那儿）

3.2.4 动词＋达＋动词

普通话有同样的结构。但在汤溪话里，前一动词限于其状态具有较长持续性的动作动词，比如没有普通话“走着瞧”、“红着脸说”、“忙着收拾东西”等说法。“动词＋达”不能重叠，也不能与别的“动词＋达”并列，比如没有普通话“说着说着就吵起来了”、“他俩笑着闹着出去了”的说法。例 50~51。又如：

（69）灯开达望电视。

（70）渠钞票存达弗肯借别农用。

四、经历体

4.1 普通话用助词“过”表示“过去曾经”的意思。汤溪话也用“过” kuɤ$^{52-0}$ 作为经历体的助词，例如：

（71）我到上海去过，北京未去过。

（72）渠前头做过生意个。

（73）我老早便望过〈这〉本书罢。

（74）〈这〉本书我老早望过罢。（比例 73 常用）

（75）尔火车坐过未？

4.2 汤溪话的“过”还可以用在动宾短语、动补短语或单个动词后，表示出于上文所提及的理由（含否定意义），另外进行一次该动作，以便改换现有的状态。动词前面可加上“再”，加“再”后有时表示“再重复一次”该动作，有“再一次”的意思（例 78）；有时只表示“另外进行”，“再次”义已虚化（例 79）。“过”用在宾语后，不能用在动词与宾语之间。例如：

（76）〈这〉支笔弗好写，换支过。

（77）〈这〉笔帐算错罢，算遍过。

（78）〈这〉个日子也弗好，再择个日子过。

（79）〈这〉件衣裳着破罢，再做件过。

但汤溪话的“过”不表示动作完毕，如没有普通话“吃过饭再去”之类的说法。

五、起始体

5.1 汤溪话的趋向动词“来” lɛ$^{11-0}$ 用在动词后面，可以表示动作的起始。如果动词有宾语或补语，“来”放在宾、补语之后，而不能放在动词与宾、补语之间（如普通话的“打起鼓，敲起锣”）。“来”的后面常带表示事态变化的语气词“罢” bɑ^{113}、“啵” pə^{0}。例如：

（80）天公冷来罢。（天冷起来了）

（81）天公落雨来啵。（天要下雨了）

（82）小农儿哭来罢。（小农儿：小孩儿）

（83）吃酒吃吃面有点儿红来罢。（面：脸）

（84）身体好点儿来罢。

5.2 趋向动词“[起来]”tɕ^{h}iɛ^{0}、“[起来]来”tɕ^{h}iɛ^{0}lɛ^{0}（二者同义，可互换）也可以表示动作的起始。但与“来”相比，“来”更强调动作开始发生时的那个动态过程，“[起来]”、“[起来]来”则强调紧随着动作开始发生而持续下来的那种状态。或者说，“来”关注动作开始时的那个时点，“[起来]”、“[起来]来”则关注动作开始时及开始后的一个时段。例如，“天公冷来罢”表示天气开始由非冷到冷了；“天公冷[起来]罢”表示天气已经开始由非冷到冷并进入冷的状态了。“[起来]”、“[起来]来”在句子中的用法跟“来”基本一样，只是当动词后面有宾语时，“[起来]来”要拆开分别放在宾语的前后。例如：

（85）牙齿痛[起来]罢。

（86）两个农儿打[起来]来罢。

（87）渠吃[起来]酒来便要骂农个。

（88）尔头发烫[起来]来，新衣裳着[起来]来，去寻老公啊？

（89）身体好点儿[起来]罢。

六、继续体

继续体是指将起始后的动作不间断地继续进行下去，例如普通话“你说下去，别停下！”汤溪话里没有一个体标记能够单独表达这种语法意义。汤溪话必须把趋向动词“来”lɛ$^{11-0}$、“去”k^{h}əɯ$^{52-0}$与表示频率的副词“只顾”（不停地，不断地）、“添”（再，还。用在动词性词语后）、“再”、“还”等配合起来使用，才能表达类似的意义。例如：

（90）尔讲来添。（你再说下去）

（91）天公只顾落来。（雨不停地下着）

（92）药只顾吃去也弗好个。（老是吃药也不好）

除此之外，汤溪话也常常依靠语境来表达动作的继续。例如“尔讲哇！”（你说呀！）在一定的语境里就会有“你说下去呀，别停下！”的意思。

七、已然体

7.1 普通话的已然体由句末的“了”表示。这个“了”的作用是肯定事态出现了变化（了 2），有时还兼有表示动作完成的作用（了 1 + 2）。例如：

他会跳舞了。

我已经吃了。

在汤溪话里，语气词“罢”ba^{113}用在句末，表示动作或状态已然，相当于普通话“了”的上述功能。例如：

（93）渠会跳舞罢。

（94）我吃罢。

（95）我买来三张车票罢。

（96）个球滚洞里去罢。

（97）新衣裳做好罢。

（98）渠头发秃$^{=}$白罢。

（99）我三十岁罢。

“罢”不能像普通话的“了”那样还用在动词后宾语前表示动作完成，也不能单独用在句末表示事态将有变化。

“罢”ba^{113}在说得较快、较轻时弱化为“哇”ua^{113}。说“罢”还是说“哇”不受前一音节韵尾的限制。

7.2 普通话句末的“了”除了表示已然外，还有一个功能就是表示事态将有变化，即将然。例如：

快放假了。

他要走了。

汤溪话一般用“啵”pə⁰ 表示普通话“了”的这种功能。前面常有“快”、“要”、“好”（该）等词。例如：

（100）快放假啵。

（101）渠要去啵。

（102）尔也好去啵。

（103）饭熟啵。

（104）我三十岁啵。

“啵”的前面也能加上“得”tei^{44-0}，意思不变。例如：

（105）快放假得啵。

（106）病好得啵。

（107）双鞋要着破得啵。

（108）快十点钟得啵。

“罢”除了表示已然外，还能跟“得”构成“得罢”$tei^{44-0}ba^{113}$，用在句末表示事态立即出现变化。与“啵”、“得啵”相比，距出现变化的时间更短。这时前面一般不再有“快”、“要”、“好”（该）等词。这种结构比较少用。例如：

（109）放假得罢。

（110）饭熟得罢，[弗要]烧啵。

（111）〈这〉个月个工资用了得罢。（了：完，完了）

“啵”、“罢”前面的“得”是个什么性质的成分还不清楚。在反复疑问句里，“得”可以单用在句末否定副词“未”之前。从而在不跟有“啵”、“罢”的情况下，它同样能起到表示将有变化的作用。例如：

（112）做落靠得未？（快干完了没有？）

（113）尔吃歇得未？（你快吃完了没有？）

（114）快到得未？（快到了没有？）

（115）快八月中秋得未？（快到中秋节了没有？）

回答形式是（对例 112）：

（116）做落靠得啵。（快干完了）

（117）做落靠得罢。（这就干完了）

（118）做落靠罢。（干完了）

（119）还未做落靠。（还没干完）

是非疑问句用“啵 / 得啵 / 得罢＋弗”表示，不能单用“得”。例如：

（120）做落靠啵弗？（快干完了吗？）

（121）尔要去得啵弗？（你要走了吗？）

（122）尔吃饱得罢弗？（你吃得差不多了吗？）

7.3 普通话句末的“了”大致上有两种情况，一是肯定事态出现了变化，有时还兼表完成（已然），二是表示事态将有变化（将然）。在汤溪话里，表示已然只用“罢”，表示将然用“啵”、“得啵”、“得罢”、“得”。二者形式不同。因此不会像普通话那样产生混淆。例如：

	汤溪话	普通话
（123）	我来罢。	我来了（我已经来了。如：他还没来，~）
（124）	我来啵。	我来了（我这就来了。如：别喊了，~）

八、汤溪话体形式表

本表列出本文里出现的汤溪话的所有体形式及其用法和意义。大致依照 7 个体（最后再加上“将然”）的顺序排列。如果一个体形式兼有几种不同的体意义，则集中列举。可互相替换的体形式用“/”隔开列在一起。为了便于理解，本表以结构的面貌给出体形式，因而有些条目属于体形式的用法问题，而不是体形式本身有什么特殊性。精确的情况须参看内文。

体形式	体意义	说 明
动词＋来	①完成	尚未完全虚化
	②起始	如有宾、补，“来”放在宾、补后
	③继续	有表频率的副词与之配用
动词＋去	①完成	尚未完全虚化
	②继续	有表频率的副词与之配用
动词＋落 / 落去 /［落去］	完成	尚未完全虚化
动词＋［起来］/［起来］来	①完成	尚未完全虚化
	②起始	
动词＋得＋“来”等趋向动词	完成	动词前带数量名受事
动词＋记	完成	动词前带数量名受事
动叠＋趋向 / 处所 / 结果补语	完成	兼有一定的持续意味
是达 / 抓= 达 / 落达 / 达＋动词	进行	“达”后可加上“头”，下 5 条同
动词＋达	持续	受事放在“达”后
动词＋得＋达	持续	受事放在动词前
动词＋数量名受事＋达	持续	常有目的或原因分句与之配用
动叠＋达	持续	后面常接否定意义的结果
动词＋达＋动词	持续	前一动词限于具有较长持续性的动作动词
动词＋过	经历	
名子＋罢	已然	弱化形式为“哇”，下同
句子＋啵 / 得啵 / 得罢 / 得	将然	“得”只用于反复问句，“得”后要加“未”

:: 参考文献 ::

曹志耘（1987）金华汤溪方言的词法特点，《语言研究》第 1 期。

———（1988）金华方言的句法特点，《中国语文》第 4 期。

吕叔湘（1980）《现代汉语八百词》，商务印书馆。

原载《动词的体——中国东南部方言比较研究丛书（第二辑）》
张双庆主编，香港中文大学中国文化研究所吴多泰中国语文研究中心，1996 年

金华汤溪方言的动词谓语句

〇、引言

0.1 关于金华汤溪方言的一般情况，请参看曹志耘（1987）。

0.2 本文标记符号说明

（1）调值用数字标在音节的右上角。连字号“-”前为本调，后为变调。轻声在音节的右上角标“0”。

（2）口语里无单字音的只标连读音，连读音的调值标在连字号“-”后。

（3）同音字在右上角加小等号“⁼”表示。本文所用的同音字有：约⁼ yo^{55}（拿；给；让；介词，被），秃⁼ $t^hɔ^{55}$（副词，都）。

（4）合音字在原来那两个字的外面加“[ ]”表示。本文所用的合音字有：[弗要] fi^{52}（不要、别），[起来] $tɕ^hiɛ^{0}$（趋向动词），[落去] $ləɯ^{0}$（趋向动词，下去）。

（5）训读字外加“〈 〉”表示。本文所用的训读字有：〈这〉$gə^{113}$，〈那〉$gɑo^{11}$，又读 $gɔ^{11}$、gu^{11}。

0.3 汤溪话的存现句、连动句、兼语句跟普通话基本相同。本文讨论汤溪话中跟普通话差别较大的处置句、被动句、受事前置句、双宾句、补语句、宾语与补语的顺序以及“后置词”的用法。

一、处置句

1.1 汤溪话基本上没有像普通话“把”字句那样的处置句。汤溪话表示处置意义时一般不用介词，而是直接把受事宾语放在动词前面，例如：

（1）尔扇门关去。（你把门关上）

（2）张桌扛走。（把这张桌子抬走）

（3）尔吃歇碗摆桌上。（你吃完了把碗放在桌子上）

（4）渠饭烧熟罢。（他把饭烧熟了）

（5）我个茶筒儿打打破。（我把茶杯打碎了）

同普通话一样，汤溪话处置句中受事宾语所指的事物是有定的，已知的。汤溪话的受事宾语常由“量词＋名词”充当，例如“扇门”、“张桌”、“个茶筒儿”等等。这种结构的前头虽然没有指示代词，但仍然含有定指意义。（但假如把它挪到动词后，如说成“我打破个茶筒儿”，就成为不定指）

同普通话一样，处置句的动词不能是一个简单的动词，而要带补语、助词或加以重叠。

1.2 普通话有一类以“给”字短语做状语，表示给予谁以什么动作的句子，例如：

给他去封信。

他给我做饭。

我把玻璃给你碰碎了。

给小朋友讲故事。

为了叙述方便，这里暂且把具有这种特征的句子叫做“给予句”。

在汤溪话里，用来引进动作接受者的介词是“帮”和“听”（金华城里话亦然），二者的用法没有差别。“帮”读［mɑo^{24}］，又读［məɯ^{52}］，只用作介词。

“听”读［t^hei^{52}］，声调例外，用作动词（用耳朵听）和介词。“帮”、“听”用作介词时都是替、给的意思。

（6）帮渠写封信去，讴渠归来。（给他写封信，叫他回来）

（7）尔听我写封信。（你替我写封信）

（8）我帮尔买来一件衣裳。（我给你买了一件衣服）

（9）渠听我割稻，我听渠耕田。（他给我割稻子，我给他耕田）

（10）尔帮我扇门关去。（你替我把门关上）

（11）我听渠封信寄记去。（我替他把信寄走）

（12）我帮尔块玻璃敲敲破。（我给你把那块玻璃打碎了）

（13）我听尔些衣裳收归来罢。（我替你把这些衣服收回来了）

1.3 在上述句子中，如果受事宾语位于动词前（例10~13），介词“帮”、“听”（替）后面的代词有时可以省去。如果省去，就成了例14~17。这时“帮”、“听”在意念上会被理解为是直接关涉后面的名词的，整个句子有了类似普通话“把”字句的作用。

（14）尔帮扇门关去。（你把门关上）

（15）我听封信寄记去。（我把信寄走）

（16）我帮块玻璃敲敲破。（我把玻璃打碎了）

（17）我听些衣裳收归来罢。（我把这些衣服收回来了）

在汤溪话里，像例14~17的用法相当少见。但由于普通话“把”字句的影响，这种用法预计会得到发展。在金华城里话里，由“帮”、“听”构成的处置句比汤溪话要常见一些。

二、被动句

2.1 汤溪话被动句里引进施事的介词有“等”［nai^{535}］、“约$^=$”［yo^{55}］两个（金华城里话用“得”和“让”），其中“约$^=$”比较常用。“等”和“约$^=$”除了相当于介词“被”的用法外，主要还有下列意义：

等　①等待：~车。

②支使，让：~渠归去。（让他回去）

约⁼ ①拿，取：~个碗来。

②给，给予：渠~我一块糖。（他给我一块糖）

③让，容许，听任：[弗要]~渠去。（别让他去）

2.2 汤溪话被动句里的受事除了常常像普通话那样放在介宾短语之前亦即句首外（例18~20），有时也可以放在介宾短语与动词之间，这时必须加上数量定语（例21~23），不能加数量定语的代词只能放在句首（例20）。

（18）个碗等渠打打破。（那个碗被他打碎了）

（19）部踏脚车约⁼别农偷去罢。（那辆自行车被别人偷走了）

（20）渠等我请来罢。（他被我请来了）

（21）等渠个碗打打破。（那个碗被他打碎了）

（22）约⁼渠好些钞票用得落去。（被他花掉了好多钱）

（23）约⁼大水头桥冲冲走。（那座桥被大水冲走了）

2.3 没有只出现介词不出现施事的句式，如普通话的“碗被打碎了”。在汤溪话里，要么介词和施事都出现，施事不能省略（例18~23）；要么介词和施事都不出现，受事直接跟动词连用（例24~26）。

（24）个碗打打破。（那个碗被打碎了）

（25）信寄去罢。（信寄走了）

（26）菜吃净罢。（菜吃光了）

在后一种情况下，受事一般是个不能发出动作的词，否则会引起歧义。例如“鸡吃净罢”有可能是鸡把食物吃光了，也可能是鸡被吃光了。当然，如果有语境的帮助，“鸡吃净罢”之类的句子也可以用来表示被动。

三、受事前置句

普通话和汤溪话都有一些受事宾语在前、动词在后的现象。相比之下，这种现象汤溪话比普通话更为常见。例如：

（27）尔午饭吃未？（你吃了午饭了吗？）

（28）我票买来罢。（我买了票了）

（29）我一样东西秃⁼未买。（我一样东西都没买）

（30）渠烟也吃，酒也吃。（他烟也抽，酒也喝）

（31）我〈这〉些书足望过一本。（我这些书只看过一本）

此外，汤溪话在以下四种情况下，也经常是受事宾语在前，动词在后。

3.1　需要夸张动作的时间长短、受事的数量多少时，除了动词在前、受事在后的顺序外（例 32），更经常的是在助词“记”[tɕie⁵²]的帮助下把受事放在动词前，构成“受事＋记＋动”式或“受事＋动＋记”式。“记”是由数量词“一记”省略“一”而来的。“受事＋记＋动”式表示时间短、数量少，往小里夸张（例 33、34），其中“记”的意思相当于普通话动词前表示动作短暂的“一”（如“一抓就灵”），后面常跟有由“便”连接的结果。“受事＋动＋记”式表示时间长、数量多，往大里夸张（例 35~38），后面常跟有由“还未”、“也未”、“秃⁼未”连接的结果。还有，在“受事＋动＋记”式里，受事必须带数量定语。受事中的名词有时可省去（例 36），但不能没有数量词。

（32）吃落去一碗饭便饱罢。（吃了一碗饭就饱了）

（33）一碗饭记吃便饱罢。（一碗饭一吃就饱了）

（34）渠饭记吃便去罢。（他饭一吃就去了）

（35）我三碗饭吃记还未饱。（我吃了三碗饭还没饱）

（36）我午饭三碗吃记。（我中午吃了三碗）

（37）害我好些地方寻记。（害得我找了好多地方）

（38）渠四年考记也未考上去。（他考了四年也没考上）

3.2　在直接宾语先于间接宾语的双宾句中，直接宾语除了放在动词后面外（例 39），还常常提到动词前面（例 40~42）。但在直接宾语中的数量词（数词“一”常常省去）仍要放在动词与间接宾语之间。在这种结构里，原直接宾语中的名词成了话题，原直接宾语中的数量定语继而成了动词直接关涉的对象，或者说成了直接宾语。

（39）递支笔我。（递给我一支笔）

（40）笔递支我。（递一支笔给我）

（41）尔碗借两个我用用。（你借几个碗给我用用）

（42）我糖分两块尔吃吃。（我给你几块糖吃）

3.3 表示状态在持续中的句子，受事除了放在动词后面外（例 43、44），更经常的是放在动词前面，受事的数量定语（数词“一”常常省去）也一起放在动词前，这时有强调受事的意味（例 45~48）。

（43）渠着达一身新衣裳。（他穿着一身新衣服）

（44）渠头上戴达个帽。（他头上戴着一顶帽子）

（45）渠身新衣裳着得达。（他穿着一身新衣服）

（46）渠头上个帽戴得达。（他头上戴着一顶帽子）

（47）两张画贴得墙上。（墙上贴着两张画）

（48）个茶筒儿摆得桌上。（桌子上放着一个茶杯）

以上例句中的“达”[da^0] 是持续体助词。“得”[tei^0] 也是动词的附加成分，作用是肯定动作已经发生。“得达”的语法意义相当于普通话“了＋着”，即表示动作完成后紧接着持续下去。（曹志耘，1996）

3.4 如上文 1.1 所述，汤溪话处置句中的受事宾语由于一般不用介词引导，而是直接放在动词前面，因此也造成了这类句子受事在前，动词在后的现象。例见上文（1）~（5）。

四、双宾句

普通话的双宾句都是间接宾语先于直接宾语，如果有介词“给”的帮助，间接宾语可以放在直接宾语后面做补语。例如：

我送他一本书。

我送一本书给他。

在汤溪话里，双宾语的顺序有以下几种情况。

4.1 在陈述句以及由陈述句变来的疑问句里，可以分为三种情况：

第一，在大多数情况下跟普通话一样，间接宾语先于直接宾语：

（49）渠送我一本书。（他送我一本书）

（50）我划算问尔点儿事干。（我想问你一点儿事）

（51）我求尔点儿事干。（我求你点儿事）

（52）渠问我明朝去弗。（他问我明天去不去）

（53）渠讴我哥哥个。（他叫我哥哥）

（54）渠送尔一本书啊？（他送你一本书？）

第二，当动词前后还有别的成分（如助词、补语、连动句的第一动词等），并且直接宾语是一种看得见摸得着的具体东西时，两个宾语的位置可以互换，其中直接宾语先于间接宾语的顺序比较常用：

（55）我还五十块洋钿渠罢。（我还了他五十块钱了）

（56）我还渠五十块洋钿罢。（我还了他五十块钱了）

（57）我划算送点儿东西渠。（我打算送他点儿东西）

（58）我划算送渠点儿东西。（我打算送他点儿东西）

但如果直接宾语比较抽象，仍只能是间接宾语先于直接宾语（例 50）。

第三，在兼语句里，只能是直接宾语先于间接宾语：

（59）渠寄两块洋钿我用用罢。（他寄了几块钱给我用了）

（60）我约$^{=}$点儿饭鸡吃吃哦？（我拿点儿饭给鸡吃吧？）

4.2　在祈使句以及由祈使句变来的疑问句里，一律是直接宾语先于间接宾语：

（61）尔送本书渠。（你送他一本书）

（62）借五块洋钿我用用。（借五块钱给我用）

（63）约$^{=}$个橘儿渠吃吃。（拿一个橘子给他吃）

（64）送支笔渠啊？（送他一支笔吗？）

直接宾语先于间接宾语的句子，还常常可以把直接宾语中的名词提到动词前面，这时原直接宾语中的数量定语起到了直接宾语的作用。（参看上文 3.2）

五、补语句

汤溪话的补语句在可能补语、趋向补语、时间和处所补语、数量补语几个方面有一些自己的特点，下面分别说明。

5.1 可能补语

5.1.1 普通话有两种可能补语。第一种是在动词后加上“得”或“不得”，第二种是在动词与结果补语或趋向补语之间加上“得”或“不”。汤溪话里也有这两种形式的可能补语，只是所用词语有所不同。例如：

（65）〈这〉种蕈吃得个。（这种蘑菇吃得）

（66）乱讲讲弗得个。（乱说说不得）

（67）尔望得见弗？（你看得见吗？）

（68）我赶弗着渠。（我赶不上他）

（69）〈那〉个山我爬得上。（那座山我爬得上）

（70）〈这〉碗酒我吃弗落。（这碗酒我喝不了）

5.1.2 在普通话里，第一种可能补语后不能加宾语，第二种可能补语后可加宾语。在汤溪话里，第二种可能补语后一般不加宾语，补语后的受事宾语习惯于提到动词甚至主语之前（例69、70）。而第一种可能补语后则可以加宾语，有时还可以加补语。这种宾语、补语多是带数量定语的。在否定句里，当宾语、补语有数量意义时，“弗”后面的“得”可以省去（例75~77）。

（71）〈这〉个教室坐得五十个农。（这个教室能坐五十个人）

（72）〈这〉张车骑得好两年。（这辆车能骑好几年）

（73）渠吃酒吃得一斤。（他喝酒能喝一斤）

（74）望病该得好些钞票。（看病得花好多钱）

（75）坐车用弗得几许钞票。（坐车用不了多少钱）

（76）〈这〉个地方起弗得两退屋。（这个地方造不了两座房子）

（77）我买弗得〈这〉么多。（我买不了这么多）

（78）〈这〉种东西见弗得水个。（这种东西不能见水）

（79）逃得和尚逃弗得殿。（跑了和尚跑不了庙）

（80）逃得今日逃弗得明朝。（跑得了今天，跑不了明天）

5.2 趋向补语

5.2.1 汤溪话的趋向动词如下：

	上	起	落	倒	到	进	里	出	过	转	归	走	开
来	上来	起来 [起来] [起来]来	落来	倒来		进来	里来	出来	过来	转来	归来		开来
去	上去		落去 [落去]			进去	里去	出去	过去	转去	归去		

5.2.2 汤溪话趋向补语的位置跟普通话基本相同。当动词后面有宾语时，趋向补语有时放在动词后宾语前（例 83、84），有时放在宾语后（例 85、86）。宾语有时也可以插入合成的趋向动词当中（例 87、88）。

（81）尔爬上来。（你爬上来）

（82）〈这〉些农一张车坐弗去。（这些人一辆车坐不了）

（83）渠寄来封信。（他寄来一封信）

（84）我送去些苹果。（我送去一些苹果）

（85）尔帮我买把雨伞来。（你替我买一把雨伞来）

（86）扁担上写个名字［起来］。（扁担上写上个名字）

（87）我约= 弗出五百块洋钿来。（我拿不出五百块钱）

（88）渠望［起来］电视来弗肯歇个。（他看起电视来没完）

趋向补语一般都读轻声。只是当趋向补语前有“得”或“弗”时，趋向补语可读轻声，也可不读轻声，不读轻声时有强调趋向补语的意味。

5.3 时间、处所补语

5.3.1 汤溪话没有表示动作发生时点的时间补语。普通话“我出生在 1961 年”这样的句子，在汤溪话里要把时间词语放在动词前，说成：

（89）我 1961 年生个。（我是 1961 年出生的）

5.3.2 普通话的动词与处所补语之间一般要用介词“在”等连接。在汤溪话里，动词与处所词语之间不用介词。如果动作已经发生并正在持续，动词后面要用上表示肯定动作已经发生的助词“得”[tei⁵⁵]（例 90~94），但动词“落”（在）后的“得”可以省去（例 94）。如果动作尚未发生，动词后面不用“得”（例 95~97）。

（90）有个农徛得门口头。（有一个人站在门口）

（91）渠困得床上。（他睡在床上）

（92）尔住得哪里？（你住在哪里？）

（93）我住得两招里，弗住得三招里。（我住在二招，不住在三招）

（94）山东大学落得济南，弗落得青岛。（山东大学在济南，不在青岛）

（95）尔坐交椅上来。（你坐到椅子上来）

（96）雨衣挂外头。（把雨衣挂在外面）

（97）个碗［弗要］摆凳上。（别把碗放在凳子上）

汤溪话处所补语前面的“得”正好与普通话介词“在”的位置相当，但它们的作用并不一样。汤溪话的“得”是动词的附加成分，普通话的“在”是处所词语的介引成分。（参看上文 3.3）

5.4 数量补语

普通话的数量补语与动词的关系有两种情况。一种是动词后带“了”（有时可省略），表示动作已完成，例如：

我住了三天。

我住一天就走了。

另一种是动词后不带“了”，表示动作未完成，例如：

我住一天就走。

对于前一种情况，汤溪话习惯于把数量词放在动词前面。当数量词放在动词前面时，多数情况下要靠助词“记”的帮助，构成“数量＋记＋动”式或“数量＋动＋记”式，起到一种夸张的作用。“数量＋记＋动”式往小里夸张，后面常跟“便”呼应（例 98、99）。“数量＋动＋记”式往大里夸张，后面常跟“还”、“也”、“秃⁼”呼应（例 100~102）。（参看上文 3.1）

（98）一眼记望便望清罢。（看了一眼就看清了）

（99）渠一遍记学便学会罢。（他学了一遍就会了）

（100）好两眼望记还未望清。（看了好几眼还没看清）

（101）我半日寻记也未寻着渠。（我找了半天也没找到他）

（102）〈这〉张车五年骑记秃⁼未骑破。（这辆车骑了五年都没骑坏）

有时候也可不用“记”，说成“数量＋动”式。这时数词多是指数量少或不确指的“一”、“两”[lia^{113}]（二）、“两”[lia^{33}]（几）等，夸张的语气不强（例103~105）。

（103）一眼望便望清罢。（看了一眼就看清了）

（104）将牛两棒敲。（对牛打了两鞭）

（105）将渠两眼望。（看了他几眼）

六、宾语与补语的顺序

当动词后面既有宾语，又有补语的时候，在宾语与补语的顺序上面，汤溪话与普通话有以下两点不同。

6.1　数量补语可在代词宾语前

普通话数量补语只能放在代词宾语后，例如：

喊他一声。

在汤溪话里，当数词是“一”（常被省去）、“两”（几）等不确指的词时，数量补语除了经常放在代词宾语后面外（例106），也可以放在代词宾语前面（例107~109）。

（106）讴渠声。（喊他一声）

（107）讴声渠。（喊他一声）

（108）尔报两回我。（你教我几回）

（109）我去望两回渠罢。（我去看了他几次了）

在兼语句中，数量补语只能放在代词宾语前：

（110）敲两棍尔痛痛！（打你几棍，叫你疼！）

（111）我也讲两句渠听听。（我也说他几句，让他听一听）

6.2 宾语常在可能补语前

要在“单音动词+得（或不）+可能补语”的短语中加进宾语，普通话一般是把宾语加在可能补语后，例如：

打得过他。

打不过他。

在汤溪话里，只是偶尔地会把宾语加在可能补语后（例112~114）。在绝大多数情况下，则要把宾语加在可能补语前，其中经常的是加在“得”或“弗”（不）与可能补语之间（例115~119），表示否定时也可加在动词与“弗”之间（例120、121）。

（112）打得过渠。（打得过他）

（113）打弗过渠。（打不过他）

（114）农逃弗过狗。（人跑不过狗）

（115）打得渠过。（打得过他）

（116）我背得渠动。（我背得动他）

（117）打弗渠过。（打不过他）

（118）望弗渠见。（看不见他）

（119）渠吃弗尔落。（他不如你）

（120）打渠弗过。（打他不过）

（121）〈这〉些鸡赶渠弗走。（这些鸡撵不走）

当宾语不是指人或动物的词，而是一般名词时，宾语只能放在“得”或“弗”与可能补语之间。在否定式里也不能放在动词与“弗”之间。例如：

（122）我写得字来。（我会写字）

（123）渠写弗字来。（他不会写字）

（124）尔修得收音机来弗？（你会修收音机吗？）

（125）我买弗电视机倒。（我买不起电视机）

但这种格式（例122~125）不很常用，更常用的是把名词宾语提到动词前头。

七、其他

在普通话里，限定、修饰动词的词语要放在动词之前。例如：

你先走。

再吃一碗。

有些方言则把限定、修饰动词的词语置于动词之后。在汤溪话里，“添”、“过”、“着”、“起着”、“起”、“着起”六个词只能放在被修饰的动词性词语的后面。为了称述方便，这里暂且把这六个词叫做“后置词”。

7.1 添

“添”做后置词时跟做动词时一样，读［t^hie^{24}］，不读轻声。副词“添”用在动词性词语后，表示动作再进行下去，有“再”、“还”的意思。动词前可不加“再”或“还”（例126、127），也可加“再”或“还”（例128~131）。

（126）吃碗添。（再吃一碗）

（127）天公有点儿冷，着件衣裳［起来］添。（天有点儿冷，再穿上一件衣服）

（128）再吃碗添。（再吃一碗）

（129）尔还吃几碗添？（你还要吃几碗？）

（130）尔还来添弗个？（你还来吗？）

（131）还有两三里路添便到个。（还有二三里路就到了）

“添”另外还有个用法，读［t^hie^{24}］，放在动词重叠式（可带宾语）或“动词＋数量”后面，表示尝试或动作时间短暂，作用相当于普通话的助词“看”。例如：试试添｜问问渠添（问问他看）｜望记添（看一看）｜讴声添（叫一声看）。本文中有的例句（如例145）中的“添”是助词。

7.2 过

“过”做动词时读［$ku\gamma^{52}$］，做后置词时跟做动态助词时一样，都读轻声［$ku\gamma^{0}$］。后置词“过”用在动词性词语后，表示出于上文提及的理由（这个理由往往含有否定意义），另外进行一次该动作，以便改换现有的状态。动词前面可不加“再”（例132~134），也可加“再”（例135~137），加“再”后有时表示

"再重复一次"该动作（在此之前至少已经重复过一次了），有"又一次"的意思（例136、137）。

（132）〈这〉个弗好，换个过。（这个不好，换一个）

（133）我未听清，尔讲遍过。（我没听清，你重说一遍）

（134）〈这〉笔账弗对，算记过。（这笔账不对，重算一下）

（135）我明朝再来过。（我明天重来）

（136）〈这〉个也有点儿破个，再换个过。（这个也有点儿破，再换一个）

（137）我还未听清，尔再讲遍过。（我还没听清，你再说一遍）

7.3 着，起着

汤溪话的"着"做一般动词时读［$tɕyo^{55}$］（~衣裳）和［$dʑyo^{113}$］（~火），做动结式里的补语时读［$dʑyo^{113}$］，做后置词时也读轻声的［$dʑyo^{0}$］。后置词"着"用在动词性词语后，有以下几种作用。

第一，表示先进行并完成这个动作，然后再进行下文的动作。着重强调"着"前面的这个动作在时间上比下文的动作领先。下文的动作可以出现（例138~141），也可以不出现（例142、143）。出现时要在该动作前加"再"。第一个动作前面有时可用"先"（例139），但不常用。

（138）尔忖记着再讲。（你想一会儿再说）

（139）先歇两日着再做。（先歇几天再干）

（140）吃点儿茶着再去。（喝点儿水再去）

（141）成熟着再摘来吃。（成熟了再摘来吃）

（142）尔等我记，我扇门锁来着。（你等我一会儿，我先把门锁上）

（143）吃点儿茶着。（先喝点儿水）

"起着"［$tɕ^{h}i^{535-52}dʑ\text{-}tɕyo^{113-52}$］的用法与"着"的上述用法完全相同，例138~143中的"着"都可替换成"起着"。但"起着"不如"着"常用。

第二，表示当这个动作完成以后，进行下文的动作。有普通话"……的时候"或"……以后"的意思。句义的重点在后面的动作上。后面的动作之前不能加"再"，但有时可加"便"（例147）。在一定的语言环境中，后面的动作可以省去（例148）。

（144）尔望歇着约$^{=}$ 我望记。（你看完了给我看看）

（145）等渠归来着我问问渠添。（等他回来我问他一下）

（146）暖和点儿着我到水库里去洗浴。（再热一点儿我到水库里去洗澡）

（147）我饭吃歇着便来。（我吃完了饭就来）

（148）尔□［$dʑia^{11}$］时紧去？饭吃歇着。（你什么时候去？吃完了饭）

第三，用在“等”或“到”及其表示将来的时间名词的后面，表示等到了将来的某一时间进行下文的动作。时间名词前的“等”、“到”可以省去（例 154）。后面的动作如果是重复性的，必须在前面加“再”（例 150、154），否则可加可不加。在一定的语言环境中，后面的动作也可以省去（例 153）。

（149）等明朝着再去。（等明天再去）

（150）渠〈这〉记出去罢，尔到十点钟着再打个电话来。（他这会儿出去了，你到了十点钟再打个电话来）

（151）尔等明年着去读书。（你等明年再去上学）

（152）到十月一号着我到杭州去嬉。（到了十月一日我到杭州去玩儿）

（153）尔□［$dʑia^{11}$］时紧还我？等再世着！（你什么时候还给我？等下辈子吧！）

（154）尔下半日着再来。（你等下午再来）

7.4 起，着起

汤溪话的“起”做后置词时跟做动词、量词等时一样，读［$tɕ^{h}i^{535}$］，不读轻声。后置词“起”用在动词性词语后，作用跟普通话放在动词前修饰动词的“先”基本相同。具体地说，有以下几种情况。

第一，跟汤溪话“着”的第一种用法（参见上文 7.3）基本相同。用“起”时，对前一动作比下文的动作时间在先的强调更为明显。例如：

（155）尔吃点儿茶起再讲。（你先喝点儿水再说）

（156）先歇记起再去做。（先歇一会儿再去干）

（157）酒吃歇起再吃饭。（先把酒喝完了再吃饭）

（158）生活做落靠起再出去嬉。（先把活儿干完了再出去玩儿）

（159）尔歇记起，我来做。（你先歇一会儿，我来干）

在汤溪话里，这类句子多用“着”，少用“起”。

“着起”[dʑ-tɕyo$^{113-33}$tɕʰiː^{535}] 的用法与“起”的上述用法完全相同，例155~159中的“起”都可替换成“着起”。但“着起”比“起”更不常用。

第二，“动词性词语＋起”后有与之并列的结构，“起”表示在动作的时间次序上，前面的主语或谓语领先于下文并列结构中的主语或谓语。前一结构中有时带“先”（例162、165），但不常用。后一结构中多含有表示后来时间的词语，表示在动作的时间次序上后于前一结构。下文的并列结构有时可省去（例165、166）。

（160）尔去起，我等记儿添来。（你先去，我等一会儿再来）

（161）渠比我来起，我正来。（他比我先来，我刚来）

（162）尔先做作业起，做歇着再出去嬉。（你先做作业，做完了再出去玩儿）

（163）今日夜去望电影起，衣裳明朝洗。（今天晚上先去看电影，衣服明天再洗）

（164）吃点儿酒起，隔记儿添再吃饭。（先喝点儿酒，过一会儿再吃饭）

（165）今日先试记起。（今天先试一下）

（166）渠敲我起。（是他先打的我）

在含有并列意义的特指问句和选择问句里，“动词性词语＋起”后不再有与之并列的结构。“起”的作用仍然是表示它前面的词语在动作的时间次序上领先。在一定的语言环境里，这种结构中“起”前面的动词可以省去（例167、168）。

（167）哪农讲起？尔起还是渠起？——我起。（谁先说？是你先说还是他先说？——我先说）

（168）尔先望哪本书起？〈这〉本起。（你先看哪一本书？先看这本）

（169）尔去起还是我去起？（你先去还是我先去？）

（170）有鸡起还是有鸡子起？（先有鸡还是先有蛋？）

第三，表示暂时、暂且先做这个动作（该动作前有时带“先”），以防备以后可能会发生的动作（该动作常常不出现）。例如：

（171）钞票存银行里起，省得用用落去。（先把钱存到银行里，免得花掉了）

（172）随便渠去弗去，先问声渠起。（不管他去不去，先问他一声儿）

（173）天公乌落来罢，雨伞带去起。（天阴起来了，先把雨伞带上）

:: 参考文献 ::

曹志耘（1987）金华汤溪方言的词法特点，《语言研究》第 1 期。

———（1988）金华方言的句法特点，《中国语文》第 4 期。

———（1996）金华汤溪方言的体，张双庆主编《动词的体——中国东南部方言比较研究丛书（第二辑）》，香港中文大学中国文化研究所吴多泰中国语文研究中心。

吕叔湘（1980）《现代汉语八百词》，商务印书馆。

原载《动词谓语句——中国东南部方言比较研究丛书（第三辑）》
李如龙、张双庆主编，暨南大学出版社，1997 年

吴语汤溪方言的否定词

——兼与若干方言的比较

汤溪位于浙江省中部偏西。明成化七年（1471 年）置汤溪县，1958 年撤县并入金华县，今属金华市婺城区。笔者老家位于汤溪镇岩下村，本文的汤溪话以岩下村方言为准。汤溪话属于吴语婺州片。本文方言材料除已注明出处者外，来源如下：嵊州（钱曾怡老师调查），其他点（笔者调查）。

一、否定词的形式

表 1　汤溪话主要否定词表

	共同语	北京话	汤溪话	
		基本形式	基本形式	其他形式
副词	不～是	不	弗［fɛ^{55}］	
	未～去过北京	没	未［mi^{341}］	未曾［mi^{341}zɑo^{0}］ 弗曾［fɛ^{55}zɑo^{0}］ 〈弗曾〉［fɑo^{52}］

续表

	共同语	北京话	汤溪话	
		基本形式	基本形式	其他形式
副词	勿危险，~动！	别	〈弗要〉[fi⁵²]	〈弗要〉要［fi⁵²iə⁰］
	不用桌子擦过了，~擦了	甭		〈弗要〉…得［fi⁵²…tei⁰］桌擦过罢,〈弗要〉擦得罢
动词	无~钱	没	无［m¹¹］	无没［m¹¹mɑ⁰~m¹¹⁻⁵²mɑ⁰］ 〈无有〉[məɯ¹¹]

注：为叙述方便，本文用“共同语”指汉语传统书面语，尖括号“〈 〉”表示合音，下同。

1.1 合音

弗曾［fɛ⁵⁵zɑo⁰］→〈弗曾〉[fɑo⁵²]。

弗［fɛ⁵⁵］+要［iə⁵²］→〈弗要〉[fi⁵²]：按理应该合为［fiə⁵²］，不过汤溪话中没有［fiə］音节，也没有相类的［piə］、［miə］等音节。如果丢失其中的一个元音，有［fi］和［fə］两种选择，不过汤溪话只有［fi］音节（如：飞［fi²⁴］），没有［fə］音节，所以就读成了［fi⁵²］。但汤溪话现无“弗要”一词。

无［m¹¹］+有［iəɯ¹¹³］→〈无有〉[məɯ¹¹]：这种说法限于汤溪南部莘畈乡一带。汤溪话没有［miəɯ］音节，但有［məɯ］音节（如：帮［məɯ⁵²］），合音过程中丢失了介音［i］。但汤溪话现无“无有”一词。

否定词的合音现象在汉语方言中很常见，例如：

吴语金华城里话：

弗要［fəʔ⁴iɑu⁵⁵］→〈弗要〉[fɑu⁵⁵]：勿。

弗用［fəʔ⁴ioŋ²⁴⁻⁵⁵］→〈弗用〉[foŋ⁵⁵]：①不用。②勿。

弗会［fəʔ⁴uɛ²⁴⁻⁵⁵］→〈弗会〉[fɛ⁵⁵]：不会。

吴语嵊州长乐话：

弗［fəʔ⁵］+要［iɒ⁴⁴］→〈弗要〉[fiɒ⁵³]：勿。

弗［fəʔ⁵］+用［ioŋ³⁵］→〈弗用〉[foŋ⁵³]：不用。

无［m²¹³］+有［iøy²²］→〈无有〉[møy⁵³]：无。

吴语绍兴平水话：

？+要［iɒ⁴²²］→〈弗要〉[fiɒ⁵²]：勿。绍兴平水话没有“弗”的单字音，“勿”读［vɛʔ²³］。

? +用［yoŋ^{21}］→〈弗用〉［foŋ^{52}］：不用。

无［ŋ^{52}］+有［iəɤ^{213}］→〈无有〉［n̩iəɤ^{52}］：①无。②未。

北京话：

不要［pu$^{51-35}$iɑu^{51}］→别［pie^{35}］。

不用［pu$^{51-35}$iʊŋ^{51}］→甭［pəŋ^{35}］或［piŋ^{35}］。

关于［piŋ^{35}］，徐世荣（1990：30）指出："'不用'急读合音，多为［pəŋ^{35}］，但老北京人也有急读合一为［piŋ^{35}］的。如：'您~走了！'"不过，从读音上看，［piŋ^{35}］也有来自"不应"的可能。（刘勋宁先生的观点）

否定词发生合音固然与其使用频率较高有关，但根本的原因，笔者认为是表达功能上的需要。即通过合音，使原本结构松散的否定短语凝固成一个独立一体的否定词，例如汤溪话：弗曾［fɛ^{55}zɑo^{0}］→〈弗曾〉［fɑo^{52}］；或者把否定副词从"否定动词／否定副词"共用的形式中分离出来，成为专用的否定副词（副词化），例如北京话：不用［pu$^{51-35}$iʊŋ^{51}］→甭［pəŋ^{35}］。可见，合音也是语法化的一种手段，从另一个角度来看，也可以说是词汇化的一种手段。

1.2 分音

汤溪话"没"字没有单字音。否定动词"无没"［m^{11}mɑ^{0}~m$^{11-52}$mɑ^{0}］的后一音节［mɑ^{0}］可能是在"无"［m^{11}］音节拖长的基础上进一步分化而成的。这与一些吴语由"妈"［ma］音节分化成"姆妈"［m ma］两个音节的现象异曲同工。这种现象可以看做是通过分音的方法使单音节词双音节化，从而增强该词的显著度。

1.3 合音与信息追加

合音后，原来的两个音节变成了一个音节，而且是一个与原来两个音节都不相同的新音节。结果可能会降低该词信息的含量和显著度。在这种情况下，有的合音词会在后面追加合音之前的那个后字，以便提高该词的信息含量，即：

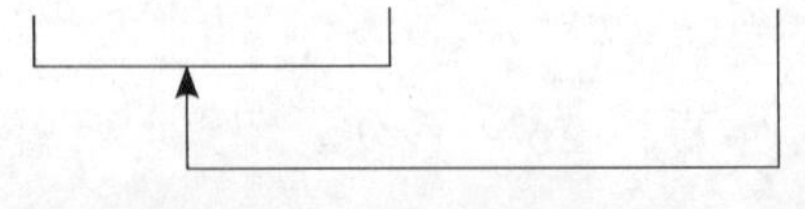

汤溪话：

〈弗要〉[fi^{52}] ＋要 [$iə^{52}$] →〈弗要〉要 [$fi^{52}iə^{0}$]：①动词，不要：个支笔我～。②副词，勿：尔～哭。

北京话：

甭 [$pəŋ^{35}$] ＋用 [$iʊŋ^{51}$] →甭用 [$pəŋ^{35}iʊŋ^{0}$~$pəŋ^{35}iŋ^{0}$]：“①不用，不必。如：您今儿～去了。｜～他亲自来。②同 [甭价]，不用在动词前。”（甭价：不用；不要这样的意思，如：～，你还是先回去一趟吧。）（陈刚等，1997：22）从语音形式上看，[$pəŋ^{35}iŋ^{0}$] 也可能是“甭应”。

除了否定词以外，趋向动词合音后也会发生信息追加现象，例如：

汤溪话：

〈起来〉[$tɕ^{h}iɛ^{0}$] ＋来 [$lɛ^{0}$] →〈起来〉来 [$tɕ^{h}iɛ^{0}lɛ^{0}$]：趋向动词，起来。

吴语金华城里话：

〈起来〉[$tɕ^{h}iɛ^{0}$] ＋来 [$lɛ^{0}$] →〈起来〉来 [$tɕ^{h}iɛ^{0}lɛ^{0}$]：趋向动词，起来。

〈出来〉[$tɕ^{h}yɛ^{0}$] ＋来 [$lɛ^{0}$] →〈出来〉来 [$tɕ^{h}yɛ^{0}lɛ^{0}$]：趋向动词，出来。

值得注意的是，方言中也有在合音词之前加上前字的现象，例如：

吴语嵊州长乐话：无 [m^{213}] ＋〈无有〉[$møy^{53}$] →无〈无有〉[$m^{213-21}møy^{0}$]：无。

吴语绍兴平水话：无 [$ŋ^{52}$] ＋〈无有〉[$ȵiəɤ^{52}$] →无〈无有〉[$ŋ^{52}ȵiəɤ^{213-434}$]：①无。②未。

不过，由于上述例子中“无”字的读音都是与合音词声母相同或相近的鼻音声母，其变化方式也有可能属于 1.2 所说的“妈 [ma] →姆妈 [m ma]”那种类型。

1.4　否定词中的外来形式

在汤溪话中，有少数否定词是在外部方言的影响下产生的。汤溪话不用“不”字，但偶尔有人使用“不测”[$pɛ^{55-52}ts^{h}ɛ^{55}$] 一词，意为不小心，疏忽，例如：一个～，等别农偷偷去一不小心，被人家偷走了。此外，“无”字通常读 [m^{11}]，但在下列词语中读文读音 [vu^{11}]：

无益 [$v\text{-}fu^{11-33}iei^{55}$]：没用，没有作用

无零白恐［v-fu$^{11-33}$lei$^{11-33}$ba$^{113-11}$kʰɑo^{535}］：无缘无故

无恐白的［v-fu$^{11-33}$kʰɑo$^{535-52}$ba$^{113-11}$tei^{55}~v-fu$^{11-33}$kʰɑo$^{535-52}$ba$^{113-11}$ti^{55}］：无缘无故

无产阶级［vu^{11}tsʰɑŋ^{52}tɕiɛ$^{-33}$tɕiei^{55}］

无法无天［vu^{11}fo^{55}vu^{11}tʰie^{24}］

总的来看，因为否定词是语言系统中的基本成分，所以不太容易被外部方言所改变。

二、否定词的类别及其关系

2.1 “不”、“未”、“无”的关系

2.1.1 否定语素的分合

为了叙述方便，这里把否定词中表示否定的成分（如“没有”中的“没”）称为“否定语素”。表2从否定语素着眼，来看汉语方言中“不”、“未”、“无”三个概念的分合情况，带下划线的黑体字是有相合关系的否定语素，带底色的是相合的类。

表2 方言中否定语素的分合

	共同语	三分		二分				一分		
		汤溪	金华	北京	嵊州	寿昌	绍兴	通道	黔阳	阳朔
副词	不	**弗**	弗	不	弗 勿	**勿**	**勿**	**没**	**冇**	**柳**$^{=}$
	未	未 未曾 **弗**曾 〈**弗**曾〉	未 未曾 **无没** **没**	**没** **没**有	〈**无**有〉得	**勿**曾	**勿** 〈**无**有〉 **无**〈**无**有〉	**没**	**冇**	**柳**$^{=}$
动词	无	无 无没 〈无有〉	无 **无没** **没**	**没** **没**有	〈**无**有〉 **无**〈**无**有〉	无 无没	〈**无**有〉 **无**〈**无**有〉	**没**得	**冇**得	**柳**$^{=}$得

注：寿昌寿昌镇：徽语。通道县溪：西南官话。黔阳溪边：湘语。阳朔高田：平话。为了简便起见，在不致混淆的情况下，有时略去县市名后面的小地名。

嵊州"弗"[fəʔ^{5}]是基本形式，"勿"[vəʔ^{2}]只出现在中间位置，如"去勿去"、"食勿饱"等，可视为"弗"的变体。寿昌"勿"读[uɔʔ^{3}](阴入)，绍兴"勿"读[vɛʔ^{23}](阳入)。

黔阳"冇"读[mɑo^{213}](阳平)。阳朔"柳$^{=}$"读[liou^{21}](阳上)。

汤溪、金华的"未"类否定词里虽然都出现了他类的否定语素，但都拥有该类独用的否定词"未"而与其他两类相区分，因此，汤溪、金华属于"不"—"未"—"无"三分。北京、嵊州为"不"—"未、无"二分；寿昌是"不、未"—"无"二分；绍兴的"未"既与"不"合，又与"无"合，不过可以归为"寿昌型"(参看2.1.2)。通道、黔阳、阳朔则属于"不、未、无"三位一体，这种类型见于湖南西南部、广西北部的多种方言。

"三分"系统与汉语传统书面语(本文称"共同语")一致。"二分"系统中，大家对"北京型"都很熟悉，值得注意的是"寿昌型"。对通道、黔阳、阳朔这种"一分"现象以及阳朔的否定语素"柳$^{=}$"的语音形式[liou^{21}](阳上)，我们现在还无力解释。(阳朔话[iou]韵来自效、流两摄，尤韵"有"字读[iɔ^{21}]，"油"字读[iou^{33}]。)不过，它提示我们，汉语方言否定词的形式是多源的，同时，否定词的构成系统是多元的，既有"三分"和"二分"的，也有"一分"的。

2.1.2 否定语义的分合

为了叙述方便，这里把否定词所表达的意义称为"否定语义"。表3从否定语义着眼，来看汉语方言中"不"、"未"、"无"三个概念的分合情况，带下划线的黑体词是语义上"兼类"的否定词，带底色的是相合的类。

表 3　方言中否定语义的分合

	共同语	三分				二分				
		汤溪	金华	嵊州	寿昌	北京	通道	黔阳	阳朔	绍兴
副词	不	弗	弗	弗 勿	勿	不	**没**	**冇**	**柳**$^{=}$	**勿**
	未	未 未曾 弗曾 〈弗曾〉	未 未曾 **无没** **没**	〈无有〉得	勿曾	**没** **没有**	**没**	**冇**	**柳**$^{=}$	**勿** 〈**无有**〉 **无**〈**无有**〉
动词	无	无 无没 〈无有〉	无 **无没** **没**	〈无有〉 无〈无有〉	无 无没	**没** **没有**	没得	冇得	柳$^{=}$得	〈**无有**〉 **无**〈**无有**〉

汤溪、金华、嵊州、寿昌为“不”—“未”—“无”三分，北京为“不”—“未、无”二分，通道、黔阳、阳朔为“不、未”—“无”二分。

金华的“未”类否定词中最常用的是“未”，“无”类否定词中最常用的是“无”和“无没”。比较相邻的汤溪，“无没”只用于“无”类，不用于“未”类。因此，可以推测，金华“无没”、“没”用于“未”类是一种后起的变化。再来看绍兴，“未”类否定词有“勿”、“〈无有〉”、“无〈无有〉”三个，其中以“勿”最为常用，而“无”类否定词只有“〈无有〉”和“无〈无有〉”。可见，“〈无有〉”、“无〈无有〉”的本义可能是“无”，表“未”的功能是由表“无”扩展而来的。“未”、“无”一体的北京型方言可能也属于这种情况。否定动词“无”向否定副词“未”扩展是汉语方言中一种比较普遍的现象。

通道、黔阳、阳朔“不”、“未”一体，分别用“没”、“冇”、“柳$^{=}$”；绍兴的“勿”兼具“不”、“未”二义。我们无法断定这是原生状态还是变化的结果。不过，从汤溪、寿昌等方言以“不+曾”结构表“未”的情况来看，“不”类否定词似乎也具有向“未”扩展的可能性。

2.2　“勿”（别）、“不用”（甭）之别

为称述方便，本节用“别”、“甭”代表“勿”、“不用”两类否定词。朱德熙（1982：65）指出：“‘别’和‘甭’都表示劝阻或禁止，但是口气不同。‘别’

表示说话的人主观上不愿意对方做某事，‘甭’表示客观上没有理由或无需乎做某事。”这是说二者的区别。但在祈使句里表示禁止时，“别”、“甭”可以换用，例如：

好好听着，别 / 甭说话！

你别 / 甭听他瞎说。

这种场合，通常的理解还是“别”的意思，亦即“甭”有时候有“别”义。

表 4　方言中的“别”和“甭”

共同语	北京	绍兴	金华	汤溪	灌阳	遂安	黔阳	会同	靖州	通道
不	不	勿	弗	弗	冇人$^{=}$	不	冇阳平	冇	冇	没
勿	别〈不要〉	〈弗要〉勿可	〈弗要〉弗要〈弗用〉弗用	〈弗要〉〈弗要〉要	美$^{=}$	不 不要	冇阴平	冇	莫	莫
不用	甭〈不用〉	〈弗用〉	〈弗用〉弗用	〈弗要〉…得	冇调$^{=}$	—	冇要	冇要	莫 冇要	莫

注：灌阳洞井：桂北土话。遂安汾口：徽语。会同东城：湘语。靖州汕头：西南官话。

灌阳“人$^{=}$”读［oŋ²²］（阳平），“美$^{=}$”读［mi⁴⁴］（上声），“冇调$^{=}$”的“调$^{=}$”读［tʰiu⁴¹］（阳去）。黔阳“不”、“甭”类的“冇”读［mɑo²¹³］（阳平），“别”类的“冇”读［mɑo⁵⁵］（阴平）。

“—”表示缺查。

“别”、“甭”有别是大多数方言的共性。但以下三种情况比较特殊：

第一，金华“甭”类的“〈弗用〉”和“弗用”有时也可用于“别”的意思，例如：

〈弗用〉哭！｜侬〈弗用〉徛格里你别站在这里！｜侬〈弗用〉听渠你别听他的！

这与上述北京话“甭”有“别”义的情况相同。

第二，靖州“别”类的“莫”，可同时用于表示“甭”的意思，与专门表“甭”的“冇要”并存。通道则“别”、“甭”一体，都用“莫”。

第三，汤溪没有专用的“甭”类否定词，需要表示“甭”的意思时，只能借用“别”类的否定词“〈弗要〉”加上助词“得”组合成一个固定格式，例如：

桌擦过罢，〈弗要〉擦得罢桌子擦过了，甭擦了。

尔自做主，〈弗要〉问我得个你自己做主，甭问我。

其实共同语里也没有专用的“甭”类否定副词，而只能借用动词“不用”勉强表达“甭”的意思。这似乎表明“甭”类否定词的产生过程是比较慢的。

从“别”、“甭”的构成来说，大多数方言都以“不”类否定词加上动词“要”构成“别”，加上动词“用”构成“甭”。出于副词化（参看 1.1）的目的，这种结构很容易发生合音。此外，值得注意的还有以下三点：

第一，绍兴的“别”类否定词除“〈弗要〉”外，还有以否定词加“可”构成的“勿可”。黔阳、会同、靖州“甭”类否定词里的动词不是“用”，而是“要”，这些方言的“别”类否定词里都未出现“要”字。

第二，灌阳的“美⁼”[mi^{44}]（上声）看不出与“不”类否定词的关系，也看不出别的来源；同时，灌阳的“甭”类否定词“冇调⁼”里的“调⁼”来历不明。

第三，遂安的“别”类否定词除了使用“不要”以外，可直接用“不”表示，而且比“不要”更常用，例如“尔不去你别去”。黔阳的“冇”通常（表示“不”、“未”等时）读[mao^{213}]（阳平），表示“别”时声调加以变化，读做[mao^{55}]（阴平）。会同表示“不”、“别”时使用完全相同的形式“冇”[mao^{33}]（阴平）。这可能表明了在有的方言中，“不”具有表示“别”的作用，或者说具有向“别”类否定词扩展的倾向。

2.3 “曾经”和“已然”的否定

汉语否定副词“未”有两个作用，一是表示“曾经”的否定，二是表示“已然”的否定。笼统点说，前者是过去时的否定，后者是完成体（不论时间）的否定。例如：

曾经（过去时）	已然（完成体）
他昨天没回家。	他还没回家。
我没看过这本书。	我没看完这本书。

汤溪话“未”类否定词有“未”、“未曾”、“弗曾”、“〈弗曾〉”四个。其中“〈弗曾〉”是“弗曾”的合音，二者用法相同，但“〈弗曾〉”很少用，这里只讨论“未”、“未曾”、“弗曾”三个。

在汤溪话里，“未”、“未曾”、“弗曾”也同样具有这两种作用。例如：

曾经（过去时）	已然（完成体）
渠昨日未/未曾/弗曾归来。	渠还未/未曾/弗曾归来。
个本书我未/未曾/弗曾望过。	个本书我未/未曾/弗曾望了。

不过，相比之下，“弗曾”比较少用，尤其是在否定“已然”（完成体）时，不大用“弗曾”。也就是说，过去时可用“弗曾”，完成体一般不用“弗曾”。

过去时否定词和完成体否定词的区别，在吴语常山话里表现得明显一些。曹志耘等（2000：421）：

> 常山话能区分过去时的否定副词“朆”和完成体的否定副词“未”。例如，“电话朆捶通电话没有打通”表示“算了，不打电话了”，而“电话未捶通电话没有打通”表示“还有希望打通，等会儿再试试”。其他例子参看［句］79、［句］82。但是，这个区分并不很稳定。常山话的发音人中，汪道似乎完全没有这种区分，“朆”和“未”可以随意替换，没有含义上的差别。

三、句末否定词

3.1 反复问的表示法

汤溪话只有一种不太常用的反复问句句式，就是“V 弗 V”。该句式的前面常常有“到底”等词，有强调的意味，例如：

尔到底去弗去？

总的看来，“V 弗 V”是一种具有特殊用途即表示强调的句式。“VO”结构不能进入上述反复问句。“未”、“无”等否定词也不能进入反复问句。

汤溪话在表示一般的反复问的意思时，有以下四种格式：

（1）V 弗［$f\varepsilon^0$］：尔去弗？｜尔烟买弗？

尔钞票有弗？｜尔有钞票弗？

（2）V 未［mi^0］：渠去未？｜夜饭吃未？｜吃夜饭未？

（3）V 曾［zao^0］少：渠去曾他去没去？

（4）V 无［m^0］少：尔钞票有无？｜尔有钞票无？

其中，（3）式的用法主要见于老年人，年轻人多用（2）式。（4）式也比较少用，（4）式的意思经常用（1）式来表示，例如“你有没有钱？”的意思一般说成“尔钞票有弗？”“尔有钞票弗？”。

以上四种格式都由动词加上否定词构成，否定词限于单音节，读轻声。需要说明的有两点，第一，在汤溪话里，“曾”只用于“未曾”、“弗曾”两个否定词和上述（3）式问句的末尾，（3）式里的“曾”很可能是“未曾”或“弗曾”的省略形式，因此也可以看做是否定词。比较《醒世姻缘传》第 35 回：“你前年占住那侯小槐的墙基，拆了退与他不曾？”在广东封开南丰话（属粤语勾漏片）和广西的一些平话里，也有由“唔曾”脱落否定语素而来的“曾”字用于句末表疑问的现象，例如（侯兴泉，2004）：

你吃哈饭曾你吃了饭没有／你吃饭了吗？

你吃饭曾你吃不吃饭／你吃饭吗？

封开南丰话的“曾”已不限于表示过去，比汤溪话进一步虚化了。

第二，（4）式里“有无”的“无”读轻声，与前面的“有”不是并列关系，因此不宜看做是“肯定＋否定”式的反复问句结构（这里不考虑其历史来源）。

3.2 句末否定词的来源

汉语方言中的句末否定词一般是在反复问句的基础上，省略否定词后面部分的结果，例如：

屋里有人没有人？→屋里有人没有？

汤溪话也存在同样的现象，例如：

尔去弗去？→尔去弗？

不过，今天的汤溪话除了“V 弗 V”式以外，已经没有其他反复问句了。那么，其他场合的句末否定词是否也都来自于反复问句呢？假如在句末否定词的后面加上“被省略部分”（例如“渠去未？”的“未”后加上“去”），我们发现，多数情况下的“否定词＋被省略部分”（例如“未去”）是成立的，但以下情况例外：

a. 尔钞票有无［m^0］？→ * 无有｜尔有钞票无［m^0］？→ * 无有钞票

b. 尔钞票有弗？→ * 弗有｜尔有钞票弗？→ * 弗有钞票

箭头“→”后面的说法都不成立。究其原因，一种可能是汤溪话以前有“无/弗＋有（O）”的说法。如 1.1 所述，汤溪话的否定动词［$mə\text{ɯ}^{11}$］就来自“无有”的合音，吴语嵊州、绍兴等地也有“无有”的合音词，而徽语严州片的遂安、建德分别说不合音的“无有”、“弗有”。另一种可能是，a 的原形是：

尔钞票有无［m^{11}］？｜尔有钞票无［m^{11}］钞票？

也就是说，重读的否定动词“无（O）”直接与前面的“有（O）”并列，从而构成反复问句。随着句末否定词不断虚化（参看 3.3），“无”在意义上接近一个语气标志，语音形式上弱得让人难以察觉（［m^0］是双唇鼻音自成音节，轻声，位于句末时更听不清楚），因此，功能相同，但在本方言中更为常用的、语音上更为醒目的“弗”［$f\varepsilon^0$］乘虚而入，逐渐取代了“无”，于是变成了 b。

不论属于哪种情况，上述句末否定词“无”、“弗”——跟其他场合的句末否定词一样，也应该看做源自反复问句。从这个推论中可以引导出一个有意义的观点，就是汤溪话以前曾经具有完备的反复问句系统，不过这是另一个问题。

3.3 句末否定词的功能

反复问句中的否定词本来只能表示否定。但在汤溪话里，由于它们总是出现在疑问句句末的位置，因而导致否定词的语音形式弱化为轻声，词汇意义不断虚化，逐渐向疑问语气词转化。

如今，“未”、“无”两个句末否定词既带有否定意味，又含疑问语气，可以说兼有否定词和语气词的作用。例如“渠去未［mi^0］？”这句话，既可以理解为“他去没去？”，也可以理解为“他去了吗？”。“曾”虽然在形式上已经失去否定语素，但在表义上跟“未”是等值的。

“弗”的虚化更为严重。“弗”虽然还带有一定程度的否定意味，但主要作用是表疑问语气。例如“尔去弗［$f\varepsilon^0$］？”这句话，可以理解为“你去不去？”，但通常可理解为“你去吗？”。此外，在很多场合，以“弗”字结尾的疑问句的功能已经转化为是非问句，“弗”也成为相当于“吗”的疑问语气词，例如：

“VO”结构：尔买烟弗你买烟吗？｜尔寻我弗你找我吗？｜尔去洗衣裳弗你去洗衣服吗？

过去时：渠死罢弗他死了？｜尔去过罢弗你去过了？

判断句：尔汤溪农弗你是汤溪人吗？｜渠开车个弗他是开车的吗？｜个支笔尔个弗这支笔是你的吗？

“尔烟买弗？”有“买不买”的意思，但“尔买烟弗？”的语义重点是向被问人确认“是不是买烟”这件事情，可以理解为“你是买烟吗？”。两个“弗”的功能是有差别的。

3.4 句末否定词与语气词“个的”的关系

语气词“个的”读［kə^0］，表肯定、强调的语气，例如“渠会来个他会来的”。句末的“未”、“曾”、“无”后都能加语气词“个的”，加“个的”后有一种对全句的强调作用，例如：

渠去未个？｜夜饭吃未个？｜吃夜饭未个？

渠去曾个他去没去？

尔钞票有无个？｜尔有钞票无个？

在句末的“弗”后，有的能加“个的”，有的不能加“个的”。我们惊讶地发现，能加“个的”的是那些仍带有一定程度的否定意味，尚未完全虚化为语气词的“弗”，不能加“个的”的则是已经转化成为疑问语气词的“弗”，二者泾渭分明，例如：

能加“个的”：

尔去弗个？｜尔烟买弗个？

尔钞票有弗个？｜尔有钞票弗个？

不能加“个的”（即不允许“弗个吗的”两个语气词连用）：

“VO”结构：尔买烟弗你买烟吗？｜尔寻我弗你找我吗？｜尔去洗衣裳弗你去洗衣服吗？

过去时：渠死罢弗他死了？｜尔去过罢弗你去过了？

判断句：尔汤溪农弗你是汤溪人吗？｜渠开车个弗他是开车的吗？｜个支笔尔个弗这支笔是你的吗？

这样，反过来，能否加语气词“个的”就可以作为检验句末否定词是否已完全虚化成为语气词的一个标准。

需要特别说明一下的是，在判断句里，当结构助词“个的”[kə⁰]和“弗”连用时，“弗”字也可移至结构助词“个的”的前面构成“弗个”结构（至于为什么会产生这种奇怪的结构尚不清楚），例如：

渠开车个弗？～渠开车弗个他是开车的吗？

个支笔尔个弗？～个支笔尔弗个这支笔是你的吗？

浪号“~”后面的说法在表面上与上举“尔去弗个？”等例句结构和读音都相同，但实际上不一样。因为“尔去弗个？”等句里的“个”是语气词，可以省略，省略后除了语气稍有减弱之外，意思不变。而“渠开车弗个？”等句里的“个”是结构助词，不能省略。

:: 参考文献 ::

曹志耘、秋谷裕幸、太田斋、赵日新（2000）《吴语处衢方言研究》，日本：好文出版。

陈　刚、宋孝才、张秀珍（1997）《现代北京口语词典》，语文出版社。

侯兴泉（2004）广东封开南丰话的三种正反问句，桂北平话及周边方言学术研讨会论文，南宁，2004年10月20~23日。

李如龙（2003）闽南方言的否定词和否定式，《中国语文研究》第2期。

卢小群（2002）《嘉禾土话研究》，中南大学出版社。

徐世荣（1990）《北京土语词典》，北京出版社。

俞光中、植田均（1999）《近代汉语语法研究》，学林出版社。

朱德熙（1982）《语法讲义》，商务印书馆。

原载日本《中国语学》第252号，2005年10月

吴语汤溪方言合变式小称调的功能*

一、汤溪话的小称调

汤溪位于浙江省中部偏西。明成化七年（1471年）置汤溪县，1958年撤县并入金华县，今属金华市婺城区。笔者老家位于汤溪镇岩下村，本文的汤溪话以岩下村方言为准。汤溪话属于吴语金衢片。

在南部吴语的许多方言里，变调是小称的重要手段之一。在南部吴语小称中，变调常常跟儿缀、鼻尾或鼻化手段共存并用，有时甚至是唯一的手段。前者属于混合型小称，后者属于纯粹的变调型小称。无论是在混合型小称里，还是在变调型小称里，都存在两种类型的小称变调。第一种类型可以叫做"分变式"，特点是小称变调因单字调的不同而不同，单字调是小称变调的条件，单字调跟小称调之间存在对应关系。第二种类型可以叫做"合变式"，特点是不管本音的单字调是什么调类，小称时都合读成一个相同的小称调，单字调跟小称调之间不存

* 本文曾在"走向当代前沿科学的现代汉语语法研究国际学术研讨会"（2010年8月17~18日于北京）上宣读。感谢《中国语文》匿名审稿专家的意见。

在对应关系。（曹志耘，2002：140~141）

汤溪话的小称有三种类型：“鼻尾＋变调”混合型，鼻尾型，变调型。小称变调既有“分变式”，又有“合变式”。（曹志耘，2002）“分变式”小称变调的规律见表 1。汤溪话有 7 个单字调，古浊入字在单字调中归阳上，在“分变式”小称变调中与古浊上字有区别，故这里把古浊上字和古浊入字分为阳上、阳入两类。其中阴平、阴入和部分阳入字不变调，这些字只能通过加鼻尾［ŋ］构成小称。（［ŋ］来自“儿”［ŋ^{11}］儿子）

表 1　汤溪话分变式小称变调

单字调	小称调	举例
阴平［24］	不变	细鸡儿 sia$^{52-33}$tɕie-iŋ^{24} 小鸡儿 ｜细刀儿 sia$^{52-33}$tə-əŋ^{24} 小刀儿
阳平［11］	变［113］ 或［24］	桃儿 də-əŋ$^{11-113}$ ｜细田儿 sia$^{52-33}$die-tiŋ$^{11-24}$ 小块的田
阴上［535］	变［52］	婶儿 ɕiai-iaiŋ$^{535-52}$ ｜红纸儿 ɑo$^{11-33}$tsɿ-ɿŋ$^{535-52}$
阳上［113］	变［341］	柿儿 zɿ-ɿŋ$^{113-341}$ ｜舅舅儿 dʑiəɯ$^{113-11}$dʑiəɯ-iəŋ$^{113-341}$
阴去［52］	变［535］	盖儿 kɛ-eŋ$^{52-535}$ ｜叫儿 tɕiə-iəŋ$^{52-535}$ 哨子
阳去［341］	变［113］	洞儿 dɑo-ɑoŋ$^{341-113}$ ｜细树儿 sia$^{52-33}$ʑi-iŋ$^{341-113}$ 小树
阴入［55］	不变	柏儿 pa-ɑŋ^{55} ｜叔儿 ɕiɔ-ioŋ^{55}
阳入［113］	不变或变［24］	饭勺儿 vo$^{341-11}$ʑio-iuŋ^{113} ｜蝴蝶儿 u$^{11-33}$dia-tiɑŋ$^{113-24}$

“合变式”小称变调不管本音的单字调是什么调类，一律读做高平调［55］。（详见下文）

曹志耘（2002：154）认为汤溪话“最初的小称调来源于‘儿’前面那个字在语音变调中的相应的变调。”在“分变式”小称变调规律里，这是显而易见的。例如，从表 2 第①组例词可以看出，小称词里阳平字“娘”的小称调［113］实际上是由一般词“阳平＋阳平”两字组里前字“娘”的连读调转化而来的。在第②组例词中，“阴入＋阳平”两字组里的前字阴入［55］不变调（例如“杀儿”），相应小称词里的阴入字也仍读［55］（例如“索儿”）。就现在的情况而言，小称词里的这个［55］调并不是一个小称调。但从来源上看，以前汤溪话的阴入字很可能读带喉塞尾的短调［ʔ5］（比较今天与汤溪交界四县的阴入字读法：金华

[ʔ4]，兰溪[ʔ34]，龙游[ʔ5]，遂昌[ʔ5]）。喉塞尾字发生鼻尾型小称的结果是丢失[ʔ]尾，加上[ŋ]尾，短调变长，例如金华话（部分老年人的读法。其他人读做鼻化韵）：橘儿 $tɕyəʔ\text{-}yəŋ^{4-55}$ ｜竹儿 $tɕioʔ\text{-}ioŋ^{4-55}$。当时汤溪话阴入字的小称音变应如第③组例词所示。由此可见，[55]实际上就是早期阴入[ʔ5]的小称调。

表 2　汤溪话语音变调与小称变调的关系

	一般词		小称词	
	变调规律	举例	变调规律	举例
①	阳平＋阳平[113 0]	娘儿 $ȵio^{11-113}ŋ^{11-0}$ 母子	阳平[11]变[113]	小娘儿 $sɤ^{535-52}ȵio\text{-}iuŋ^{11-113}$ 姑娘
②	阴入＋阳平[55 0]	杀儿 $so^{55}ŋ^{11-0}$ 杀儿子	阴入[55]不变	索儿 $so\text{-}uŋ^{55}$ 绳索
③	阴入＋阳平[ʔ5 0]	杀儿 $soʔ^{5}ŋ^{11-0}$ 杀儿子	阴入[ʔ5]变[55]	索儿 $soʔ\text{-}uŋ^{5-55}$ 绳索

那么，在汤溪话的多种小称调当中，为什么选择[55]调作为“合变式”小称调呢？小称的基本功能是“指小表爱”，具有强烈、鲜明的感情色彩，需要相应的语言形式作为标记，而高调（特别是高平调或高升调）具有表亲密的作用（朱晓农，2004）。在汤溪话的各种小称调调值中，高平调[55]无疑成为不二之选。

在汤溪话各种类型的小称中，最常见的是“鼻尾＋分变式变调”型（参看表1）。这种小称在用法和功能上跟北京话的儿化以及其他方言的小称基本相同，不需要专门讨论。下文只讨论汤溪话“合变式”小称调[55]的用法和功能。

二、表小称

2.1　与鼻尾一起表小称

“与鼻尾一起表小称”是指“鼻尾＋合变式变调”的小称类型，这是“鼻尾＋分变式变调”进一步发展的结果。（曹志耘，2002：155~158）与“鼻尾＋分变式变调”相比，“鼻尾＋合变式变调”除了阴入[55]不变以外，其他调的字一律变为［55］调。据上文的论述，阴入字读小称时（即带小称韵尾［ŋ］时），其［55］调实际上也是小称调（由原先的［ʔ5］变来）。这种类型的小称在功能上与“鼻尾＋分变式变调”一样，主要用于名词性词语的“指小表爱”。不过，汤溪话里这种类型的小称词比较少。例如（单字调古浊入归阳上，下文同）：

阴平［24］：大头胎儿 $dɤ^{341-11}d\text{-}təɯ^{11-33}t^hɛ\text{-}eŋ^{24-55}$ 大头目，头领

阳平［11］：娘儿 $ȵio\text{-}iuŋ^{11-55}$ 姨母

阴上［535］：梗儿 $kua\text{-}uɑŋ^{535-55}$ 干的树枝等细柴杆儿｜顶儿 $nei\text{-}eŋ^{535-55}$ 山头～

阳上［113］：末儿 $mɤ\text{-}ɯŋ^{113-55}$ 末尾｜金华笠儿 $tɕiei^{24-33}uɑ^{11-33}lei\text{-}eŋ^{113-55}$ 金华产的一种小斗笠

阴去［52］：一点儿 $i^{-52}ȵia\text{-}iɑŋ^{52-55}$

阳去［341］：妹儿妹儿 $mɛ\text{-}eŋ^{341-33}mɛ\text{-}eŋ^{341-55}$ 婴儿，小宝宝

阴入［55］：竹儿 $tɕiɔ\text{-}ioŋ^{55}$

2.2 单独表小称

“单独表小称”是指小称时韵母不发生变化（不加鼻尾［ŋ］），仅靠把声调变为［55］而达到小称的目的。因为阴入的单字调也是［55］，所以阴入字无法通过这种方式构成小称（即使有的阴入字的［55］调是小称变调“［ʔ5］→［55］”的结果，因为整个音节与今单字音完全相同，也已看不出来）。

跟“与鼻尾一起表小称”相比，［55］调单独表小称时有几个特点：

（1）小称调［55］既可以出现在词语的最后一个音节，也可以出现在前面的音节。

（2）小称词以称谓、人名居多。

（3）一般小称的基本作用是“指小表爱”，单独表小称的［55］调没有明显的“指小”作用，主要作用是表示喜爱、亲昵的感情色彩。例如：

阴平［24］：哥 $kɑ^{-55}$｜哥哥 $kɑ^{-33}kɑ^{-55}$｜妈妈 $ma^{-33}ma^{-55}$ 姥姥，奶奶

阳平［11］：旋 sie^{-55} 头上的旋儿

阴上［535］：彩琴 $ts^hɛ^{535-55}dʑiei^{11-0}$ 人名｜做把戏 $tsɤ^{52-33}pɑ^{-55}ɕi^{52-0}$

阳上［113］：马 $^=mo^{113-55}$ 奶奶｜母妈 $m^{113-55}ma^{0}$ 妈妈｜有 $iəɯ^{113-55}$ 人名｜细有 $sia^{52-33}iəɯ^{113-55}$ 人名｜木 $mɔ^{113-55}$ 人名｜木头 $mɔ^{113-55}dəɯ^{11-0}$ 人名｜女女 $na^{113-55}na^{113-0}$ 人名

阴去［52］：爷 $iɑ^{52-55}$ 爷爷 | 爷爷 $iɑ^{52-55}iɑ^{52-0}$ | 秀 $səɯ^{52-55}$ 人名 | 秀兰 $səɯ^{52-55}lo^{11-0}$ 人名 | 素青 $su^{52-55}ts^{h}ei^{24-0}$ 人名 | 细素 $sia^{52-33}su^{52-55}$ 人名 | 纪琴 $tɕi^{52-55}dʑiei^{11-0}$ 人名 | 爱青 $ɛ^{52-55}ts^{h}ei^{24-0}$ 人名 | 细和 $sia^{52-55}uɤ^{11-0}$ 人名

阳去［341］：妹妹 $mɛ^{341-33}mɛ^{341-55}$ 人名 | 细妹 $sia^{52-33}mɛ^{341-55}$ 人名 | 有妹 $iəɯ^{113-11}mɛ^{341-55}$ 人名 | 丽 li^{-55} 人名 | 丽华 $li^{-55}uɑ^{11-0}$ 人名

阴入［55］：（无）

三、表轻松貌

在部分人体动作动词中，如果读该动词的本调，表示正常的动作义；如果读成小称调［55］，则表示一种轻快、随意的动作，或带有轻松、戏谑的语气，本文暂称为“表轻松貌”。例如：

读本调	读小称调
拉 $lɑ^{24}$ ~车；不讲理，赖	拉 $lɑ^{24-55}$ 吹牛
捋 $lɛ^{113}$ 顺手抹	捋 $lɛ^{113-55}$ 往下撕拉
掠 $lɤ^{113}$ 顺手拿	掠 $lɤ^{113-55}$ 劈打，带轻松语气
搣 mie^{113} 捻子（广韵亡列切，摩也。为动词）	搣 mie^{113-55} 动词，捻
弄 $lɑo^{341}$ 肏	弄 $lɔ^{341-55}$ 肏，带戏谑语气
利 $^{=}li^{341}$ 裸露	赤肥□利 $^{=}tɕ^{h}iɑ^{55-52}p^{h}ei^{55-52}lɑ^{-11}li^{341-55}$ 女人光着下身

这种用法很特别，可惜不具有能产性。从现有例词来看，声母都是鼻边音，不知道是否与语音结构有关。不过，从语义上看，小称的指小、喜爱、亲昵、戏谑等意义和风格色彩与动作的轻松、随意具有相通之处，采用小称手段来表示轻松貌亦不为怪。例如北京话的动词虽然一般不儿化，但“玩儿”以及由“玩儿”组成的“玩儿命”、“玩儿完”、“玩儿票”、“玩儿去”等词儿化后也具有同样的功能。

在其他方言里，江西宜丰方言也存在类似的现象。例如动词“锯”，用于“锯木头”时读单字调，用于“锯胡琴”（取笑业余琴手拉二胡的说法）时读小称调（高升调）。宜丰话里有小称调读法的动词还有“捋拔：~鸡毛、墈蹲、筒套、跳、拐单腿跳、拱凸、炉$^{=}$骗”等。（邵宜，2006）

在湖北通山方言里，“语素变调”（实质上是小称调）［35］具有减轻语义分量、表达轻蔑等感情色彩的功能。例如（范新干，2007）：

读本调	读［35］调
拉 lɔ^{23} 闲谈：~了几句家常	拉 lɔ$^{23-35}$ 闲谈，含轻蔑色彩：王大发一~就是半天
睩 lau^{33} 快速看：翻开书~了一眼	睩 lau$^{33-35}$ 快速看，含轻蔑、厌恶色彩：贼眼~到不歇
哝 naŋ^{23} 小声说话：你跟其两个人在彼得~么事？	哝 naŋ$^{23-35}$ 小声说话，含贬斥意：你跟其两个人莫在彼得~
抢 ts^{h}oŋ^{42} 争夺：篮球~到了手	抢 ts^{h}oŋ$^{42-35}$ 争夺，含贬斥意：莫跟别人~

在湖北大冶方言里，单音节动词叠连结构“AABB”的第二个A和B可以读做儿化兼“情意变调”（实质上是小称调）［331］或［553］，表示“时而AA，时而BB”或“A了又B，B了又A”。例如（［ɿ］是儿化音）：走走儿歇歇儿 tse^{53}tseɿ$^{53-331}$ɕie^{13}ɕieɿ$^{13-331}$ ｜开开儿关关儿 k^{h}a^{33}k^{h}aɿ$^{33-331}$kuᴀ^{33}kuᴀɿ$^{33-331}$ ｜哭哭儿笑笑儿 k^{h}u^{13}k^{h}uɿ$^{13-331}$ɕie^{35}ɕieɿ$^{35-553}$。“变调形式还有放慢动作节奏的作用，含有轻松悠闲、漫不经心或懒散无聊等意味。”（汪国胜，1996）由上可见，宜丰、通山、大冶方言动词读小称调时一定程度上都具有表轻松貌的功能，与汤溪话可谓异曲同工。

四、虚词化

一般来说，小称会导致词义轻化、弱化。但从另一方面来看，小称往往具有鲜明、生动的形式标记，例如卷舌、鼻尾、高调等等。正因如此，在很多方言中，小称往往也用作生动形式形容词的标记，例如北京话的“早早儿”、“好好儿”、“慢慢儿”等。汤溪话也有同样的现象，例如：红呱呱儿 ɑo$^{11-33}$kua$^{24-52}$kua-uɑŋ$^{24-55}$ 红扑扑｜清清楚儿楚儿 ts^{h}ei$^{24-33}$ts^{h}ei$^{24-33}$ts^{h}u-uŋ$^{535-52}$ts^{h}u-uŋ$^{535-52}$。在这种用法中，小称的主要作用是突出化（凸显化）、生动化，也可以说是具有强调、夸张的意味。

虚词里面有一部分词具有很强的主观性和感情色彩，例如表示程度、情态、语气等的副词。为了达到强烈、生动的表达效果，它们往往会采取诸如重读、延长、重叠、儿化之类的手段，例如北京话里表示程度深的“非常非常”、“特别特别”，表示“刚”义的“刚刚儿”（也说“将将儿”）。在汤溪话中，小称调［55］由于形式鲜明，语义夸张、生动，正好契合了这种表达需要，因而成为一部分词语副词化、语法化的重要手段，或成为一部分副词等虚词的形式标记，本文统称为“虚词化”。

汤溪话小称调［55］的虚词化作用主要有以下几种表现。

4.1 单音节实词的虚词化：顶，猛

汤溪话“顶”读阴上调的［nei^{535}］时是名词或动词；读小称调［55］的［nei^{535-55}］时是义为“最”的程度副词，例如：顶好 $nei^{535-55}xə^{535}$。“猛”读阳上调的［ma^{113}］时是形容词，义为“（动作）快”、“（火）旺”；“猛”还可作为后置的程度副词用在“X猛X猛”结构里，其中第一个“猛”要读小称调［55］的［ma^{113-55}］（第二个“猛”不变调），例如：好猛好猛 $xə^{535-52}ma^{113-55}xə^{535}mai^{113}$ 好得很。“X猛X猛”结构有时会缩略为“X猛X”，其中的“猛”仍要读小称调［55］，例如：未猛未 $mi^{341-11}ma^{113-55}mi^{341}$ 还早着呢，还差得远呢。

4.2 短语虚词化

一部分结构较松散、意义较抽象的述宾短语、主谓短语、状中短语等只要后字的声调读做小称调［55］，就变成一个结构紧凑的副词、连词或抽象动词（为了叙述方便，本文把这种抽象动词跟副词、连词等一起合称为“虚词”，实际上它们是一些语法属性比较强的词，即“语法词”）。变化后的这个词只能作为一个整体使用，不能拆开来说，也就是说它会随着读小称调而“固化”。跟一般的副词等略有差别的是，经由小称调而虚词化的词均带有某种程度的强调、夸张的语气。

在声调发生变化的同时，有的音节（小称音节和非小称音节都有可能）的韵母元音也会发生央化等细微变化，这符合虚词化（语法化）的语音表现；声母的清浊转换是因声调的阴阳转换引起的，与虚词化无关。例如：

原形	小称调
到底 tə$^{52-33}$tie^{535} 洞打～罢（洞打到底了）	到底tə^{52}tie-ei$^{535-55}$ 究竟：尔~去弗个？（你究竟去不去？）
脱板 $^{=}$t^{h}ɛ$^{55-52}$mo^{535} 相差：～五分钟	脱板 $^{=}$t^{h}ɛ$^{55-52}$mo$^{535-55}$ 可能：今日～要落雨个
随便 zei^{-113}bie$^{341-0}$ 尔～点儿（你随便点儿）	随便 sei^{-52}bie-pei$^{341-55}$ 不论：明朝～落雨弗落雨，我定要去
还要 uo$^{11-24}$iə^{52} 个本书尔～弗个？（这本书你还要吗？）	还要 uo$^{11-33}$iə$^{52-55}$ 我～考回添（我还要再考一回）
横直 ua$^{11-33}$dʑiɛ^{113} 长宽：～三尺	横直 ua$^{11-33}$dʑiɛ-tɕiə$^{113-55}$ 反正：我～要到金华去个
我讲 ɑ^{113}kuo^{535}～尔听（我说你听）	我讲 ɑ$^{113-33}$kuo$^{535-55}$ 怪不得：～尔未去读书，生病罢啦
尚好 ʑio$^{341-11}$xə^{535} 还好，还可以：个件衣裳～弗个？（这件衣服还可以吗？）	尚好 ʑio$^{341-11}$xə$^{535-55}$ 表示事情与别人原来所说、所认为的不同：广播讲今天有雨个，~晴个诶（广播说今天有雨，实际上是晴的啊）

也有不少由短语演变而来的副词、连词或抽象动词今天只有小称调［55］的读法，而没有相应的原形（即读小称调的音节不能读做单字调或一般的语音变调，没有短语用法）。例如（从现有例词看，三音节词的小称调落在第二音节上）：

未知 mi-ie$^{341-11}$tsɿ$^{24-55}$ 不知，言其多：金华到北京～几许远

随渠 sei^{-52}g-kɯ$^{11-55}$ 任凭，不管：～难弗难，试试添再讲（不管难不难，先试试看）

随管渠 sei^{-52}kuo$^{535-55}$gɯ$^{11-0}$ 同上条

随尔 sei^{-52}ŋ$^{113-55}$ 任凭你，不管你：～认真弗认真，问尔自！（随便你认真不认真，你自己看着办！）

随管尔 sei^{-52}kuo$^{535-55}$ŋ$^{113-0}$ 同上条

便要 bie$^{341-11}$iə$^{52-55}$ 就要，马上就：天公～落雨啵（天就要下雨了）

是要 dzɿ$^{113-11}$iə$^{52-55}$ 真是要，是得：尔～讲讲渠（你是得说说他）

足要 tsɔ$^{55-52}$iə$^{52-55}$ 总是要，总得：讲～和渠讲个（说总是要跟他说的）

还是 uo$^{11-33}$dz-tsɿ$^{113-55}$ 还：尔～落家里啦？（你还在家啊？）

便是 bie$^{341-11}$dz-tsɿ$^{113-55}$ ①就是：我～无得让渠（我就是不让他）。②仅仅，只：渠家里～渠个农添罢（他家只有他一个人了）

足是 tsɔ$^{55-52}$dz-tsɿ$^{113-55}$ ①总归是：爷娘～爷娘。②总是，一直：渠个些日子～无力气（他这些

日子身体老是不好）。③只，仅仅，才：做一日～十块洋钱（干一天才十块钱）

秃=是 t^{h}ɔ$^{55-52}$dz-tsɿ$^{113-55}$ 都是：个些~金华农（这些都是金华人。汤溪话“是”不单用于判断句）

也是 ia$^{113-11}$dz-tsɿ$^{113-55}$ 渠～金华农（他也是金华人）

咦是 i^{11}dz-tsɿ$^{113-55}$ 又是：今日～落雨个（今天又是下雨天）

4.3 虚词标记化

在汤溪话中，有一部分普通副词（看不出明显的短语来源，在其他方言里也充当副词）除了非小称调的读法以外，还有小称调的读法，或只有小称调的读法。不管是两种读法还是一种读法，它们都只有副词的用法，并带有某种程度的强调、夸张的语气。如上所述，小称调［55］经常被用作副词等虚词的声调，因此，久而久之便成为一种具有特殊功能（用于标示强调、夸张的虚词）的语法标记。进一步地，一些具有相同特点或相同表达需要的虚词也因而发生类推性的变化，带上相同的标记。跟实词或短语的“虚词化”有所不同，这种现象是虚词本身发生了“（虚词）标记化”的变化，也可以认为是一种程度更深的“虚词化”。例如：

特意 dɛ-ei$^{113-11}$i$^{52-55}$ 特地，故意：渠～敲破个（他故意打破的）

老早 lə$^{113-11}$tsə$^{535-55}$~lə$^{113-52}$tsə$^{535-55}$ 很久以前：渠～去罢（他早就走了）

共总 gɑo$^{341-11}$tsɑo$^{535-55}$ 一共，一般言其少：渠家里～三个农（他家只不过三口人）

只顾 tɕiei-iu^{52}ku$^{52-55}$ 不停地：渠～哭来（他哭个不停）

情可 zei^{11}k^{h}uɤ$^{535-55}$ 宁可：我～死死落去（我宁可死了算了）

情愿 zei$^{11-113}$ȵiɤ$^{11-0}$~zei^{11}ȵiɤ$^{11-55}$ 同上条

宁可 nei$^{11-113}$k^{h}uɤ$^{535-0}$~nei^{11}k^{h}uɤ$^{535-55}$ 同上条

宁愿 nei$^{11-113}$ȵiɤ$^{11-0}$~nei^{11}ȵiɤ$^{11-55}$ 同上条

“情愿”、“宁可”、“宁愿”等词今天既有非小称调读法，又有小称调读法，可能正处于变化的过程之中。

小称调的虚词化作用是目前研究小称的论文里较少提到的。除了汤溪话以外，我们注意到在广东乐昌的长来方言里，小称调（高降调）除了用于名词以外，还出现在部分代词、副词、介词和抽象动词里，例如“几久多久、已经”的第一音节，“我哋我们、你哋你们、渠哋他们、自己、什么、为什么、马上、争□

[tiʌu^{55}] 子几乎”的末尾音节，以及单音节动词和介词“在”。（张双庆，2000）这种现象值得今后继续关注。

:: 参考文献 ::

曹逢甫（2006）语法化轮回的研究——以汉语鼻音尾/鼻化小称词为例，《汉语学报》第2期。

曹志耘（2002）《南部吴语语音研究》，商务印书馆。

范新干（2007）湖北通山方言的语素变调，《方言》第2期。

刘秀雪（2009）尤溪小称词语法化研究，《中国社会语言学》第1期。

彭宗平（2005）《北京话儿化词研究》，中国传媒大学出版社。

邵　宜（2006）赣语宜丰话词汇变调的类型及其表义功能，《方言》第1期。

汪国胜（1996）湖北大冶话的情意变调，《中国语文》第5期。

张双庆主编（2000）《乐昌土话研究》，厦门大学出版社。

朱晓农（2004）亲密与高调——对小称调、女国音、美眉等语言现象的生物学解释，《当代语言学》第3期。

原载《中国语文》2011年第4期

汉语方言里表示动作次序的后置词*

〇、引言

在普通话里，表示动作的先后次序的词“先”、“再”只能用在有关动词的前面。“先”加在前一个动作之前，“再”加在后一个动作之前。例如：

你先喝口水再说。

你先去，我过一会儿来。

歇一会儿再干。

尽管“再”同时也位于前一个动作之后，但是从语义关系和语音特征来看，它无疑是后一个动作的修饰成分。“再”后面的动词不能省略，也证明了这一点。

在一些汉语方言里，某些表示动作的先后次序的词则置于或只能置于有关动词的后面。例如广州话的“先”：

你行先，我等一阵来你先走，我等一会儿来。

---

* 本文为北京语言文化大学“汉语方言与中国地域文化”科研项目成果之一，曾在’98现代汉语语法学国际学术会议（1998年8月于北京大学）上宣读，发表时作了较大修改。谨以此文纪念张清常先生逝世一周年。

根据笔者观察到的方言材料，在内蒙古西部，山西偏关、大同，山东济南、章丘、肥城、新泰、沂南、淄川、寿光、临朐，贵州大方，湖南长沙，江西九江、南昌、安义、玉山、广丰，安徽徽州，浙江严州、金华、汤溪、东阳、龙游、衢州、常山、遂昌、云和、庆元、温州、苍南，福建连城，广东广州等地方言里都存在置于动词后面的表示动作次序的词（本文称做“后置词”）。近代一些文学作品，如元曲、《水浒传》、《金瓶梅》、《儿女英雄传》、《醒世姻缘传》、《聊斋俚曲集》、《警世通言》、《拍案惊奇》、《二刻拍案惊奇》、《欢喜冤家》、《生绡剪》、《西湖佳话·雷峰怪迹》、《型世言》、《一片情》、《缀白裘》等书里，也可见到相同用法的词（“可”、“着”等）。这类后置词主要有“等”、“可”、“着”、“起”、“先”五个。这些后置词除了表示动作的先后次序外，有的还具有表示动作时间、语气等作用。

下面先介绍济南、汤溪和其他方言里表示动作次序的后置词的用法和功能，再对后置词的地理类型、性质、功能和发展变化等问题作些归纳和分析。由于笔者所掌握的方言材料和文献材料都很有限，本文的归纳肯定还不全面。实际上，本文的意图只是想根据现有的材料提出一个研究的框架，以引起大家对后置词的注意，并不奢望彻底说清这个问题。同时，由于篇幅所限，只好减少用例，而后置词地理分布的详细情况和历史演变问题，就干脆留待另文讨论了。

一、济南方言的“可”

济南方言的后置词读［$k^hə^0$］，本字不详（笔者以为可能是“去”字），本文写做同声韵的“可”字。“可”的用法及其功能可分为以下七种。下文介绍后置词的用法时，括号“（ ）”表示里面的内容可因上文等语境条件而隐去，但可以补出来，斜线“／”表示“或”。例句以自然和常用为原则，因此不一定每句都同时写出可能有的几种说法。同音字在右上角加小等号“$^=$”表示。

（1）重叠式或将来完成的动词性词语＋可（＋再＋动词）第一个动词前面有时可用“先”，但不常用

“可”用在重叠式的或表示将来完成的动词性词语的后面，表示先进行并完

成这个动作，然后再进行下文的动作（该动作前有“再”修饰）。着重强调“可”前面的这个动作在时间上比下文的动作领先。例如：

咱玩儿玩儿可再走。

俺想想可再说。

凉了可再喝！

你先尝尝可！卖食品的对顾客说

等我一会儿，我锁上门儿可。

（2）将来完成的动词性词语＋可（＋动词）第二个动作前面有时带“就”、“才能”等词

“可”用在表示将来完成的动词性词语的后面，表示当这个动作完成以后，进行下文的动作（该动作前无“再”修饰）。有北京话“……的时候”或“……以后”的意思。句义的重点在后面的动作上。例如：

你看完了可给俺看看。

你长大了可干么干什么？

天热了可咱游泳去。

凉了可才能喝。

你多咱什么时候去啊？——吃了饭可。

（3）将来动词性词语＋可（＋动词）

“可”用在表示将来施行的动词性词语的后面，表示在将来开始进行这个动作时，同时进行下文的动作。有北京话“……的时候”的意思。例如：

你上街可叫着俺。

你走可跟传达说一声儿。

你睡觉可把灯关上。

演新闻联播可叫我一声儿。

多咱什么时候叫你啊？——演新闻联播可。

（4）到／等＋将来时间名词＋可（＋动词）“到”比“等”常用

“可”用在“到／等”及其表示将来的时间名词的后面，表示等到了将来的某一时间进行下文的动作。北京话表示类似意思时，名词后不带其他成分。例如：

到星期天可，出去玩儿去。

到国庆节可你上哪里玩儿去？

你多咱什么时候结婚啊？——等明年可。

出于简便的目的，这类句子可以省去“到/等”，但很不常用。

（5）过去时间名词+可（+动词）

“可”用在表示过去的时间名词的后面，表示在过去的某一时间曾经发生了下文的动作。北京话表示类似的意思时，名词后不带其他成分，名词前一般也不用“在”、“当”之类的介词。例如：

去年可俺来过这里。

昨天可你上哪去了？

俺小霎小时候可就认得他。

八六年可，济南发大水了。

济南哪一年可发大水了？——八六年可。问句里能否加“可”存疑

（6）要（是）……+可+动词“要是”可说成“要”

“可”用在假设句中假设部分的后面，有北京话助词“……的话”的意思。例如：

你要是上街可叫着俺。

筐里有苹果，你要吃可就自己拿去。

他要是在可就好了。

要是便宜可就买点儿。

这点钱儿要是俺可早花没了。

出于简便的目的，这类句子可以省去连词“要（是）”，但不太常用。省去“要（是）”后，有的句子会与上面第（3）种用法相混，成为歧义句，如“你上街可叫着俺”。但在一定的语言环境里仍只有一种意义。

（7）（别/要不+）将来完成的动词性词语+可

“可”用在警告性的祈使句的末尾，表示强调、警告的语气。该祈使句的前半句是嘱咐、提醒、催促等，后半句指出如果不这样做将会出现的后果。动词性词语的前面没有“别”、“要不”等词时，后半句仍有“要不……”的意

思。例如：

端好了，别洒了可！

把钱放好了，要不丢了可！

趁热吃吧，要不凉了可！

慢点儿，摔倒可！

快走吧，黑天了可！

二、汤溪方言的“着”、“起”、“起着”、“着起”

笔者的母语，浙江省金华县的汤溪方言（原汤溪县区域的方言）有四个表示动作次序的后置词：“着”、“起”、“起着”、“着起”。下面分别介绍。

2.1 着

汤溪方言的“着”有三个读音：①［tɕyo^{55}］~衣裳，②［dʑyo^{113}］~火，③［dʑyo^{0}］猜~，灯点~；用作后置词时。“着”不用作表示持续的助词。作为表示动作次序的后置词的“着”同做补语的“着”一样，都读轻声。后置词“着”的用法及其功能有四种，它们分别与济南“可”的四种用法和功能相当。为了叙述方便，下文每种用法前分别使用与济南“可”相当的编号。

（1）动量式或将来完成的动词性词语＋着（＋再＋动词）第一个动作前面有时可用“先”，但不常用

功能同济南“可”（1）。例如：

尔忖记你想一下着再讲。

先歇两日几天着再做。

吃点儿茶喝点儿水着再去。

成熟着再摘来吃。

尔等我记，我扇门锁来着你等我一会儿，我先把门锁上。

（2）将来完成的动词性词语＋着（＋动词）第二个动作前面有时带“便”等词

功能同济南“可”（2）。例如：

尔望歇着约⁼我望记你看完了给我看看。

等渠归来着我问问渠添等他回来我问他一下。

暖和点儿着我到水库里去洗浴洗澡。

我饭吃歇吃完饭着便来。

尔□ dʑia[11] 时景去你什么时候去？——饭吃歇吃完饭着。

（4）等／到＋将来时间名词＋着（＋动词）“等”比“到”常用

功能同济南“可”（4）。例如：

等明朝明天着再去。

尔你到十点钟着再打个电话来。

到十月一号着我到杭州去嬉玩儿。

尔□ dʑia[11] 时景还我你什么时候还给我？——等再世着等下辈子吧！

尔下半日着再来你下午再来。

这类句子中的“等／到”经常省去。

（7）将来完成的动词性词语＋着

功能类似于济南“可”（7）。“着”用在警告性的祈使句的末尾，表示强调、警告的语气。该假设句的前半句是个否定意义的假设，有“如果不……”的意思，后半句是结果。例如：

弗园好哇，脱脱落去着不放好了啊，掉了去！

门弗关好哇，狗里来着门不关好了啊，呆会儿狗进来！

弗慢慢儿儿吃，等记哽去着不慢慢儿吃，呆会儿噎着！

2.2　起着

汤溪方言的后置词“起着”读［$tɕ^hi^{535-52}tɕyo^{-52}$］。用法及其功能与本方言“着”（1）完全相同，“着”（1）例句中的“着”都可替换成“起着”。但“起着”不如“着”（1）常用。

2.3　起

像北京话一样，汤溪方言的“起”［$tɕ^hi^{535}$］可用作动词、量词、可能补语。作为表示动作次序的后置词的“起”也读［$tɕ^hi^{535}$］，其作用跟北京话放在动词前修饰动词的“先”基本相同。从它的用法及其功能来看，可以归纳为三种。其中有两种为济南“可”所无，为了叙述方便，编号为（8）、（9）。

（1）动量式或将来完成的动词性词语＋起（＋再＋动词）第一个动作前面有时可用“先”，但不常用

功能基本上同济南“可”（1）和汤溪“着”（1）。用“起”时，对前一动作比下文的动作时间在先的强调更为明显。在汤溪方言里，这类句子不常用。例如：

尔吃点儿茶起你先喝点儿水再讲。

先歇记歇一会儿起再去做。

酒吃歇起再吃饭先把酒喝完了再吃饭。

生活做落靠起再出去嬉先把活儿干完了再出去玩儿。

尔歇记歇一会儿起，我来做。

（8）动词性词语＋起（，＋并列结构的后半部分）第一个动作前面可加上“先”，但经常省去

“起”用在各种动词性词语的后面，表示在动作的时间次序上，“起”前面的主语或谓语领先于下文并列结构中的主语或谓语。下文的并列结构中多含有表示后来时间的词语，表示在动作的时间次序上后于前一结构。例如：

尔去起，我等记儿添来你先去，我等一会儿再来。

渠他来起，我正刚来。

尔你先做作业起，做歇着再出去嬉做完了再出去玩儿。

今日夜去望看电影起，衣裳明朝明天洗。

吃点儿酒起，隔记儿添再吃饭先喝点儿酒，过一会儿再吃饭。

渠敲我起是他先打的我。

在含有并列意义的特指问句和选择问句里，“动词性词语＋起”后不再有与之并列的结构。“起”的作用仍是表示它前面的词语在动作的时间次序上领先。在一定的语言环境里，这种结构中“起”前面的动词可以省去，结果造成名词性词语跟“起”直接结合的结构。例如：

哪农讲起谁先说？尔起还是渠起是你先说还是他先说？——我起我先说。

尔先望哪本书起你先看哪一本书？——仡本起先看这本。

尔你去起还是我去起？

有鸡起还是有鸡子鸡蛋起？

（9）动词性词语＋起动词前面可加上“先”，但经常省去

“起”用在表示即将施行的动词性词语的后面，表示暂时、暂且先做这个动作，以防备以后可能会发生的动作（该动作常常不说出来）。例如：

钞票存银行里起，省得用用落去免得花掉了。

随便渠去弗去，先问声渠起不管他去不去，先问他一声儿。

天公乌落来罢天阴起来了，雨伞带去起。

2.4 着起

汤溪方言的后置词“着起”读［dʑyo⁰tɕʰi⁵³⁵］。用法及其功能与本方言“起”（1）完全相同，“起”（1）例句中的“起”都可替换成“着起”。但“着起”不如“起”（1）常用。

三、其他方言的情况

其他方言里的后置词情况，笔者未能作详细调查。下面根据笔者所了解的情况，选择有代表性的几个方言点略作介绍，并与济南或汤溪方言加以对照。其他地点的情况，可参看附录“汉语方言后置词一览表”，但材料零碎或有疑问者未列入表内。

3.1 山西偏关方言的“等”、“等价”、“着”

山西省偏关县（及其附近地区）方言有三个后置词：等［tʌŋ⁰］，等价［tʌŋ⁰tɕia⁰］，着［tiəʔ⁰］。其中“等”和“等价”可以互换，但多说“等”，用法与济南“可”的（1）、（2）、（3）、（4）、（6）相同。例如：

（1）咱耍一耍等再走。

等我一下，我锁上门等。

（2）你看完了等给我看看。

下了班等快些回来。

（3）你上街等叫上我。

你睡觉等把灯关上。

（4）星期天等，出去玩儿去。

我明年等结婚。

（6）你要在等就好了。

要是便宜等就再买点儿。

“着”只用于句末，与济南“可”的（1）、（7）和汤溪“起”的（8）功能相当。例如：

（1）你先甭说，你听他说完着。

咱们多会儿出发？——等天亮了着。

（7）慢点儿走，小心绊倒着。

端好了，洒了着。

（8）你先走着，我等一会儿再去。

你先看这本小说着，过几天我再给你换一本。

在“等”、“等价”（2）、（3）、（4）这几种用法中，如果后置词正好位于句末，“等”或“等价”也可以替换为“着”。例如：

（2）你多会儿去呀？——吃了饭着。

（3）多会儿叫你呀？——演《水浒》着。

（4）你多会儿结婚呀？——明年着。

“着”（7）的用法，是把后置词用在警告性的祈使句的末尾，表示警告的语气。该祈使句的前半句是嘱咐、提醒、假设，后半句指出如果不这样做可能会出现的结果或遇到的麻烦。后半句的开头没有“别”或“要不”，但多用表警告的“小心”。

3.2 山东沂南方言的“着”

山东省沂南县方言的后置词“着”[$tʂɔ^0$] 有三种用法，分别与济南“可”的（1）、（2）、（4）相当。例如：

（1）吃了饭着再去。

快下来！——我锁上门着。

（2）买了着就回来。

（4）你十点钟着打个电话来。

你今年怎么不给小孩儿盖屋啊？——没钱啊！下年着。

3.3 山东淄川方言的"着"

山东省淄博市淄川区方言的后置词"着"[tʂuə⁰]（孟庆泰、罗福腾，1994：234）有三种用法，分别与济南"可"的（1）、（2）、（6）相当。例如：

（1）先歇歇着再干。

你吃完了饭着咱再走。

（2）等住停了雨着，咱到山上拾菽子的。

（6）老师若问着，你就说我感冒了。

夜来昨天不下雪着，今日我就坐车去了。

3.4 江西九江方言的"着"

江西省九江市方言的后置词"着"[tʂo³²⁴]（张林林，1991）有两种用法。第一种相当于汤溪"起"的（8）。例如：

（8）你喝着，我等下儿再喝。

女同学进场着，男同学再等下儿。

看完新闻联播着，衣服等下儿洗。

另外一种用法是用在对警告性句子的答句的末尾，表示不顾上文的警告，非要先做这个动作。这种用法为济南、汤溪等地所无，为了叙述方便，编号为（10）。例如：

（10）脚踏车搭不得人。——搭了着。

晚上吃不得糖。——吃了着。

洗冷水澡会受凉的。——洗了着。

3.5 江西南昌方言的"着"

江西省南昌县蒋巷方言的后置词"着"[tsɔʔ⁵]，据谢留文（1998）的例句，似乎可归纳为以下几种用法：

（1）人啊渴得死，吃口水着人都渴死了，先喝口水（再说）。

（2）尔你不要在这里起造耀武扬威，等我哥哥来了着！

（4）先不要跟渠话告诉他，等两日着。

先放在那里，明日着。

（10）哪个话箇不准吃□［ɔ³］谁说的不准吃？吃了着！

3.6 徽州、严州方言的“起”

根据现有的材料（平田昌司主编，1998；曹志耘，1996a），徽语的后置词基本上都用“起”，读音如歙县［tɕʰi³⁵］，淳安［tɕʰi⁵⁵］，其作用相当于汤溪“起”的（8）。从例句来看，徽州、严州方言的后置词“起”常常跟前置词“先”（寿昌是“前”）配套使用。同时，也有只用后置词“起”或只用前置词“先”（“前”）的情况。此外，还有三种情况值得注意。

第一，歙县话除了“起”以外，还有一个作用相同的后置词“着”［tɕiɔʔ²¹］。例如：

尔人走着你们先走，我一下就来。

第二，淳安话的“添”［tʰiã²²⁴］可用在如下句子里：

不要急添先别急！

先吃口茶添先喝口水。

这个“添”好像也是一个表示动作次序的后置词。但因未对此作深入调查，只能附此备考。

第三，遂安话有“义⁼去过先你先去”的说法（但不说“义⁼去先”），似乎是后置词“先”在该地区方言里的一点残余。

3.7 浙江温州方言的“起”和“先”

浙江省温州市方言的后置词有“起”和“先”两个（游汝杰，1997），从例句来看，它们都相当于汤溪“起”的（8）。例如：

（8）你走起（下跳棋时）你先下。

我洗起，你徕接落洗你们接着洗。

你走去先。

我吃爻了先，你再吃。

3.8 福建连城方言的“先”

福建省连城县方言（项梦冰，1997）的后置词“先”[sie^{33}] 基本上相当于汤溪“起”的（8）。例如：

（8）我洗浴先我先洗澡（再干别的）。

拿两百块钱□ [a^{55}] 先先给我两百块钱。

食饭先抑还是□ [$ȵia^{3}$] 报纸先先吃饭还是先看报？

连城方言的“先”还可以用作状语、谓语，并可受否定副词“懒不”的修饰。例如：

佢先做了他先干完。

那 ^{35} 人先谁先？——我先。

尔先□ $haʔ^{5}$ 你先好吗？——我懒先，留佢先我不先，让他先。

项梦冰根据以上用法，认为连城方言的“先”是形容词。我们在上文讨论汤溪方言的“起”（8）时，曾经指出汤溪方言的“起”有时可以跟前面的名词性词语直接结合，例如：

哪农讲起谁先说？尔起还是渠起是你先说还是他先说？——我起我先说。

不过，我们把这种结构看做是省略了动词的结果。跟连城方言不同的是，汤溪方言的“起”不能受否定副词的修饰。

3.9 广东广州方言的“先”

广州方言（袁家骅等，1983；饶秉才等，1981；李新魁等，1995）后置词“先”[$ʃin^{53}$] 的主要作用相当于汤溪“起”的（8）。例如：

（8）你行先，我等一阵来你先走，我等一会儿来。

你食先，唔使客气你先吃，甭客气。

究竟边个缩沙先？究竟谁先退缩了？/先说说究竟谁退缩了？

除了做后置词外，广州方言的“先”还有两个用法。一是跟北京话的“先”一样，用在动词的前面，这时动词的后面也可同时加上后置词“先”。例如：

你先出去。

你先出去先。

当然，如上所述，也可只用后置词“先”，说成“你出去先”。据李新魁等

（1995：502），“你先出去”不如其他两种说法常用。

二是用于第二个动作之前，作用相当于北京话的“再”或“才”。例如：

落咗班先去下了班再去。

我翻屋企先同你倾我回家再跟你谈。

搞咗三年先完成搞了三年才完成。

四、对后置词的讨论

4.1 后置词的类型及其地域分布

4.1.1 根据现有的材料，后置词的形式可以分为五大类：等，可，着，起，先。此外，还有它们的组合形式“等价”、“起着”、“着起”、“起先”，以及个别其他形式如淳安的“添”存疑、东阳的“□”[man^{343}] 等。

“等”、“可”、“着”、“起”、“先”五词大体上由北到南依次分布在我国东部地区（参看附录“汉语方言后置词一览表”）：

“等”分布在山西省西北角偏关一带（属晋语）。

“可”（有人写做“呵”）分布在山东省中西部的济南及其周围的章丘、肥城、新泰等地（属官话区的冀鲁官话）。

“着”（有人写做“的”）分布在内蒙古西部，山西省北部的偏关、大同（晋语），山东省中部的沂南、淄川、寿光（冀鲁官话）、临朐（胶辽官话），贵州省西部的大方（西南官话），湖南长沙（湘语），江西省北部的九江（江淮官话）、南昌（赣语），安徽省南部的歙县（徽语），浙江省中部的金华、汤溪（吴语婺州片）等地。

“起”分布在安徽省的南部（徽语），浙江省西南部的大部分地区（徽语、吴语和闽语——大致上相当于除吴语太湖片以外的部分），以及江西省北部的安义（赣语），东部的玉山、广丰（吴语处衢片）。

“先”分布在浙江省南部的遂安（徽语）、衢州、常山、云和、庆元（吴语处衢片）、温州（吴语瓯江片）、苍南（闽语闽南话），福建省西南部的连城（客家话），广东广州（粤语）等地。

“着”与“起”并存于安徽省南部的歙县方言、浙江省中部的金华方言里，“着”、“起”及其结合体“起着”、“着起”并存于浙江省中部的汤溪方言里，“□”[man^{343}] 和“起”并存于浙江省中部的东阳方言里，反映了这一地区由于位于北部“着”与南部“起”的交界处而显得特别复杂的特点。“起”与“先”并存于浙江省西部的遂安（徽语）、衢州、常山（吴语处衢片），东南角的温州（吴语瓯江片），另据傅国通等（1985：104），在浙江省东南部的台州、温州一带还使用“起”和“先”的结合体“起先”，并与“起”并存，则是因为这些地方位于北“起”南“先”的过渡地区。此外，在“后置词区”北端的山西省西北角的偏关（晋语），同时有“等”、“等价”、“着”三个后置词并存共用，也值得注意。

4.1.2　从后置词的用法及其功能的角度，所有后置词可以分为两大类。第一类暂且称做“可”类，可以济南（及山东章丘、肥城、新泰）的“可”为代表，包括山西偏关的“等”、“等价”，内蒙古西部、山东沂南、淄川、寿光、临朐、贵州大方、湖南长沙、江西南昌、浙江金华的“着”，浙江汤溪的“着”、“起着”、“着起”，浙江东阳的“□”[man^{343}]。第二类暂且称做“先”类，可以广州（及福建连城，浙江遂安、云和、庆元、苍南）的“先”为代表，包括江西安义、玉山、广丰、安徽徽州、浙江严州、东阳、龙游、遂昌的“起”，浙江衢州、常山、温州的“先”和“起”，江西九江、安徽歙县的“着”。山西偏关、大同的“着”，浙江金华、汤溪的“起”兼有两类的作用，但以第二类为主。

这两类后置词的主要区别在于，“可”类后置词着重表达两个动作之间在次序、时间上的密切联系，后置词前面的动作往往是后一动作得以实施的前提、条件。例如济南：

俺想想可再说。

下了班可就回来。

你走可跟传达说一声儿。

到星期天可，出去玩儿去。

“先”类后置词则在对两项具有并列意义的动作的时间进行对比的过程中，

指出孰先孰后，而不表示两者之间的联系。例如汤溪：

渠他来起，我正刚来。

吃点儿酒起，隔记儿添再吃饭先喝点儿酒，过一会儿再吃饭。

如果暂且不论它们的次要作用，或许可以说“可”类后置词主要表示动作次序，“先”类后置词主要表示动作时间。此外，“先”类后置词还能表示两个主语在动作时间上的先后，“可”类后置词则只限于表示动作本身的次序。

“可”类后置词主要分布在内蒙古、山西、山东、贵州、湖南、江西（南昌等），“先”类后置词主要分布在我国东南部江西（九江等）、安徽、浙江、福建、广东等地（但山西也有）。在浙江中部的金华、汤溪、东阳（此外可能还有江西北部的安义存疑），既有跟“可”类相近的“着”、“起着”、“着起”、“□”[man^{343}]，又有跟“先”类相近的“起”，似乎是南北两大类后置词的交汇地带。此外，山西偏关、大同、江西九江、安徽歙县虽然用“着”做后置词，但作用跟“先”、“起”相近，也是值得注意的。

4.1.3　修饰性成分后置是古代汉语的特点，也是我国南部语言和方言的特点。（桥本万太郎，1985）我国东南部方言里存在表示动作次序的后置词是容易解释的。事实上，这些方言除了有表示动作次序的后置词外，往往还同时拥有其他作用的后置词，如表示再次、重复的“添”、“过”等。（曹志耘，1988；李如龙、张双庆主编，1997）但像山东、山西、内蒙古这样的北方地区也存在发达的后置词，应该是令人注目的事情。山东方言的某些句式结构或许可以为解释这一现象提供旁证。今天的山东方言尤其是中部、东部地区方言的比较句格式多是“A＋形容词＋起＋B”。例如沂南：

他高起我他比我高。

坐车快起走路坐车比走路快。

济南等山东中部地区方言的结果补语“开”多放在宾语后构成“动词＋宾语＋开＋了”的格式。例如济南：

下雨开了下开雨了。

他打扫卫生开了他打扫开卫生了。

在以上句子里，修饰性成分都处于后置词的状态。

4.2 后置词的性质

表示动作次序的后置词究竟是什么性质的词？解决这个问题有助于正确认识后置词的地位和作用。北方的“等”、“可”、“着”等多被看做是助词（包括语气词），南方的“起”、“先”等多被看做是副词。这可能反映了北南两类后置词在来源、形式、作用上的差异。比如从读音上来看，北方型（“可”类）后置词一律念轻声，南方型（“先”类）后置词一律保留单字调，不念轻声，似乎表明二者的虚化程度有所不同。又如“可”类后置词只能用于被修饰成分的后面，“先”类后置词里的“先”有时还可以用于被修饰成分的前面。但我们看到，后置词“等”、“可”、“着”虽然在一些方言里也有助词的作用，但它们的基本作用、主要作用是表示动作的时间次序，它们与前面的词语之间有一种直接的修饰作用。如果把它们当做一般的助词看待，很容易忽略它们对前面词语的强烈的修饰作用，很容易把它们与前面词语之间的那种密切的内在联系掩盖在助词与其前面部分的一般关系之下。因此，把“等”、“可”、“着”这样的后置词仅仅看做是一般的助词是有欠妥当的。

至于应该把后置词归入哪一类词，这在一定程度上不过是个技术问题。但是，如果从类型学的角度来看，在中国中、东部的广大地区（汉语的主要分布地区），竟然分布着如此形式多样、功能丰富的后置词，或许值得我们重新专门考虑一下后置词的语法身份问题。笔者个人以为，我们也许可以把这种后置词的基本功能看做是汉语方言特有的一种体。

4.3 后置词的功能

如上文所述，当今汉语方言里表示动作次序的后置词一共有十种功能。这其中有的并不能表示动作的时间次序，或者这种功能很不明显。不过，每个后置词都具备表示动作的时间次序这一功能（即济南“可”（1）、（2）或汤溪“起”（8）），并且总是以此功能为其最基本、最主要的功能。

从后置词的类型来看，“起”、“先”的功能比较简单固定，“等”、“可”、“着”则显得复杂多变。从“等”、“可”、“着”在各地方言里的具体功能来看，除了表示动作次序以外，还有两类较普遍的功能。一是置于时间名词后表示下文的动作施行的具体时间，例如偏关“等”（4），济南“可”（4）、（5），汤溪“着”（4）。二是用在警告性句子的末尾或者对警告性句子的答句的末尾，表示一种强烈的语气。内蒙古西部、偏关（“着”）、大同、济南、九江、南昌、汤溪（“着”）的后置词都有此功能，但具体的用法和语气各地略有差异。这种用法跟表示动作次序的功能表面上似乎风马牛不相及，但实际上仍能感觉到它从表示动作次序功能演变而来的意味。例如济南“慢点儿，摔倒可！”警告当中就含有假如“摔倒”这个动作发生以后将会如何的意思。

4.4 后置词的发展趋势

修饰性成分由后置转向前置是汉语历史发展的一个趋势。在此规律的制约下，特别是在前置型的普通话的强烈影响下，汉语方言里表示动作次序的后置词正在发生着变化。例如，汤溪话表示“你先去”的意思有以下三种说法：

尔去起。

尔先去起。

尔先去。

其中第一种最常用，最具有方言口语色彩，第三种最不常用，带有普通话色彩，第二种居于两者之间。在其他方言（如严州、龙游、广州等）里也有类似的现象。这个例子显示了后置词消隐，前置词崛起的过程。从各方言的情况来看，后置词的发展变化主要有三种情况。

第一，由后置移向前置。由于“先”在普通话和许多方言里用作前置词，后置词“先”具备直接跃居于动词之前的可能。在广州方言里，“你出去先”——“你先出去先”——“你先出去”三种说法并存，也许可以看做是体现了后置逐步走向前置（中间经过一个后置与前置并存的阶段）的过程。不过，后置词“起”如果要移向前置，则需要把形式改为跟普通话一致的“先”，例如汤溪。

第二，省略，脱落。有些场合的后置词由于有其他词语（如“先”、“再”）的支持或者语序的帮助，省去之后虽然会使语气有所减弱，但不会给句义带来大的变化。在今天的济南、汤溪方言里，“可”或“着”在多数情况下都可以省去，汤溪的“起”当动词前面有前置词“先”时也可省去。虽然这种省略形式目前还不太常用和自然，但在各种因素（包括图简便、求省力的原则）的共同作用下，预计将会逐渐普及。

省略之后如果会影响表达或意义，则会用一个有相当意思但没有后置意味的词语来代替后置词。例如济南，“你上街可叫着俺”一句，现在也有人说成“你上街的时候叫着俺”。后置词“可”被换成了中心语“的时候”。

第三，虚化为助词。后置词常常位于句末或句中停顿处，跟助词处于同一位置。由于汉语后置功能的萎缩，助词位置上的后置词会逐渐变为句子语气的承担者和表现者，从而虚化为助词。偏关的“等”、“着”，济南的“可”，大同、九江、南昌、汤溪的“着”都已经发生了这种变化。

此外，广州的“先”既可用作前一动作的后置词，又可用作后一动作的前置词（如：落咗班先去下了班再去）。这种有趣的现象不禁使人想到后置词就地“改嫁”为后一动作的前置词的可能性。但恐怕这只能是一种想象了！

附表　汉语方言后置词一览

方言区		省	市县	后置词	用法										可类	先类
					(1)	(2)	(3)	(4)	(5)	(6)	(7)	(8)	(9)	(10)		
官话	晋	山西	偏关	等	(1)	(2)	(3)	(4)		(6)					+	
				等价	(1)	(2)	(3)	(4)		(6)					+	
				着	(1)						(7)	(8)			+	+
			大同	着	(1)						(7)	(8)			+	+
	冀鲁	山东	济南	可	(1)	(2)	(3)	(4)	(5)	(6)	(7)				+	
			肥城	可	(1)	(2)		(4)							+	
			沂南	着	(1)	(2)		(4)							+	
			淄川	着	(1)	(2)				(6)					+	
	胶辽		临朐	着	(1)										+	
	江淮	江西	九江	着								(8)		(10)		+
赣语			南昌	着	(1)	(2)		(4)						(10)	+	
			安义	起								(8)				+

续表

方言区		省	市县	后置词	用法										可类	先类
					(1)	(2)	(3)	(4)	(5)	(6)	(7)	(8)	(9)	(10)		
徽　语		安徽	徽州	**起**								(8)				+
			歙县	**着**								(8)				+
		浙江	严州	**起**								(8)				+
			遂安	**先**								(8)				+
吴语	婺州片		金华	**着**	(1)	(2)		(4)							+	
				起	(1)							(8)			+	+
			汤溪	**着**	(1)	(2)		(4)			(7)				+	
				起	(1)							(8)	(9)		+	+
				起着	(1)										+	
				着起	(1)										+	
	瓯江片		温州	**起**								(8)				+
				先								(8)				+
闽南话			苍南	**先**								(8)				+
客家话		福建	连城	**先**								(8)				+
粤　语		广东	广州	**先**								(8)				+

附记：以下几个方言点的材料为笔者本人所调查：济南、章丘、肥城、沂南、严州（淳安、遂安、建德、寿昌）、金华、汤溪、龙游、遂昌、庆元。由他人提供材料的方言点有：偏关（张燕来）、玉山（秋谷裕幸）、广丰（秋谷裕幸）、常山（秋谷裕幸）、云和（太田斋）、东阳（王正刚）。稿成之后，曾蒙东京大学柯理思教授提供宝贵意见并邮寄材料，苏州大学石汝杰教授花费数天时间为笔者检索近代文献里的“着”、“起”的用例，在北大会议上宣读论文后，又承刘一之、戴耀晶等多位先生提出很好的意见。对大家的帮助谨此表示衷心的感谢。

:: 参考文献 ::

曹志耘（1988）金华方言的句法特点，《中国语文》第4期。

———（1996a）《严州方言研究》，日本：好文出版。

———（1996b）《金华方言词典》，江苏教育出版社。

———（1997）金华汤溪方言的动词谓语句，李如龙、张双庆主编《动词谓语句》，暨南大学出版社。

傅国通、方松熹、蔡勇飞、鲍士杰、傅佐之（1985）浙江吴语分区，浙江省语言学会《语言学年刊》第三期方言专刊，《杭州大学学报》增刊。

高慎贵（1996）《新泰方言志》，语文出版社。

李　蓝（1998）贵州大方话中的“到”和“起”，《中国语文》第2期。

李立成（1998）《醒世姻缘传》里的句末语气词“可”，《中国语文》第4期。

李如龙、张双庆主编（1997）《动词谓语句》，暨南大学出版社。

李新魁、黄家教、施其生、麦　耘、陈定方（1995）《广州方言研究》，广东人民出版社。

马文忠（1992）大同方言语助词“着”，《中国语文》第1期。

孟庆泰、罗福腾（1994）《淄川方言志》，语文出版社。

平田昌司主编（1998）《徽州方言研究》，日本：好文出版。

桥本万太郎，余志鸿译（1985）《语言地理类型学》，北京大学出版社。

衢州市志编纂委员会编（1994）《衢州市志》，浙江人民出版社。

饶秉才、欧阳觉亚、周无忌（1981）《广州话方言词典》，香港：商务印书馆。

万　波（1997）安义方言的动词谓语句，李如龙、张双庆主编（1997）《动词谓语句》，暨南大学出版社。

王　晖（1991）山东临朐话的时间助词“着”，《中国语文》第2期。

温端政（1991）《苍南方言志》，语文出版社。

伍云姬（1994）长沙方言的动态助词，《方言》第3期。

项梦冰（1997）连城方言的动词谓语句，李如龙、张双庆主编（1997）《动词谓语句》，暨南大学出版社。

谢留文（1998）南昌县（蒋巷）方言的两个虚词“是”与“着”，《中国语文》第2期。
邢向东、张永胜（1997）《内蒙古西部方言语法研究》，内蒙古人民出版社。
游汝杰（1997）温州话里带“起”字的补语句，李如龙、张双庆主编（1997）《动词谓语句》，暨南大学出版社。
袁家骅等（1983）《汉语方言概要》（第二版），文字改革出版社。
张林林（1991）九江话里的“着”，《中国语文》第5期。
张树铮（1995）《寿光方言志》，语文出版社。

原载《语言教学与研究》1998年第4期

社会语言学

济南方言若干声母的分布和演变*

——济南方言定量研究之一

一、调查说明

1.1 同当代其他大城市方言一样，济南方言内部存在严重的分歧。为了了解我国城市方言语音分布和演变的基本特点，1990年2月至4月，笔者在前人调查研究（张兆钰、高文达，1958；钱曾怡，1963；北京大学中文系，1989；张鸿魁，1988）和本人观察的基础上，对济南方言中所有成系统的语音差异现象（涉及声母、韵母、声调、音节和儿化音变）进行了较大规模的抽样调查。

1.2 调查采用的方法是让受试念词表。词表中有关声母的内容如下：

阿胶	爱护	棉袄	藕	泰安	摁钉
昂贵	褥子	老弱病残		尖锐	软硬
容易	五	袜子	卧铺	外国	省委
万	蚊子	网兜儿	翁	足球	负责

* 本文曾在全国普通话与方言学术讨论会（1990年于北京）上宣读。

原则　　麦子　　拆房子　　政策　　宿舍

损失　　颜色

1.3　这次调查采用有针对性的非随机抽样，共收集到样本 244 个。其中有 39 人年轻时来济，发音受到外地方言的影响；有 5 人虽在济南生长，但因种种原因，材料不能用。因此，可用于统计、分析的样本是 200 个。这些样本分布在不同年龄、性别、文化程度、职业、民族、区域，详细情况如下：

年龄 4（5~82 岁）：老年（51 岁以上）38 人，中年（36~50 岁）29 人，青年（21~35 岁）68 人，少儿（20 岁以下）65 人。

性别 2：男 95 人，女 105 人。

文化程度 4：文盲 19 人，初等（小学，包括私塾）58 人，中等（中学，包括中专）96 人，高等（大专以上）27 人。

职业 3（已退休者，以退休前工作为据）：体力劳动者（工人、商人、服务人员及无业人员等）65 人，脑力劳动者（干部、教师、医生及一般行政管理人员等）70 人，学生 65 人。

民族 2：汉族 180 人，回族 20 人。

区域 5（均不包括各区所属的郊区农村）：历下区 83 人，市中区 51 人，槐荫区 22 人，天桥区 24 人，历城区 20 人。

1.4　本文是这次调查的报告之一，专门讨论济南方言中四类声母的分布、演变情况以及涉及到的方言与普通话的关系问题。

二、ŋ、l、v、tθ tθʰ θ 声母的分布

2.1　总说

2.1.1　对四类声母的说明

本文中所说的济南方言的 ŋ、l、v、tθ tθʰ θ 这四类声母（有时简称为“ŋ 等声母”）都是与普通话标准音不同的非标准形式。为行文方便，文中经常以它们为基点来讨论济南方言声母的内部分歧和变化情况。它们所关涉到的字及其他读

音如下：

普通话开口呼零声母字（如“爱”、“袄”，但不包括 a、ər 音节的字）：济南方言有 ŋ、ø 两种读音，读 ø 者有或轻或重的摩擦，本文不计；

普通话合口呼 ʐ 声母字（如“褥”、“弱”）：济南方言有 l、ʐ 两种读音。普通话 l 声母字（如“路”、“落”）济南方言也读 l，本文不讨论；

普通话合口呼零声母字（如“五”、“袜”）：济南方言有 v、ʋ、ø 三种读音（读 v、ʋ 时失去 u 韵母或 u 介音），非 ø 使用者中以 ʋ 居多，本文把 v、ʋ 合为一类，都记做 v；

普通话 ts tsʰ s 声母字（如“足”、“子”、“策”、“损”）：济南方言有 tθ tθʰ θ、ts tsʰ s 两种读音，读 tθ tθʰ θ 者舌尖外露程度不一，有的明显伸出齿外，有的则只是紧抵上下齿之间及其窄缝，本文对此不加区分。

2.1.2　四类声母的使用总貌

图 1 是济南使用 ŋ 等声母的受试在总受试（200 人）[①] 中的比例，亦即 ŋ 等声母出现的总概率（由男、女 2 性别 × 老、中、青、少儿 4 年龄段共 8 个样本群体中的出现概率平均而成，未计算标准差）。

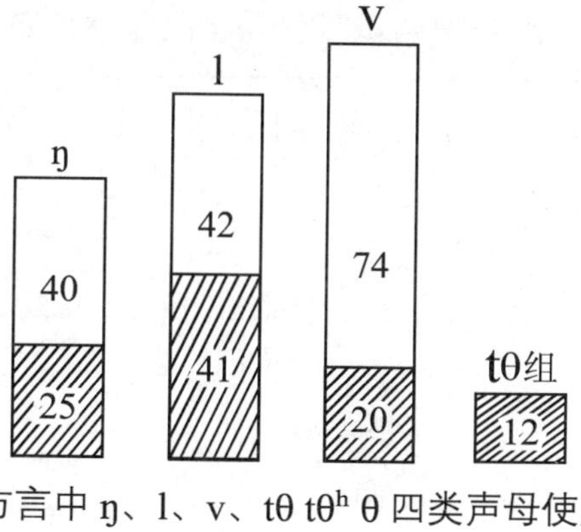

图 1　济南方言中 ŋ、l、v、tθ tθʰ θ 四类声母使用总貌（%）

注：斜线表示全部字（第一类字中不计 a、ər 音节的字，下文同）均使用该声母的受试的百分比；空白表示部分字使用该声母的受试的百分比（tθ 组无此部分）；全部字均不使用该声母的受试的百分比未列在图中（可由 100 减去上述两个百分比得到）。

① 由于有两个老年女性受试无牙，故用于统计 v 声母使用情况的受试实际为 198 人。下文有关统计中都已从基数中减去 2，不再逐处说明。

由图 1 可知，是否使用以及是否全部字均使用 ŋ 等声母，在济南方言中存在较大差异。下面分别介绍各声母的情况。

2.2 ŋ、l

ŋ、l 两个声母的特点和使用情况具有共同点。它们都是济南方言中固有的、最能体现济南方言特点的（能从听感上给人以明显印象的）语音成分，其使用者分布的差异最主要地都体现在年龄方面，其次为性别、职业和文化程度，在民族和区域方面看不出明显差异。故这里放在一块讨论。

2.2.1 年龄

使用 ŋ、l 声母的人数有一个明显的随年龄减轻而减少的趋势。但二者的速度有所不同。在l声母中，无论是“全部字l使用者”还是所有的“l使用者”（即使用者总数）[①]，都呈现为按一定比例逐渐递减。在 ŋ 声母中，“全部字 ŋ 使用者”从老年到中年急剧减少，在青年和少儿中已接近零；而从“ŋ 使用者总数”来看，老、中年之间基本无差别，中年与青年、青年与少儿之间则差异很大。见表 1。

表 1　济南方言中 ŋ、l 使用者的年龄分布（%）

		老	中	青	少儿
ŋ	使用者总数	100	97	51	11
	全部字使用者	76	24	0	2

① 我们把只要其材料中有一个字使用 ŋ 或 l 的人就看作 ŋ 使用者或 l 使用者（对于 v 使用者亦然），而不像拉波夫、特鲁杰在研究类似现象时那样采用 30% 或 50% 的基线——即必须有 30% 或 50% 以上的字使用该形式才能算是该形式的使用者，见祝畹瑾编（1985：156~157）。因为在汉语方言区对方言现象作念词表调查，一般人会自觉不自觉地向普通话靠拢。这意味着在调查材料中出现的方言形式（本文中即ŋ、l、v、tθ $t\theta^{h}$ θ）是真实的，并且其出现概率很可能低于实际语言。

续表

		老	中	青	少儿
l	使用者总数	100	90	78	63
	全部字使用者	82	52	28	3
受试人数		38	29	68	65

2.2.2 性别

总的来看，男性使用 ŋ、l 声母的比例略高于女性。由于 ŋ、l 使用者的分布差异主要体现在年龄上，因而从不同年龄段出发能够把性别差异看得更具体、清楚。见表 2。

表 2 济南方言中 ŋ、l 使用者总数的性别分布（%）

		全体受试	老	中	青	少儿
ŋ	男	70	100	100	58	22
	女	59	100	94	43	0
l	男	86	100	92	82	72
	女	79	100	88	73	55
受试人数		200	38	29	68	65

由表 2 可见，在老、中年中基本上不存在性别差异。在青年中，男性的“ŋ、l 使用者总数”明显高于女性，而且男性的“全部字 l 使用者”的比例（42%）也大大高于女性（10%）。在少儿中，男女情况悬殊。最引人注目的一点是女性已经完全不用 ŋ 声母了。

2.2.3 职业

本文从职业上把我国城市居民区分为体力劳动者、脑力劳动者和学生三个层次。不过学生这一层次几乎与少儿年龄段完全重合，意义不大。但还是可以从此看出三者之间的一些语言差异来。即体力劳动者保存的方言特点最多，无论在“使用者总数”还是“全部字使用者”方面，其比例均大大高于脑力劳动者。而学生作为全体居民中最年轻和正在受教育的群体，其方言表现出最激进的倾向。见表 3。

表 3　济南方言中 ŋ、l 使用者的职业分布（%）

		体力	脑力	学生
ŋ	使用者总数	85	66	11
	全部字使用者	38	16	2
l	使用者总数	98	77	62
	全部字使用者	60	37	3
受试人数		65	70	65

2.2.4　文化程度

近几十年来，我国的文化教育事业发展十分迅速，以至文化程度与年龄段之间构成了一种基本对应的奇特关系：文盲和初等文化程度与老年对应，中等文化程度与中年和多数青年对应，高等文化程度与少数青年对应。由于如 2.2.1 所述，不同年龄段之间存在明显的语言差异，使得我们难于以文化程度为单位来考察全体受试的差异。但我们毕竟还可以在同一年龄段中比较不同文化程度的语言差异。由于老年人内部很一致，文盲和初等文化程度之间看不出明显差别，这里只能比较一下中等和高等文化程度的青年人的情况，结果见表 4。

表 4　济南方言青年中 ŋ、l 使用者的文化程度分布（%）

		中等	高等
ŋ	使用者总数	62	30
	全部字使用者	0	0
l	使用者总数	89	57
	全部字使用者	36	13
受试人数		45	23

2.3　v

v 声母的使用者在济南方言中比例很高，占 94%。因此，较难找出明显的内部分歧规律来。据统计，值得我们注意的有三点。

2.3.1　老年男女性在使用v声母方面差异悬殊。见表5。

表5　济南方言老年中v使用者的性别分布（%）

	男	女
使用者总数	58	100
全部字使用者	0	21
受试人数	12	24

老年男性中用ø不用v的5个受试年龄都在61岁以上。其中有3人的牙是假牙，有1人的部分牙是镶的，但上门牙未换，另1人未能证实是否假牙。

2.3.2　在“全部字v使用者”中，中年人具有较高的比例，达41%，青年人次之，达21%，老年人为14%，少儿5%，表现出一定的年龄差异。

2.3.3　济南方言中“全部字v使用者”的比例（20%）之所以大大低于“v使用者总数”（94%），是因为大多数v使用者的u、uo两个音节或其中的一个音节不用v而用ø。在这里，韵母结构条件明显地制约着声母的使用。在所有198名受试中，各音节读v声母的人数所占百分比如下；

委蚊翁	外万网	袜	卧	五
96	95	94	23	20

2.4　tθ tθʰ θ

tθ组声母在济南方言中使用者很少（只占12%），限于44岁以下的受试，而且多集中在男性少儿中。具体情况见表6。

表6　济南方言中tθ tθʰ θ使用者的分布（%）

	中	青	少儿
男	23	13	44
女	0	10	3
受试人数	29	68	65

三、ŋ、l、v、tθ $tθ^h$ θ 声母的演变

最早的济南方言语音调查材料见于张兆钰、高文达于1958年发表的《济南音和北京音的比较》(以下简称《济南音》)。该文由张兆钰（女）发音，张当时20多岁，“代表青年一辈的音”（见该文“引言”)。这份材料距今虽然才30多年，但已经可以从中看出济南方言语音的巨大历史变化来。

3.1 ŋ、l

在《济南音》中，普通话除a、ər音节以外的开口呼零声母字全念ŋ声母，普通话合口呼ʐ声母字无一例外地念l声母。而在今天的青年人（21~35岁）中，ŋ、l使用者总数分别只占51%和78%，全部字均使用ŋ声母的人为零，全部字l使用者也仅有28%（见表1)。

五十年代的青年人现在已进入老年。今老年人（51岁以上）中ŋ、l使用者总数均达100%，全部字ŋ、l使用者分别占76%和82%（见表1)，基本上保持了他们在五十年代的读音习惯。如此，可以认为在济南方言中，共时平面上的年龄差异体现了不同历史阶段的历时差异。基于这一观点，我们也就可以根据当今济南方言中的年龄差异来推断济南方言以往的状况和预测未来的发展。

济南方言ŋ、l两个声母近几十年来的历史演变已经由表1和表2中“老年→中年→青年→少儿”的变化清楚地显示出来。其中特别值得我们注意的有三点：

3.1.1 在ŋ声母的演变过程中，从中年到青年的变化幅度特别大。ŋ使用者总数和全部字ŋ使用者在中年人中达97%和24%，在青年中分别降为51%和0%。36~50岁的中年人出生于1940~1954年，21~35岁的青年人出生于1955~1969年。1955年，我国召开了全国文字改革会议和现代汉语规范问题学术会议，确定了普通话的标准并开始大力推广。出现于青年人中的这种突变，与当时轰轰烈烈的语文运动也许不无关系。

3.1.2 在ŋ、l声母的演变过程中，均表现出女性快于男性的趋势。在少儿阶段，男性中仍有22%的ŋ使用者，而女性中已完全不存在，宣告了济南方言ŋ声母在女性中的终结。这显示了城市方言向标准语形式靠拢的过程中，女性比男性更高的积极性。

3.1.3 ŋ 和 l 虽然同为济南方言中最显著的土音成分，但二者消亡的速度不平衡。在老年人中，它们几乎具有同样高的使用频率，但近几十年来，ŋ 的变化速度却明显快于l（今少儿中l使用者还占 63%，而ŋ使用者只占 11%）。究其原因，可能主要有以下两点：

（1）由 ŋ 向 ø 的改变只需简单地丢弃原有的 ŋ 声母即可。而由 l 向 ʐ 的改变，首先必须从方言所有 l 声母字中把普通话读 ʐ 声母的字分别出来，例如从方言 lu 音节的字中分出“如汝儒乳辱入褥”来。也就是说，ŋ → ø 只是音值的改变，l → ʐ 则要涉及音类的重新分合归并。后者显然比前者困难。

（2）在整个山东方言中（参看钱曾怡等，1985：图七、图八），济南处于 ŋ 声母分布地区的边缘，其西南部地区方言都读带舌根摩擦的零声母。但在 l 声母的分布图上，济南相对地处于中心位置，而且其周围的章丘、淄博、高唐、夏津等地是“更为彻底的 l 声母方言”，即普通话所有 ʐ 声母字无论韵母开合均读 l，如“人”lẽ、“肉”lou。济南的这种地理位置也许在一定程度上影响到其 ŋ、l 声母的演变速度。

3.2 v

《济南音》中说：“济南 u 韵零声母字齿唇不接触，有 u 介音的韵逢零声母有时齿唇接触。”在音系里无论 u 韵字还是 u 介音韵母字都归入零声母。

从《济南音》的描述和处理来看，似乎五十年代青年人的济南方言中 v 声母并不普遍，或者不明显。但调查结果显示，今老年人中有 86% 的 v 使用者，有 14% 的包括普通话 u、uo 音节在内的全部字 v 使用者。如果仅计与张兆钰同性别的老年女性，则 v 使用者总数达到 100%，其中全部字 v 使用者占 21%，u、uo 以外字或其中一个音节以外字 v 使用者占 75%。这是否说明在今老年人中普遍存在的 v 声母是他们进入中年以后才兴起的呢？

这种推断很难成立。三四十岁以后的人，在保持说原方言的情况下，全都系统地改变某个声母的读音，这种事情恐怕很少发生，更不用说这个新的读音是一种非标准形式。从济南周围的历城郊区、长清、济阳、章丘及其以北、以东大片地区方言都有 v 声母这一事实来看，原济南方言中普遍存在 v 声母是完全可能的。

钱曾怡师于 1963 年发表的《济南话的变调和轻声》一文（由两位 20 多岁的男、女青年发音）的例词中有“五”、“外”、“委”、“文”、“网”等字，除u音节字外，其他字均标做 v 声母，更证明了这一点。那么《济南音》一文为什么没有充分注意 v 声母呢？笔者认为这是因为很多济南人嘴里的 v 往往不是真正的浊擦音，更像是 ʋ，有些人甚至仅有上齿轻触下唇的动作，几乎发不出、也听不见声音。（其他山东方言乃至北京话中的 v 也与此类似）大概也正因如此，新版《汉语方音字汇》在介绍济南话声韵调时说 u “做韵头时在零声母后唇齿化，为 ʋ”，但在音系和记音中均处理成零声母。需要加以纠正的是，uo 音节里的韵头 u 其唇齿化比例（23%）大大低于其他 u 介音音节，而接近 u 音节（20%）。

如果说至少在五十年代的济南方言中的确就已普遍存在 v 声母了，那么有两个问题需要我们回答：一是老年男性使用 v 的比例为何大大低于女性？二是几十年来 v 声母为何无消亡趋势？

由表 5 可见，在老年男性中，v使用者总数和全部字v使用者分别为 58%和 0，而老年女性则是达 100% 和 21%。上文曾经指出，老年男性中的零声母使用者往往是假牙者。但由于并未调查全部老年受试的牙齿状况，所以无法确定使用零声母是否与假牙有关。此外，老年男性的样本基数过小（12 人），由此得出的结论不一定能反映出真实情况。因此，对这一问题现在还难以作出有力的解释。

至于第二个问题，也许与以下三方面的原因都有关系：

（1）v（实际上往往是 ʋ）在听感上不像 ŋ、l 那么引人注意，一般人意识不到方言中这类字的声母读音与普通话有什么差别。我们注意到济南人说普通话时即使其他方面都改过来了，v 声母往往一仍旧贯。

（2）虽然普通话标准音里有 ø 无 v，但在北京话中 v 声母的使用却十分普遍。据笔者 1986 年对北京城区 213 名受试所作的调查，v 声母使用者达 77%（由三个年龄段中 v 使用者的百分比平均而成，未计算标准差），而且年纪越轻，比例越高。人们似乎并不认为或者并未意识到 v 是个非标准形式，以致在很多正式场合甚至在电视、广播中也常常可以听到 v 声母。这种现象在一定程度上阻碍了方言中 v 声母向零声母的转变，甚至鼓励了 v 声母的存在和发展。

（3）从发音原理来看，后高圆唇元音 u 与不圆唇元音（尤其是舌位较前的元音）相连比较拗口，而把 u 改为发音部位靠前的 v，再与 e、a 等相拼就自然、方便得多。可见，v 声母适应了人们发音图方便、求省力的原则，在客观上富于生命力。

3.3 tθ $tθ^h$ θ

在济南方言中，tθ $tθ^h$ θ 声母显然是年轻的形式。以往所有记录济南方言的论著都未曾提及 tθ 组声母。在今老年人以及 45 岁以上的中年人中，也确实不存在 tθ 组声母。那么它们究竟是如何兴起，又是如何发展的呢？

五十年代山东方言普查发现潍坊地区南部和临沂地区北部一些县的方言把普通话 ts ts^h s 声母字读做 tθ $tθ^h$ θ。据我们近年所作的调查，tθ 组声母的分布区域在不断扩大。现已知除莱西外的青岛市属各县市，除潍坊、寿光、昌乐外的潍坊市属各县市，除临沂、平邑、苍山、郯城、临沭外的临沂地区各县市，烟台市的长岛，淄博市的沂源，泰安市的肥城以及济南市的历城郊区方言均有 tθ 组声母。新增加地区的tθ组声母，是五十年代普查时漏下的，还是近几十年内新起的呢？也许两方面的因素都有。因为方言普查以县城为调查点，并且一般只记一两个老年人的音，很难了解全县各类人的情况。同时，在诸城（钱曾怡等，1984）、费县（曹志耘等，1989）、肥城和历城郊区等地，我们发现中老年人一般用 ts 组，而青少年尤其是儿童用 tθ 组，这似乎说明在这些方言里，tθ 组是一种新兴的语言形式。

就济南的情况来看，tθ 组分布在 44 岁以下的受试中（见表 6）。但这种分布并不是均匀的。一方面男性 tθ 组使用者的比例（占 tθ 组使用者总数的 85%）大大高于女性（占 15%），同时所有使用 tθ 组的女性发音时舌尖都不外露，而有不少男性舌尖外露明显。另一方面，少儿尤其是 10 岁左右的男性小学生中使用 tθ 组的人特别多，调查材料表明小学男生中有 59% 的 tθ 组使用者。由以上两点，我们可以初步推测，济南方言中的 tθ 组声母是近几十年来在部分男性年轻人中兴起并逐渐推广开来的。由于它是一种非标准语形式，也没有高社会评价，因而未能得到多数女性的响应。但男性尤其是男性儿童为何热衷该形式呢？也许在他们的心目中，用以代替 ts ts^h s 的 tθ $tθ^h$ θ 具有一种反正统的或者能够体现男性特点的“潜在声望”（covert prestige）（参看彼得·特鲁杰，1985），不过这还有待于证实。

四、关于方言与普通话的关系

通过对济南方言中 ŋ 等声母的分布状况的描写、分析，以及对它们的演变过程的探讨，我们得到了有关方言与普通话关系的一些看法。下面作一简要说明。

4.1 普通话对方言的同化

从本文所考察的济南方言 ŋ、l 两个声母近几十年来的发展变化情况来看，普通话对方言的影响是相当大的。如表 2 所示，济南方言 ŋ 声母使用者在老、中年中几乎均达 100%，在青年男、女性中各占 58% 和 43%，在少儿中男性有 22%，女性则为零。方言中的一个成系统的语音现象，由 36 岁以上的人接近 100% 的比例下降为 20 岁以下的零——从历时的角度来说，即在十几年的时间里消失殆尽，不能不说是语音演变史上罕见的奇迹。毫无疑问，这是普通话随着 30 多年辛苦的推普运动对汉语方言产生的一种同化。

那么，这种同化是如何发生、进行的呢？同化过程有什么特点呢？从济南方言 ŋ、l 声母的衰亡过程来看，有以下几点值得特别注意。

4.1.1 学生效应

由表 3 可知，学生是方言声母向普通话演变过程中最激进的群体。当然，实际上“学生”这一群体与年龄段中的“少儿”几乎是完全对应的。但是，我们不把青少年而是把学生看做是方言向普通话演变的先锋队。这是因为普通话要对方言产生同化，容易被同化者一般来说应该同时具备下列条件：

（1）经常接触并使用普通话；

（2）在他们的心目中，普通话比母方言具有更高的社会评价；

（3）具有较强的辨音能力和语言模仿能力。

显然，年轻学生能够在最大程度上满足这些条件。在调查中我们发现，济南市中小学都要求学生在校期间使用普通话，有的学生甚至已经不会说完整的本地方言了——比如声、韵母是方言，声调却是普通话的。而同龄的青少年（如辍学者或农村中大量的失学者）就不一定拥有这种环境。

4.1.2 女性效应

在城市方言向普通话演变的过程中，女性往往走在男性的前面，在青少年中尤其如此。表 2 证实了这一点。例如在男性少儿中还有 22% 的 ŋ 声母使用者，在女性中已降至零。产生这种现象的原因，在于城市女性比男性更加注重自己的“语言形象”，更加积极、自觉地追求高社会评价的语言形式。在方言区，则突出地表现为更加积极、自觉地学习、使用普通话，更大限度地接受普通话的影响。

4.1.3 外地人效应

近几十年来，我国城市的人口规模在迅速膨胀。在城市人口中，有相当大一部分来自外地。这些外地人，尤其是少儿时随父母一起来的外地人，为了在语言上与当地人取得一致，往往要停止使用甚至从此完全舍弃自己的母方言而改学、改用当地方言。这个转换过程有以下三个特点：

（1）舍弃母方言中那些与当地城市方言不同的、可能为当地人所讥笑的成分；

（2）保留母方言中与当地城市方言相同、相近的成分；

（3）难以学会或不愿学用当地城市方言中过于特殊的、与普通话差异很大的现象。

这样，就使得外地人（尤其是来自与该城市方言差异较大的地区的外地人）所说的当地城市方言往往比原当地人更接近普通话。表 7 显示了 20 岁以前来自非 ŋ、l、v 声母方言区（指有关字不读 ŋ、l、v 声母的地区。但开口呼零声母字读 n 的天津作 ŋ 声母方言区处理）的中老年人与济南出生的中老年人使用 ŋ、l、v 声母的差别。

表 7 济南方言本地与外地中老年人 ŋ、l、v 使用者比较（%）

		本地	外地
ŋ	使用者总数	99	40
	全部字使用者	54	10

续表

		本地	外地
l	使用者总数	96	27
	全部字使用者	69	0
v	使用者总数	92	60
	全部字使用者	26	27
受试人数		67	ŋ：10，l：11，v：15

来自非 ŋ、l、v 声母方言区的外地中老年人使用 ŋ、l、v 声母的比例大大低于本地同龄人，甚至低于本地青少年。由于外地人在现代城市人口构成中占有重要的地位，他们所说的更为接近普通话的当地城市方言对该方言的发展演变起了有力的推动作用。

4.1.4 词汇扩散

汉语方言语音向普通话演变的过程中表现出普遍的“词汇扩散”（lexical diffusion）（参看王士元，1982、1983）现象。在济南方言声母的演变中，我们看到词汇扩散的一条重要规律，即倾向于普通话的语音变化一般先发生在非口语常用词里（这一点在济南方言韵母的演变中表现得更加明显）。以 ŋ 声母的演变为例，在所有 71 名部分字 ŋ 使用者中，各词读零声母的人数所占百分比如下：

昂（贵）	爱（护）	藕	阿（胶）	（棉）袄	摁（钉）	（泰）安
87	56	48	39	39	30	23

该数字清楚地表明，ŋ 声母在口语不用、书面语也少用的“昂贵”一词中最容易失去，其次是常见于书面语的“爱护”，在地名“泰安”中则具有最强的生命力。

4.2 普通话规范工作的重要性

普通话虽然有理论上的规范，但语言的发展常常使原规范遭到破坏。在声母系统方面，北京话合口呼零声母的 v 化和 tɕ tɕʰ ɕ 声母的前化给普通话的语音规范带来混乱。值得注意的是，这种混乱影响了各地方言尤其是城市方言的发展演变。例如，济南方言中的 ŋ、l、v 同属非标准形式，ŋ、l 二声母表现出明显的消亡趋向，但 v 声母却巍然不动，甚至有所强大。这与北京话和普通话里频繁出现的 v 声母不能说没有关系。在来自非 v 声母方言区的外地人中，总共有 67% 的人使用 v 声母，有 28% 的人全部字使用 v 声母，大大超过学会使用ŋ、l声母的人，也有力地证明了这一点。

4.3 方言中的“逆变”现象

在目前形势下，汉语方言朝普通话演变是大势所趋，可谓“顺变”。但方言发展中也存在另一种现象，即新变化恰好偏离了普通话的方向，与普通话背道而驰，这种变化不妨称之为“逆变”。最明显的逆变即方言中原有的那个成分是标准形式，而新起的现象为非标准形式。例如，济南方言中原有与普通话相同的 ts ts^h s 声母，但近几十年来，在年轻人中兴起了 tθ $tθ^h$ θ 以取代 ts ts^h s。如上文 3.3 所述，这种逆变现象在山东方言中还见于诸城、费县、肥城等其他地区。

方言中的逆变现象使得方言与普通话的关系复杂化，不利于汉语规范化、标准化。应当引起我们的重视。

:: 参考文献 ::

北京大学中文系（1989）《汉语方音字汇》，文字改革出版社。

彼得·特鲁杰（1985）性别、潜在声望和诺里奇市英国英语的变化，祝畹瑾编《社会语言学译文集》，北京大学出版社。

曹志耘、王　瑛、刘　娟（1989）费县方言纪略，《临沂师专学报》（社会科学版）第 4 期。

钱曾怡（1963）济南话的变调和轻声，《山东大学学报》（语言文学版）第 1 期。

钱曾怡、高文达、张志静（1985）山东方言的分区，《方言》第 4 期。

钱曾怡、罗福腾、曹志耘（1984）山东诸城、五莲方言的声韵特点，《中国语文》第 3 期。

王士元（1982）语言变化的词汇透视，《语言研究》第 2 期。

———（1983）语言的演变，《语言学论丛》（第十一辑），商务印书馆。

张鸿魁（1988）济南 -ng 尾韵字的两种儿化形式，山东省语言学会《语言学通讯》第 11 期。
张兆钰、高文达（1958）济南音和北京音的比较，《方言和普通话丛刊》第一本，中华书局。
祝畹瑾编（1985）《社会语言学译文集》，北京大学出版社。

原载《语言研究》1991 年第 2 期

浙江金华珊瑚村方言状况

引子：苍凉往事

清康熙甲戌（1694 年）七月十五日亥时，一个叫廖文仕的男孩在福建汀州上杭县的古田村出生了。古田位于闽西山区，“仁诚可结庐”，“为乐土之区”。然子孙繁衍，至廖文仕辈已是“人满殊难立业”。康熙末年[①]，为“遂营生之愿”，年轻力壮的廖文仕作别父母亲人，孤身一人北上浙江。初到江山县，“可耕而不得所祉”，于是转而东行，来到汤溪县南部山区的岱上村。

在岱上，独在异乡的廖文仕与该村一傅姓女子（出生于康熙庚寅年，即 1710 年）结婚，入赘傅家。不幸的是，傅家以众凌寡，极尽欺侮之能事。雍正十年（1732 年），38 岁的廖文仕终于忍无可忍，夫妻二人挑起一副装满行李的箩筐愤然出走。聪明能干的妻子有言在先，箩线在何处断掉，就在何处住下。

廖氏夫妇似乎想向南部更高更深的山进发，他们翻山越岭，走到了汤溪、遂

① 《珊瑚廖氏宗谱》作“公自康熙年间始来浙地”。康熙年间为 1662~1722 年，廖文仕生于 1694 年，迁浙之举当在其成年之后，由此推算，廖文仕由闽入浙可能在 1715~1722 年之间，亦即康熙末年。

昌、龙游三县同时也是金华、处州、衢州三府的分水岭上。这里海拔千米，放眼远眺，远山近峰尽收眼底，环顾四周，三个湖形山凹构成一个与世隔绝的小盆地[①]，天碧蓝，云洁白，竹木森森，满目葱翠。天遂人愿，此时箩线迸然而断，廖氏夫妇于是放下行李，搭铺生火，安营扎寨。[②]这两个人就成为珊瑚村的“总太公”和“总太婆”。夫妻俩垦山种田，生七子一女，日子殷实，子孙满堂。太公卒于乾隆乙巳年（1785 年），享年 91 岁；太婆卒于乾隆辛未年（1751 年），年仅 41 岁。在参天古树的掩映下，二人的坟茔居高临下，注视着子孙们的一言一行。（本节据《珊瑚廖氏宗谱》及珊瑚村民口碑写成）

一、珊瑚客家话方言岛概况

1.1 珊瑚村的位置

珊瑚村旧属浙江省汤溪县，地处汤溪县南端，与遂昌、龙游二县交界。1958 年，汤溪县并入金华县，今珊瑚村属于浙江省金华市婺城区塔石乡。（参看图 1）

1.2 附近地区的方言状况

1.2.1 塔石乡

珊瑚及其附近的交椅山、白岩、大茗、金牛山、坟岩、郑坞[③] 7 个村都使用客家话，其中交椅山村约有五分之一的人（叶姓）讲汤溪话，大茗、坟岩村也有部分人讲汤溪话。交椅山、白岩、大茗 3 村的客家话基本一致，而与珊瑚村的客家话略有差别。例如交椅山客家话阴去、阳去区别很明显，阴去是低降调，阳去是低降升调；又如交椅山入声分阴入、阳入，其中阳入字带喉塞尾。[④]金牛山、坟岩、郑坞 3 村的客家话与珊瑚村的客家话差别很大，但互相听得懂。

---

① “珊瑚”原名“三湖”，由此得名。

② 《续修廖氏宗谱·旧序》:“爱其山灵水秀，遂筑室于兹。”

③ 村本很小，现已撤，原村民分散移居附近村庄。

④ 金牛山客家人的祖先也是从福建上杭迁来的，年代不详。

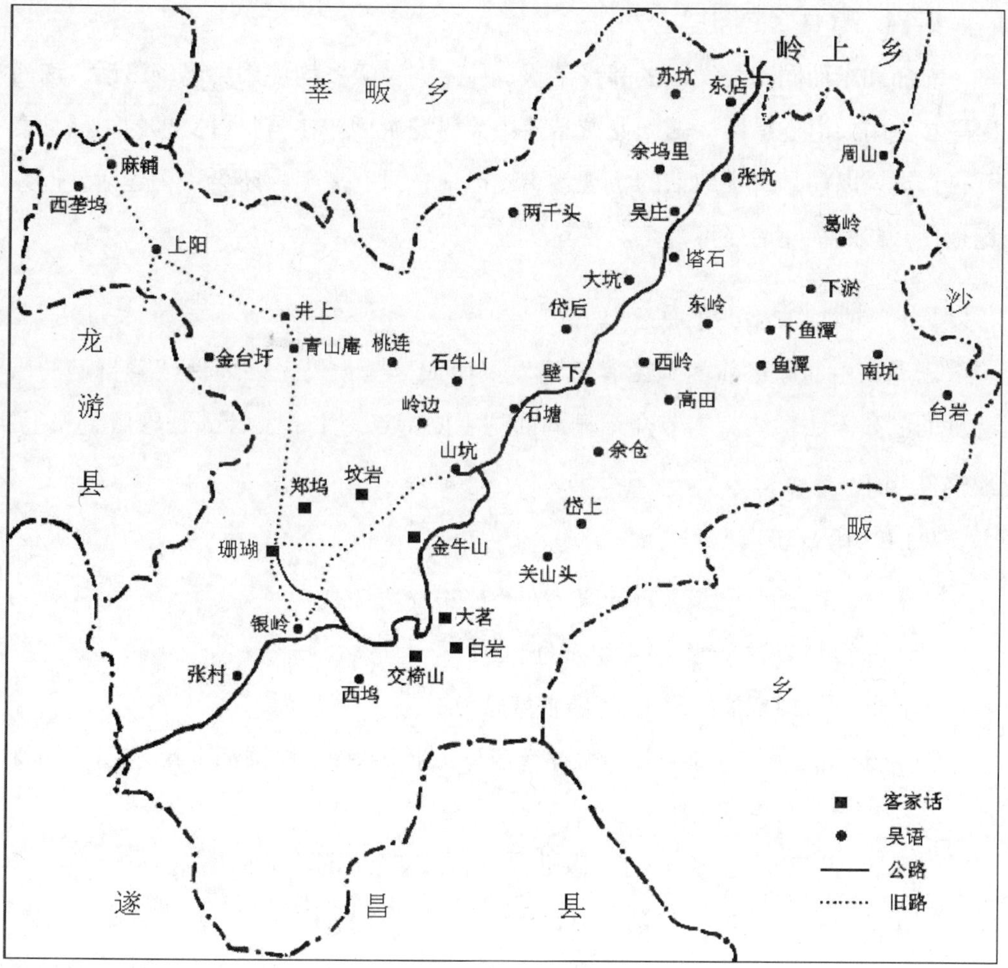

图 1　珊瑚村及其附近地区

银岭、西坞村使用吴语，但不是当地的汤溪话，而是一种比较接近兰溪话[①]的吴语。

张村使用一种由遂昌话和银岭话混合而成的方言，其中以银岭话的成分居多。

在塔石乡的其余地区，除了大坑村为畲族村，使用畲话以外，山坑村及其以北的村庄均使用吴语汤溪话。

---

① 兰溪市属于浙江省金华市，兰溪话属于吴语婺州片。

1.2.2 塔石乡周围地区

北面和东面同属婺城区的邻乡莘畈、岭上、沙畈乡均使用吴语汤溪话，南面遂昌县使用吴语遂昌话，西面龙游县使用吴语龙游话。在与张村交界的遂昌县寨下村，据说以前是讲福建话的，现在讲遂昌话，只有老年人还会讲福建话，但究竟是什么样的福建话还不清楚。

1.3 珊瑚话的特点

珊瑚话由300年前的闽西客家话发展而成，至今仍完好地保留着自己的语音、词汇和语法系统。本节介绍珊瑚话的主要特点（主要发音人是廖启生先生，1942年出生）。

1.3.1 语音特点

（1）全浊声母清化，逢塞音塞擦音今读送气清音。

（2）非组字多数今读［p］组声母。

（3）部分今细音的来母字读［t］声母。

（4）部分古擦音声母字今读塞擦音声母：邪斜绪光～鼠祠饲喂事～实寻馊杉深产～母：产妇伸详像常生～熟醒松～树菘春。

（5）古合口晓匣字多读［f］声母，但非组字今不读［x］声母。

（6）撮口呼韵母有［y］、［yen］，但不太典型和稳定。

（7）效摄开口一、二、三等相分，一等读［əu］，二等读［ɑ］，三等读［iɯ］、［io］。四等有［ɑ］、［iɯ］、［io］三种读法，部分字与二等相同，部分字与三等相同。

（8）流摄除帮非组外，开一侯韵读［iᴇ］、开三尤韵读［iɯ］，二者主要元音不同。尤韵也有少数字读［iᴇ］。

（9）咸摄一二等读［ɒ̃ɔ̃］，山摄开口一二等读［ã］，二者相分；咸山摄开口三四等都读［iɛ̃］。其中咸摄一二等的读法与宕摄相混。

（10）深臻摄与曾梗摄的阳声韵除了少数字外，已经合流，读［en ien uen yen］。

（11）古入声韵字无辅音韵尾。

（12）次浊平多数字读阳平［435］，以下字读阴平［334］：拿宜便～霉～豆腐：豆腐乳姨狸危毛谋黏动词蝇蒙动词。

（13）全浊上多数字归阳去［214］，同时有较多的字读阴平［334］。读阴平的字如下：坐下底～在又弟被名词舐徛鲍厚妇舅淡伴断索～撇近䃃上～山动重轻～。

（14）次浊上多数字归上声［53］，以下字读阴平［334］：奶裹～背：里面咬扭又有懒满允痒。

（15）次浊去多数字归阳去［214］，以下字读阴去［323］：骂妹乐要溜面问。

（16）入声不分阴阳，都读入声［45］。

1.3.2 词汇语法特点

对珊瑚话词汇和语法现象的调查还很不深入，下面列出的一些特点只是举例性的。

姐奶奶［$tsia^{53}$］，扌百打［muo^{45}］，治杀［$ts^{h}ɿ^{435}$ 阳平］，荷挑：～担［$k^{h}a^{334}$］，映看［$ȵiã^{323}$］，舐舔［$çiᴇ^{334}$］，鼻嗅，闻［$p^{h}i^{214}$］，鸟禽［tio^{53}］，係是［$xəɯ^{214}$］，细小［$səɯ^{323}$］，嫩细［nen^{214}］，禾稻子［$uɤ^{435}$］。

前缀"老"［$ləu^{53}$］可用于亲属称谓前面构成名词，例如：老弟、老妹、老伯哥哥。

后缀"哩"［li^{45}］（又读［li^{0}］）用于其他成分后面构成名词，使用频率很高，例如：鸡哩、猪哩、鸟哩、燕哩、蜂哩、蛇哩、麦哩、豆哩、崽哩儿子、女哩女儿、大细哩小孩儿；男孩儿、老货哩老头子。

"哩"还可以用于单音节重叠形容词后面构成副词，例如：般般哩相同地、□□哩［$nəu^{323-21}nəu^{323-21}li^{45}$］慢慢儿。

人称代词复数词尾用"全"［$ts^{h}iẽ^{435}$］，例如：我全、你全、渠全他们。

雌性动物名称为"×＋嫲［muo^{435}］"，例如：牛嫲、猪嫲、狗嫲、鸡嫲。

有相当于"再"的后置成分"添"［$t^{h}iẽ^{334}$］，例如：食碗添再吃一碗。

表示完成（相当于"了"）的助词用"撇"［$p^{h}iiᴇ^{45}$］、"啊"［$ɑ^{0}$］，例如：离撇离婚了、雪烊撇、丢撇、去啊、食啊、懂啊、死啊、过老啊（老人）去世了、雪烊撇啊、丢撇啊（小孩）死了。

二、珊瑚村的语言生活

2.1　人口及其语言能力

解放初期，珊瑚村有 140 人左右，20 世纪 70 年代达到 211 人。后来实行计划生育政策，人口减少，现在全村有 63 户，178 人。

珊瑚人除了会讲珊瑚话以外，很多人还会讲多种其他方言和普通话。除了嫁进该村的外省籍女子以外，珊瑚人会讲其他方言和普通话的人数比例大致如下：

会讲汤溪话：100%

会讲银岭话：90%

会讲遂昌话：60%

会讲龙游话：20~30%（主要限于老年人）

会讲金华话：40%（主要限于年轻人）

会讲普通话（不标准的）：60%~70%。五六十岁以上的老年人中有些没上过学，也很少出门，所以不会讲普通话。老年男性的普通话水平比老年女性高，少儿的普通话水平比大人高。

案例 1：廖启生之父（已去世），会讲珊瑚话、遂昌话。

案例 2：廖启生之母（已去世。娘家为遂昌县砬头背村，讲遂昌话），会讲珊瑚话、遂昌话、银岭话。

案例 3：廖启生，会讲珊瑚话、汤溪话、银岭话、遂昌话、金华话。

案例 4：苏爱芳（廖启生之妻），会讲珊瑚话、汤溪话、银岭话、遂昌话。

案例 5：廖旭荣（廖启生之子），会讲珊瑚话、汤溪话、银岭话、遂昌话、金华话、普通话。

在珊瑚村，语言能力显然与年龄因素有密切关系，具体数据尚待搜集。

2.2　婚姻与方言状况

2.2.1　婚姻状况

珊瑚村地处偏僻山区，交通不便，经济落后，娶亲存在一定困难，三四十岁以上的单身汉有 8 个，同时也有少量同村结婚的现象，现在的儿媳妇中有 3 人娶自本村（均为同姓）。

由外地嫁到珊瑚村的女子，历来以附近的银岭（相距 2 公里）、大茗（相距 5 公里）、山坑（旧路相距 5 公里）等村居多，稍远一点的村有同属塔石乡的井上（旧路相距 6.5 公里），以及遂昌县与之邻近的村如砬头背（相距 7.5 公里）。近年来，由于外出打工者众，外乡、外县乃至外省女子也相继嫁到该村。外乡的如汤溪镇寺平村、下伊村，外县如桐庐县，外省如安徽、江西、四川等省，这些地方的女子一般是珊瑚人在外地打工时结识的。

2.2.2 嫁到珊瑚村的外地女子说什么

以前，嫁到珊瑚村的外地女子，一般婚后两三个月、至多半年就学会讲珊瑚话，此后在该村基本上都使用珊瑚话。例如苏爱芳（52 岁）是山坑人，现在讲一口流利的珊瑚话。

近几十年来，随着简单包办的婚姻模式的消失，青年男女之间自行接触交往直至恋爱结婚成为普遍现象。在这个过程中，珊瑚村的男子与外地女子交流时，在语言上一般都要迁就女方，使用女方所说的方言。在有些家庭中，这种状况甚至会在婚后一直延续下去。

现在，外地女子（尤其是外省女子）与珊瑚人结婚后，多数只能听懂珊瑚话，但说不好，或不会说。例如来自汤溪镇寺平村的戴慧娟，今年 37 岁，嫁到珊瑚村已经 11 年，她从来不说珊瑚话，跟公婆、丈夫、孩子以及珊瑚村的人说话时一律只说汤溪话，别人跟她说话时一般也只好说汤溪话，当然如果说珊瑚话她也听得懂。该案例的主要原因是戴慧娟比丈夫能干，在家庭中处于主要地位，因此她不愿意学习使用珊瑚话。此外，有 4 个来自银岭村的三四十岁的年轻女子，她们也只说娘家的方言银岭话（来自银岭村的其余女子均说珊瑚话）。其原因之一是珊瑚人听得懂银岭话（尽管二者差异悬殊），仅从交流的角度而言她们无需改变自己的方言。

2.2.3 嫁到外地的珊瑚村女子说什么

珊瑚村女子出嫁的目的地以邻村银岭村为最多，此外有附近的壁下村、井上村等。近年来，外出打工的女子也有嫁给浙江义乌人或福建人的。

出嫁到其他村的珊瑚村女子，在婆家一律讲婆家所在村使用的方言，不讲珊瑚话，回娘家时才讲珊瑚话。

案例：廖樟球（廖启生之姐），80 岁，18 岁时出嫁到银岭村，在银岭村讲银岭话。

2.3 不同场合的交际用语

2.3.1 同村人之间如何交谈

在珊瑚村内，同村人之间交谈一般都使用珊瑚话。在外地时，珊瑚人之间交谈一般也使用珊瑚话。但现在小孩之间有时会用普通话交谈。此外，如上 2.2.2 所述，现在有一些嫁到珊瑚村的外地年轻女子即使在珊瑚村内也不讲珊瑚话。

年龄较大的外地女子平时一般都说珊瑚话，但她们和别人交谈时常常出现“语码转换”现象。

案例 1：一名娘家是井上村（讲汤溪话）的中年妇女，跟廖启生交谈，大部分内容用珊瑚话，但每当引述她娘家人说的话时就改用汤溪话。

案例 2：廖启生的儿媳妇娶自本村，其亲家母是郑坞村人，郑坞村讲客家话。一天，该亲家母来到廖启生家，廖启生的妻子苏爱芳（娘家山坑村，讲汤溪话）和她交谈。两人开始时用珊瑚话，中途改说汤溪话，最后又改说珊瑚话。

2.3.2 与外地人如何交谈

除了交椅山、白岩、大茗等使用客家话的村庄以外，外地人都听不懂珊瑚话。因此，珊瑚人与外地人交谈时必须使用对方的方言或普通话。如果对方是附近的人，一般就使用对方的方言，如汤溪话；如果对方不是附近的人，则只能使用普通话。

三、珊瑚客家话方言岛的形成和发展

3.1 珊瑚话因何形成

3.1.1 宗族观念和语言观念

客家人的宗族观念普遍比较强烈，在离乡背井的情况下，也不忘尽力保存祖先的生活方式。例如在珊瑚村，每逢农历八月初一，要组织全村人修缮祖坟，这个风俗在当地为珊瑚村独有。在建筑方面，珊瑚村一直沿袭了福建民居的一些特点，例如堂屋直通房顶，上面无楼；又如分隔房间的木板墙壁，其木板横向相拼，而不是竖向相拼。

语言是一种文化的重要组成部分，也是一个群体（族群、民系）的最显著的标志。在语言方面，珊瑚人更是秉持“宁卖祖宗田，不忘祖宗言”的原则，不遗余力地善加保护。直到今天，珊瑚人仍自觉地坚持让小孩学习珊瑚话，让外地女子使用珊瑚话（尽管已经遇到了不少阻碍）。

方言岛通常是由较大数量的移民形成的。但在300年前，廖氏夫妇定居珊瑚时，只有廖文仕一个人会讲地道的客家话。以一人之力开创一个方言岛，听起来简直是个奇迹。廖文仕为什么不改用当地通行的汤溪话，而要不嫌麻烦地教妻子改用客家话，教子女学习客家话呢？这不能不说与他的自觉而强烈的维护和承传祖先语言的思想观念有重要的关系。

3.1.2 夫权

可以想象，廖文仕入赘岱上傅家时，不管他的语言观念多么强烈，开创客家话方言岛的梦想也很难实现。原因一是他处于全村的汤溪话包围之中，孤掌难鸣。二是他作为傅家的女婿，寄人篱下，受人歧视，没有足够的搞语言独立的力量。

在这方面，珊瑚村的王传明是一个很好的例子。王传明是浙江省丽水市的缙云县人，缙云话与珊瑚话、汤溪话差异都很大，不能互通。王传明1956年（或1957年）来珊瑚村烧瓦，后来就和珊瑚村的一个女子结婚，入赘廖家。他在珊瑚村已经生活了40多年，结果完全放弃了自己的母语缙云话，而改用珊瑚话，其子女也说地道的珊瑚话，除了一个儿子会说一点缙云话以外，其余子女不会说缙云话。

廖文仕脱离岱上傅家以后，立即成为一家之主。在封建社会里，男尊女卑，夫权至上，廖文仕的母语客家话自然跃居家庭共同语的地位。假设当时的情况是一个来自上杭县讲客家话的女子嫁给了珊瑚村一个讲汤溪话的丈夫，可以断定就不可能有今天的珊瑚客家话方言岛了。

3.2 珊瑚话为何能保存至今

珊瑚话形成以来，在吴语的汪洋大海里300年沿用不衰，除了上文所说的语言观念方面的原因外，还有以下几个因素。

3.2.1 生活方式

长期以来，珊瑚村基本上过着自给自足的小农经济生活，虽不能说与世隔绝，但与外界交往很少。60岁以上的老年人活动范围一般只限于本村及其附近村庄，有的人连汤溪都没去过。

以前，需要从外地购买的物品主要有大米、盐、布。珊瑚村水田很少，粮食以玉米、红薯等粗粮为主，要吃大米得到遂昌购买，盐一般是由贩盐的人从遂昌挑到当地来卖，布要到塔石购买。旧时乡间的货郎、手艺人则会上门售货或提供服务，卖针线、糖果等小物件的货郎多为义乌人，补锅焊壶的多为永康人，编蓑衣的多为义乌人，做衣服的多为汤溪人。至于一般的生活用品主要靠自己生产，例如鞋子自己做，腰带自己织。

需要拿到外地出售的物品主要是本村出产的农副产品，有杉木、毛竹、木炭、冬笋、笋干、香菇、茶叶等。这些物品一般要拿到山坑或塔石村出售。

3.2.2 地理交通

珊瑚村地处旧汤溪县的最南端，离旧县城汤溪镇42公里，正好位于汤溪、遂昌、龙游三县交界处，也是金华、处州、衢州三府交界处。在地形方面，珊瑚村位于高山之巅，周围村庄稀少。地理环境偏僻、封闭。

交通条件也一直十分落后。10年以前，没有公路与外界相连，但遂昌—龙游二县间有一条路经过银岭—珊瑚—井上一线，该路一米多宽，用石子铺成，但从珊瑚至银岭一段是较小的土路。珊瑚人可沿该路往南到达银岭—遂昌，往北到达井上—龙游，如去山坑、塔石、汤溪等地，则先走小路到银岭，再从银岭走大路到山坑。

以前，每天都有步行去遂昌或龙游方向的人路过珊瑚村，现在人们一般都坐车走汤遂公路，不经过珊瑚村，珊瑚村反而成了一个交通的死角。不过，路过珊瑚村的外地人对珊瑚话没有太大的影响，他们一般都不会讲珊瑚话，珊瑚人和他们交谈必须迁就对方的方言。

3.2.3 人口构成

珊瑚村由廖文仕夫妇繁衍而成，至今基本上仍是一个单姓村。全村 63 户中，有 7 户不姓廖，其余全部姓廖。7 户外姓中，1 户姓华，1 户姓虞，都是在母亲嫁到珊瑚村时跟随而来的。另 5 户姓王，其中王传明 1 户是缙云县（讲吴语缙云话）招赘而来的；其余 4 户（原来是 2 户，后来分家成为 4 户）从珊瑚村附近的郑坞村迁来，郑坞村也讲客家话。这些外姓人，随母迁入的两个男孩（华姓和虞姓）小时候就学会了珊瑚话，从郑坞村迁入的王姓本来就会讲客家话，缙云人王传明早已改用珊瑚话。可见，珊瑚村所有家庭都使用珊瑚话。

3.2.4 文化程度

祖辈中没有考取功名或做官的人。现在，60 岁以上的老年人基本上全是文盲。接近 60 岁的人当中有 7 人读过小学或初中。中年人基本上都上过学，其中有少数人初中毕业，个别人高中毕业。青少年全都上过学。全村现有 1 名大学毕业生，1 名中专毕业生。

3.3 珊瑚话的发展变化

拿珊瑚话与福建上杭的客家话相比，可以发现二者有很大的不同。另一方面，今天的珊瑚话中有不少当地吴语方言的成分。从这两方面的情况来看，可以断定珊瑚话 300 年来已经发生了很大的变化。

3.3.1 受哪种方言影响最大

珊瑚村历来属于汤溪县，汤溪话是汤溪县的通语。珊瑚村附近的山坑、塔石一带都讲汤溪话，其中山坑是旧乡政府的所在地，塔石是现乡政府的所在地。在珊瑚人的交际圈里，讲汤溪话的人占绝对多数。

解放前，珊瑚村没有商店，离得最近的商店在塔石村（旧路相距 10 公里）。如果要买东西，需要到塔石村买。后来山坑、银岭村也开设了小商店，现在珊瑚村也有一家代销店。

在教育方面，中老年人的小学低年级均在珊瑚村读，小学高年级在银岭村（讲银岭话）或塔石村读，中学在山坑或井上等村读。例如廖启生初小在珊瑚村读，高小在塔石村读，中学在九峰农中（位于汤溪镇）读。其儿子廖旭荣小学一至四年级在珊瑚村读，五年级在银岭村读，初中一、二年级在山坑村读，三年级在井上村读。20 世纪 90 年代初，珊瑚村小学撤消，并入银岭村，但不久银岭村小学也撤消，附近 12 个行政村的小学全部并到山坑村。珊瑚村的小孩在山坑读小学一律住校，每星期回家一趟。现在初中均在塔石村读，高中多在汤溪村读。上学期间，与同村的小孩之间讲珊瑚话，此外的场合除了上课讲普通话外，平时都讲汤溪话。

从总体上看，珊瑚话受到汤溪话的影响最大，周围其他方言对珊瑚话影响很小。

3.3.2 哪些成分是从汤溪话借入的

汤溪话是珊瑚村的第二方言，在长期而频繁的使用过程中，汤溪话的许多成分已经进入珊瑚话系统，成为珊瑚话不可缺少的组成部分了。从初步调查到的情况来看，借自汤溪话的成分主要有以下几类。

（1）传统口语中没有的新词和书面词，例如：

公社［kɔoŋ$^{334-33}$ɕiᴇ^{214}］：“社”字珊瑚话口语不用，读音借自汤溪话，汤溪话“公社”读［kɑo$^{24-33}$ʑ-ɕiɛ$^{113-24}$］。

尿素［ȵiɑ^{11}su^{53}］~［si^{33}səu^{45}］：这两个字珊瑚话分别读做［ȵiɯ^{214}］、［sɿ^{323}］，但口语中没有这个词，汤溪话读［ȵiɑ^{11}su^{52}］~［si^{33}su^{55}］。

其他［dʑi^{11}tʰɑ^{334}］：“其”、“他”二字珊瑚话都无口语音，汤溪话读［dʑi^{11} tʰɑ^{24}］，连浊声母［dʑ］也一并借入。

学习［ʑiɑ^{11}dzei^{214}］：“学”字珊瑚话读［xəu^{45}］，“习”字无口语音，汤溪话读［ʑiɑ$^{113-11}$ dzei^{113}］，二字的浊声母［ʑ］、［dz］一并借入。

□榜考试得末名［tɕʰiɑ$^{435-53}$miɒ̃ɔ̃^{53}］：“榜”字珊瑚话口语不用，汤溪话同样的意思说“背榜”［pɛ$^{52-33}$mɑo^{535}］。“榜”古帮母字，古帮母阳声韵字汤溪话读［m］声母，珊瑚话读［p］声母，珊瑚话“榜”字的读音肯定借自汤溪话。

（2）少数极常用词，例如：

吓人很［xuo^{45}ȵien^{435}］：汤溪话说“吓农”［xa^{55}nɑo^{0}］，汤溪话“农”即指“人”。

□都［tʰəu^{45} 入声］（＝秃）：汤溪话说“□”［tʰɔ55 阴入］（＝秃）。

细手左手［səɯ$^{323-21}$ɕiɯ^{53}］、大手右手［tʰɑ$^{214-21}$ɕiɯ^{53}］：汤溪话说“细手”［sia$^{52-33}$ɕiəɯ^{535}］、“大手”［dɤ$^{341-11}$ɕiəɯ^{535}］。

（3）珊瑚话中有不少口语词，尤其是有音无字的单音节动词，与汤溪话十分相像，是否都借自汤溪话暂时还不能肯定，例如：

□强迫［tɕio^{45} 入声］：汤溪话说“□”［tɕio^{55} 阴入］。

□坍塌［xuɑ^{214} 阳去］：汤溪话说“□”［ɦɑ^{341} 阳去］~［ɦɑ^{113} 阳上］。

□蘸［ȵiɑ^{53} 上声］：汤溪话说“□”［ȵiɑ^{113} 阳上］。

□用油炸［fi^{334} 阴平］（＝飞～机）：汤溪话说“□”［fi^{24} 阴平］（＝飞）。

□转动，拧［fi^{45} 入声］：汤溪话说“□”［ɕiei^{55} 阴入］，比较“水”字汤溪话读［ɕiei^{535}］，珊瑚话读［fi^{53}］。

□揄［iɑ^{45} 入声］：汤溪话说“□”［iɑ^{113} 阳上，包括浊入字］。

□逗［uɑ^{45} 入声］：汤溪话说“□”［ua^{113} 阳上，包括浊入字］。

□畦［tuo^{45} 入声］（＝搭）：汤溪话叫“□”［to^{55} 阴入］（＝搭）。

濽溅［tɕiɑ^{323} 阴去］：汤溪话说“□”［tɕiɑ^{52} 阴去］。

□哩疖子［ten^{45} 入声 li^{45}］：汤溪话叫“□儿”［teŋ^{55} 小称］，珊瑚话自身没有鼻尾韵配入声调的结构。

墨瓦砚台［məɯ^{45}uo^{53}］：汤溪话叫“墨瓦”［mɛ$^{113-11}$uo^{113}］。珊瑚话有时叫“墨瓦”，但多叫“墨盘”［məɯ^{45}pʰã^{435}］。

3.3.3　哪些成分正在变化

由于缺乏历史资料，我们很难准确地指出珊瑚话发生了哪些变化。不过，撮口呼的出现、鼻音韵尾的合并和弱化、塞音韵尾的消失、入声调值的拉长等现象也许是珊瑚话形成以后所发生的变化，其中有些变化应该与汤溪话的影响有关。

珊瑚话目前正在经历着一些变化，下面择要举例。

（1）语音方面

阴去［323］、阳去［214］二调正处于合并的过程中。廖启生（60岁）阴去、阳去的调值非常接近，很难听辨。廖光根（37岁）阴、阳去分得很清楚，阳去调上升部分很明显。廖旭荣（34岁）、廖晖华（11岁）阴、阳去不分，都读［213］。

（2）词汇方面

亲属称谓容易受母亲方言以及当地强势方言的影响，因而变化较快，例如：

祖父面称：老年人叫“爹爹”［$tuo^{334-33}tuo^{334}$］，中年以下的人叫“爹爹”［$tɑ^{334-33}tɑ^{35}$］或“爹”［$tɑ^{334}$］。

祖母面称：老年人叫“阿姐”［$ɑ^{334-33}tsia^{53}$］，中年以下的人叫“姐”［$tsia^{53}$］。

父亲面称：老年人叫“阿伯”［$ɑ^{334-33}puo^{45}$］，中年以下的人叫“爸”［$pɑ^{45}$］。

其他词语，例如：

灶膛：老年人叫“灶窟”［$tsəu^{323-53}k^{h}uəɯ^{45}$］，中年以下的人叫“镬空”［$u^{45}k^{h}ɔoŋ^{334}$］。汤溪话叫“镬孔”［$uo^{113-11}k^{h}ao^{535}$］。

（3）语法方面

和介词：珊瑚话原来用“合”［kuo^{45}］，例如“我合你讲”。但现在一些小孩流行用“帮”［$p\tilde{o}\tilde{ɔ}^{334}$］，说成“我帮你讲”。这个“帮”到底是怎么形成的，还不清楚。汤溪话并不用“帮”，而用“和”［$xəɯ^{52}$］。

3.4 珊瑚话未来的命运

在一个相当长的历史时期内，珊瑚村的语言生活格局是，以珊瑚话为同村人之间的交际用语，以多种周围方言为与外地人之间的交际用语。

但是，最近几十年来，珊瑚村的语言生活格局发生了根本的变化。导致这种变化的主要原因有：

3.4.1 语言观念和语言态度

尽管老年人仍主张维护珊瑚话的传统地位，并认为珊瑚话不会消亡。但年轻一代的语言观念和语言态度已经悄悄地发生了变化，他们比祖辈们更加积极地学习使用汤溪话、金华话和普通话，尤其是嫁到珊瑚村的外地女子，她们不但自己不愿意学习使用珊瑚话，而且不鼓励自己的小孩使用珊瑚话，认为珊瑚话没有什么用处。现在有的小孩跟父亲讲珊瑚话，跟母亲讲母亲所说的那种话，如银岭话、汤溪话。

案例1：戴慧娟的小孩，9岁，上小学前在珊瑚生活，当时也会讲珊瑚话，但后来一直在戴慧娟的娘家汤溪镇寺平村读小学，所以现在不会讲珊瑚话，也听不太懂，只会讲汤溪话。

案例 2：廖胜华，6 岁，会讲珊瑚话、汤溪话和普通话。当笔者用汤溪话跟他交谈时，他多用普通话回答，有时用汤溪话回答。他和一个从银岭村来珊瑚村玩儿的小孩（这个小孩的外婆家在珊瑚村，也会讲珊瑚话）吵架时，用普通话而不用珊瑚话，例如说："我打你！""我的妈呀！"廖胜华连幼儿园都没上过，我用汤溪话问他普通话是怎么学的，他也用普通话回答："妈妈教我的。"但他母亲认为儿子的普通话主要是通过看电视学会的。

小孩的普通话主要是父母亲尤其是母亲教的，母亲对小孩学习普通话比较重视。小孩在上小学之前，一般都和母亲在一起，所以母亲对小孩学习普通话的作用更大。

3.4.2　与外界的交往

20 世纪 90 年代初，塔石至银岭的公路（汤汤溪遂遂昌公路的一部分）开通。1992 年，在现村支书廖旭荣主持下，修建了珊瑚村至垭头的 2 公里简易公路，与汤遂公路连接，汽车可直接开到珊瑚村口。从此，珊瑚村的交通状况得到了彻底的、具有历史意义的改变。现在，可从珊瑚村沿公路往北直达山坑—塔石—汤溪—金华，往南直达苏村—遂昌。银岭、张村每天都有开往汤溪方向的班车，珊瑚人可步行至垭头搭车。

以前，珊瑚人只在家里务农，不外出谋生。10 年前开始有人外出打工，现在在外地打工的约有 40 人，基本上是 20~40 岁的青壮年，约占该年龄段的 60%~70%。打工的地点以义乌、金华居多，也有到温州的。

3.4.3　教育和媒体

由于出生率下降，农村的小学近几年进行了大合并。现在，珊瑚村的小孩从小学一年级开始，就与说汤溪话的小孩一起学习，共同生活，同时，在课堂上还接受普通话的教育。（参看 3.3.1）

广播、电视媒体已经普及到户，媒体中的普通话以强制的方式和极高的频率出现在珊瑚人的耳朵里。

的确，在今天的珊瑚村，珊瑚话几乎人人会讲，也非常通行。但是，不可否认，这个珊瑚小岛已经开始受到致命的侵蚀，而这种侵蚀将会以一种加速度的方式继续下去。也许用不了两三代，在这个孤独的山头上存活了300年的珊瑚话将被汤溪话或更强势的方言所彻底取代。到那个时候，廖文仕太公就再也听不到他心爱的珊瑚话了。

附记：2001年9月26日至10月6日，曹志耘、秋谷裕幸和北京语言大学的7名研究生一起赴珊瑚村调查方言；2002年3月24~26日，2002年7月8日，曹志耘两次赴珊瑚村进行核对和补充调查。调查过程中，得到金华市婺城区塔石乡政府有关领导、浙江师范大学人文学院傅惠钧先生、金华市婺城区文联董正勇先生、发音人廖启生先生全家以及珊瑚村其他村民的大力协助，谨此致谢。

:: 参考文献 ::

曹志耘（1996）《金华方言词典》，江苏教育出版社。

蓝小玲（1999）《闽西客家方言》，厦门大学出版社。

李如龙（1998）闽西七县客家方言语音的异同，《客家方言研究》，暨南大学出版社。

原载《中国社会语言学》2003年第1期

论方言岛的形成和消亡 *

——以吴徽语区为例

方言岛的最根本的特性是与大本营方言分离开来，同时它们多处于其他方言或语言的包围之中，面积一般较小。

游汝杰（1992）对方言岛的涵义、地理形状和类型、成因、演变以及汉语方言岛的概况作了比较全面的论述和介绍。本文在对吴徽语区内的方言岛的调查研究（曹志耘、黄晓东，2004）的基础上，进一步讨论方言岛的形成和消亡问题。

一、方言岛的形成

1.1 岛屿和方言岛的形成方式

在自然界，岛屿的形成主要有三种方式：

（1）填水成岛：由人工填水（一般是填海）而造成岛屿，例如日本关西国际

* 本文研究受"高等学校优秀青年教师教学科研奖励计划"资助。本文曾在第三届中国社会语言学国际学术研讨会（2004 年 12 月 19~21 日于南京大学）上宣读。

机场、澳门国际机场等，不过这种情况比较少见。

（2）蓄水成岛：因修建水库等原因筑坝蓄水，水位提高后，原先相连的陆地低处被水淹没，高处（一般是山峰）就成为互不相连的岛屿，典型的例子如千岛湖。郭沫若先生1963年咏千岛湖诗曰："西子三千个，群山已失高。峰峦成岛屿，平地卷波涛。"

（3）隆起成岛：因火山爆发等地壳运动使地表隆起，形成新的岛屿，例如夏威夷群岛、钓鱼岛等。

方言岛的形成也可以从这三个方面来观察：

（1）填水成岛：指移民携带自己的方言到达新住地，在当地其他方言或语言的包围之中形成方言岛。与自然界的岛屿不同，大多数的方言岛是由这种方式形成的。

（2）蓄水成岛：指土著方言被大规模的外来移民冲散、分割，而成为大片移民方言包围之中的方言岛。例如在皖南宣州一带，太平天国以后北方移民大量涌入，当地土著方言——吴语在移民所带来的河南话、湖北话和江淮官话的冲刷和覆盖之下，只剩下众多零星的方言岛。

（3）隆起成岛：指某些地点的方言由于各种原因发展过快或过慢，或脱离周围方言的发展轨道自行演变，久而久之成为与周围方言不同的方言岛。在一定意义上，可以把某些发展变化较快的城市方言看做是这种类型的方言岛，例如浙江杭州、金华、衢州等城市里的方言。

游汝杰（1992：60~64）指出方言岛的形成有两大原因，一是方言自身的变化，二是人口的变迁。因方言自身变化而产生方言岛的情况，是指城市方言因发展速度快于周围乡下地区，而逐渐形成所谓"城市方言岛"。因人口变迁而形成方言岛的情况，包括两种：一是土著方言被移民方言包围而成为方言岛，二是移民及其方言直接造成方言岛。后者当中又可分为以下七类：军队驻防，军屯，战乱，逃荒，垦荒，流放，侨居。实际上，笔者归纳的上述类型与游汝杰的观点是一致的。

"隆起成岛"尚未成为汉语方言岛形成的典型方式。如果暂不考虑"隆起成岛"的情况，其余两种方式都直接与移民有关。下面根据吴徽语地区方言岛的情况，来讨论移民与方言岛形成的关系。

1.2 移民与方言岛的形成

就吴徽语地区的情况来看，创造现存方言岛的移民主要有以下几类。

1.2.1 政府移民

出于政治、军事、民族、宗教、经济建设等方面的原因，历代政府都会实施各种类型和规模的移民计划。这种由政府实施的有计划、成规模的移民，我们称之为“政府移民”。吴徽语地区的政府移民有以下几种。

（1）工程移民

工程移民中最主要的是千岛湖库区移民，这也是吴徽语地区最主要的政府移民。自 20 世纪 50 年代开始修建新安江水库（千岛湖）以来，从淳安、遂安两县移至县外的移民多达 20.7 万人，其中绝大部分移至吴徽语地区，尤以浙西、浙南、赣东和皖南等地为多。这些人移到新住地以后，一般实行小聚居的方式，加上迁移时间还比较短，所以现在在内部一般都还保留使用原方言，但对外交际时则要学习和使用当地方言。

除了千岛湖库区移民以外，各地在建造小型水库、电站的时候，也会出现一些工程移民，不过这类移民规模较小，一般在当地就近安置，不会造成新的方言岛。近几年来，也有部分三峡库区移民进入吴徽语地区，随着他们的新生活逐步稳定，将来也许会形成一些西南官话的方言岛。

（2）驻守移民

古代政府把大量官兵派往国家边陲、海防前线或重要地点驻防，或派往战乱地区镇压叛敌，维护社会治安，由于交通等各方面的原因，这种派往外地的军人往往“有去无回”，因而在驻扎地成家立业，繁衍生息，久而久之成为驻守移民。由于驻守军人具有特殊的社会身份，很容易在当地形成孤岛型的小社会，方言岛也随之产生。在吴徽语地区，浙江象山爵溪所里话就是在明代抗倭官兵所说的北方话的基础上形成的，慈溪观城燕话也是由明代卫所官兵带来的，安徽祁门军话则可能与明代前来镇压红巾军的朝廷军队有关。

（3）招垦移民

由于战乱、瘟疫、饥馑等原因，或者开辟新疆域的需要，古代政府常常实行招垦计划，以填充当地的人口数量。太平天国（1851~1864 年）战争期间，皖南的广德州、宁国府作为天京的外围屏障，成为太平军与清军拉锯的主战场，深受战争的破坏，“户口凋敝”。因此，战后这一带成为招民移垦的重要地区。在清政府招垦政策的鼓励下，河南、湖北和安徽江北移民大量涌进该地区，以至反客为主，外来移民成为皖南地区的主要居民。大量移民的涌入，使皖南地区的方言格局发生了根本的变化，原先的吴语区被移民所带来的河南话、湖北话和江淮官话分割成大小不一的吴语方言岛，而与此同时，移民方言的余波则扩散至苏南、浙西，形成各种官话方言岛。

1.2.2　自然移民

除政府移民外，还有因各种原因造成的民间自发的移民，我们称之为“自然移民”。在自然移民中，也许可以分为“积极移民”和“消极移民”两种性质的移民。所谓“积极移民”是指出于人多地少、贫困落后等原因，主动奔赴外地谋生创业的移民，这有点像今天的到外地打工的民工。“消极移民”是指出于战乱、灾荒等原因，而被迫逃往他乡求生图存的难民。不管是积极移民还是消极移民，往往都如散兵游勇，难以形成组织规模，因而在强势的当地方言区域很难发展出自己的方言岛。不过，相比之下，积极移民更有可能形成和保存自己的方言岛。

在吴徽语地区，与现存方言岛有关的自然移民主要有以下几种。

（1）棚民

棚民是一种到外地尤其是山区生产和生活的流民，可以说是古代的打工者。因为他们住在临时搭建的茅棚里，所以被称为“棚民”。棚民是我国古代东南地区十分常见的一种流民，也是造成该地区众多闽、客、赣等方言岛的主要力量。棚民离家外出谋生的主要原因是迫于老家人多地少的压力，不过由于外地的平原地区早已被当地人占据，棚民的目的地一般都是偏僻荒凉的山区，职业多为种植玉米、甘薯、苎麻、蓝靛等。棚民要向当地政府申请租山和暂住，他们常受当地人欺负，甚至驱逐，租约期满后留在当地长期居住者是其中少数。

在吴徽语地区，棚民的来源主要有福建（汀州等）、江西（南丰等）、安徽（安庆等）、浙江（温州等），目的地主要是浙西南、浙西、皖南、赣东北。以浙江为例，“大约从明代末年开始，来自福建的移民就已经开始迁入金衢盆地的两侧山地，从事蓝靛的种植。清代初年，随着战争导致的土地荒芜，移民的规模有所扩大，广泛分布浙南、浙西各大山区。除了闽西的移民外，还有来自闽南的移民；除了福建的移民外，还有来自江西的移民。江西移民主要来自赣东地区的南丰县和毗邻的赣东北，他们主要从事苎麻的生产。迁入浙西的棚民时间稍晚，他们多来自闽、赣、徽三省及本省的温州地区。除了种植蓝靛和苎麻外，各地棚民还多种植玉米和番薯”。（曹树基，1997：295）

棚民方言岛可以浙江旧汤溪县珊瑚村客家方言岛为例。珊瑚村的开山始祖廖文仕，于清康熙甲戌（1694 年）出生在福建汀州上杭县的古田村。古田位于闽西山区，“人满殊难立业”。康熙末年，为“遂营生之愿”，廖文仕孤身一人来到浙西南的江山县，“可耕而不得所祉”，于是转移至汤溪县南部山区。雍正十年（1732 年），廖文仕与他的妻子在汤溪县最南端的高山之巅搭铺安家，垦山种田，养育子孙，开创了一个客家话方言岛。绵延至今，已是一个拥有 178 人的客家小山村。（曹志耘，2003）

（2）畲民

畲族原来居住在闽、粤、赣三省交界的山区，广东潮州凤凰山传说是畲族的发源地或祖居地。宋代以后陆续向闽中、闽北、闽东、浙南、赣东北和皖南等地山区迁徙。今有 96% 的畲族居住在福建、浙江两省。畲族为什么要离开自己的聚居地，一次次地长途跋涉远走他乡，而且这个过程竟持续千年之久，足迹遍布东南各省广大地区，对于这个问题，至今尚无明确的答案。有人认为是出于去瘠就腴的耕作习惯，有人认为是为了逃避封建赋徭，实际上如果不考虑其民族成分，后来的畲族移民已经跟“棚民”没什么两样。

以景宁畲族自治县为例，据《景宁畲族自治县志》（1995），唐永泰二年（766 年），已有畲族从福建罗源迁居景宁，明代迁入者最众。畲族先民在当地承租山林，刀耕火种，后来修筑梯田，发展农业，“邑之陇亩，其治者半”。畲族尽量保持以村为单位的小聚居方式，一般不与当地汉族通婚。与棚民相比，畲民更容易形成和保存自己的方言岛。畲民所使用的“畲话”是一种接近客家话的汉语方言。

（3）九姓渔民

九姓渔民以前生活在以三江交汇的建德梅城为中心的新安江、兰江、富春江（七里泷）上，即建德、兰溪、桐庐一带的江面上，以捕鱼和航运为业，泛家浮宅，长期深受社会歧视，境遇甚为悲惨。直到20世纪中叶，才上岸定居，与平民无异。九姓渔民的“九姓”是指陈、钱、林、李、袁、孙、叶、许、何等九个姓。

九姓渔民的来历问题至今仍是一个悬案。比较流行的一种说法是，九姓渔民的祖先是元末陈友谅（1320~1363年）的部属。陈友谅于元至正二十年（1360年）在江州（今江西九江）建大汉国称帝，此后与朱元璋进行了三年多的战争，但屡战屡败，二十三年（1363年）八月，陈在鄱阳湖一役中被乱箭射死。其部分残兵败将沿着赣东北—皖南的“茶叶之路”，翻山越岭逃到徽州，然后顺新安江而下，因为他们多为水军（陈友谅即渔民出身），便停在了三江交汇的梅城一带。等官府查明这些不速之客的来历后，即被朱元璋贬为贱民，只令在水上生活，不得上岸定居。如果九姓渔民确属由元末陈友谅的残兵败将流落江湖而来，那么可以算是一种特殊的流民。如果是来自外地的一般平民（包括渔民），因从事水上工作而受陆居者孤立和歧视，那么他们与垦山的棚民在性质上其实是相同的，即都是流民。与棚民不同的，只是由于“分工不同”，而造成了“贵贱之分”。

九姓渔民有自己的方言。据笔者对梅城附近九姓渔民的初步调查，其方言与梅城一带的方言有同有异。曹志耘（1997）认为九姓渔民方言是外来的。

此外，浙江沿海及其岛屿上的闽南话是闽南沿海渔民向浙南等地流动，并以温州为据点再次向北部沿海流动的结果，可以归为自然移民中的一般渔民。

二、方言岛的消亡

2.1 方言地图的历史变幻

在绝大多数情况下，方言岛是由移民造成的。我国南方地区的历史就是北方汉人不断南迁并与当地越人和其他土著接触、融合的历史。在迁移的初期，移民方言的原始形态往往就是方言岛。当然，如果是大规模的移民，则会发生“蓄水成岛”的现象。可以想见，在不同的历史时期，我国南方都曾经存在过大量的各种各样的方言岛，构成一幅幅多姿多彩的方言地图。

从历史的角度来看，方言岛的语言地图是不断变幻的。曾经是千岛耸立的湖光山色，如今也许已成波澜不惊的水面。而今天一马平川的桑田，以前则很可能回响着推土机排山倒海的轰鸣声。

以浙江旧汤溪县为例，在593个自然村中，明清时代建立的闽籍移民村有48个，赣籍移民村有8个。（曹树基，1997：288）但今天仍使用非吴语的方言岛村，据笔者了解不过十来个。从方言岛最集中的塔石乡来看，据笔者对《浙江省金华市地名志》（1985）所提供的很不完备的材料的统计，主要在清代由外省外县籍的移民建立的村庄有28个（这个数字只会少不会多，因为有的村未交待建村历史），其中约有三分之二的村（18个村）今天已经完全放弃母语，改用当地吴语汤溪话，其余三分之一的村（10个村）对外也使用当地吴语，只在村内还保留使用母语。具体情况参看表1和图1。

表1 塔石乡的移民村和方言岛

移民来源	移民村	村数	今方言岛	村数
福建以汀州府为主	周山，鱼潭，下鱼潭，青山庵，山坑，岱上，关山头，坟岩，金牛山，大茗，白岩，交椅山，珊瑚，张村，（以下畲族）大坑，蒙坑口	16	坟岩，金牛山，大茗，白岩，交椅山，珊瑚，张村，大坑	8
浙江处州遂昌、松阳	塔石，东岭，高田，井上，桃连，岭边	6		0
浙江婺州兰溪、义乌	谷口，上阳，金台圩，银岭	4	银岭	1
浙江衢州龙游	西坞	1	西坞	1
安徽安庆	西高坪	1		0
合计		28		10

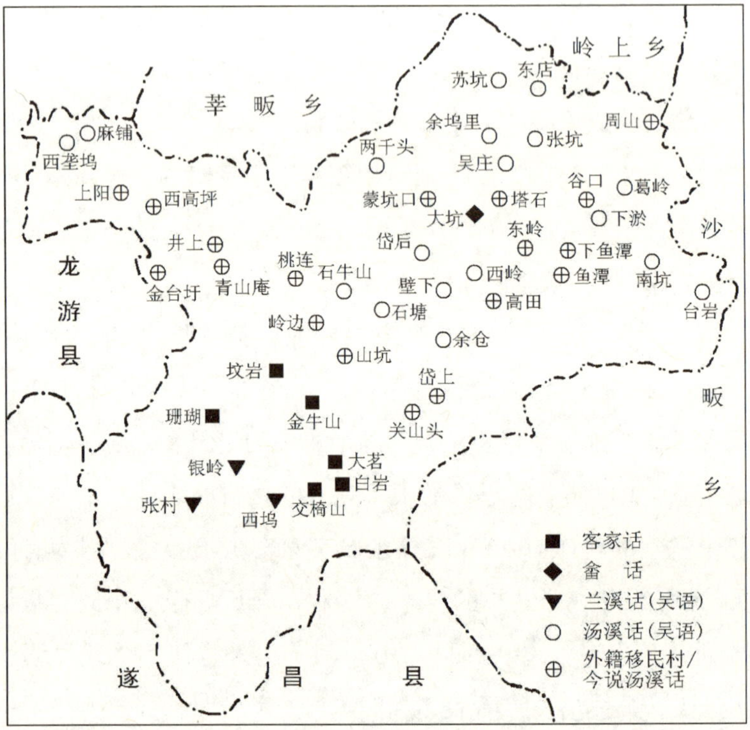

图 1　塔石乡方言岛的演变

再来看浙江常山县的情况。曹树基（1997：291）认为《常山县地名志》（1987）“是目前所见浙江省唯一一部堪称完备的地名资料”，他根据该志整理出了一个“浙江省常山县自然村建村时代与原籍”表。笔者根据《常山县志》（1990：601），列出今天的方言使用情况，以资比较。由于曹树基所统计的总村数少于实际村数（《常山县地名志》，1987：3 作 1527 个），所以笔者进一步计算出各类村数在总村数中的百分比。见表 2。

表 2　常山县的移民村和方言岛

移民村	浙江 其他县	江西 南丰、上饶	福建邵武、建宁、汀州、泉州	广东 嘉应	安徽 安庆、徽州	其他省	本地	总村数
清以前	9	38	38	0	26	12	135	258
清代	15	427	83	9	45	4	417	1000
合计	24	465	121	9	71	16	552	1258
百分比	1.91%	36.96%	9.62%	0.72%	5.64%	1.27%	43.88%	

续表

今方言岛	淳安、江山、衢县话	南丰话	福建话	广东话	安庆话	华埠土官话	常山话	总村数
	88	526	50	0	11	7	840	1522
百分比	5.78%	34.56%	3.29%		0.72%	0.46%	55.19%	

曹树基（1997）主要是研究清代和民国时期的移民，所以可能没有把当代的建村情况列入表内，例如 39 个千岛湖库区移民村。不过，即使存在一些误差，还是可以看出，使用常山话的村数从 43.88% 上升到了 55.19%，使用非常山话的村数相应地下降了约 11 个百分点。南丰话在常山县为第二大方言，其势力与强势方言常山话相比并不过于悬殊，因而几百年来下降不大。如果刨去江西移民村（南丰话村）和 39 个千岛湖库区移民村（淳安话村），再来统计一下，就得到以下的数字：

移民村：不计来自江西的还有 241 个村，占总村数（1258 个）的 19.16%。

今方言岛：不计淳安话和南丰话还有 117 个村，占总村数（1522 − 39 = 1483 个）的 7.89%。

常山县这个“移民村：今方言岛”的比例（19.16%：7.89% = 1：0.41）很接近上述塔石乡的比例（28：10 = 1：0.36）。二者的方言岛保存率都在百分之三四十。

2.2 谁主沉浮

在二三百或三四百年的时间里，塔石乡境内的方言岛减少了三分之二，常山县境内的方言岛除了南丰话以外也减少了六成。可以想象，在整个吴徽语地区，尤其是那些如今已是“纯吴语”的地区，在漫长的历史长河里，有多少方言岛此起彼伏，最终都被淹没于吴语的汪洋大海之中？那么，方言岛的沉浮究竟取决于什么因素呢？

要回答方言岛为什么会消亡，不妨先来看看为什么能生存。

2.2.1 吴徽语区内方言岛的生态环境

（1）地理交通状况

从整个吴徽语地区来看，现存方言岛主要分布于浙西、浙南、赣东北、福建浦城和皖南等地区；在苏南、上海和浙北地区，除了几处零星的官话、闽语方言岛以外，基本上为吴语所覆盖，而在浙东、浙中地区，则为清一色的吴语，参看图 2（曹志耘、黄晓东，2004）。从地理交通状况来看，方言岛集中分布的地区均为高山或丘陵地区，长期以来交通条件极为落后。而方言岛较少或无方言岛分布的地区则基本上是平原及沿江、沿海地区，交通便利。

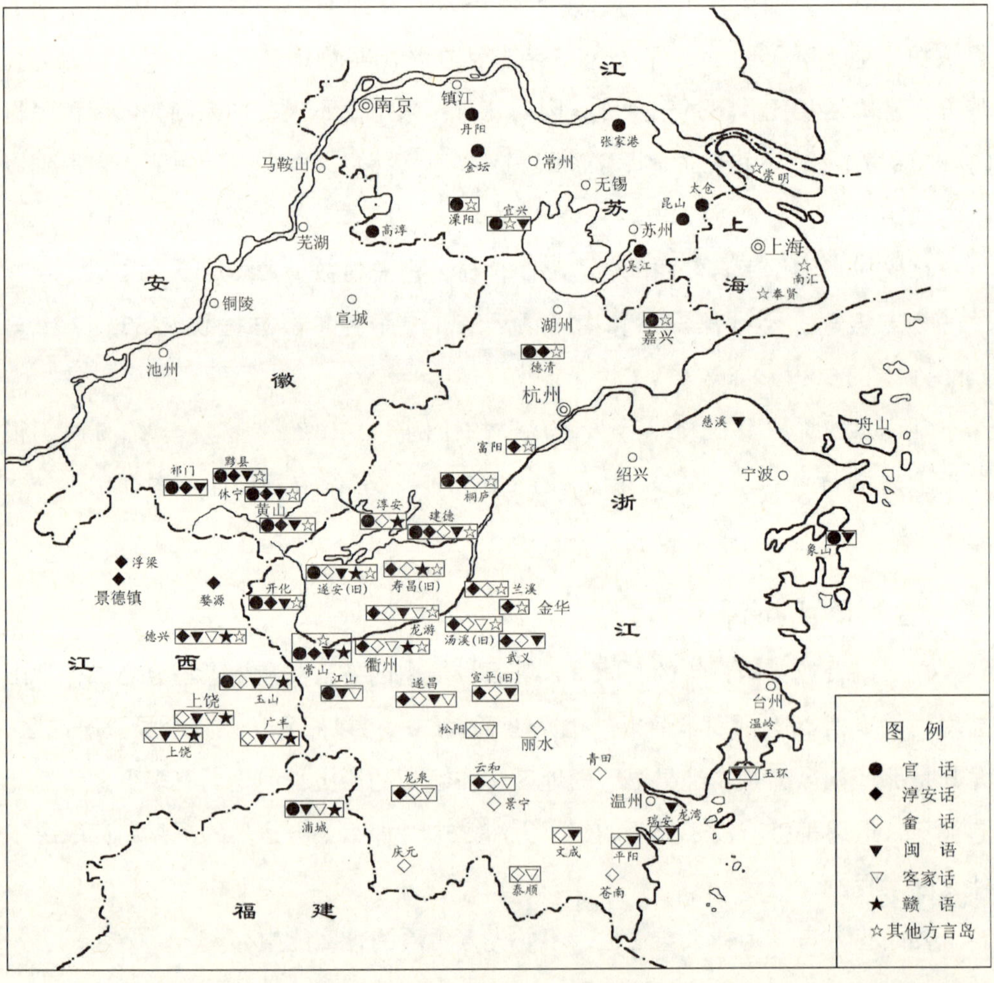

图 2 吴徽语区内的方言岛

从县一级的情况来看，除了淳安话这种因政府行为造成的方言岛以外，其他方言岛多分布于县境的边缘地区，在县中心地区尤其是县城周围地区则很少见。这也与地理交通状况有关。在浙西南、皖南一带，县城多沿江而建，县城及其周围地区地势比较平坦，边缘地区往往是地势较高的崇山峻岭。

再来看塔石乡的情况，由图1可见，移民村几乎遍布全境，然而迄今保存下来的方言岛除了畲族村大坑以外，全都集中在最南端与遂昌县交界的偏僻的高山之中，在北部地势相对平缓、交通相对便利的村庄，移民村的方言都已经本地化了。

在地势高峻、地形复杂、交通不便的地区，方言岛与当地强势方言接触的机会较少，易于独立生存和发展。

（2）经济文化水平

吴语北部地区开发很早。由于具有地势平坦、土地肥沃、水产丰富、交通便利等天然优势，在上古时代，位于该地区的苏州、绍兴就已经成为一方的政治中心，以后南京、杭州相继成为数代封建王朝的首都，盛极一时。近代以来，上海更发展成中国工业化和现代化的先驱城市。如今，以上海为中心的长三角地区已经成为全国经济发展最快的地区，上海同时也是全国最重要的文化教育中心之一，苏州、杭州历来人文荟萃，文化底蕴非常丰厚。而“长三角”基本上就相当于吴语北部地区。

在另一方面，浙西、浙南、皖南、赣东北等地区，则是一番截然不同的风景。山高水险，土地奇缺，道路阻隔，几千年来一直停滞于典型的小农经济状态，衢州、丽水至今仍是浙江省经济发展最落后的地区。在吴徽语区内，整个南部地区（尤其是西南部地区）与位于北部的长三角地区构成了新旧两重天。

经济发展的快慢，决定了一个地区内部及其与外部交往的程度。文化教育水平的高低，也影响着一个地区的人接触和学习外地语言文化的能力。从方言发展变化的角度来说，经济文化水平越高的地区，内部各方言之间、本地方言与外地方言或共同语之间的接触就越频繁。在这种频繁的语言接触过程中，会发生的一种现象就是，处于弱势地位的小方言会逐渐磨损自身的特点，向强势方言趋同，或者干脆放弃自身的方言，转而使用强势方言。在一般情况下，方言岛都属于弱势方言，只要假以时日，它们的消没于强势方言之中，应该是不可避免的事情。反之，经济文化水平比较低的地方，弱势方言的生命周期自然会比较长。吴语北部地区方言面貌的过于“纯净”，南部地区方言面貌的过于“庞杂”，与各自的经济文化水平具有不可分割的联系。

（3）区内方言异同程度

与地理交通状况、经济文化水平的因素相关，吴语太湖片、台州片、瓯江片的内部一致性较强，婺州片、处衢片内部分歧非常大，徽语内部的分歧也很大。在浙江西南部、皖南徽州地区，两个邻县之间，甚至一个县内的不同乡镇之间互相不能通话，这是常事。例如在处州方言（王文胜，2004）中，介词“被”有 11 种说法：乞、担、得、分、吃、拨、让、问、约⁼、等、□［$m\text{ə}ɯ^{445}$］。仅在缙云一县内，就分布着 7 种不同的说法：壶镇说“得”，三溪、大源说“拨”，新川、双川、新碧、东渡说“问”，舒洪、方溪、大洋说“约⁼”，白竹、东方说“等”，溶江、胡源说“□［$m\text{ə}ɯ^{445}$］”，石笕、木栗说“乞”。

一个地区内各地方言之间的异同程度，会影响到该地区方言岛的命运。内部一致性高，各地方言之间交流便利，易于互相影响和趋同，形成更统一、更强大的方言。而岛外方言势力越大，对方言岛的生存压力也就越大。内部分歧大，中心城市的方言很难制约和同化本地区内的方言，各地方言相对独立自主，各种小方言（包括方言岛）得以在一个比较宽松的环境里自由地生存发展，吴语婺州片、处衢片和徽语地区就是这种情况。如上文所述，在吴语处衢片的常山县境内有常山话、南丰话、福建话（可能包括客家话和闽语）、淳安话、江山话、衢县话、安庆话、华埠土官话、九姓渔民方言等十来种方言。又如在徽语严州片的遂安县，不少村庄往往同时有好几种方言并存并用。据笔者调查，安阳乡乌龙村存在衢县、常山、安庆、福建 4 种方言，黄家源村则存在建德、寿昌、衢县、常山、安庆 5 种方言。

在今天的吴徽语地区，方言岛种类最多、分布面积最广、使用人口最多的，正好就是内部分歧最大的婺州片、处衢片和徽语地区。这绝不是偶然的。

2.2.2 方言岛消亡的原因

由上述吴徽语地区的情况可见，适于方言岛生存的土壤是地形复杂、交通不便、经济文化落后、区内方言悬殊。这些因素有一个相同的作用，就是可以使方言岛存在于一个相对独立和封闭的空间，或者说相对“真空”的状态中。而这种“真空”的状态一旦被打破，方言岛就不可避免地走向消融或灭亡之路。下面以珊瑚村客家话方言岛（曹志耘，2003）为例，来看看方言岛是如何走上消亡之路的。

如上文所述，珊瑚村由来自福建汀州上杭县古田村的廖文仕于雍正十年（1732 年）所建。地处浙江旧汤溪县的最南端，离县城汤溪镇 42 公里，正好位于汤溪、遂昌、龙游三县同时也是金华、处州、衢州三府的交界处和分水岭上。环境偏僻，山高路险，交通闭塞，仅有山路与外界相连。现有村民 63 户，178 人，除个别随母亲改嫁时迁入和招赘迁入的外姓户以外，均为廖姓户。长期以来，珊瑚村基本上过着自给自足的小农经济生活，与外界交往很少，离得最近的商店在塔石村（旧路相距 10 公里）。60 岁以上的老年人活动范围一般只限于本村及其附近村庄，有的人连汤溪都没去过。祖辈中没有考取功名或做官的人，如今 60 岁以上的老年人基本上都是文盲，接近 60 岁的人当中仅有 7 人读过小学或初中，初等教育在本村完成。语言方面，在珊瑚村内，所有的人都使用珊瑚话，即使是从外地嫁到本村的女子和入赘者也都说珊瑚话。在与外地人交谈时，除了对同属客家话方言岛的邻村交椅山、白岩、大茗等可使用客家话以外，其他场合均使用对方的方言或普通话。

这种状况一直延续到 20 世纪 90 年代初。90 年代初，塔石至银岭的公路（汤汤溪遂遂昌公路的一部分）开通。1992 年，珊瑚村修建了与汤遂公路连接的简易公路，汽车可直接开到珊瑚村口。与此同时，开始有人外出打工，如今在外地（本省义乌、金华、温州等地）打工的约有 40 人，基本上是 20~40 岁的青壮年，约占该年龄段的 60%~70%。90 年代初，珊瑚村小学撤销，现在上小学到山坑村，上初中到塔石村，上高中多到汤溪镇，均需住校。今天的青少年全都上过学。全村现有 1 名大学毕业生，1 名中专毕业生。此外，广播、电视媒体已经普及到户，看电视已经成为日常生活中不可或缺的内容。

珊瑚村延续了 200 多年的“真空”状态被完全打破了。影响到语言上，年轻一代比祖辈们更加积极地学习使用汤溪话、金华话和普通话，其中会说金华话的主要是年轻人。外出打工的男子越来越多地娶回外乡、外县乃至外省的女子，他们与外地女子谈恋爱时，都要迁就女方的语言，在有些家庭中，这种状况会在婚后一直延续下去。嫁到珊瑚村的外地女子，多数只能听懂珊瑚话，但说不好，或不会说。她们不但自己不愿意学习使用珊瑚话，而且不鼓励自己的小孩使用珊瑚话，现在有的小孩跟父亲说珊瑚话，跟母亲说母亲所说的那种外地话。小孩从小学一年级开始，就与说汤溪话的小孩一起学习，共同生活，他们在学校里一律使用汤溪话或普通话，回到村里，特别是跟小朋友在一起时，也常常使用普通话，个别小孩已经不会说珊瑚话了。上述变化可归纳为以下三点：（1）年轻人积极学习和使用外部强势方言；（2）外地嫁入女子坚持使用娘家母语；（3）儿童母语能力严重下降。

今天，尽管客家话仍在珊瑚村里通行，但短短十来年的“开放”已经使这个珊瑚小岛受到致命的侵蚀，而这种侵蚀必将以一种加速度的方式继续下去。也许再过两三代甚至一两代，珊瑚话就要终结其生命。

在这种情况下，双语制（对内使用母语，对外使用其他方言）能够保护方言岛的生存吗？笔者以为，答案是否定的。在方言岛与外部世界相对隔绝的时代，双语制的确可使方言岛在一定程度上免受其他方言的侵袭和同化。但随着社会经济文化的飞速发展，今天的方言岛与外部世界全方位地连成了一体，“方言岛的内部”已经无法构成一个独立和封闭的空间，母语在方言岛内逐渐失去了原有的地位和作用。换句话说，母语不仅对外“没用”，对内也逐渐“没用”了。曹志耘（2001：9）指出：“方言消亡的根本原因，是这种方言的‘用途’越来越少，‘作用’越来越小，简而言之，是因为这种方言‘没用’了。”方言岛的消亡也不例外。

珊瑚村的例子使我们看到，弱小方言岛的生存只能依赖于特殊的社会和经济形态，它们的生命是十分脆弱的。在当今全国化、全球化的强劲浪潮中，这种方言岛无异于松散的小沙丘，完全不堪一击。这是无奈的现实。

2.3 方言岛消亡的方式

2.3.1 岛屿的消失方式

在自然界，岛屿的消失主要有两种方式：

（1）融岛：如果是由冰山或沙山构成的岛屿，因气候变暖或海浪的常年冲刷，可能会慢慢地消融于大海之中，不过这种情况比较少见。

（2）淹岛：当水域的水位大幅上升时，原先露在水面之上的岛屿可能会被水面淹没覆盖，消失于水底。

方言的消亡一般有渐变和突变两种方式。渐变式是指弱势方言在强势方言（包括普通话）的影响和冲击之下，逐渐磨损、丢失自己原有的一些比较特殊的成分，同时不断吸收强势方言的成分，使自己的语言系统朝着强势方言的方向演变，最终与强势方言融为一体。突变式是指弱势方言在强势方言的强大冲击之下，最终放弃弱势方言，改用强势方言。突变式往往需要经过几代人才能完成，中间一般会有一个弱势方言与强势方言并存并用的双语过渡阶段。（曹志耘，1999）方言岛的消亡也不例外。

联系到自然界岛屿的消失现象，渐变式消亡可以看做是“融岛”，突变式消亡可以看做是“淹岛”，用语言学术语表述就是“语言转用”（语种的替换）。这也与游汝杰（1992：65~66）方言岛的“消溶”和“消失”两种演变方式相对应。不过，消亡了的方言岛都已无法观察，而能够观察到的方言岛都还没有消亡。因此，我们只能通过一些正在走向消亡或已经接近消亡的方言岛，来看看方言岛在消亡过程中的一些特点。

2.3.2 渐变式消亡

如果方言岛与周围方言的接触过于频繁和持久，那么方言岛就可能发生渐变式的消亡。这里以浙江象山县爵溪所里话（曹志耘、黄晓东，2004）为例。

爵溪位于象山县城东 11 公里，三面环山，一面滨海，当海道要冲，为海防要地。为了抗倭，明洪武二年（1369）置爵溪巡检司，二十一年设爵溪千户所，并筑所城。千户所设置之初，驻守官兵多属北方和中原籍，其中河北大名府籍者尤众，所内盛行北方官话。不过，由于经历了长达 600 多年与当地吴语的接触和相互影响，今天的爵溪所里话已经在很大程度上“吴语化”了。《中国语言地图集》列举了吴语的 15 条特征，表 3 显示爵溪所里话与这 15 条吴语特征的相似度，表中“＋”表示有此特征，“－”表示无此特征，“±”表示部分具备此特征。

表 3 爵溪所里话与吴语的比较

吴语特征	爵溪所里话
1. 古全浊声母多读浊音，古塞音三分	＋
2. 古疑母今读鼻音，洪音做［ŋ］，细音做［ȵ］	±
3. 古微母有文白异读，文读口音，白读鼻音	－
4. 古日母有文白异读，文读口音，白读鼻音	－
5.［m n ŋ］能自成音节	± 个别字
6.“鸟”字声母有［ȵ t］文白两读	＋
7. 咸山两摄字一般不带鼻尾	＋
8. 蟹摄二等字不带［i］尾	＋
9. 咸山两摄见系一二等不同韵二等指白读洪音	－
10. 梗摄二等白读跟同摄三四等及曾摄不混	± 个别字
11.“打”读“德冷切”	－
12. 平上去入今一般各分阴阳	＋次浊上归阴上
13. 入声多收［ʔ］尾	＋
14. 否定词“不”字口语读唇齿音声母	－
15.“个”的轻声表示领有	＋

以吴语的 15 条特征来衡量，爵溪所里话与吴语相同者 7 条，不同者 5 条，部分相同部分不同者 3 条。表明所里话已深受吴语的影响，是吴语化的官话方言岛。近几十年来，爵溪的乡镇企业蓬勃发展，曾先后被评为浙江省综合经济实力二十强镇、省出口创汇第一镇。经济飞速发展，交通条件大为改观，外来人口大量增加，这一切使所里话这个方言岛迅速向当地吴语靠拢，可以预料，所里话的“吴语化”程度将会不断提高。象山县境内与爵溪千户所同样性质的其他卫所（它们的军民于清顺治十八年——1661 年由沿海迁往内陆，因此与吴语区的关系更加密切）均已改说吴语，爵溪所里话最终是否也会完全吴语化，可以拭目以待。

如果方言岛的语言面貌与周围方言比较接近，渐变式的消亡就更容易发生。不过，方言岛之所以会成为方言岛，从语言面貌上来说，一般都与周围方言具有显著的区别。因此，尽管方言岛难免与周围方言接触并吸收它们的成分，但由这种途径引起的方言岛向当地强势方言靠拢而最终导致消亡的过程应该是十分缓慢的。

2.3.3 突变式消亡

语言在比较正常、稳定的生存环境里所发生的变化，通常都是渐变式的。但当生存环境出现剧烈变化的情况下，语言也会发生突变式的变化。方言岛的生存环境是一种十分特殊的环境，很容易受到外界社会的影响和冲击。所以，与一般方言不同，在方言岛当中，突变式消亡是一种重要的消亡方式。

以九姓渔民方言为例。20 世纪 60 年代以后，政府组织散居在江上的九姓渔民上岸定居。这些九姓渔民主要安置在建德县三江沿岸的梅城、三都、大洋三镇专供九姓渔民居住的渔业村和航运社，也有少量分散到其他村里。今梅城渔业村有 120 多人，三都渔业村有 170 多人，大洋渔业村有 160 多人，航运公司（由几个航运社合并而成，集中居住在梅城南门码头）有 100 多人。九姓渔民以往社会地位卑贱，现在人口很少，而且已完全融入当地社会，属于极端弱势和濒危的方言岛。今天，真正地道的船上话（九姓渔民方言）只有七八十岁的老年人会说。中年人受当地方言建德话影响很大，常常会不自觉地把建德话的成分混入船上话。青少年主要生活在非九姓渔民社会里，他们大多已经说不好船上话了，其中部分人已经完全不会说船上话了，他们只会说建德话。估计再过几年，船上话就会基本消亡，被建德话取代。

畲族作为一个少数民族，具有明显和强烈的独立意识。因此，在畲话方言岛，渐变式消亡的现象似乎很少见，畲话的消亡可能多以突变的方式发生。浙江旧汤溪县塔石乡有一个畲族村叫“大坑”，它有两个自然村：大坑村 59 人，其中畲族 55 人；蒙坑口村 65 人，其中畲族 6 人（《浙江省金华市地名志》）。蒙坑口村的畲民已经不说畲话，只说汤溪话了。大坑村老年人还会说畲话，但年轻人会说畲话的也越来越少，部分儿童已经不会说畲话了。在大坑畲话方言岛，发生“语言转用”的现象似乎也在所难免了。汤溪县还有一个畲族村——汤溪镇鸽坞塔村，据《钟氏宗谱》记载：“始祖运来，雍正（1723~1735 年）初年由福建武平寨迁此。”全村 181 人中，畲族有 105 人（《浙江省金华市地名志》）。据笔者所知，该村至迟在 20 世纪上半叶已完全不说畲话，改说汤溪话了。在短短 200 年的时间里，一个处于吴语区的客家话方言岛以渐变的方式彻底消亡是很困难的，鸽坞塔畲话方言岛应该是突变式消亡的结果。至于大坑村和鸽坞塔村畲话消亡速度的不同，可能是因为前者位于山区深处，后者位于山区和平原的交接处。

:: 参考文献 ::

曹树基（1997）《中国移民史·第6卷》，福建人民出版社。

曹志耘（1996）《严州方言研究》，日本：好文出版。

———（1997）浙江的九姓渔民，《中国文化研究》第3期。

———（1999）二十世纪汉语方言的发展变化——历史和地域的角度，《中国语学研究·开篇》第19期。

———（2001）关于濒危汉语方言问题，《语言教学与研究》第1期。

———（2002）《南部吴语语音研究》，商务印书馆。

———（2003）浙江金华珊瑚村方言状况，《中国社会语言学》第1期。

曹志耘、黄晓东（2004）吴徽语区内的方言岛，国家疆界与文化图像国际学术会议论文，新加坡南洋理工大学。

曹志耘、秋谷裕幸、太田斋、赵日新（2000）《吴语处衢方言研究》，日本：好文出版。

常山县地名办公室（1987）《常山县地名志》，内部资料。

常山县志编纂委员会（1990）《常山县志》，浙江人民出版社。

淳安县志编纂委员会（1990）《淳安县志》，汉语大词典出版社。

傅根清（2001）从景宁畲话的语音特点论畲话的归属，山东大学博士学位论文。

葛剑雄（1997）《中国移民史·第1卷》，福建人民出版社。

黄晓东（2004）浙江安吉县官话方言岛研究，北京语言大学博士学位论文。

金华市地名办公室（1985）《浙江省金华市地名志》，内部资料。

景宁畲族自治县志编纂委员会（1995）《景宁畲族自治县志》，浙江人民出版社。

平田昌司主编（1998）《徽州方言研究》，日本：好文出版。

王文胜（2004）处州方言的地理语言学研究，北京语言大学博士学位论文。

游汝杰（1992）《汉语方言学导论》，上海教育出版社。

中国社会科学院和澳大利亚人文科学院（1988）《中国语言地图集》，香港：朗文出版（远东）有限公司。

原载《语言研究》2005年第4期

从方言看女书

一、女书与方言的关系

1.1 女书流行地区方言情况

女书流行于湖南省永州市江永县上江圩镇及其周围地区。

据《中国语言地图集》，湖南省南部永州、郴州二市的16个县市为西南官话与土话并用的双方言区（“土话”系属未定），江永县位于该区域内。鲍厚星（2002）认为其中东安县等地方言是湘语，江永县等地方言是湘语成分较重的混合型方言。

据黄雪贞（1993：2），江永县的语言和方言情况相当复杂。江永县1999年有人口24.62万，其中少数民族（主要是瑶族）12.4万，境内主要有汉语西南官话、土话和瑶语。汉族一般都会说西南官话和土话两种话，但一些偏远山区的老人只会说土话，不会说西南官话。瑶族有不少人只会说西南官话和土话，不会说瑶语；会说瑶语的，一般还会说西南官话和土话。

江永县各地的西南官话基本一致，但土话差异很大，有五六种土话之间相互不能通话。黄雪贞把江永土话分为6片：城关片、桃川片、松柏片、源口片、夏层铺片、冷水铺片。女书流行的上江圩一带属于城关片。在城关片内部，各乡镇之间也有一些差异。例如上江圩方言与城关之间的差异（黄雪贞，1993：7）：①

（1）效摄开口一等字，城关读［au］韵，上江圩读［i］韵：老 lau^{13} 城关 ≠ li^{21} 上江圩｜高 kau^{44} 城关 ≠ ki^{44} 上江圩。

（2）通摄字，城关读［ai］韵，上江圩读［i］韵：东 lai^{44} 城关 ≠ li^{44} 上江圩｜风 pai^{44} 城关 ≠ pi^{21} 上江圩。

（3）第一人称代词单数，城关说［ie^{13}］，上江圩则有8种说法：$ŋ^{35}$｜ie^{44}｜vu^{44}｜$əŋ^{55}$｜$oŋ^{21}$｜$tsɿ^{55}$｜$tsie^{21}$｜$tɕiŋ^{35}$。

据曹志耘和唐伶调查，女书传人之一何艳新女士所在的河渊村（原属上江圩乡，现属铜山岭农场，位于今上江圩镇南4公里）的方言与城关、上江圩也有所不同。例如：

（1）单字调，河渊村5个，浊上与清去合，清平、浊去与浊入合；城关7个，浊去与浊入合。

（2）效摄开口一等字，河渊村读［ia］韵，城关读［au］韵，上江圩读［i］韵，例如河渊村：老 lia^{21}｜高 kia^{33}。

（3）流摄字，河渊村读［ɑo iɑo］韵，城关读［ou iou］韵：楼 $lɑo^{52}$ 河渊村 ≠ lou^{42} 城关｜忧 $iɑo^{33}$ 河渊村 ≠ iou^{44} 城关。

（4）深臻摄帮端系字，河渊村读［i］韵，城关读［ai］韵：心 si^{33} 河渊村 ≠ sai^{44} 城关｜民 mi^{52} 河渊村 ≠ mai^{42} 城关。

（5）通摄部分字，河渊村和上江圩读［i］韵，城关读［ai］韵，例如河渊村：东 li^{33}｜风 pi^{33}。

1.2 女书与方言音节的关系

为方便起见，下文一律用“方言”指称江永的“土话”。

据曹志耘根据黄雪贞（1993：34~40）“单字音表”统计，江永城关方言共有

---

① 本文所引材料的注音完全依据原文和调查记录，请注意各家对江永城关音系的处理略有不同。

1425 个音节，如果不计声调的区别，则有 334 个音节。

女书的字数，据赵丽明统计，每个女书使用者实际所能用到的字数包括异体字在内一般为 600 个左右，如果不计异体字只计基本字则为 300 多个，而这些字“基本上能比较完整地记录当地语言”（赵丽明，1995：87）。

那么女书是怎么表示方言音节的呢？女书与方言音节之间的关系究竟是怎样的呢？先看例子（赵丽明，1995：91；陈其光，1995：124）：

一字一音节：［yŋ^{41}］（圆缘元原源袁园完王）

一字二音节（声调不同）：［təŋ^{41}］（田甜填）；［təŋ^{33}］（电垫殿）

一字二音节（韵母不同）：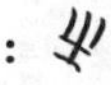［maŋ^{41}］（蛮瞒盲忙茫蒙）；［ma^{41}］（眉迷眯嘛）

一字二音节（声母不同）：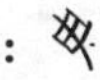［ɕiə^{44}］（申）；［tɕ^{h}iə^{44}］（称）

一字三音节（韵母不同）：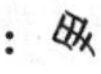［tsau^{35}］（早蚤枣澡藻）；［tsou^{35}］（走）；［tsa^{35}］（姊）

从以上例子可以看出，女书有的字只表示一个音节，有的字分别表示两个或三个音节。在一字多音的情况中，有的是声、韵母相同而声调不同，有的是声母、声调相同而韵母不同，有的是韵母、声调相同而声母不同。女书与音节之间更为详细的关系尚待进一步研究。从现有材料来看，可以得到以下认识：

（1）女书从总体上说是区别声调的，一个字所代表的音节是声韵调俱全的音节。

（2）女书多数字是一个字只表示一个音节，少数字是一个字可以分别表示读音相近的几个音节，在这几个音节之间，声、韵、调三项中一般只允许有一项不同，其中似乎以韵母不同者居多。

因此，从字与音的关系来说，女书的字符是表示单个音节或读音相近的几个音节的。一字多音的现象客观上解决了“字少音多”的问题。当然，也许还存在这样的情况，即有些音节并没有相应的女书字符。

1.3　女书的读音

1.3.1　女书的标准音

女书主要用于书写女歌。各地的女书使用者吟唱女歌时，原则上都要使用江永现行的城关音作为标准音（当然实际发音会受各人母方言的影响而略有差异，参看 1.3.3)，而不用自己所在村的方言语音，也不用上江圩镇上的方言语音。这种现象与一种地方戏往往有它自己相对固定的标准音相类似。

不过，迄今为止并未发现江永县城里曾经流行过女书。那么，各地的女书使用者为什么都要采用城关音呢？何艳新的答案是用城关音吟唱好听，用各地的乡下音吟唱难听。我们认为，也许还有以下两种可能性：

（1）女书流行地区内各地方言之间的音系不尽相同，为了便于交流，大家在吟唱女书时需要一个相对共同的语音系统。于是，人们自然就选择了既是本县的强势方言，又与女书流行地区的方言同属一种口音（城关片）的城关音。

（2）女书最先可能是在县城里创造和使用的，后来才逐渐流传到上江圩一带。要创造一种文字系统，城里显然比乡下更具条件。它之所以会由城里流传到上江圩一带，有一个重要的原因即女书的读音是和城关音相联系的，而上江圩一带与县城同属一种方言口音（城关片），便于学习和使用。随着文明的发展，女书在县城里逐渐消失了，但在乡下（上江圩一带）被保留了下来。

1.3.2 语音历时演变与女书的读音

方言处于不断变化的过程之中。不管女书是起源于明末清初或者是别的时代，今天江永方言的语音系统与女书创造之初的面貌肯定已经有所不同。

女书的读音要随方言语音的历时演变而变，而不是固定不变的。例如，古入声字在以前的江永方言里可能收塞音韵尾，读入声调，但今天江永城关方言已经失去塞音韵尾，读做开尾或元音尾了，例如“一”今读［i^{55}］；其中的古浊入字则已经合入其他调类（阳去调），例如：叠 ti^{33} =第。相应地，代表这些入声字的女书字符也就按照它们变化后的读音（即当代的读音）来读。因而，生活在21世纪初的一位女书传人，随便拿起一本不管是哪个朝代的女书作品，均可用今天的江永方言朗朗上口地吟唱起来。

在这一方面，女书与汉字具有共同的特点，即它们的读音都不受字形约束，可以随历史而变，换句话说，它们的读音不具有“超时代”性。

1.3.3 语音地域差异与女书的读音

如 1.3.1 所述，女书有大家共同认同的标准音——城关音。但由于江永方言内部差异很大，加上女书使用者都是生活在乡下的文化水平较低的女性，她们所掌握的城关音不可能十分准确。实际上，各地的女书使用者都是用自己所能掌握的那个“城关音”系统来读（吟唱）女书的，这个系统往往是城关方言音系和母方言音系的混合体。以何艳新所读三朝书样品为例，“高”、“好”、“道”等效开一字河渊村方言读［ia］韵，城关方言读［ɑo］韵，何艳新按城关音读做了［ɑo］韵；“楼”、“口”、“秀”、“有”等流摄字河渊村方言读［ɑo iɑo］韵，城关方言读［ou iou］韵，何艳新仍按河渊村方言读做［ɑo iɑo］韵；“道”、“眼”、“冷”等浊上字河渊村方言与清去字合流读阴去［21］调，城关方言浊上字读阳上［13］调，清去字读阴去［21］调，何艳新保留河渊村方言的读法，把浊上字读做［21］调，而没有改做［13］调，例如：道 $lɑo^{21}$ ｜眼 $ŋo^{21}$ ｜冷 $lioŋ^{21}$。

这种现象表明，女书的读音在各地使用者嘴里的尽可能的一致性，是源于大家对女书标准音的认同，而不是女书字形的约束。正因如此，不同地方的人读女书时就很容易带上各自方言的痕迹，也就是说，女书的读音会因方言语音的地域差异而变，它不具有“超地域”性。在这方面，女书与汉字也是一样的。

1.4　女书材料里的方言

现已发现的女书所写的原始材料有数十万字。在这些材料中，存在着许多值得研究的方言、语言现象。例如上文所说的女书字符与方言语音的关系，女书读音所反映的语音历时演变、地域差异的问题。此外，我们看到女书中有些特殊词语在今天的江永方言里并不通用，甚至连女书使用者也不能确知其义；有些词语则显得很文雅，很书面化，与今天的江永方言口语不同；有时也有方言、文言交错使用的情况，例如在同一篇作品（《江永“女书”之谜 · 王氏女》）中，表示“他”的代词，上一句用“”［$tɯ^{44}$］（第 681 句），下一句用“”［t^hu^{44}］（第 682 句）。诸如此类的问题都需要从方言学、语言学的角度进行挖掘和探讨。

二、女书的性质

一种文字的性质是多方面的。女书是女性文字、汉字系统文字、民间文字、地域文字、濒危文字。在这里，我们讨论它与方言有关的性质。

2.1 女书是方言文字

在汉语地区，古今各地都采用汉字作为文字形式。在方言地区，有的词（如一些地名、土特产名等）无现成汉字可写，于是自创了少量方言字来表示。在粤语地区，因为有比较发达的方言书面作品，自创的方言字数量较多。不过，不管这种方言字数量多少，它们的作用都是弥补现行汉字的不足，是对现行文字系统的补充，而不是另创一套新的文字系统。同时，由于各地的方言字一律采用汉字的传统造字法，所以它们有可能逐渐地融入汉字正字系统。

女书的创造不是因为当地缺少文字系统，也不是因为现行的文字系统无法记录当地的方言，而是出于别的原因（这里不作讨论）。然而，我们不能不承认，在客观上，女书是用于记录江永方言的，而且只用于记录江永方言（它的字符只与江永方言的语音系统相联系，参看 2.2.2 例）。从这一点来说，女书是一种真正的方言文字，也是自古到今汉语地区已发现的唯一的一种成系统的方言文字。

2.2 女书是“代字文字”

说到女书的性质，很多学者都认为女书是一种表音文字，具体地说，是表音文字中的音节文字，或者说是单音节性的表音文字。笔者以为，文字既然是记录语言的符号，任何文字都必然有其语音形式，都具有表音性，女书、汉字也是如此；否则就是一般的符号或图画了。所以，除非事先加以特别的限定（比如把“表音”定义为“记音”），否则，“表音性”、“表音文字”不能成为个别文字的特性。

要在表音性方面找出某种文字的特性，关键在于看它：表的是什么音？是怎么表音的？

2.2.1 女书是表音节的，是“不严格的”音节文字

女书的一个字符所代表的读音是一个音节，而不是比音节小或比音节大的语音单位，所以女书应该是音节文字。

不过，如 1.2 所述，个人实用女书基本字数为 300 多个。以 300 多个基本字来表示城关方言的音节，若要表示计声调区别的 1425 个音节，字数大大少于音节数；若要表示不计声调区别的 334 个音节，字数与音节数之间略有参差（如何艳新的基本字为 360 个左右，比音节数略多）。显然，女书不可能是严格的音节

（不管是计声调的音节还是不计声调的音节）文字。陈其光（1995：118）已经指出女书“不是标准的音节文字”。

其实，从这个角度来说，汉字也是一种不严格的音节文字。女书与汉字的不同在于，女书字少音多，在总体上表现为一字多音；汉字字多音少，在总体上表现为一音多字。

2.2.2 女书是代表“同音字组”的，表的音节是“同音字组的音节”

女书是以汉字为基础，利用变形、简化等方法创造而成的。（赵丽明，1995：87~89）我们不妨想象一下女书的创造过程：古代某地（比如江永县城）某个或某些有文化的人，出于某种原因（比如为了简化汉字系统以便于农村妇女学习使用）决定创造一种新的文字系统，于是，首先根据当地方言的读音把所有常用的汉字分成成百上千个“同音字组”（等于计声调区别的音节），再从各个同音字组当中挑出一个简单而常用的字来作为它的代表（比如从“全泉傳~宗接代椽權拳顴［tçyn^{42}］”这个同音字组当中挑出“全”字），最后对这些代表字的形体作必要的改造。从技术上讲女书创造工作就完成了。

在这个复原后的造字过程中，我们看到“[illegible]”这个女书字符是被用来代表“全泉傳~宗接代椽權拳顴”这个“同音字组”的，而不是用来表示［tçyn^{42}］这个音节的。假如当地方言“全泉傳~宗接代椽權拳顴”这个同音字组读的是另一个音（比如是［tç^{h}yan^{42}］），那么“[illegible]”这个字符无疑会用来表示［tç^{h}yan^{42}］这个音。假如当地方言“全泉”、“傳~宗接代椽”、“權拳顴”分别读三个不同的音，那么“[illegible]”这个字符只能用作“全泉”这个同音字组的代表。从另一个角度也可以说，并不是由于方言里有［tçyn^{42}］这个音节或专门为了表［tçyn^{42}］这个音节而造出了“[illegible]”这个字符，而是由于方言里有“全泉傳~宗接代椽權拳顴”这个同音字组才造出了“[illegible]”这个字符。

由此我们可以很清楚地看到，在造字之初，女书字符是用来代表“同音字组”的，所表的音节是“同音字组的音节”，而不是方言语音系统里面分析出来的音节，更不是脱离特定方言系统的一个孤立的、纯粹的音节。女书字符的读音（其实也包括形和义）与方言中的“同音字组”相联系，而不是直接与某个特定的音相联系的。女书字符的读音由它所代表的“同音字组”的读音而定。

正因如此，如果某个同音字组的读音因时代发展而发生了变化，该字符的读音也必然跟着发生相应的变化。如果某个同音字组的读音发生了分化，该字符就会有两个或多个读音，出现“一字多音”的现象。如果某个同音字组的读音与别的字发生了合并，该字符就会与别的字共同拥有一个相同的读音，出现“一音多字”的现象。

也正因如此，女书字符的读音可以因地域而有所不同。（参看 1.3.3）

当然，在女书的学习、使用过程中，那些没有受过汉字教育的人不一定有“同音字”的概念。但汉族人历来有“无形的字”的概念，比如说“他说话字字清楚”。在汉语中，单音节词的使用频率极高，在古代汉语和方言口语里尤其如此。女书使用者虽然不认识汉字，但可以推想，在她们的脑子里会有一种女书字符与这个字符所代表的同音字（在这里是“无形的同音字”）之间的联系，比如说“”这个字符是用来代表“全部”的“全”、“传宗接代”的“传”、“拳头”的“拳”这些同音字的。实际上，正是由于有这种联系，当方言中同音字组的读音发生变化以后，原先那个字符才有可能仍然得以沿用下来。也正是由于有这种联系，后代的人可以无碍地读古代的女书作品，河渊村的人也可以完全按本村方言的语音系统来读别村的人写的女书作品。

总之，从表音方式的角度来看，不管是在创造之初还是在后世传承的过程中，不管使用者是否认识汉字，女书实际上都是通过表“同音字组”的读音（音节）来实现它的表音功能的，这是女书的一个非常独特的特性。因此，可以说女书是一种“代表同音字组的文字”，简单地说，可以叫做“代字文字”。①

三、女书的产生时代

女书的产生时代至今仍是一个谜。有些学者认为女书是比较晚近才产生的，不过，也有不少人主张女书产生于上古时代，甚至比甲骨文更早。（史金波等，1995：Ⅳ）由于缺乏必要的历史文献资料和文物资料，女书的产生时代问题成为

① 赵丽明（1995）把女书称做“单音节音符字表音文字”、“表音的音符字音节文字”，并指出：“用一个字符标记一串同音（近音）的词，这正是女书标记语言的基本手段。”

女书研究中的一个难题。

女书是方言文字，它记录的是江永方言。方言的语音、词汇、语法会随着历史的发展而变化，从理论上说，任何方言现象都是历史现象，都具有自己的起止年代。因此，如果我们能够判别出女书文献中某些方言现象的产生年代或消失年代，就可以帮助推断女书产生、存在的时代。下面试从语音方面举例说明。

不同时代的语音系统是不一样的，例如：

	隋唐宋时代的中古音	今江永城关方言	今河渊村方言
全泉	*dzuan 平声	tɕyn^{42}	tɕyəŋ^{52}
传~宗接代椽	*ɖuan 平声	tɕyn^{42}	tɕyəŋ^{52}
权拳颧	*guan 平声	tɕyn^{42}	tɕyəŋ^{52}

如上所述，女书是用来代表同音字组的，从理论上说，一个字符只能代表一个同音字组，一个同音字组只能由一个字符代表。因此，假如女书产生于中古时代，那么这三个同音字组应该由三个不同的字符来代表。但我们现在看到的女书材料，这三组字都用同一个字符来代表，即“”。这个现象表明，女书字符“”应该是在这三个同音字组的读音合并之后产生的，而不可能在合并之前。（这里暂不考虑另外两个字符已经遗失的可能性）

那么，下面的问题是这三个同音字组是什么时代合并的？我们现在并没有古代江永方言的资料，但汉语语音的历史演变是有一定规律性的，我们可以参照其他因素来推断江永方言这三个同音字组合并的大致时代。比如江永县附近、与江永同属于湘南土话的一些方言：

	江华	道县	宁远	新田	蓝山	嘉禾	临武	宜章
全	syn^{21}	tɕyɛn^{413}	ts^{h}uɑŋ^{213}	tɕyan^{213}	tɕi^{21}	ts^{h}ai^{11}	ts^{h}ian^{13}	tɕ^{h}ye^{44}
传~宗接代	syn^{21}	ts^{h}uɛn^{413}	ts^{h}uɑŋ^{213}	tɕyan^{213}	tsɛi^{21}	tɕ^{h}yai^{24}	tʃ^{h}yan^{13}	tɕ^{h}ye^{21}
权	kyn^{21}	kuɛn^{413}	ts^{h}uɑŋ^{213}	kuan^{213}	kuai^{21}	kuai^{11}	tʃ^{h}yan^{13}	tɕ^{h}ye^{44}

注：江华、道县、新田、蓝山，唐伶调查；宁远，曹志耘调查；嘉禾，卢小群（2002）；临武，陈晖调查；宜章，沈若云（1999）。

从上表可见，“全”、“传~宗接代”、“权”三个字完全同音的只有宁远一点；宜章声韵相同声调有异（不过，与“传~宗接代”同地位的“椽”字也读［tɕ^{h}ye^{44}］）；

江华、新田是“全”、“传~宗接代”二字相同，临武是“传~宗接代”、“权”二字相同；其他点则三个字各不相同。也就是说，江永附近的湘南土话多数地点这三个字的读音还没有完全合并。

“全”、“权”合并（即所谓尖团合流）是汉语中很晚近的一种语音变化，在北京话里，尖团合流大约发生在清末，而在许多方言里至今仍未合流。至于“传”跟“全”、“权”的合并，在汉语方言里是一个更不普遍的现象，在北京话等很多方言里还没有发生。

因此，从总体上推断，江永方言这三个同音字组合并的时代不可能太早。

当然，仅靠这一个例子是很难说明问题的。不过，我们完全可以从多个侧面进行这样的分析，例如全浊声母的清化、端母字读［l］声母，入声韵尾的消失、浊入字的舒声化、部分鼻音韵尾的消失等等，此外还可以利用一些词汇、语法方面的线索。可以预料，通过大量细致的此类分析工作，最终将会提出一个比较可信的女书产生的时间。

:: 参考文献 ::

鲍厚星（2002）湘南土话归属问题，湘南土话及周边方言国际学术研讨会论文，长沙，2002年11月。

陈　晖（2002）湖南临武（麦市）土话语音分析，《方言》第2期。

陈其光（1995）女书的产生和性质，史金波、白滨、赵丽明（1995）《奇特的女书》，北京语言学院出版社。

黄雪贞（1993）《江永方言研究》，社会科学文献出版社。

卢小群（2002）《嘉禾土话研究》，中南大学出版社。

沈若云（1999）《宜章土话研究》，湖南教育出版社。

史金波、白　滨、赵丽明（1995）《奇特的女书》，北京语言学院出版社。

谢志民（1991）《江永“女书”之谜》，河南人民出版社。

赵丽明（1989）女书的文字学价值，《华中师范大学学报》第6期。

———（1995）女书与汉字，史金波、白滨、赵丽明（1995）《奇特的女书》，北京语言学院出版社。

附录　三朝书样品

三朝书样品　之一

□⑨	sa^{55}	可	kʰɑo^{35}	看	kʰaŋ^{21}	几	tɕi^{35}
□⑩	iᴇ^{21}	怜	lai^{52}	七=④	tsʰa^{55}	□①	lo^{35}
将	tsiaŋ^{33}	三	soŋ^{33}	细	si^{21}	高	kɑo^{33}
言	ȵiəŋ^{52}	□⑦	ȵiᴇ^{33}	姊	tsa^{35}	楼	lɑo^{52}
书	ɕiu^{33}	冷	lioŋ^{21}	人	iᴇ^{52}	无	u^{52}
本	pai^{35}	成	ɕioŋ^{52}	家	kuɤ^{33}	安	ŋ^{33}
道	lɑo^{21}	水	ɕya^{35}	住	tsiu^{33}	乐	lɑo^{33}
看	kʰaŋ^{21}	起	ɕi^{35}	□⑤	aŋ^{21}	□②	sa^{55}
七=⑪	tsʰa^{55}	眼	ŋo^{21}	□⑥	pɤ^{33}	曰	uɤ^{33}
贵	kua^{21}	望	uaŋ^{33}	茫	maŋ^{52}	写	siᴇ^{35}
身	ɕiᴇ^{33}	来	lo^{52}	茫	maŋ^{52}	言	ȵiəŋ^{52}
落	ləɯ^{33}	□⑧	aŋ^{21}	一	i^{55}	来	lo^{52}
秀	siɑo^{21}	没	ma^{55}	路	lu^{33}	会	fəɯ^{33}
房⑫	faŋ^{52}	边	pəŋ^{33}	焦	tsi^{33}	身③	ɕiᴇ^{33}

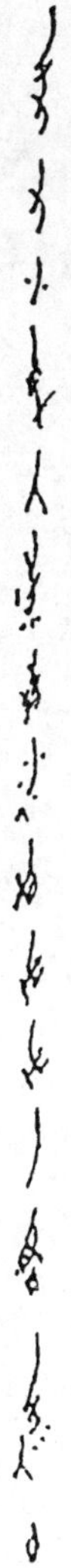
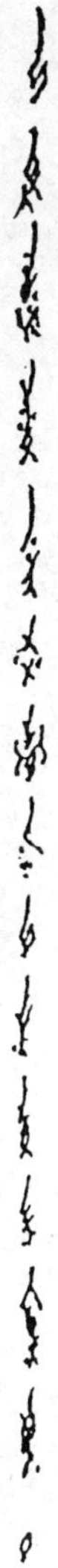

①几□[lo^{35}]：几个，这里指姊妹几个。②□[sa^{55}]：用于句子开头，表示"才"、"开始"的意思。③会身：相会。④看七：看。⑤□[aŋ^{21}]：你。⑥□[pɤ^{33}]：助词，相当于"嘛"。⑦□[ȵiᴇ^{33}]：个。⑧同注⑤。⑨同注②。⑩□[iᴇ^{21}]：我。⑪同注④。⑫秀房：指夫家。

三朝书样品　之二

送	sai^{21}	□	iᴇ^{21}	霜	saŋ^{33}	恭	tɕiaŋ^{33}
冷	lioŋ^{21}	奴①	nu^{52}	风	pai^{33}	贺	fu^{21}
三	soŋ^{33}	结	tɕi^{55}	摇	iu^{52}	高	kɑo^{33}
人	iᴇ^{52}	交	tɕiɑo^{33}	摇	iu^{52}	门	mai^{52}
又	iu^{33}	四	sa^{21}	天	tʰəŋ^{33}	一	i^{55}
心	sai^{33}	子	tsəɯ^{35}	点	nəŋ^{35}	家	kuɤ^{33}
服	fu^{33}	□②	lo^{35}	静	tsioŋ^{21}	义	n̥i^{33}
眼	ŋo^{21}	算	saŋ^{21}	姊	tsa^{35}	并	pioŋ^{55}
泪	la^{33}	说	ɕy^{55}	落	ləɯ^{33}	没	ma^{55}
含	haŋ^{52}	团	taŋ^{52}	书	ɕiu^{33}	烦	fo^{52}
含	haŋ^{52}	圆	yəŋ^{52}	家	kuɤ^{33}	愁	tsɑo^{52}
来	lo^{52}	有	hɑo^{21}	尽	tsai^{21}	日	ai^{33}
会	fəɯ^{33}	日	na^{33}	好	hɑo^{35}	日	ai^{33}
身	ɕiᴇ^{33}	空	kʰaŋ^{33}	全	tɕyəŋ^{52}	欢	haŋ^{33}

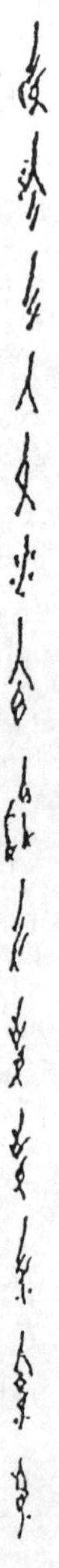

①□[iᴇ^{21}]奴：我们。②四子□[lo^{35}]：四姊妹。

三朝书样品　之三

□⑨	aŋ^{21}	就	tsiɑo^{33}	今	tɕiᴇ^{33}	所	səɯ^{35}
时	sɿɤ^{52}	是	sɿɤ^{21}	此	tsʰɿɤ^{35}	爱	əɯ^{21}
命	mioŋ^{33}	年	nəŋ^{52}	□②	mɤ^{21}	成	ɕioŋ^{52}
乖	ko^{33}	低	li^{33}	由	iɑo^{52}	行	haŋ^{52}
占	tɕi^{21}	休	ɕiɑo^{33}	来	lo^{52}	□①	mɤ^{21}
开	həɯ^{33}	女	ȵiu^{21}	看	kʰaŋ^{21}	拆	tsʰu^{55}
□⑩	kɑo^{21}	日⑦	na^{33}	七$^{=}$③	tsʰa^{55}	伴	paŋ^{21}
贤	ɕiəŋ^{52}	父	fu^{21}	□④	pɤ^{33}	手	ɕiɑo^{35}
弟	ti^{21}	母	mu^{21}	劝	tɕʰyəŋ^{21}	取	tɕʰy^{35}
一	i^{55}	双	saŋ^{33}	他	tʰu^{33}	提	ti^{52}
□⑪	ȵiᴇ^{33}	全	tɕyəŋ^{52}	门⑤	mai^{52}	针	tɕiᴇ^{33}
妹	məŋ^{33}	送	sai^{21}	□⑥	ȵiᴇ^{33}	合	fu^{33}
在	tso^{21}	出	ɕya^{55}	想	siaŋ^{35}	商	ɕiaŋ^{33}
楼	lɑo^{52}	乡⑧	ɕiaŋ^{33}	开	həɯ^{33}	量	liaŋ^{52}

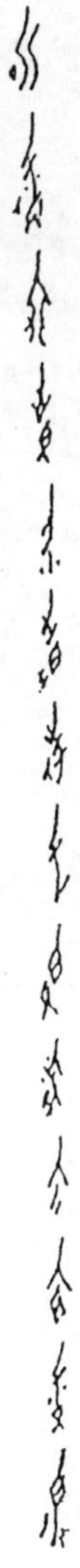

①□[mɤ^{21}]：不。②同注①。③看七$^{=}$：看。④□[pɤ^{33}]：不。⑤他门：指大家。⑥□[ȵiᴇ^{33}]：要。⑦ 休女日：结束做女儿（姑娘）的日子，指出嫁。⑧ 出乡：出嫁。⑨□[aŋ^{21}]：你。⑩占开□[kɑo^{21}]：占其中之一。其中"□"[kɑo^{21}]又读[ȵiᴇ^{33}]。 ⑪□[ȵiᴇ^{33}]：个。

三朝书样品　之四

□⑥	iᴇ^{21}	是	sɿɤ^{21}	叫	tɕi^{21}	姊	tsa^{35}
□⑦	pɤ^{33}	望	uaŋ^{33}	□②	aŋ^{21}	又	iu^{33}
名	mioŋ^{52}	仙	səŋ^{33}	听	tsʰioŋ^{21}	出	ɕya^{55}
色	səɯ^{55}	洞	tai^{33}	言	ȵiəŋ^{52}	乡	ɕiaŋ^{33}
父	fu^{21}	虑	la^{33}	自	tsɿɤ^{33}	是	sɿɤ^{21}
双	saŋ^{33}	心	sai^{33}	想	siaŋ^{35}	归	kua^{33}
在	tso^{21}	□④	hai^{33}	远	yəŋ^{21}	府①	fu^{35}
又	iu^{33}	三	soŋ^{33}	女	ȵiu^{21}	千	tsʰəŋ^{33}
是	sɿɤ^{21}	人	iᴇ^{52}	日	na^{33}	般	paŋ^{33}
忧	iɑo^{33}	时	sɿɤ^{52}	完	yəŋ^{52}	事	sɿɤ^{33}
焦	tsi^{33}	时	sɿɤ^{52}	全③	tɕyəŋ^{52}	情	tsioŋ^{52}
□⑧	mɤ^{21}	□⑤	aŋ^{21}	高	kɑo^{33}	一	i^{55}
拆	tsʰu^{55}	身	ɕiᴇ^{33}	十	sɿɤ^{33}	二	na^{33}
□⑨	iaŋ^{52}	边	pəŋ^{33}	分	fuai^{33}	清	tsʰioŋ^{33}

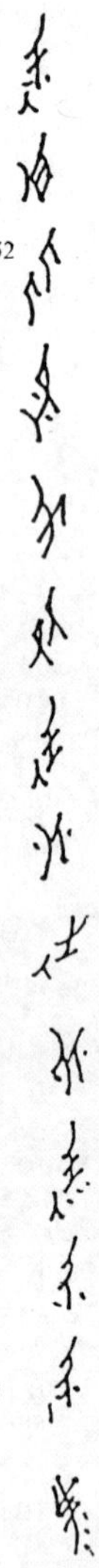

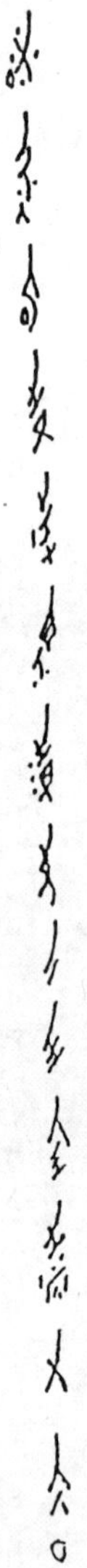

①归府：回家，这里指姊姊回娘家。②□[aŋ^{21}]：你。③女日完全：做女儿（姑娘）的日子已经结束了。④心□[hai^{33}]：心疼。⑤同注②。⑥□[iᴇ^{21}]：我。⑦□[pɤ^{33}]：助词，相当于“嘛”。⑧□[mɤ^{21}]：不。⑨拆□[iaŋ^{52}]：拆散，指姊妹分开。

与赵丽明合写

原载《中国社会语言学》2004年第2期

后 记

本论文集选取了我的24篇论文（其中有3篇是我与其他学者合写的），大致上按内容分成了六部分：

一、濒危方言和语言保存。

二、地理语言学。

三、语音变化和演变。

四、方言语音现象和特点。

五、方言语法。

六、社会语言学。

选取这些论文的原因，第一是自己觉得它们多少还有点参考价值，第二是考虑到可读性。语言学本身就已经是够专门的了，我的一些方言描写文章尽管也有点资料价值，但可能更加令人望而生畏，所以还是未敢收在这里。

屈指算来，我从事语言学研究工作也有三十来个年头了，但我从未有过编辑出版个人论文集的打算。这次喜逢北京语言大学建校五十周年大庆，学校决定出版“北语学人书系”，本人忝列其中，有机会把自己各个时期的文章挑拣一番，凑成一本小册子，真是既荣幸又惶恐。如果收在这里的几篇小文，能够体现出一个普通的北语学人在语言学领域里辛苦耕耘的点滴贡献，能够反映出北语作为一所语言大学在方言研究、地理语言学研究和社会语言学研究方面的些许作为，我也就感到欣慰了。

最后，我要感谢北语科研处为征集和组织书系书稿所付出的辛勤努力，感谢北语出版社在很短的时间内按时保质地完成了编辑出版工作。借此机会，我也要谢谢为我的论文提供发表机会的各个学术刊物。

曹志耘

2012年5月25日

于北京语言大学

在校对书稿的过程中，我的思绪常常会不自觉地回到那些在全国各地进行田野调查的日子。由于长期的工作经历，我已经养成了跑田野的习惯。但最近一年来，因公务缠身，始终抽不出时间出去调查，有时就像得了病似的难受。田野调查无疑是辛苦的，调查成果的发表出版也很难，而更让人泄气的是在一些所谓“学家”的眼里，调查只是技术活，没有理论，没有水平。如今，偌大的中国还有几个人在脚踏实地地作语言田野调查呢？著名人类学家弗雷泽说：“一切理论都是暂时的，唯有事实的总汇才具有永久的价值。”理论是否暂时姑且不论，但“事实的汇总”毫无疑问具有永久的价值。在这里，我要向那些长年奔波于调查途中的学者表示崇高的敬意，同时我也希望年轻学子们能够投身到语言调查的实践中去，在调查中磨炼自己，提高自己，相信自己。

2012 年 7 月 29 日补记